治水
经济问题研究

谢永刚等 著

黑龙江大学出版社
HEILONGJIANG UNIVERSITY PRESS
哈尔滨

图书在版编目（CIP）数据

治水经济问题研究 / 谢永刚等著. -- 哈尔滨 ： 黑龙江大学出版社，2021.4（2022.8 重印）
 ISBN 978-7-5686-0553-3

Ⅰ．①治… Ⅱ．①谢… Ⅲ．①水利经济－文集 Ⅳ.
①F407.9-53

中国版本图书馆 CIP 数据核字（2020）第 213172 号

治水经济问题研究
ZHISHUI JINGJI WENTI YANJIU
谢永刚等　著

责任编辑　刘　岩
出版发行　黑龙江大学出版社
地　　址　哈尔滨市南岗区学府三道街 36 号
印　　刷　三河市佳星印装有限公司
开　　本　787 毫米 ×1092 毫米　1/16
印　　张　29
字　　数　585 千
版　　次　2021 年 4 月第 1 版
印　　次　2022 年 8 月第 2 次印刷
书　　号　ISBN 978-7-5686-0553-3
定　　价　88.00 元

前　言

　　在我国各种自然灾害中,频繁发生而且损失严重的灾害当属洪水(水多)、干旱(水少)灾害。这是由我国的地理位置、气象和水文特征以及社会等因素决定的。清代陈高佣在《中国历代天灾人祸表》中统计:明代各种自然灾害中,水灾占各灾种的41%,旱灾占35%,其他占24%;清代水灾占各灾种的34%,旱灾占37%,其他占29%,水、旱两大灾种数一数二。历史上重大的水、旱灾害常导致我国人口大量死亡、闹饥荒或诱发社会的动荡。随着社会不断进步和经济快速发展,进入现代社会以后,生产力逐步提高,人们抗御水、旱灾害的能力也提高了,但是,水、旱灾害给经济社会带来的负面影响并没有消除,有的灾年带来的经济损失还有不断增加的趋势。如1991年淮河流域大洪水、1998年长江和松花江流域大洪水等。统计资料表明,洪水灾害发生的频率及社会的损失都随着时代的推移而相应增加,特别是进入20世纪90年代以来,人类活动导致气候变化异常,灾害可能还有明显加重的趋势。因此,治水仍然是保护人民群众生命财产安全、增加社会福祉的大事。另外,随着工业、农业等产业的不断发展,废弃物排放引起的水污染灾害(水脏),在传统水、旱灾害的基础上又给治水问题增添了一项新的内容。也就是说,本书所讲的治水问题,包括治理和防御洪水、干旱、水污染,即相对于人类社会的需求和安全而言,对水多、水少、水脏的治理。

　　本书共包括十一编内容,分为总论:水灾害与经济的关系;水灾危害及对经济社会的影响;干旱预防与节约用水:生态需水与民间水权激励;水污染灾害防治:污染产生的经济原因及治理手段;水灾害损失评估及减灾效益:理论探讨与实践方法应用;洪水的控制、管理与经营:基于大庆地区防洪的研究案例;水灾过后的经济恢复:灾后重建的经验借鉴和"中国模式";治水的政治经济学:制度创新、政策与建议;治水的经验、教训和反思;治水思想:推动社会治水事业发展的基石;水利社会、河源历史问题等。

　　本书大部分内容摘自已发表的学术文章、研究报告等,部分内容属于有关基金资助项目的阶段性成果。如黑龙江省博士后基金项目、黑龙江大学杰出青年科学基金项目、黑龙江省水利科技项目(2016)、黑龙江省社会科学研究规划项目(03B0148、05B0083、16JLD02)、教育部人文社会科学基金项目(03JD790040)、国家社会科学基金项目(06BJL033、11BJL060)等。这些专论分别发表在《自然灾害学报》《灾害学》《当代经济研究》《求是学刊》等学术杂志上,大部分成果是作者独立完成的,另有一部分内容是与他人合作完成的。本文集主要收录的成果是在 1998 年松花江、长江流域发生大洪水以后发表的部分专论。在集结编写本书过程中,部分内容有删减、有增加,如出现遗漏或文字表达不妥,还请读者提出宝贵意见,以期改正。

目　　录

第一编

总论:水灾害与经济的关系

一、关于水灾害及其经济问题的探讨

(一)灾害的相关内容

1. 灾害的定义

一提到灾害,大家都会想到洪水、地震、干旱、台风等现象,它们能造成人类伤亡以及财产损失。这是人类根据以往的经历来判断的,也是正确的。由此,我们就会想到,在没有人类生产和生活,也没有农作物生长的荒漠中发生的洪水、干旱、地震,以及在没有船只的茫茫大海中产生的风暴等,算不算灾害呢? 不能。只能说是发生了"洪水""洪水现象"或"异常现象"。因为,我们所说的灾害,它的核心要义是发生在人类生产生活区域,并造成人员伤亡或物质财富或财产的损失。它是"相对于人类社会而言的异常现象"[①]。

为了深入理解灾害的含义,了解"致灾因子"这个概念很有必要。有机构将其定义为:"潜在的能够造成人员死亡、受伤、财产破坏、基础设施破坏、农业损失、环境破坏、商业中断或其他破坏和损失的事件或物理条件。"[②]有了这个概念,沿着这一思路,我们就可以找到一些灾害现象的"致灾因子"了,它有助于我们深入研究灾害的形成机理以及应对灾害的措施。如地震的致灾因子是地壳内部蓄积能量的突然释放,泥石流的致灾因子是雨水侵蚀导致的山体疏松等。我们有了对灾害的基本认识和对"致灾因子"概念的理解,就可以给灾害下一个较为合适的定义了。国际组织如联合国国际减灾战略、联合国人道主义事务协调办公室、世界银行等都有关于灾害的定义。结合国际相关组织和我国灾害发生以及防灾减灾的历史经验,灾害可定义为:自然或人为因素导致人员伤亡或财产损失以及社会经济结构破坏,而且超出了应对和处理能力的事件。

2. 灾害链的定义

什么是灾害链呢? 即在许多灾害中,特别是有些等级高、强度大的灾害,又容易诱发一连串的其他灾害,这种现象叫灾害链。灾害链可分为一级灾害链、二级灾害链。一般一级灾害链下的灾害指次生灾害;二级灾害链下的灾害多指衍生灾害。如 2008年我国发生的汶川大地震,震级达到 8 级,震后导致山体滑坡,河道阻塞,并形成堰塞

---

① 郑功成. 灾害经济学[M]. 北京:商务印书馆,2010:2.
② 唐彦东,于汐. 灾害经济学[M]. 北京:清华大学出版社,2016:20.

湖,对灾区人民的生命和财产构成威胁。在这个灾害链中,最早发生的灾害称为原生灾害(地震),而由原生灾害诱发的灾害(山体滑坡、泥石流、堰塞湖等)则称为次生灾害。但由于堰塞湖水体被污染,污染的水流进入河道,下游人们饮用,产生疟疾等流行性疾病,这就是衍生灾害。这种灾害的特点是灾害发生之后,破坏了人类生存的条件或环境,由此衍生出一系列其他灾害。再如连续旱灾使得地下水位急剧下降,使得农田灌溉和生活用水短缺并产生"地下漏斗"(次生灾害),进而迫使人们饮用深层含氟量较高的地下水,从而导致了"高氟病症",即为衍生灾害。可见,衍生灾害也属于次生灾害的范畴,只不过衍生灾害一般是指二级灾害链下的灾害。

3. 自然灾害和人为灾害的区别

在现实生活中,灾害不止上述这几类,但目前人们一般表述的灾害种类划分方法,也是人们普遍接受的划分方法,是把灾害区分为自然灾害和人为灾害两大类。沿着这一思路划分,就必须理清各类灾害究竟属于哪一类,并且要做出明确的界定,否则,就会造成混乱现象。比如,由地震导致水库大坝在汛期垮坝,是自然灾害还是人为灾害?干旱、高温导致的森林大火,是自然灾害还是人为灾害?

梳理、综合以往教科书、文献及有关自然灾害的研究成果,自然灾害应定义为:由异常的自然因素或事件引发而造成人的生命或财产损失的灾害,以及由此而导致的灾害链中所包含的次生或衍生灾害。人为灾害则定义为:由人为的因素或事件引发而造成人的生命或财产损失的灾害,以及由此而导致的灾害链中所包含的次生或衍生灾害。人为灾害也存在次生灾害和衍生灾害。如工厂向江河排放污水导致水体严重污染后,水体中产生大面积蓝藻或红藻(次生灾害)。

有时候自然灾害与人为灾害是相伴发生的,甚至是自然因素和人为因素共同促成灾害发生的,这样就会出现难以划分和归类的情况,此时,应判断自然因素和人为因素哪个占主导,或者说哪个是矛盾的主要方面,就归类到哪个方面。比如由自然物种变异产生的病毒在人类间传播导致疫情,应属于自然灾害;而实验室进行动物实验产生的病毒泄露,导致动物传人、人传人,进而造成灾害,应属于人为灾害。自然灾害的灾害链中的灾害事件是属于自然灾害还是人为灾害,还要具体问题具体分析。如大地震造成房屋倒塌,引发煤气管道断裂,使煤气泄漏而引发的火灾,应归类于自然灾害;乱砍滥伐森林导致比以往同量级的洪水加重或土地沙化,加重的部分和沙化带来的损失应归类于人为灾害。

自然灾害的种类有很多,包含的内容也非常广泛。一般按照专业类别来划分可分成几大类:气象灾害、水文灾害、地质灾害、海洋灾害、天文灾害、生物灾害等。像洪水、干旱一般属于自然灾害。

人为灾害包括生产类灾害、技术类灾害、社会类灾害、卫生安全类灾害、生化类灾害等。像水污染一般属于人为灾害。

(二)灾害事件和公共安全事件的区别与联系

以上我们对灾害的情况有了大致的了解,下面我们还要对公共安全事件有一个了解,以便区分灾害事件和公共安全事件。公共安全事件主要分成四类:自然灾害、事故灾难、公共卫生事件、社会安全事件等。在这里,公共安全是指多数人的生命、健康和财产的安全;事故灾难包括工矿企业事故、交通事故、公共设施倒塌、环境污染和生态破坏事件等各类安全事故;公共卫生事件,包括流行性疾病、传染病疫情、群体性不明原因疾病、食品安全、动物疫情等,以及严重影响公众健康和生命安全的其他事件;社会安全事件,主要包括恐怖袭击事件、制造骚乱事件、经济安全事件和涉外突发事件等。

灾害事件和公共安全事件的界定:(1)灾害事件与公共安全事件既有区别又有联系,区别的关键在于"公共"二字。有些灾害事件不具有"公共"的特点。如某人突发疾病而受伤或死亡,对于其个人或家庭来说是灾害事件,但这件事不具有公共性。(2)灾害事件的发生过程一般具有明显的边界,即事件的开始和结束;有些突发性灾害事件会引起人们极高的关注度,而且关注度随着灾害的消失而降低。(3)灾害事件的发生会有直接经济损失或人员伤亡,而且特征很明显;而有的公共安全事件,开始和结束时间不明确,甚至具有隐形的特点,评估其带来的经济损失也很困难,如经济安全事件、信息安全事件等。(4)有些公共安全事件不一定定性为灾害事件,如禽流感可能影响人类,但发生面积小,还没有给人类带来严重损失和伤亡,就不属于灾害事件;相反地,如突然发生地震,震级为3—4级,也没有造成房屋倒塌和人员伤亡,也不能定性为灾害事件,但造成了一时的城市或社区人员恐慌,而且对未来是否还会发生地震感到不安,可视为公共安全事件。(5)公共安全事件又可分为传统安全事件和非传统安全事件。非传统安全事件如河流上下游的不同国家的水资源之争等。

(三)水灾害概念及其特征

1. 水灾害的定义

这里我们所说的水灾害,包括水多、水少、水脏等三个方面。从灾种上划分,即指洪水、干旱、水污染。洪水是指降水过多或人为因素使水流在一定范围内破坏人类正常经济活动和社会生活及其环境的现象;干旱则是指降水少而使农作物减产或人畜饮水得不到满足的现象。目前,关于水污染的基本概念,学术界并没有一个统一的界定。不同的学者往往从自己研究的学科角度来定义水污染。比如,《中国大百科全书:环境科学》中对水体污染(简称水污染)的定义是:"由于人类活动排放的污染物进入河流、湖泊、海洋或地下水等水体,使水或水体底泥的物理、化学性质或生物群落组成发生变化,从而降低了水体的使用价值,这种现象称为水体污染。"可见,这一定义偏重于从自然科学的角度来概括水污染。而《水灾害经济学》中则侧重于从社会科学的角度来给出定义:水污染灾害是指由人为因素导致天然水体(河流、湖泊等)受到污染,因而导致人类生活用水或环境用水质量下降,使环境及人类身心健康受到影响。由此可见,这两种定义虽然侧重角度不同,但都反映了水污染灾害的成因和影响。但是,人们往往把水污染灾害单纯地当作纯人为灾害,忽视了自然、偶然因素诱发水污染灾害发生的情形。严格地说,水污染灾害的发生既有自然原因,也有人为原因,后者是主要原因,因此,它是一种自然–人为复合型灾害。因此,在总结前人定义的基础上,此处给水污染灾害做如下定义:水污染灾害是指由于违反环境保护法规的经济、社会活动与行为,以及意外因素的影响或不可抗拒的自然灾害等,污染物进入江、河、湖泊、海洋或地下水等水环境,并超过了水环境对该污染物的自净能力而使人类赖以生存的水环境质量产生突发性或累积性的破坏或恶化,水环境的使用价值降低,甚至对水生生物、人类生活、生产用水乃至整个生态环境带来不良影响的过程和现象。

2. 水灾害的分类

人类所遭遇的水灾害,有多种分类方法。如按照致灾因子来源,从大的方面来讲,可分为自然界变化引发的水灾害(如洪水、干旱等)、人为水灾害(如家庭或企业的水污染等)两种;按照灾害持续的时间长短,可分为突发性水灾害(如暴雨洪水)、渐发性水灾害(持续干旱);按照灾害范围可分为全域性水灾害(全国性干旱)、区域性水灾害(长江流域洪水、黑龙江省洪水)、局部灾害(北京城区内涝)等;按破坏程度,可分为毁灭性水灾害(如小星体撞击地球引发海水涌向陆地)、特大水灾害(如 1931 年长江流域特大洪水和全国性洪水)、重大水灾害(如 1998 年松花江流域洪水)、一般水灾害等。

我们通常把灾害划分为自然灾害和人为灾害两大类,每一类还有若干种灾害,因其产生的原因和发生的机理不同,都有其不同的、明显的特征。

3. 水灾害的特性

(1)不可避免性。不管是自然因素还是人为因素导致的水灾害,尤其是洪水和干旱,由于自然界不断变化或人类改造自然的生产活动不断进行,灾害都会多次发生。而对于水污染灾害,由于人类不断追求生产利益,完全消除污染是很难的,只是随着环境问题越来越得到重视,水污染灾害可能在一定的国家或地区会变得越来越轻。

(2)危害性。水灾害给人类带来的伤害是非常严重的,主要表现是人员伤亡和财产损失。如 1931 年长江大洪水造成中下游地区死亡 40 多万人;历史上很多大面积干旱导致农作物大幅减产,粮食匮乏,造成人口流迁、饿殍载道。

（3）周期性。由于地理、气象等自然因素,我国洪水和干旱灾害有明显的周期性,大江大河流域表现得非常明显,而且呈现一定的规律性。如长江流域平均10年就会发生一次中等水平的洪水,平均30年就会发生大洪水;其支流水系甚至几年就会发生一次较大洪水。

（4）不确定性。由于自然、人为因素影响,水灾害发生、发展具有明显的不确定性。一方面,自然界变化无常,引起洪水或干旱的因素极其复杂,因而水灾害发生、发展具有不确定性;另一方面,以往的实践表明,人类对洪水、干旱的认知受科学、技术、经验等多方面条件限制,人类并没有完全掌握灾害发生的规律,因此,对于人类社会而言,灾害发生总是表现出不确定性。

（5）时空分布不规律性。对于洪水和干旱灾害,在空间上,东西南北方降雨差异很大;在时间上,6、7、8月份降雨量大,容易产生洪水灾害,其他月份降雨量少,容易产生干旱,尤其是在春季,西北、华北等地区多发生持续干旱。

（6）连锁性。前面提到的灾害链就是连锁性的一个体现。如暴雨—洪水—泥石流—山体滑坡—水土流失;干旱—虫灾(蝗灾)—饥荒—有人死亡—瘟疫;水污染—环境恶化—疾病等。

不同种类的水灾害还有各自的不同特性。如对于洪水灾害,第一,时间和空间差异大。发生的时间集中在7、8、9月份的汛期,集中降雨;空间上是南方降雨量大,洪灾出现的频率比北方或西部大,而且程度重,但也有北方出现集中降雨,导致洪灾严重的现象,如1998年松花江、嫩江流域的大洪水。第二,洪水发生的规律很难掌握。由于截至目前人类详细记录的降雨和洪水位的资料十分有限,加上时间短,因此,运用现代科学方法预测和分析的手段也十分有限,目前对洪水灾害发生的规律便难以完全掌握;同时,随着社会经济的快速发展,人类经济活动对自然界的干预能力和范围越来越大,使得认识自然规律的难度和复杂程度也越来越大。第三,洪水灾害有时持续时间长、人员伤亡多、经济损失巨大。第四,防御洪水灾害的投资非常巨大,导致不同地区防御灾害的手段也有很大的差异,进而使得受灾体的抗灾能力不同。

（四）灾害及其经济问题

1. 灾害的实质是经济问题[①]

我们通过上述内容对水灾害有了初步的了解和认知,可以理解:在原始森林中发生的洪水以及在人迹罕至的沙漠中发生的干旱未对人类的生产生活产生影响,不称其为灾害现象。所以,是否造成人类的"经济损失"才是判定是否为"灾害"的唯一变量,

---

① 郑功成.灾害经济学[M].北京:商务印书馆,2010:2.

财产和生命的缺失都是经济损失。可以进一步推论,灾害的实质是经济问题。既然是经济问题,灾害的损失也是可以计量的。鉴于此,早在20世80年代,我国著名经济学家于光远教授就提出:"把灾害作为一门科学来研究","建立灾害经济学"。① 随后,就有一些学者开始研究"灾害经济学",有一大批研究成果逐步问世。

2. 灾害带来的经济损失是可以计量的

根据灾害的定义,不论是自然灾害还是人为灾害,其特征都是给人类生命和财产带来损失,而这些损失是可以通过统计的方法得出来的,包括人的死亡、精神损失,对人类生产生活提供支持的自然资源系统、环境变坏进而影响人类而带来的损失,都是可以计量的。

多年来,人类社会应对灾害事件也积累了很多经验,不仅包括想方设法减少和规避灾害的损失而进行的理论探讨,也包括对灾害损失计量方法的探讨。如估算人的生命价值方面有疾病预防法、疾病成本分析法、调查统计分析法等。总之,灾害带来的经济损失是可以计量的,既然是可以计量的,就可以纳入经济问题里探讨和研究。

3. 衡量防灾减灾能力的核心指标是经济投入

人类抗击灾害的经历证明,花费大量的资金,修建防灾减灾工程或寻求其他手段应对灾害,以减少灾害损失,这是正确的决定。总的来说,防灾投入多,抗灾的方法和手段就多,进而使得抗灾能力增强,减少生命和财产的损失。由此可见,经济投入是防灾减灾的重要核心指标。

人类灾害史也表明:在贫穷的国家或地区,越是没有足够的资金用于防灾投入,灾害对它们的打击就越是致命的。这从另一个方面说明了经济因素是解决灾害问题的基础。②

4. 关于灾害经济学与防灾减灾经济学

郑功成在他的《灾害经济学》中,把灾害经济学定义为以人类社会的灾害经济关系及其运行为研究对象的一门特殊的、新型的经济学科。③ 于光远曾指出:"从经济增长来看,灾害起的是消极的或负的作用,灾害经济学属于'消极经济学'或'负经济学'的范畴。"④杜一等人则认为灾害经济学是一门守业经济学。⑤ 笔者在2003年以来出版的《水灾害经济学》《灾害经济学研究》《图解灾害经济学》等,都是在前人研究成果

① 林增余.灾害经济学与保险[J].保险研究,1987(5):2.
② 郑功成.灾害经济学[M].北京:商务印书馆,2010:7.
③ 郑功成.灾害经济学[M].北京:商务印书馆,2010:28.
④ 于光远.灾害经济学提出的根据和它的特点[M]//马宗晋,胡嘉海,孙绍骋,等.灾害与社会.北京:地震出版社,1990:3.
⑤ 杜一.灾害与灾害经济[M].北京:中国城市经济社会出版社,1988.

的基础上做了一些工作,从这些内容看,对灾害经济学的提法不应有什么疑义。但通过多年的理论探讨和实践应用,"灾害经济学"不如叫"防灾减灾经济学"更为合乎道理,主要从以下几个方面考虑:(1)先从经济学的概念研究入手,来分析一下。经济学是研究人类社会在各个发展阶段上的各种经济活动和各种相应的经济关系及其运行、发展的规律的科学。经济活动是指人们在一定的经济关系的前提下,进行生产、交换、分配、消费以及与之有密切关联的活动。经济关系是人们在经济活动中结成的相互关系,在各种经济关系中,占主导地位的是生产关系。另外,经济学实际上是从需求和资源匹配上衍生出来的研究资源分配与调度的学问。如果任何资源都非常充足,所有需求不需要调配就可以得到满足,那么就没有研究资源分配和调度的需求,经济学也就没有生存的空间了。如果社会资源不存在稀缺性,也就不会产生经济学了。从这个角度分析,"灾害"是否是"稀缺资源"? 灾害经济学就不太好理解了。防灾减灾经济学,则更容易理解。因为,防灾减灾,对于人类社会来说,是一种稀缺的资源。防灾减灾的技术、能力、资金等,在不同的地区和国家,都是稀缺的。(2)通过多年的研究和学术交流及应用实践,发现:灾害经济学大多数人不是十分理解,疑义很多,解释起来也很费口舌;如果叫作防灾减灾经济学,大家的疑问就少了很多,按照经济学的意义解释起来也很方便。(3)防灾减灾行为,以防御水灾为例,就是花钱修建堤防工程,来减少洪水带来的损失。这就像付出成本(修堤防的钱),利用某种资源(修建堤防的材料),生产产品(堤防),以保护人们生命和财产免遭损失(换取的收益),这个收益等于免遭的损失减去修堤防的成本。而我们追求的应是免遭的损失与修堤防的成本之差最大化,这个过程正是经济学考虑的"利益最大化"。由此可见,防灾减灾经济学比灾害经济学更容易被人理解。

二、自然灾害的经济属性研究

(一)引言

目前,尽管已有国内外多个学科的学者对自然灾害进行了大量的研究,并对自然灾害具有双重属性这一说法已达成共识;但是,就其研究成果来看,对自然灾害的本质属性的研究仍属初级阶段。周魁一先生对自然灾害的属性进行了比较深入的研究,明确提出灾害原始的属性有两个,即自然属性和社会属性。除此之外,气象、地质、水利、农业等学界也分别从各自角度提出对灾害本质属性的认识。然而,灾害的社会属性的本质是经济属性,目前经济学者对这一点的研究尚属于空白,这就造成了对灾后重建和经济恢复以及减灾防灾投入与产出的理论依据的缺乏,需要进一步发展、完善。笔者认为,灾害经济学理论体系的构建和发展,首先要强化对自然灾害经济属性的认识的地位,就如对商品的认识在政治经济学中的地位一样,它是"灾害经济的细胞";其次,要充分认识灾害经济属性的特点、形成机理和规律,这对减灾防灾投入、效益评估、绩效分析,包括灾后重建的理论指导意义重大。

(二)如何定义自然灾害的经济属性

对于自然灾害的经济属性,在以往的研究中,很少有学者做出过明确的定义。目前,我们也只能从杜一教授的《灾害与灾害经济》一书中找到这样的描述:"灾害的社会属性,是指灾害对人类社会生活,尤其是对社会经济活动的影响程度,一般称之为成灾程度,通常由价值或货币指标表示。"[①]此处尽管是在给灾害的社会属性下定义,但是,这一定义中特别强调了灾害对社会经济活动的影响,并认为灾害的社会属性一般用"价值或货币指标表示"。笔者认为,从中可以看出,此处社会属性的定义中已经涉及了对灾害的经济属性的论述。如果说自然灾害具有双重属性,那么,提出自然灾害的经济属性并不是把自然灾害的本质属性扩大化,笔者把自然灾害的社会属性与经济属性的关系理解为自然灾害的社会属性包括经济属性、文化属性等多个方面,而自然灾害的经济属性是自然灾害的社会属性中很重要的一部分,并处于核心地位。

那么,我们直接借鉴《灾害与灾害经济》中给灾害的社会属性下的定义,从而定义自然灾害的经济属性:"它是指自然灾害对社会经济活动的影响程度,通常用价值或

---

① 杜一.灾害与灾害经济[M].北京:中国城市经济社会出版社,1988:4.

货币表示。"这样定义是否合适呢? 笔者认为,这一定义只提到了自然灾害对人类经济的影响,而忽略了现代社会人类经济行为对自然灾害的发生起到的间接作用。因此,这一理解是不全面的。自然灾害的经济属性应该定义为:"它是指在人类经济行为与自然界相互作用下,自然灾害在产生、发展、造成最终结果的过程中所显现的经济后果,既表现为人类经济行为对自然灾害的发生起到的间接作用,也表现为自然灾害对人类社会经济生活的负面影响。"

(三)认识自然灾害经济属性的三个层次

郑功成的著作《灾害经济学》一书的再版代序中指出:"灾害问题的实质,其实是经济问题。"[1]他的这一论述为我们进一步探讨自然灾害的经济属性提供了新的视野。我们从以下三个层次进行深入剖析。

1. 自然灾害最终结果的经济性

这是自然灾害经济属性最基本的层次。在人类产生之前,地球上就有地震、洪水、火山爆发、干旱、海啸等自然现象,但是这一切未给人类带来灾难,因此并不能称之为自然灾害。如果这些自然现象发生在荒无人烟的地区,同样也不能称之为自然灾害。我们之所以称之为自然灾害,是因为其破坏人类社会的正常生产与生活秩序并导致损失。各种损失后果是确认灾害和衡量灾害大小的最直接、最基本的标志,而人们往往根据一定的标准对自然灾害造成的最终结果进行经济上的量化。由此可见,自然灾害造成的损失是可以进行经济计量的。自然灾害造成的可计量的经济损失至少可以从以下几个方面来论述:

(1)人类创造的物质财富的损失

自然灾害直接作用于人类已创造的物质财富,包括通过人类劳动创造的各种物质意义上的财产物资,如房屋建筑、机器设备、各种生活消费资料、公共设施等。各种自然灾害必然造成这些物质财富的损失,作为各种自然灾害最直接、最普遍的后果之一,它是直接的经济利益的损失。这种损失的多少与灾害级别大小和物质基础总量的多寡密切相关。如从统计数字的分析来看,自1949年以来,我国自然灾害造成的经济损失有逐渐增加的趋势。20世纪90年代自然灾害造成的经济损失情况是每年损失平均占国内生产总值总量的3%—5%,占当年新增国内生产总值的12%—40%。[2]据国家统计局和民政部《中国灾情报告》分析,每年仅气象、洪水、农作物病虫害、森林灾害等七大类自然灾害所造成的直接经济损失(折算成1990年价格),在20世纪50年代平均每年约480亿元,60年代平均每年约570亿元,70年代平均每年约590亿元,80

---

① 郑功成.灾害经济学[M].北京:商务印书馆,2010:代序,4.
② 胡鞍钢,陆中臣,沙万英,等.中国自然灾害与经济发展[M].武汉:湖北科学技术出版社.1996:8.

年代平均每年约 690 亿元。① 1998 年松花江、长江流域大洪水,损失达 3 000 多亿元;2008 年"5·12"汶川大地震直接经济损失为 8 500 多亿元②。

(2)自然人的生命与健康的损失

自然灾害不仅直接作用于物质财富,而且直接作用于人类本身,造成自然人的死亡和健康受损。从经济学意义上说,自然人的生命与健康是有相应的经济价值量的:首先,自然人的成长需要成本;其次,自然人是物质财富的创造者,作为劳动力可以创造价值;最后,自然人如果健康受损,还需要支付医疗费用等,而且这些费用是可以计量的。因此,自然灾害造成的人员伤亡同样是一种财富、资源的损失。有关统计结果表明:20 世纪 50 年代平均每年因灾死亡人口为 9 878 人,60 年代为 6 664 人,80 年代为 7 047 人,1990—1994 年为 7 014 人。严重的人员伤亡,给自然人的生命与健康带来了损失,同时,给家庭中的其他人员带来的精神打击和间接损失也是非常严重的。"5·12"汶川大地震死亡 69 227 人,按照疾病成本法估算经济损失,包括过早死亡、受伤治疗、缺勤误工等费用估计达到 600 多亿元人民币。

(3)各种自然资源的损失

自然资源包括土地资源、水资源、森林及各种动植物资源等,是人类社会财富的极为重要的组成部分。它一方面是可供直接使用的物质财富,另一方面是可供人类进行深度加工并使其价值增值的财富,它同时也是各类自然灾害的危害对象,所以由自然灾害引起的自然资源的损失已经成为制约人类经济发展的一个主要因素。对自然资源造成严重损害的有 1987 年大兴安岭森林大火,1998 年长江、松花江大洪水,2008 年南方雨雪冰冻灾害、汶川大地震灾害,等等。例如,大兴安岭森林火灾不仅造成了数以亿元计的人类物质财富的损失,而且造成了严重的森林资源、动植物资源的损失,以及生物多样性资源的破坏。有关部门调查结果显示,该次火灾造成过火有林面积 90 亿平方米,全部受灾木材蓄积量按 60% 的损失计算,当时木材的市场价格(议价)为每立方米 270 元,可以计算出该次火灾造成的森林资源直接经济损失为 91.854 亿元。

(4)灾后救援和重建的投入费用

自然灾害作为人类社会的破坏因素,决定了灾害发生后,为了今后经济的持续发展和社会稳定,人类必须采取相应的救灾措施,从而就必须投入相应的人力、物力和财力。因此,经济因素是解决自然灾害问题的客观基础。1998 年的长江特大洪水,国家灾后救援进行了大量的投入。据不完全统计,人民解放军和武警部队先后调动 66 个师、旅和武警总队 27.4 万兵力,共出动官兵 433 万人次,组织民兵、预备役人员 500 多万人,飞机和直升机 1 289 架次。2008 年汶川大地震灾后救援出动各类救援人员达 17 万人,仅专业救援人员就达到 18 000 人,再加上重建费用等也是一个相当巨大的数字;2011 年日本"3·11"大地震后,《朝日新闻》曾报道称,《震后复兴基本方针草案》

———

① 国家统计局,民政部.中国灾情报告:1949~1995[M].北京:中国统计出版社,1996:1.
② 民政部国家减灾中心编制.汶川地震灾害监测评估图集[M].北京:科学出版社,2012:前言.

预计未来五年日本的灾区复苏成本高达 1 520 亿美元,这些投入换算成货币形式显然是一个惊人的数字。

总之,自然灾害最终结果的经济性表明,任何自然灾害都必然对人类经济生活造成灾难性的后果,这足以引起我们对自然灾害治理的充分重视,并提醒我们注意救灾投入费用的科学性、经济性,尽量减少灾后的损失。

2. 自然灾害形成原因的经济性

正如前面所述,自然灾害的产生既包括了"天灾",也包括了相当一部分的"人祸",它是多种因素作用的结果。在早期人类社会中,自然因素往往是导致自然灾害产生的主要原因。但是,随着人类社会的不断发展,社会生产力水平的不断提高,生产方式的日益现代化,人类追求发展与享乐的欲望不断扩大,经济利益的不良诱导和经济制度某方面的缺失加剧了自然灾害发生的频度与强度。因此,在当代社会,引起自然灾害发生的原因有自然因素,也有社会因素,而对于某些自然灾害的发生,人类经济利益的驱动是根本性因素。从经济学视角出发,自然灾害形成的社会经济根源大致包括以下几种因素:

(1)生产力发展中的不当经济行为

由于生产力的发展,人类自身的生产活动往往使自然环境不是按照自然规律而是按人为法则演化和发展,打破了自然界的平衡,从而导致自然灾害发生的强度和频率提高。这种开发活动,忽略了自然规律,增加了自然灾害发生的可能性或频次,从而导致人类生命或财产的进一步损失。例如,为了给生产提供能源,人们过度地进行煤田开采,这一经济行为间接诱发地震。我国辽宁台吉地区历史上从未发生过破坏性地震,微震活动也不多见。1970 年当台吉煤田竖井开掘到 500—900 米深时,井区开始出现微震,以后随着开掘活动的增加,地震频度和强度增大。到 1987 年底,共发生地震 160 次,其中破坏性地震 4 次。1977 年 4 月发生 3.8 级地震,使数百间民房受损,很多矿井被破坏,造成了很大的经济损失。[①] 此外,修建水库而将巨量的水贮存于地面上的人类活动与库区地质地壳作用相结合形成水库诱发地震,往往造成惨重的后果。世界上较大的水库诱发地震有约 100 例,我国广东新丰江水库是全世界发生大于 6 级的强破坏性地震的水库中最早的一座。该水库始建于 1958 年 7 月,1959 年 10 月底蓄水,一个月后即开始出现地震活动。随着水位的迅速上升,地震活动相应加强。当水位首次接近满库时,发生 6.1 级地震,造成房屋倒塌 18 000 余间,严重破坏 10 500 间,死伤 85 人。[②] 水电厂房和高压电站被严重破坏,不能运转。这些事例再次启示我们,随着生产力的发展,人类改造自然、征服自然的能力不断加强,这也引发人类过度干预自然的欲望增强,以期望提高人类的生活质量,但结果往往事与愿违,正如恩格斯所

①　国家统计局,民政部.中国灾情报告:1949~1995[M].北京:中国统计出版社,1996.
②　国家统计局,民政部.中国灾情报告:1949~1995[M].北京:中国统计出版社,1996.

说:"我们不要过分陶醉于我们人类对自然界的胜利,对于每一次这样的胜利,自然界都会对我们进行报复。"因此,我们在追求经济效益的同时,更应该建立人与自然和谐发展的关系。

(2)自然灾害发生的人为因素的经济性

公共地悲剧向我们揭示了:如果一种资源没有排他性的所有权,就会导致对这种资源的滥用,最终导致公共资源的毁灭,进而报复到层级受益者的身上。而导致公共地悲剧的最终原因很复杂,除了因为多数自然资源是公共物品,它们具有非排他性和非竞争性的特点之外,经济制度某方面的缺失是导致公共地悲剧从而带来自然灾害的根本原因。众所周知,制度是强制性的,在经济制度存在某方面缺失的条件下,人们可能只注重本位利益、眼前利益,大都不愿为整体利益和长远利益而牺牲当前利益或既得利益,从而导致人们的经济行为过度作用于公共资源,导致了自然生态的失衡,从而间接引致自然灾害的发生。如鄱阳湖边地区为了本地的经济利益而围湖造田,使湖泊面积不断缩小,对洪水的调节能力不断降低,引起江西、安徽、江苏等省的水患日渐严重。这一事例向我们证实了在当代社会,公共地悲剧是导致许多灾害发生的经常性、普遍性现象。由此,围湖造田也启示我们必须明确公共资源的产权关系,杜绝人们经济活动过程中出现的公共地悲剧,避免人类不当经济行为,以防直接诱发自然灾害。

(3)不合理的经济增长方式的作用

如果经济制度某方面的缺失是带来公共地悲剧式的自然灾害发生的原因,那么,不合理的经济增长方式就是带来"自由地悲剧"式的自然灾害发生的原因。[①] 因此,从经济学角度探讨自然灾害的发生原因,我们还必须注意经济增长方式对自然灾害发生的作用。回顾以往的经济增长理论,它们往往把经济系统看作是一个孤立的系统,忽视了环境与经济的相互影响关系。将这种忽略了人与自然和谐、可持续发展的经济增长理论应用于指导国家的经济发展的结果是导致了以往西方发达资本主义国家推行掠夺式的经济增长方式,从而在带来短期的经济繁荣之后,随之带来了制约经济持续发展的灾害。我国也同样经历过由不合理的经济增长方式带来自然灾害的教训。因此,必须通过科学决策,制定合理的经济发展规划,确定正确的经济增长方式。

总之,自然灾害形成原因的经济性表明,人类应当遏制经济发展中的不当经济行为,从引发自然灾害的社会经济根源入手,尽量避免和减少自然灾害的发生。

3.自然灾害发生过程的经济性

自然灾害的爆发有一个能量积蓄的过程,只不过对于不同种类的自然灾害,能量从积蓄到爆发的时间有长短之分。与自然灾害成因的复杂性相对应,自然灾害形成过

---

① 何爱平.中国灾害经济:理论构架与实证研究[D].西北大学博士学位论文,2002.

程具有多重性。① 自然灾害既有其系统的形成过程,又有各式各样的扩大过程,这些过程都是自然灾害系统由量变走向质变的表现形式。同时,自然灾害既有自然生态过程,也有社会经济过程。自然灾害的社会经济过程源自它的社会经济成因。例如在自然灾害发展的过程中,由于种种社会经济方面的因素,自然灾害的烈度和破坏性大大减弱甚至消除,或者相反,即自然灾害的烈度和破坏性大大强化或放大。而这种减轻和放大的效应,往往一方面取决于生产力和经济发展水平,另一方面取决于防灾、救灾方面的经济政策和其他政策的实施。自然灾害发生过程的经济性主要表现在:

(1)生存环境变坏导致贫困人口增加

重大自然灾害发生,不仅会造成人员伤亡,而且也会对生态环境或人的生存空间造成严重的损害。如地震使房屋遭到破坏、农田受损、山林树木倾倒、道路桥梁破损等,导致生产性资源遭到破坏,使得灾区民众生活不能正常进行,甚至使人丧失行为能力,因而一些人由于行为能力缺失而陷入贫困。正如阿马蒂亚·森通过对南亚、撒哈拉、埃塞俄比亚饥荒的考察和研究认为的那样,"除市场商品之外,环境也决定了能够获取的物质特性的总量"②。阿马蒂亚·森把环境作为"公共物品"的一部分,当这些公共物品不能被人们正常地使用时,人的生活水准就会下降。

(2)食物短缺造成灾区物价上升、福利下降

自然灾害如大地震、水灾、旱灾、虫灾、风灾、雹灾等,一个突出的特点是每个灾种都对农业产生负面影响,这种影响是直接、明显和严重的,并与每个人的切身利益或命运都是息息相关的。因为农业遭受打击带来的后果是食物的短缺,灾区食物短缺必然导致物价上涨,进而使得灾区百姓福利大大下降。若遇不法商家哄抬物价、囤积居奇,百姓生活更是雪上加霜。如有资料载:"1942年中原大饥荒,'水旱蝗汤'四大灾害轮流袭击中原。当时政府实行实物税,不断增加军粮征收,致使征税高达农民收入的30%—50%。军政高官和地主乘机囤积居奇,大幅度提高粮价,造成中原地区110个县民众生活陷入困境。"中国历史上由自然灾害造成食物短缺进而带来灾区物价上涨、百姓福利下降的例子不胜枚举。阿马蒂亚·森在他的名著《贫困与饥荒》中论述:由产品的相对价格的突然改变而带来的饥荒发生过多次。③ 可见,自然灾害发生过程的经济效应非常明显。

(3)生产停滞造成人员失业

自然灾害如大地震、大洪水的危害主要体现在两方面:一是这两大灾种摧毁厂房、设备,在短时间内无法恢复,使得生产停滞,导致人员失业,家庭经济遭到损失;二是灾害造成人员伤亡,使得生产企业劳动力人口短缺,无法投入正常生产。如2005年美国

---

① 周魁一.防洪减灾观念的理论进展——灾害双重属性概念及其科学哲学基础[J].自然灾害学报,2004(1):1-8.

② 阿马蒂亚·森,等.生活水准[M].徐大建,译.上海:上海财经大学出版社,2007:52.

③ 阿马蒂亚·森.贫困与饥荒.[M].王宇,王文玉,译.北京:商务印书馆,2001:32.

"卡特里娜"飓风减少 40 万个就业机会;2008 年"5·12"汶川大地震导致川渝 66 家上市公司停牌,几万名员工暂时性失业,同时,灾区劳动力人口伤亡约占 50%,对灾区经济正常运行造成了极大的负面影响。

总之,自然灾害发生过程的经济性表明,在自然灾害危害人类社会经济生活的过程中,人类完全可以采取科学、合理的经济手段和政策,结合工程措施,减弱甚至消除自然灾害的烈度和破坏性,这为社会防灾、减灾提供了可能。

(四)结语

自然灾害作为在一定范围内破坏甚至严重破坏人类正常经济、社会生活的一种自然－社会现象,其诱发因素既包括自然因素,也可能包括部分人为因素。因此,自然灾害既具有自然属性,也具有社会属性,不仅影响社会的发展,也对社会经济活动构成危害,具有独特的经济属性。通过对自然灾害经济属性三个层次的剖析,启示我们既要从成灾原因方面入手,注意收敛人类不当经济行为对自然的无序、过度开发利用以减少自然灾害发生的频率和强度,也要注意自然灾害发生的过程和灾后的严重后果,充分认识自然灾害的自然属性和社会属性,尤其是自然灾害的经济属性,采取工程与非工程相结合的减灾措施,减少自然灾害对人类造成的多方面损失。

(摘编自谢永刚、王茜:《论自然灾害的经济属性》,载《学习与探索》2015 年第 10 期。)

三、历史上水旱灾害及重大灾害年的确定和特点分析

我国古代经济社会一直是自给自足的小农经济占主导地位。广大的农民群众辛勤劳作,养育了众多的人口,支撑了庞大的上层建筑,创造了悠久的中华民族的文明。但长期以来,土地、水文、气候因素一直制约着农业生产的发展,在很大程度上决定人们生活能否温饱,社会秩序能否稳定,王朝统治能否延续。风调雨顺、五谷丰登,是人们普遍和最高的祈愿。然而,大自然在赐予人们阳光和雨露的同时,有时还伴随着水旱灾害,降临在芸芸众生之上。特别是重大水旱灾害带来的危害更大,或成一片泽国,或亢旱连年、赤地千里;并且即使在生产力水平大大发展的今天,重大水旱灾害仍严重地威胁人类,特别是在我国人口不断增加、经济积累越来越多的情况下,水旱灾害有逐年加重的趋势。

(一)近500年水旱灾年分析

这里所提出的水旱灾年是指从全国的角度讲,发生水灾或旱灾的年份,而以下提出的重大水旱灾年是指全国性的重大水灾或旱灾发生的年份,相对非重大而言。

1. 资料统计和运用的有关说明

(1)资料来源

①地方志:通志、府志、县志等;②《明实录》《清实录》《明史》《清史稿》等;③部分省的有关民政资料及部分省气象局的旱涝调查与统计资料;④近代实测降水资料;⑤其他:如水旱灾情专著、期刊、论文等。

(2)旱涝级别和站点分布

把全国划分为120个雨量点,每个站点代表1—2个现代的地(市)级行政区划或历史时期1—2个府的范围,时间从1470年至1990年。水、旱按5级划分,即:1级表示涝,2级表示偏涝,3级表示正常,4级表示编旱,5级表示旱。

(3)旱涝分级的依据和标准

1级,指持续时间长、强度大、范围大的降水而且成灾严重。如"春夏大水,溺死人畜无算""大雨连日,陆地行舟""大水河决,田庐漂没"等。5级,指持续数月干旱或跨年度大范围严重干旱。如"春夏旱,赤地千里,人食草根树皮""湖广大旱,饿殍载道""夏亢旱,大饥"等。

2. 水旱灾年分析

从全国情况讲,为了便于研究,需要说明历史某一年是水年或旱年,这是划分重大

水旱年的基础。水旱灾年的划分以中央气象局气象科学研究院等单位的研究成果
《中国近五百年旱涝分布图集》为背景资料,并在此基础上增补 1979—1990 年的资
料,仍按全国 120 个站点划分,每个站点代表 1—2 个地区或历史时期的府,包括 10—
25 个县。规定每一年中,全国若涝(1 级)或偏涝(2 级)的站点数之和大于 25 个(占
全国 200—300 个县),则认为本年属于水灾年;同理,全国若旱(5 级)或偏旱(4 级)的
站点数之和大于 25 个,则认为本年属于旱灾年。由于全国 120 个站点中,有的年份无
记载,特别是 1911 年前如东北、新疆、西藏等边远地区有的年份缺失;但由于历史上边
疆省份站点分布不多,这些地区的站点约占全部的 10%,可认为这类站点不属于 1 级
或 5 级,对重点论述的重大水旱灾年无大影响。

　　根据资料统计分析,从明代成化六年(1470 年)到 1990 年的 520 年里,水灾年份
有 237 年,旱灾年份有 188 年,饥荒年份有 174 年,灾后大疫年份有 55 年。图 1 表明
水、旱、饥荒、大疫等现象的比例。图 2 表示重大水旱灾年与水旱灾年的比较,图 3 表
示重大水旱灾年各自占比。

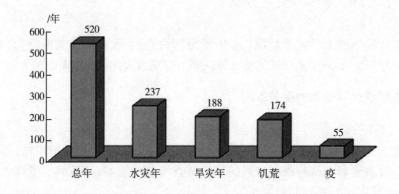

图 1　近 500 年水旱饥疫发生次数分布图

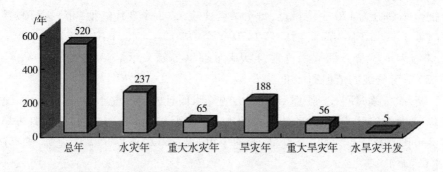

图 2　重大水旱灾年与水旱灾年比较图

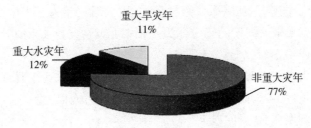

图3 重大水旱灾年比例图

(二)重大水旱灾年分析与界定

通过对上述各水旱灾统计结果的综合分析可知,我国在2 000多年的历史长河中,几乎每2.2年就发生一次水灾,每2.8年就发生一次旱灾。然而,对人们影响很大的应属重大的水灾或旱灾。以下重点研究重大水灾或旱灾。

1. 重大水旱灾害的定义

关于重大水旱灾害,我国目前还没有统一的明确的定义。关于重大灾害,德国Berz先生根据过去30年自然灾害的范围、发生频率的跟踪统计分析总结出,重大自然灾害是指伤亡数字成百上千、无家可归者几十至成百上千、总经济损失超过1亿美元的灾害[1];《中国水旱灾害》[2]根据受灾范围、灾害程度、洪峰流量等对水灾等级综合评定,认为大水灾发生年份占整个发生洪水年份的5%以上,而重大干旱年是指干旱灾害严重的年份,包括连旱年、灾害影响面积大的年份或波及省市较多的年份。其他还有直接按死亡人数多少、损失大小等来划分水旱灾年的方法。

这里所指重大水旱灾害是指水、旱情严重,灾情波及面广,对国民经济影响很大,生产在短期内难以恢复,且影响到以后几年的水旱灾害。笔者根据如下指标来划分水旱灾害:一是水旱灾时死亡、受伤、患病及受影响人口数量;二是水旱灾造成房屋倒塌的数量;三是粮食减产情况及经济的总损失;四是灾情波及的范围。

2. 重大水旱灾年的界定

重大水旱灾年界定的指标包括时间、范围、程度、后果,同时考虑频率等指标。为了便于区分,重大水灾年与重大旱灾年有不同的标准。

①首先是灾情波及的范围。重大水灾年,即在水灾年中,选出1级站点数大于或

---

① 张晓,王宏昌,邵震. 中国水旱灾害的经济学分析[M]. 北京:中国经济出版社,1999:7.

② 国家防汛抗旱总指挥部办公室,水利部南京水文水资源研究所. 中国水旱灾害[M]. 北京:中国水利水电出版社,1997.

等于 15 个的年份,全国有 100—250 个县受灾;重大旱灾年为一年中 5 级站点数大于或等于 15 个;重大水旱灾同发的年份即为一年中 1 级站点数大于或等于 15 个,同时 5 级站点数也大于或等于 15 个。

②水灾死亡人口在 3 000 人以上;旱灾农作物缺水达 2—5 个月或更长,人畜饮水紧张或缺水时间长达 14 天以上,受影响人口在 4 000 万人以上。

③水灾房屋倒塌在 50 万间以上。

④水灾总经济损失占当年国民收入的 1.0% 以上,旱灾减产的粮食量占常年总产量的 5%。

⑤重大水灾年要同时满足表 1 的 A、C、F 三个条件;1911 年以前的 B、C、D、E、F 资料记载不全,必须满足 A。

根据以上指标,全国性重大水旱灾年的划分标准如表 1 所示。

表 1   全国性重大水旱灾年的划分标准

灾种	站点数/个	房屋倒塌/万间	经济损失占当年国民收入百分比/%	减产粮食量占常年总产量的百分比/%	影响人口/万人	死亡人口/人	出现频率小于等于/%
	A	B	C	D	E	F	G
重大水灾	>15	50	1.0	3		3 000	8—10
重大旱灾	>15			5	4 000		10

本书对重大水旱灾年的确定更注重实际灾情,表 1 只做一般参考。如虽然全国发生水灾 1 级站点数大于 15 个,但灾情不大,不按重大水旱灾年份处理;如全国发生水灾 1 级站点数小于 15 个,或倒塌房屋小于 50 万间,但死亡人口在 10 000 人以上,仍按重大水旱灾年份处理;对历史上有的水旱灾年,只有定性描述,且灾情很重,而对其他指标没有明确量的记载,仍按重大水旱灾年份处理,如"淹死无数""田庐尽没""饿殍载道、赤地千里"等等。

3. 重大水旱灾年的确定

(1)数据库

由于笔者研究的时间范围跨度较大,为 1470—1990 年的 520 年,每一年全国的 120 个站点中又有 120 个表示旱涝级别的数字,共 70 000 多个数字,所以应用计算机辅助手段,采用数据库管理,给统计工作带来了方便。

计算机统计出 1470—1990 年每一年中的 1 级站点个数和 5 级站点个数,凡是 1

级站点数或 5 级站点数大于 15 的年份,即初定为重大水灾年或旱灾年。1470—1990
年中,每年出现 1 级或 5 级的站点数的分布情况如图 4、图 5 所示。

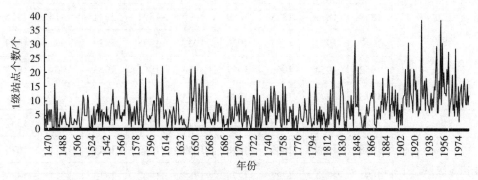

图 4　1470—1990 年水灾程度分布图

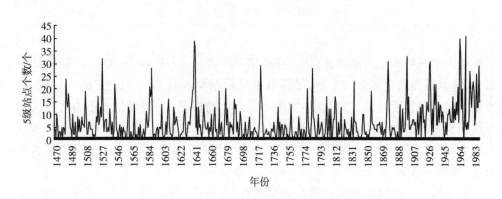

图 5　1470—1990 年旱灾程度分布图

(2)重大水旱灾年

从图 4、图 5 中可以看出,1 级或 5 级站点数为 15 个以上(含 15 个)的年份即为重
大水旱灾年。笔者从数据库调出数据整理列表,如表 2 所示:

表2　1级或5级站点个数为15个以上(含15个)的年份

全国1级站点个数大于等于15个的年份/年	1482	1537	1569	1586	1593	1607	1613	1647	1648
	1652	1653	1658	1659	1662	1663	1668	1730	1746
	1761	1801	1819	1822	1823	1831	1832	1848	1849
	1853	1871	1883	1889	1890	1894	1911	1914	1915
	1917	1921	1922	1924	1931	1935	1937	1947	1949
	1952	1954	1956	1957	1958	1962	1963	1964	1969
	1973	1977	1980	1983	1984	1988	共60年		
全国5级站点个数大于等于15个的年份/年	1484	1487	1508	1523	1528	1544	1545	1586	1587
	1588	1589	1609	1638	1639	1640	1641	1671	1679
	1691	1721	1722	1778	1785	1802	1813	1814	1835
	1856	1876	1877	1878	1899	1900	1919	1928	1929
	1934	1935	1936	1963	1965	1966	1968	1972	1978
	1979	1981	1982	1983	1986	1989	共51年		

在重大水灾年和旱灾年的选择中,存在如下问题:一是,1911年以后,特别是1949年以来,降水量资料记载开始丰富,旱涝级别是根据降水"距平"来确定的,可能会出现个别年份旱涝程度较高,但灾害影响不一定很大的情况。[①] 笔者侧重于由实际灾情和旱涝级别来确定重大灾年。二是有的年份1级或5级的站点范围不大,但局部地区灾害巨大,站在全国的角度看,这一年可算是发生了重大水灾或旱灾,如1855年黄河大改道、1938年黄河决口。

除根据以上旱涝级别和站点多寡的原则外,考虑实际情况和存在的问题,重大旱灾年份应加上如下年份:1857年、1875年、1890年、1916年、1920年、1925年、1926年、1941年、1942年、1959年、1960年、1961年、1988年等。同时减去1963年、1965年、1966年、1968年等。重大水灾年加上1642年(淹死10万人)、1855年、1860年、1862年、1870年、1887年(淹死90万人)、1899年、1932年、1933年、1938年、1939年、1975年、1981年、1985年等,同时减去1937年、1952年、1958年、1962年、1964年、1969年、1973年、1977年、1980年、1983年、1984年等。

综上所述,重大水灾年、旱灾年及水灾年1级、旱灾年5级站点数如表3所示。重大水灾年共64年,约8年1次,重大旱灾年共55年,约10年1次。

---

①　中央气象局气象科学研究院.中国近五百年旱涝分布图集[M].北京:地图出版社,1981.

表3 按综合指标确定的重大水灾年和重大旱灾年统计

	年份/年	站点数/个	年份/年	站点数/个	年份/年	站点数/个	年份/年	站点数/个	年份/年	站点数/个
重大水灾年	1482	15	1537	15	1553	14	1569	21	1586	22
	1593	18	1607	19	1613	22	1642		1647	18
	1648	22	1652	15	1653	21	1658	16	1659	16
	1662	18	1663	19	1668	15	1730	17	1746	15
	1761	16	1801	16	1819	15	1822	20	1823	22
	1831	20	1832	16	1848	23	1849	31	1853	
	1855		1860		1862		1870	11	1871	19
	1883	18	1887		1889	21	1890	15	1894	15
	1899		1911	21	1914	18	1915	30	1917	19
	1921	21	1922	20	1924	17	1931	39	1932	13
	1933	11	1935	17	1938	14	1939		1947	15
	1949	29	1954	38	1956	29	1957	15	1963	16
	1975		1981		1985	13	1988	16		
重大旱灾年	1484	24	1487	18	1508	19	1523	17	1528	32
	1544	22	1545	15	1586	21	1587	17	1588	19
	1589	25	1609	15	1638	19	1639	20	1640	39
	1641	36	1671	22	1679	20	1691	15	1721	29
	1722	18	1778	20	1785	28	1802	16	1813	18
	1814	15	1835	23	1856	19	1857		1875	
	1876	17	1877	31	1878	18	1890	14	1899	15
	1900	33	1916	13	1919	15	1920	14	1925	13
	1926	12	1928	29	1929	31	1934	22	1936	23
	1941	13	1942	13	1959	12	1960		1961	14
	1972	42	1978	27	1981	20	1986	26	1989	28

注:①此表中的站点数由数据库统计,空白处为当年1级或5级的站点数小于10个。②按综合指标确定重大水灾年或重大旱灾年时,参阅近百部地方志及水旱灾资料。

从表3可知,重大水旱灾年共119年,连续重大水灾年有:1647年、1648年;1652年、1653年;1658年、1659年;1662年、1663年;1822年、1823年;1831年、1832年;1848年、1849年;1870年、1871年;1889年、1890年;1921年、1922年;1931年、1932

年、1933 年;1938 年、1939 年;1956 年、1957 年。共 13 个连续年。连续重大旱灾年有:1544 年、1545 年;1586 年、1587 年、1588 年、1589 年;1638 年、1639 年、1640 年、1641 年;1721 年、1722 年;1813 年、1814 年;1856 年、1857 年;1875 年、1876 年、1877 年、1878 年;1899 年、1900 年;1919 年、1920 年;1925 年、1926 年;1928 年、1929 年;1941 年、1942 年;1959 年、1960 年、1961 年。共有 13 个连续年。重大水旱并发年:1586 年、1890 年、1899 年、1981 年。

(三)重大水旱灾的时空分布特点

1. 时间分布特点

上述对 1470—1990 年的 520 年所发生的重大水灾和旱灾年进行了统计分析,可发现重大水旱灾存在时间分布特点。表 4 在 1470—1990 年中每 50 年统计一次重大水旱灾发生次数。

表 4 不同时期重大水旱灾害年出现的次数及频率

起止年份		1470—1520/年	1521—1570/年	1571—1620/年	1621—1670/年	1671—1720/年	1721—1770/年	1771—1820/年	1821—1870/年	1871—1920/年	1921—1970/年	1971—1990/年	次数合计
重大水灾年	次数	1	3	4	10	0	3	2	11	10	16	5	65
	频率/%	2	6	8	20	0	6	4	22	20	32	—	—
重大旱灾年	次数	3	4	5	4	3	2	5	3	10	11	8	58
	频率/%	6	8	10	8	6	4	10	6	20	22	—	—
次数合计		4	7	9	14	3	5	7	14	20	27	13	123

注:表中 1470—1520 年总年数为 51 年,1971—1900 年总年数为 20 年,其他为 50 年。

由上述水灾程度和旱灾程度分布图(见图 4、图 5)可看出时间分布有如下特征:

①1621—1670 年、1821—1870 年、1871—1920 年、1921—1970 年为重大水灾

多发期。

②1571—1620 年、1771—1820 年、1871—1920 年、1921—1970 年为重大旱灾多发期。

③1871—1920 年为重大水旱灾并发期。

从短时期看,在中、重大水旱灾期内,又蕴含短时重灾期。大旱重灾期是 1638—1641 年、1721—1722 年、1875—1878 年三个阶段;大水重灾期为 1647—1668 年、1822—1849 年、1921—1922 年、1931—1939 年。

从 1470—1990 年重大水旱灾害程度分布图中还可以看出,总的趋势是重大水旱灾害周期缩短。

2. 空间分布特点

根据数据库资料进一步统计分析,全国部分地区 520 年中平均发生 1 级或 5 级灾害的次数如表 5 所示。

表 5　全国部分地区 520 年中平均发生 1 级或 5 级灾害的次数表

地区		黑、吉、辽、内蒙古	晋、陕、甘、宁、青	京、津、冀	鲁	豫	皖、苏、沪	浙、闽	赣	湘	鄂	粤、桂	云、贵、川
站点分布数/个		19	16	7	5	5	10	8	5	5	4	10	15
水灾	次数	163	153	143	108	88	164	110	76	76	59	68	109
	站均次数	8.6	9.6	20.4	21.6	17.6	16.4	13.6	15.2	15.2	14.6	6.8	7.2
旱灾	次数	118	194	104	110	122	183	99	48	73	60	63	111
	站均次数	6.2	12.1	14.9	22	24.4	18.3	12.3	9.6	14.6	15	6.3	7.4

(1)水旱灾害的空间分布特点

关于重大水、旱灾的空间分布,表 5 统计了全国部分地区 520 年中平均发生 1 级(水)和 5 级(旱)灾害的次数。从表 5 中可看出有如下明显的特征:

①东北三省及内蒙古,水灾多于旱灾,在1470—1586年为涝灾期,1587—1890年水灾多于旱灾,1911—1979年为水旱多发期,旱涝交替发生。

②北京、天津、河北、山东、河南等地具有旱灾和水灾都很重的特点,具体时间是:1470—1607年为旱涝交替发生期;1609—1641年为大旱灾期,1647—1668年为水灾期;1671—1722年为旱灾期;1819—1855年为水灾多发期。北京、天津及河北发生重大水旱灾的次数相对少,平均28次,而且水灾多于旱灾,河北水灾比旱灾多约20%,河南旱灾比水灾多约30%。

③山西、陕西、甘肃、宁夏、青海发生的灾害以旱灾为主,水灾为次;1470—1641年为干旱期,1642—1668年为涝期,1775—1878年为干旱重灾期;甘肃、宁夏、青海三地旱灾明显多于水灾。

④安徽、湖南、湖北、江西、浙江、福建等以水灾为多发,而前四省以长江水灾为主,长江三角洲地区的江苏、上海是水灾多发地区,但一旦旱灾发生,后果有时比水灾更为严重,历史上记载由大旱灾引起的"饿殍载道"也为数不少。从主观上看,这一地区对于预防水灾比对付旱灾更有经验,从这一地区的水利建设及发展上就可窥见一斑。1650—1670年浙江为干旱中心,灾害加重;黄河流域为涝灾期。

(2)水旱灾害的地区分布特点

①我国重大水灾发生地以长江、淮河、珠江下游为主;黄河流域灾害历史上以决口和改道成灾为甚。根据历史雨涝统计资料,雨涝最严重的地区主要为东南沿海地区、湘赣地区、淮河流域,其次是长江中下游地区、海河和黄河下游地区、四川盆地、辽河及松花江地区。总的特点是雨量东部多,西部少;沿海多,内陆少;平原多,高原少。

②水旱灾多在长江以北。水灾以河北、山东、安徽、湖北、江苏、江西较重;旱灾以湖北、河北、江西、甘肃、山东、陕西、江苏、浙江、安徽、山西、河南较重。

(3)不同地区分布特征的重大水旱灾发生的年份

①重大旱灾年:从1470—1990年,重大旱灾年有56年,其中南北方均旱且同重的年份有1528年、1721年、1785年、1900年、1920年、1928年、1942年、1961年、1972年、1986年共10年;南北方发生干旱而以北方为重的年份有1484年、1640年、1641年、1689年、1877年、1960年、1981年等共7年;北方发生严重干旱而又波及南方的有1484年、1586年、1813年、1876年、1878年、1920年、1929年、1936年等共8年;南方发生严重干旱而又波及北方的有1588年、1589年、1671年、1679年、1814年、1835年、1856年、1934年、1978年等9年;南北方发生干旱而以南方为重的年份有1544年、1545年、1802年、1979年、1988年等5年。以北方干旱为重的偏北型干旱,发生频次多,受旱和成灾面积大,且多发生连续多年干旱,灾情比较严重;以南方干旱为重的偏南型干旱,发生频次相对较少,虽也可能出现受旱和成灾面积较大的情况,但大面积连年干旱的情况相对较少,灾后生产恢复也较快;南北方发生严重干旱多在北方连年干旱和南方干旱同年遭遇情况下出现,干旱灾情影响范围较大,灾情也比较严重。

②重大水灾年：1470—1990 年，重大水灾年有 65 年。为了反映水灾的分布特点，按以下 5 种情况区分：重大水灾以东北松花江、辽河流域为主的有 1911 年、1915 年、1917 年、1932 年、1957 年、1985 等 6 年；以黄淮海地区为主的有 1553 年、1569 年、1593 年、1607 年、1613 年、1642 年、1647 年、1648 年、1652 年、1653 年、1668 年、1730 年、1761 年、1801 年、1822 年、1832 年、1855 年、1933 年、1938 年、1939 年、1958 年、1963 年、1975 等 23 年；以长江地区为主的年份有 1586 年、1831 年、1848 年、1849 年、1860 年、1870 年、1931 年、1954 年、1980 等 9 年；全国性"遍地开花"型水灾的年份有 1482 年、1537 年、1658 年、1659 年、1662 年、1663 年、1746 年、1819 年、1853 年、1921 年、1922 年、1924 年、1947 年、1949 等 14 年；以珠江流域为主的年份有 1862 年、1915 等 2 年。综上所述，黄淮海地区水灾为多，占重大水灾年份的 35%，以黄河决溢和改道为主；长江流域大水以中下游为主，具有灾面广、灾重的特点；全国性"遍地开花"型水灾的年份有 14 年，占 22%，特点是以局部暴雨或中小河流决溢泛滥成灾为主；东北和珠江地区相对次数较少，但有局部灾重的特点。

（四）水旱灾史料统计中的不足

1. 史料丰富性和可选择性的矛盾

我国正史中，除《三国志》等少数没有专篇外，其他大都设有专篇记述水旱灾害。属雨、水、旱的大多集中于《五行志》《灾异志》中；属江河决溢的，则大多反映在《河渠志》《沟洫志》中。明清以后大量地方志、实录和档案资料所载水旱灾害情况，比正史多得多。然而①史料表面上虽然丰富，但就某一地区，某一时段来说，又缺乏。②我国古代史籍中有关灾害现象的记载有时是很模糊的，如《汉书·五行志》载"文帝三年秋，天下旱"，是否指全国旱？又如"河南、河北大水"，是指两地全部受水？还是指两省某局部地区大水？这需要从其他资料中得到参证。

2. 史料记述时间跨度长和不系统性的矛盾

《水经注》载前 2697—前 2597 年间黄帝轩辕时大水"昔黄帝之时……天乃甚雨，七日七夜……"为最早的记录；大旱的记载自《竹书纪年》始。《史记·五帝本纪》载"汤汤洪水滔天，浩浩怀山襄陵，下民其忧"，为正史中最早的洪灾记载；旱灾最早是《史记》"大旱，是年历王死于彘……"，是记周共和十四年（前 828 年）的事。可见记载水旱灾的史料有 4 000 多年的历史。但要根据这些零散的资料做灾害频度分析，系统性和连续性就差了。从西汉到三国、南北朝几乎没有水旱专篇记载；若从每朝代看，即使有《五行》《河渠》等专篇记载，也无法系统全面反映水旱灾情。因为，第一，历史上长时间没有水文、气象、报灾制度；第二，官员夸大灾情或隐瞒不报是常事；第三，古代缺乏系统的档案资料,正史记载也只能是"有文则录"而已;第四,记述带有迷信色彩,有时偏离实际情况。

3. 资料的有用性与缺乏定量记载的矛盾

如1870年长江大水,经分析和考察推测宜昌洪峰流量为105 000 米^3/秒,历史资料也有触目惊心的记载,但发生的具体时间、地点、过程、成因等要素都不清楚,难以对其定量分析。

（摘编自谢永刚:《中国近五百年(1470—1990)重大水旱灾害对社会影响及减灾对策研究》,中国水利水电科学研究院博士论文,2000年7月。）

第二编

水灾危害及对经济社会的影响

一、重大山洪灾害对农村家户经济长期影响的实证研究

(一)背景

在我国局部地区,由于地理、气象、水文等特点,汛期常常发生突发性暴雨洪水,进而可能导致重大山洪灾害。如 2005 年 6 月 10 日,黑龙江省宁安市沙兰镇发生近 200 年一遇的特大暴雨,沙兰河流域内降雨大概从 13 时开始至 15 时结束,平均降雨强度为 41 毫米/小时,最大降雨强度为 120 毫米/小时,流域平均降雨量为 123.2 毫米,是沙兰河流域 6 月份多年平均降雨总量(92.2 毫米)的 1.34 倍。推算形成这次洪水的暴雨重现期为 200 年,估算沙兰河洪峰流量为 850 米³/秒,估算洪水总量为 900 万立方米。洪水冲堤岸造成严重的灾害,政府部门迅速启动了二级救灾应急响应。本次灾害特点是:突发、严重、救援难度大、灾害影响时间长等。

(二)研究意义与相关成果概述

以往对自然灾害造成的损失及其综合影响研究不足。就灾害损失而言,包括直接经济损失和间接经济损失,而间接经济损失一般以直接经济损失的 3—4 倍估算。为什么不能准确地计量间接经济损?主要是因为对灾害的长期经济影响关注不够,这也影响了后期灾后重建与减灾防灾投入的合理性和科学性。我国学术界对灾害的长期影响研究的案例很少,缺乏长期的考察或跟踪研究,特别是对灾户微观的经济影响。王艺明等(2008)[1]通过构建一个包含自然灾害的两部门内生增长模型,发现自然灾害对长期经济增长的影响幅度取决于其造成的人力资本存量损失,灾害发生会促使灾民更多地投资于人力资本,灾害的长期经济影响是正面的。罗小峰等(2011)[2]利用对农户的调查问卷,对农户减灾需求进行了研究。汪寿阳等(2010)[3]使用缺墒模型方法,对 2008 年南方重大雪灾进行经济损失评估,评估内容包括直接经济损失、间接经济损失、次生经济损失和总经济损失等。袁丽丽(2007)[4]对黑龙江省宁安市沙兰镇 2005 年"6·10"山洪灾害的社会经济影响进行研究,认为我国广大农村地区承灾能力仍旧

① 王艺明,陈美兰,王晓.自然灾害对长期经济增长的影响[J].经济管理,2008,30(19/20):144.
② 罗小峰,李文博.农户减灾需求及影响因素分析——基于湖北省 352 户农户的调查[J].农业经济问题,2011,32(9):65.
③ 汪寿阳,刘铁民,陈收,等.突发性灾害对我国经济影响与应急管理研究:以 2008 年雪灾和地震为例[M].北京:科学出版社,2010.
④ 袁丽丽.自然灾害对中国农户经济的影响和对策研究[D].黑龙江大学硕士论文,2007.

较低,致灾效应明显,越是经济贫困地区,承灾能力越弱,经济发展程度和灾区承灾能力具有莫大的关联。农户是自然灾害的受灾主体,我们制定减灾救灾措施应当立足于农户的基本经济状况和减灾救灾需求,才能使减灾救灾措施发挥应有的作用,因此探究哪些经济因素影响灾区农户承灾能力,对提高政策的有效性和针对性具有重要意义。

(三)灾区相关长期经济影响要素的统计与处理

笔者对 2005 年、2008 年、2011 年的沙兰镇洪水灾区进行了实地考察,其中面板数据是在调研数据基础上整理获得的,笔者运用 EViews 6.0 对 2000—2010 年间(考虑灾前和灾后对比)面板数据模型[①]的数据进行了处理分析。

1. 变量选择和数据收集

因变量是受灾居民的每户年总收入(G_r),将每户年总收入作为社会经济发展水平的考察指标,突发性洪水灾害之类的经济系统外生变量会通过其自身或者社会经济其他变量影响到受灾居民的收入水平。考虑到受灾农户的心理感受、收入隐私、时间较长难以记清具体数额等多方面因素,在调查研究时,我们在当地相关政府部门提供的社会经济数据基础上,通过前期调查研究大致确定历年灾民户均总收入水平,调研询问时用"不高于"或者"不低于",以大概确定受访者每户年总收入范围,其他变量获取采取类似的方法。

自变量包括洪灾影响变量、社会经济背景变量等。由于洪水灾害产生的各方面的作用将影响到受灾居民的收入水平,洪灾影响变量主要包括农业生产投入(主要包含农药、化肥、机械等)(A_p)、受灾耕地面积(A_r)、直接财产损失(主要包括居民住房损失和室内外财产损失)(P_l)、国家救灾补偿(主要包括死亡补贴和重建房补贴)(S_c)、灾后重建支出(R_e)等五个变量,社会经济背景变量主要包括受灾居民的人口学特征和社会经济特征等维度的子变量,如总耕地面积(C_l)、劳动力人口(L)、外出务工收入(L_i)等三个变量。β_0 为常数项。

2. 描述性统计

运用 EViews 6.0 对统计数据[②]求均值、标准差等统计量后,得到所有变量的描述性统计分析结果,见表1。

---

① 高铁梅.计量经济分析方法与建模 EViews 应用及实例[M].北京:清华大学出版社,2009.
② 数据来源:2005 年、2008 年、2011 年灾区实际问卷调研数据和沙兰镇政府财务统计报表。

表 1　变量的描述性统计

变量	平均值	标准差	变异系数	最小值	最大值
每户年总收入/元	5 803.2	2 648.8	0.73	2 000	15 000
总耕地面积/亩	33.3	4.1	0.85	26	50
劳动力人口/人	3.38	0.74	0.11	2	5
农业生产投入/元	1 521.3	765.3	1.62	100	7 900
外出务工收入/元	774.7	725.4	1.1	0	3 000
受灾耕地面积/亩	7.86	7.23	1.43	0	32
直接财产损失/元	6 332.7	19 016.64	3.2	0	100 000
国家救灾补偿/元	2 055	5 984.8	2.67	0	20 000
灾后重建支出/元	7 632.9	22 148.7	3.3	0	150 000

　　注:100 个受灾农户的 2001—2010 年总体样本中,离散程度从高到低依次是灾后重建支出 > 直接财产损失 > 国家救灾补偿 > 农业生产投入 > 受灾耕地面积 > 外出务工收入 > 总耕地面积 > 每户年总收入 > 劳动力人口。其波动程度较大的变量为灾后重建支出和直接财产损失,变量间起伏变化较大;波动程度较小的是每户年总收入和劳动力人口;最大值和最小值之间波动相对比较平稳,其余变量处于中等水平。1 亩 = 0.067 公顷。

表 2　变量的总体平均值动态变动趋势

变量	2001 年	2002 年	2003 年	2004 年	2005 年	2006 年	2007 年	2008 年	2009 年	2010 年
每户年总收入/元	2 973.8	3 613	4 003.7	4 725.2	3 163.5	5 412.5	5 778	8 816	9 243	10 304
总耕地面积/亩	34.1	33.9	33.3	33.3	33.3	33.3	33.3	32.5	32.5	32.5
劳动力人口/人	3.58	3.58	3.58	3.58	2.57	2.57	3.58	3.58	3.67	3.67
农业生产投入/元	999.1	1 009	1 030.5	1 123.5	835.8	1 315	1 397	2 107	2 382.9	3 013.1
外出务工收入/元	153.9	161.3	362.2	521.1	71.1	601	727	1 023	1 900.3	2 200
受灾耕地面积/亩	6.67	7.88	5.84	5.17	25.27	2.84	4.55	7.24	8.39	4.76

续表

变量	2001年	2002年	2003年	2004年	2005年	2006年	2007年	2008年	2009年	2010年
直接财产损失/元	48	202.5	129.9	219.1	59 780	283	526.5	653.5	951	533.5
国家救灾补偿/元	0	0	0	50	20 000	100	100	100	100	100
灾后重建支出/元	90.4	442.5	312.5	799	69 410	902.5	1 168	1 117	1 271	816

数据来源:根据 2005 年、2008 年、2011 年灾区实际问卷调研数据和沙兰镇政府财务统计报表等。

表 2 是变量的总体平均值动态变动趋势。从各变量总体平均值变动趋势来看,除总耕地面积外,各变量在 2005 年洪水灾害影响下均有较大变化。每户年总收入均值 2005 年比 2004 年锐减 33%,但灾后增速大幅提升,每户年总收入均值 2006 年比 2005 年增加 71%;洪水灾害影响变量中,农业生产投入均值在 2005 年迅速下降后,又迅速恢复为原来的增长趋势,并且增速提高,其余变量——受灾耕地面积、直接财产损失、国家救灾补偿、灾后重建支出变动基本同步,且变动无明显趋势,表现出“天灾无常”的状态;社会经济背景变量中,每户均耕地面积基本保持不变,劳动力人口在灾后两年内逐步恢复到原来水平,外出务工收入均值灾时降幅达到 86%,但灾后第一年就恢复为原来的变化趋势。

3. 计量模型构建及分析

设定灾区经济增长模型为多元回归模型:

$$\lg(G_r) = \beta_0 + \beta_1\lg(C_l) + \beta_2\lg(L) + \beta_3\lg(A_p) + \beta_4\lg(L_i) + \beta_5\lg(A_r) + \beta_6\lg(P_l) + \beta_7\lg(S_c) + \beta_8\lg(R_e) \cdots \cdots \quad (1)$$

对被解释变量和解释变量分别做简单线性相关分析,结果如表 3 所示。

表3　因变量与自变量的线性相关关系

变量	系数	标准差	t 统计量	P 概率
C_l	0.026 399	0.028 62	0.922 394	0.356 5
C_1	3.680 119	0.043 508	84.585 01	0
L	0.051 965	0.018 679	2.781 939	0.005 5
C_2	3.693 321	0.009 784	377.496 3	0
A_p	0.078 423	0.019 91	3.938 848	0.000 1
C_3	3.474 337	0.062 444	55.639 02	0
L_i	0.043 367	0.011 836	3.664 036	0.000 3
C_4	3.605 237	0.031 596	114.102 8	0
A_r	-0.045 344	0.005 973	-7.590 8	0
C_5	3.745 346	0.005 163	725.427 8	0
P_l	-0.025 936	0.005 839	-4.441 591	0
C_6	3.773 387	0.016 461	229.238 8	0
S_c	-0.136 509	0.006 32	-21.598 65	0
C_7	4.108 427	0.015 368	267.341 8	0
R_e	-0.026 434	0.006 058	-4.363 687	0
C_8	3.780 115	0.018 927	199.721	0

注:C_1—C_8 为常变量。

相关因素线性关系如下:

$\lg(G_r) = 0.026\lg(C_l) + 3.68$;

$\lg(G_r) = 0.052\lg(L) + 3.69$;

$\lg(G_r) = 0.078\lg(A_p) + 3.47$;

$\lg(G_r) = 0.04\lg(L_i) + 3.61$;

$\lg(G_r) = -0.045\lg(A_r) + 3.75$;

$\lg(G_r) = -0.026\lg(P_l) + 3.77$;

$\lg(G_r) = -0.14\lg(S_c) + 4.1$;

$\lg(G_r) = -0.026\lg(R_e) + 3.78$。

由上面分析可以看出:在五个洪灾影响变量中,农业生产投入(A_p)与农户年总收入(G_r)呈正相关关系,受灾耕地面积(A_r)、国家救灾补偿(S_c)、直接财产损失(P_l)、灾后重建支出(R_e)等因素与农户年总收入(G_r)呈负相关关系。三个社会经济背景变量中,劳动力人口(L)、总耕地面积(C_l)、外出务工收入(L_i)均与农户年总收入呈正相关关系。

根据灾区经济增长模型(1),带入研究变量数据得出的结果如表4所示。

表4 面板数据模型的数据处理结果

变量	系数	标准差	t 统计量	P 概率
总耕地面积/亩	−0.03	0.05	−0.49	0.62
劳动力人口/人	0.12	0.03	4.34	0
农业生产投入/元	0.48	0.03	15.7	0
外出务工收入/元	0.17	0.02	11.1	0
受灾耕地面积/亩	−0.01	0.01	−0.77	0.44
直接财产损失/元	0.01	0.02	0.6	0.55
国家救灾补偿/元	0.03	0.01	3.63	0
灾后重建支出/元	−0.03	0.01	−2.36	0.02
常数项	1.76	0.1	16.8	0
拟合度(R^2)	0.91			
Durbin-Watson 统计量	1.87			

对面板数据处理的结果显示,模型 R^2 值为 0.91,达到显著水平,Durbin-Watson 统计量为 1.87,接近于 2,但是 C_l、A_r、P_l 等三个因素显然没有达到显著水平。另外,对各个因素进行相关矩阵分析,如表4所示,受灾耕地面积、直接财产损失、国家救灾补偿、灾后重建支出等四项之间存在严重的多重共线性。因此需要对模型进行进一步处理,见表5。

表5　各自变量相关系数矩阵

	C_l	L	A_p	L_i	A_r	P_l	S_c	R_e
C_l	1.000 0							
L	0.229 6	1.000 0						
A_p	−0.001 3	0.192 4	1.000 0					
L_i	0.015 7	0.165 2	0.852 1	1.000 0				
A_r	0.036 7	−0.244 3	−0.239 6	−0.251 6	1.000 0			
P_l	−0.002 6	−0.341 5	−0.271 4	−0.293 0	0.763 0	1.000 0		
S_c	−0.000 0	−0.366 3	−0.294 4	−0.318 7	0.802 2	0.937 4	1.000 0	
R_e	−0.009 5	−0.339 1	−0.270 2	−0.291 6	0.751 9	0.969 8	0.930 3	1.000 0

剔除有关变量后,得到的计量结果如表6所示。

表6　计量处理最终结果

变量	系数	标准差	t 统计量	P 概率
C_l	1.871 159	0.053 091	35.244 17	0.000 0
L	0.099 701	0.027 662	3.604 249	0.000 3
A_p	0.371 179	0.023 350	15.896 46	0.000 0
L_i	0.212 525	0.009 516	22.333 10	0.000 0
A_r	−0.061 085	0.011 628	−5.253 437	0.000 0
P_l	0.043 091	0.004 359	9.886 571	0.000 0

<table>
<tr><td colspan="4" align="center">效应参数</td></tr>
<tr><td></td><td></td><td>标准差</td><td>截面效应占
误差百分比</td></tr>
<tr><td>随机截面系数</td><td></td><td>0.000 000</td><td>0.000 0</td></tr>
<tr><td>随机特异性系数</td><td></td><td>0.065 558</td><td>1.000 0</td></tr>
<tr><td colspan="4" align="center">加权检验</td></tr>
<tr><td>R^2</td><td>0.878 826</td><td>因变量均值</td><td>3.703 974</td></tr>
<tr><td>调整 R^2</td><td>0.877 984</td><td>因变量标准差</td><td>0.188 631</td></tr>
<tr><td>回归标准差</td><td>0.065 890</td><td>残差平方和</td><td>3.121 560</td></tr>
<tr><td>F 统计量</td><td>1 042.926</td><td>Durbin-Watson 统计量</td><td>1.923 457</td></tr>
<tr><td>概率(F 统计量)</td><td>0.000 000</td><td></td><td></td></tr>
<tr><td colspan="4" align="center">不加权检验</td></tr>
<tr><td>R^2</td><td>0.878 826</td><td>因变量均值</td><td>3.703 974</td></tr>
<tr><td>残差平方和</td><td>3.121 560</td><td>Durbin-Watson 统计量</td><td>1.923 457</td></tr>
</table>

由表 6 可得，$R^2 = 0.88$，Durbin-Watson 统计量 = 1.923 457，F 统计量 = 1 042.926，概率（F 统计量）= 0，各变量均达到显著水平，总体拟合优度良好，因此灾区经济增长的多元回归模型可表示为：

$$\lg(G_r) = 1.87 + 0.1\lg(L) + 0.37\lg(A_p) + 0.21\lg(L_i) - 0.06\lg(A_r) + 0.04\lg(P_l)$$

由此可见，灾区经济增长与农户劳动力人口、农业生产投入、外出务工收入、直接财产损失存在正相关关系，并与受灾耕地面积呈负相关关系。由于各个变量间的相互影响及多重共线性的存在，其他外生变量通过上述变量直接或者间接影响农户年总收入。

4. 变量解释

（1）外出务工收入。袁丽丽（2007）调研发现"6·10"突发洪水灾害灾区种植业收入在农户全部收入中的比例大概为 50%，灾区耕地面积多少对农户收入高低来说至关重要。外出务工收入（L_i）与农户年总收入的弹性系数为 0.21，与模型中外出务工收入不同。数据统计结果显示耕地面积越多，农户整体收入水平反而越低，灾区居民种粮积极性无疑会受到打击，灾区居民将会把各种经济要素投入到其他行业或者领域，以期获得预期收益。如图 1 所示，除灾年外，外出务工收入逐年增加，且占总收入的比例有逐年增加的趋势。

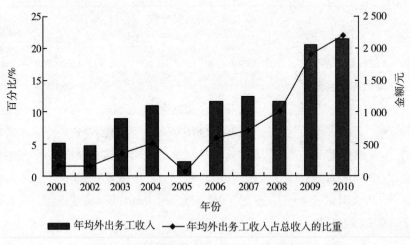

图 1　2001—2010 年外出务工收入变化情况

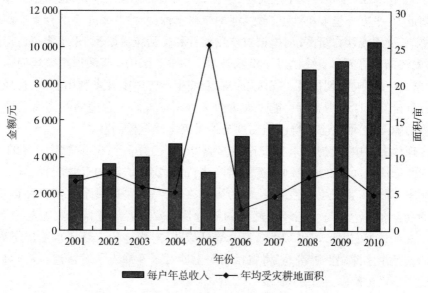

图2　2001—2010年受灾居民年均收入情况统计

在洪灾发生当年,对当地家庭收入影响较大,但是每户年均总收入逐年增加的趋势不变,灾后第一年每户总收入快速增长,灾后第二年增速放缓,灾后第三年恢复为原来的增长趋势,洪水灾害的影响逐渐消退,2010年灾区居民年均收入超过10 000元,如图2所示。总体来看,灾后灾区经济发展2—3年便恢复为灾前经济增长发展趋势。

(2)劳动力人口及结构。沙兰"6·10"洪灾对人口的影响是多方面的,短期内不仅造成了灾区人口数量上的减少,而且给灾区居民心理带来挥之不去的阴影,巨大的精神打击严重影响了灾区劳动生产。对每个受灾家庭而言,这种损失是难以估量的。从经济学意义上看,这种灾难导致了抚养成本和教育成本等一系列沉没成本的损失,造成的人力资本的损失往往远远大于直接经济损失。在贴现率为10%的条件下,有人估算灾区1个男孩死亡造成的货币损失量高达66 835元,并认为间接经济损失必然大于这个数字。从现在的社会经济情况看,造成的货币损失必然大于这个数目。洪灾不仅改变了灾区的人口结构,也加快了灾区人口老龄化进程,对灾区经济造成长远而深刻的影响。"6·10"洪水灾害结果表明:老人、妇女、儿童等弱势群体在突发性自然灾害来临时,表现出更大的脆弱性,承灾能力更低,在灾害中因受到身体上的伤害,灾后心理伤害程度较大并且持续时间较长。

(3)耕地面积与生态环境。实证研究结果表明,耕地面积对农户没有显著影响,农户增收由传统意义上依靠土地面积的扩张逐渐转变为依靠提高土地效率和经济收益的提高,另外,随着人地矛盾加剧,经过多年的土地开垦,未被开发的土地日渐稀少。

沙兰河在镇以上的流域面积为115平方公里,其中和盛水库以上的流域面积为

45平方公里,2005年6月发生洪灾时,连续2个小时的大暴雨降落在和盛水库和沙兰镇之间近70平方公里坡耕地上,沙兰河两岸树木稀少,沙兰镇几乎所有土地都已被开发为耕地,洪水泥沙含量高,河道被农作物秸秆和生活垃圾淤积,建筑物挤占河道行洪区,桥梁被堵塞等因素直接诱发了洪水外溢。事实上,2010年河道里垃圾尚未清理干净,杂草丛生,影响汛期行洪。灾区居民在农业生产中过度开发利用土地、在经济活动中不尊重自然规律等因素都可能是人为致灾因素。人们不合理的经济活动导致了生态环境的脆弱性,而生态环境的脆弱性是诱发灾害的重要因素。

在现代灾害中,人为因素致灾比重日益增加,已经占到全部灾害因素的80%以上。因此如何最大限度地控制人类不当经济行为,实现资源的有效配置,减少灾害发生的频率,降低灾害发生的强度,已成为当务之急,特别是应对重大突发性自然灾害。人类的社会经济活动与生态环境之间的矛盾是引发或者加重自然灾害的重要根源。洪灾不仅导致人们财产损失和生命安全受到威胁,对当地生态环境也造成了影响,最明显的就是洪水冲刷上游耕地,将肥料和泥土沙石一并冲入下游耕地,从而对上下游土地的产值产生影响,如图3所示。

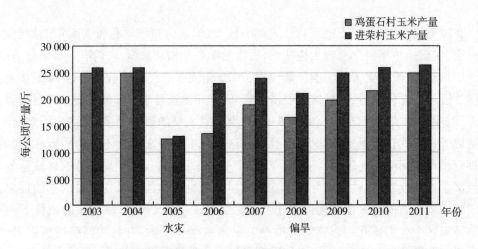

图3 "6·10"洪灾上游鸡蛋石村与下游进荣村2003—2011年玉米产量变化情况

2005年洪灾,对当年作物产量影响很大,上游鸡蛋石村和下游进荣村玉米产量都锐减50%左右,但是灾后下游进荣村玉米产量恢复速度明显快于上游鸡蛋石村,下游进荣村玉米产量灾后第一年就恢复到灾前产量的88.5%,灾后第四年基本恢复到灾前水平,而上游鸡蛋石村的玉米产量灾后第一年仅恢复到灾前产量的54%,灾后第六年基本恢复到灾前水平。受冲刷田地需要3—5年恢复肥力,淤积地则很快(1—2年内)恢复,可能是由于泥沙淤积同时也使农田肥沃。总体来看,灾区农田粮食产量3—4年便恢复到灾前水平。

虽然洪水灾害对上下游耕地肥力都有影响,但是相对而言下游耕地肥力恢复得更快一些,受到的危害更小一些,但冲击到下游的肥料和泥沙并不能提高耕地的肥力,灾后下游的玉米产量没有明显超过灾前水平的迹象,长期来看,农作物产量提高依然要靠农业技术进步。

(四)灾后7—12年间(2012—2017年)的灾害影响及经济恢复

通过上述分析得知,2005年发生的沙兰洪灾对家户经济的影响时段为2005—2011年的7年。笔者也对此次灾害发生后的2012—2017年时段进行了跟踪调查,发现除了对农业、人口等方面的影响逐渐消除之外,灾害对农民赖以生存的生态环境以及生产方式的改变进而导致的其经济生活的变化还是很大的。特别是灾后重建的思路、理念及方式等对农民未来的经济行为有着潜移默化的影响。这种影响对提高家户经济收入和生活质量,包括根据自身的行为能力展开的脱贫减灾以及投身乡村振兴活动的积极性和创造性,有着非常大的促进作用。如2005年沙兰镇水田亩产量为400多公斤,农民人均纯收入为3 585元;到2015年这两项指标分别增为550公斤和20 000元。这得益于灾后重建过程中,结合扶贫减灾行动计划,把灾后生态环境恢复和改善提升到战略高度,加强农田水利工程和减灾防灾体系建设,增强农业和农村抵抗灾害能力。把土地的合理使用及作物种植结构调整与灾区的生态环境建设纳入经济发展规划,通过灾后重建和生产方式的改变,来引导灾民改变生活方式,以此提高灾民生活的幸福指数。如在《沙兰灌区规划》中,把兴利减灾工程融入续建配套和节水改造工作内容;防洪和排涝与合理开发利用水资源相结合,为建立"两高一优"农业奠定了基础。同时,把农作物结构调整与行洪滩地改造相结合。如沙兰镇多年来玉米(高科作物)种植面积保持在20多万亩,随着国家供给侧结构性改革的深入推进,沙兰镇逐步转换农作物种植品种,引导农民种植经济作物,保证农民收入。2015年全镇的甜叶菊合作社已达7家,成员近500户,年均种植面积达4 000亩左右,并连续多年给农户家庭经济带来了良好的效益。

研究自然灾害对家庭经济的长期影响,还有一个不可忽略的问题就是"返贫"现象,尤其是农村家户。以往农村脱贫工作的经验是:70%的返贫是由自然灾害造成的,而生产的恢复和家园的重建需要较长的时间,因此,一旦返贫,再度脱贫的难度就更大。[①] 这就要求灾区各级政府在灾后经济恢复工作中,要把遏制经济发展中的不当经济行为[②],作为长远的战略目标。沙兰灾区政府在党的"十八大"以来,全面贯彻《中共中央 国务院关于加快水利改革发展的决定》,充分认识到:"水是生命之源、生产之

① 谢永刚,袁丽丽,孙亚男.自然灾害对农户经济的影响及农户承灾力分析[J].自然灾害学报,2007,16(6):175.

② 谢永刚,王茜.论自然灾害的经济属性[J].学习与探索,2015(10):107.

要、生态之基。""水利是现代农业建设不可或缺的首要条件,是经济社会发展不可替代的基础支撑,是生态环境改善不可分割的保障系统。"以建设综合防灾减灾体系、水资源保障体系、水生态保护体系为核心内容;在沙兰河治理、沙兰灌区建设等民生水利防灾减灾工程中,加强对洪灾和泥石流、江堤崩塌、山体滑坡等灾害的预报预警的技术和制度等方面的基础建设,提高应对自然灾害和突发事件的能力,确保防灾安全、饮水安全和生态安全,减少重大自然灾害对家庭经济的冲击和影响。

(五)结论

社会经济发展以人的发展为最终目的,以人的生活和生存质量提高为表现形式,而突发性自然灾害打乱了灾区人们的生活秩序,危害了人们的生命安全,扰乱或者阻断了经济活动的正常运行,大大降低了受灾居民的福利水平。从这个意义上讲,减灾防灾能力应是社会经济发展的重要考核标准,而决定这一指标的主要因素是减灾投入水平的高低或者是否科学合理,这又取决于对灾害的经济影响程度的评估。所以对灾害的长期经济影响的研究至关重要。通过对自然灾害长期影响的跟踪研究,笔者定量分析了灾害对家庭经济的影响程度,并得出如下结论:

第一,从对土地生产能力的影响来看,洪水伴着泥沙沿河道俱下并冲毁河堤,淤积河道和田地,对当年作物产量影响很大,如玉米产量减少五成左右;但是灾后下游进荣村玉米产量恢复速度明显快于上游鸡蛋石村,下游进荣村玉米产量灾后第一年就恢复到灾前产量的80%以上,灾后第四年基本恢复到灾前水平。而上游鸡蛋石村的玉米产量灾后第一年仅恢复到灾前产量的一半以上,灾后第六年基本恢复到灾前水平。说明受冲刷田地上游产生水土流失,丧失地力较大;而下游不排除局部地块泥沙淤积的同时也肥沃了农田,并不像以往认为的那样,洪灾冲毁农田,地力恢复需要若干年。

第二,通过对灾民样本数据分析,灾害当年比前一年收入少四到七成,但灾后第三年增速大幅提升,这与灾后重建和经济恢复政策有关;而外出务工收入灾年大幅下降,原因是灾害发生后,受灾家庭外出务工人员返乡,安慰、帮助受灾亲人或参与重建和恢复工作。

第三,农村减灾防灾基础设施薄弱和农业生态环境恶化也是这次灾害严重的主要原因之一。调查结果表明:多年来,人们对村镇周边的生态环境和基础设施建设一直不是很满意,如基础建设乱取土、挖坑,导致水土流失严重,河道淤塞,等等。灾害发生后,沙兰镇结合灾后经济恢复和扶贫减灾以及乡村发展计划,加大防灾减灾的基础设施以及环境治理工程的建设力度,使得近五年灾害应对能力大大提高,也使得沙兰"6·10"灾害对农村家户经济的长期影响基本消除。

第四,灾后重建注重以生态文明建设为主线贯穿整个复兴发展规划。如沙兰灌区、沙兰河整治规划等,使得灾民有机会在参与新项目的建设时,以家园重建为契机,按照规划融入了新的理念,同时也改变了旧的生活观念和传统落后的生活方式,并积极主动地参与新农村建设。

（摘编自刘志隆:《突发性自然灾害的长期经济影响研究——以黑龙江省沙兰镇山洪灾害为例》,黑龙江大学硕士学位论文,2012 年。）

二、突发性重大灾害事件对生活必需品价格的影响及对策

(一)引言

由于我国的地理位置、人口、气候及地质条件等因素的影响,我国灾害具有种类多、发生频率高、分布地区广、经济损失大等特点。现阶段随着社会经济的快速发展,人口、资源与环境的矛盾日益突出,灾害造成的经济损失呈明显上升趋势。纵观近年来我国发生的重大灾害,几乎都伴随着某些生活必需品价格的大幅波动,严重影响了灾后重建和社会经济稳定,干扰了社会资源优化配置,客观上对灾害的负面影响起到推波助澜的作用。因此,掌握灾害发生期间物价波动规律和调控民生用品物价的方法,避免灾害进一步扩大或衍生更加严重的危机,不仅对有效控制灾情,而且对维护灾区社会稳定,都具有重要的意义。

(二)灾后物价波动的经济学原因分析

1. 吉芬商品的属性

1845—1850 年,爱尔兰遭遇连续多年的马铃薯枯萎病侵袭,土豆大幅减产。英国政府对爱尔兰实行残酷的考物法和商业法,规定爱尔兰生产的小麦、大米和牛羊肉要大量运往英国。爱尔兰饥荒发生后英国政府不但不采取救治措施,反而将爱尔兰人饲养的家畜和仅存的一点粮食作为租税悉数征收,导致了 100 万爱尔兰人因灾荒而死亡,100 万爱尔兰人移民,爱尔兰总人口减少 1/4。1846 年,作为爱尔兰人主食的土豆几近绝产,人们对土豆的需求随着价格上升而增加,经济学家罗伯特·吉芬爵士发现了这一经济现象,后来经济学家把这种有悖于"需求定理",需求曲线向右上方倾斜的商品称为吉芬商品。

吉芬商品是否存在一直争论不休。1890 年"剑桥学派"创始人马歇尔在他的经典力作《经济学原理》中没能为吉芬商品找到一个自圆其说的限定和逻辑,只能用需求定理的例外来解释。现在诸多西方经济学教材也持这样的观点,利用替代效应和收入效应来分析吉芬商品,并认为这类物品是特殊的低档品。如图 1 所示,收入效应 $X_1'X_1'''$ 为负且绝对值大于替代效应 $X_1''X_1'''$,表现为当人们购买力急剧下降时,吉芬商品的需求量反而增加,价格上涨。Dougan 肯定了吉芬商品的存在,认为"因为商品价

格的上升不会对单个消费者的实际收入产生重大影响,所以吉芬商品是很少见的"[1],另一些经济学家则认为"没有得到吉芬商品存在性的经验证明"[2]。

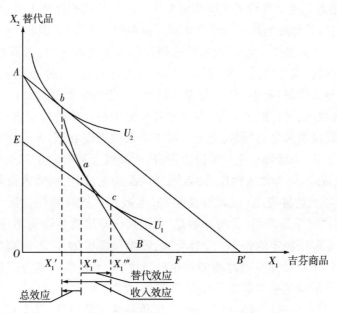

图 1　吉芬商品的收入效应和替代效应

从 20 世纪 90 年代以来,关于吉芬商品,国内展开了旷日持久的学术论战。张五常在《经济解释》中将经济学者对吉芬商品的看法(也就是认同需求定理存在例外——需求曲线向上倾斜——的观点)评价为"任何经济学者可单看他对这个定律的操纵就知道作者的斤两如何",很多经济学者认同需求曲线向下这种观点[3];部分经济学者对吉芬商品在传统解释的基础上进行了修正,并认为没有违背需求定律,是特殊情况下的正常经济现象[4];也有部分经济学者表达了不同的观点。[5] 笔者认为吉芬商品是存在的,在灾害发生的背景下,吉芬商品需求量随物价上涨而增加,即需求曲线向右上方倾斜。

很多学者辩解吉芬之谜时,往往忽略爱尔兰大饥荒这一重要背景,以至于部分学

① DOUGAN W R. Giffen goods and the law of demand[J]. Journal of Political Economy,1982,90(4),809 - 815.

② DWYER G P, LINDSAY C M. Robert Giffen and the Irish Potato [J]. The American Economic Review,1984, 74(1),188 - 192.

③ 薛兆丰.需求定律的洞察力[J].书城,2000(2):17.

④ 苏斌.对西方经济学中吉芬物品解释的质疑与思索[J].学术研究,2004(10):48 - 51.

⑤ 王则柯.需求定律与吉芬现象[J].浙江社会科学,2003(4):42 - 44.

者声称吉芬商品是极少见的,甚至否认吉芬商品的存在。当时爱尔兰面临着土地过度细分、高额地租、英国高压剥削以及狂热信奉自由放任经济政策的形势,再者,爱尔兰人普遍贫困和对土豆的极度依赖等诸多因素致使爱尔兰人面对土豆大面积减产时,丧失"基本的可行能力",最终导致了大饥荒的发生。从食品构成结构上看,爱尔兰人的生存完全依赖土豆,其他任何作物的单位面积产量都没有土豆高,因此价格低、产量高的土豆成了爱尔兰人的最为"经济"的生活必需品。当灾害发生时,吉芬商品(土豆)及其替代品——谷物、肉类食品等价格都会上涨,从这个角度讲,替代效应和收入效应的关系不是传统经济学解释的那样。如图 2 所示,吉芬商品和替代品供给量都减少了,由于人们普遍贫困,可行能力不足,会尽可能地减少替代品的需求量,而不是保持不变或者增加替代品需求量。同时,基于对灾害的强烈恐慌心理,人们倾向于预期土豆价格会进一步上升,会增加对土豆的需求量,从而刺激了富有阶层对土豆的投资性需求。ab 为替代效应,bc 为收入效应,两者同向且都为正,即土豆需求量随着土豆价格的上升而增加。土豆替代品(或者奢侈品)并不表现出这种特性。亚当·斯密在《国富论》中写道:"对于必需品,我的理解是,它不仅仅指维持生命所不可缺少之物,而且指由一个国家风俗决定的作为一个体面人,哪怕最底层的人,不可缺少之物。"阿马蒂亚·森主张:"重点必须是商品所能产生的自由,而不是商品本身。"笔者认为吉芬商品实质上是不能满足基本需求的生活必需品,是"不可缺少之物"。从这个意义上讲,吉芬商品在经济生活中普遍存在,例如,房价持续上涨时期,具有住房刚性需求的大部分消费者倾向于在房价攀高时买房,而不是等待房价下降,因为房屋对人们生活来说是"不可缺少之物"。只不过当灾害发生时,人们的生活受到威胁,吉芬商品表现得更为明显。2009 年甲型 H1N1 流感病毒疫情暴发时,大蒜由普通的调味品转变为"吉芬商品",价格越高越受到追捧,也印证了这一点。

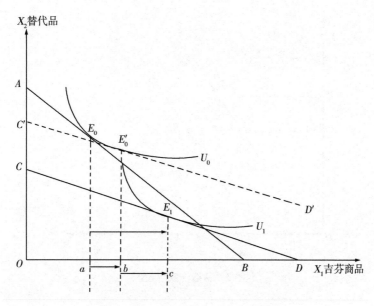

图2　作为生活必需品的吉芬商品

2. 农产品的灾时属性

面对重大灾害时,和粮食一样,大蒜、板蓝根等产品都成了必需的吉芬商品,需求价格弹性小,一般小于1,生产周期长,短期内产量难以迅速提高。以大蒜为例,大蒜产量增加时,相应的需求量变化不大,这是由大蒜的商品属性决定的。首先,大蒜作为调味品,需求弹性较小,其价格上涨或下跌,并不能明显改变供需基本面。"蒜便宜了,老百姓也不会吃更多的蒜;蒜贵了,老百姓也不会说就不吃蒜了。"这就造成一旦供给量过剩,价格就会剧跌,一旦供给量不足,价格就会飞涨的局面。其次,大蒜总需求量并不大,使得供给量或需求量的少量变化就能引起大比例的供需不平衡,从而引发价格的剧烈变化。典型的"蒜贱伤农"模型如图3所示。

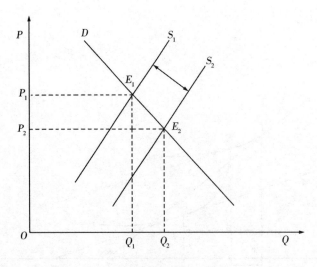

图3 "蒜贱伤农"模型

大蒜的需求曲线 D 缺乏弹性,当大蒜产量增加时,供给曲线由 S_1 的位置向右平移至 S_2 的位置,在缺乏弹性的需求曲线 D 作用下,大蒜的均衡价格由 P_1 下降到 P_2。由于大蒜均衡价格的下降幅度大于农产品均衡产量的增加幅度,农民总收入减少,减少量相当于图中矩形 $OP_1E_1Q_1$ 和 $OP_2E_2Q_2$ 的面积之差。2008年大蒜市场上,供给量大幅增加,价格暴跌,农民收入减少,正是对应着这种情况。相反地,当大蒜种植面积减少时,供给曲线由 S_2 的位置向左平移至 S_1 的位置,同样由于缺乏弹性的需求曲线 D 的作用,农产品的均衡数量下降幅度将小于由它所引起的均衡价格上升的幅度,最后致使农民的总收入增加。2009年大蒜价格大幅上扬,主要因为大蒜种植面积锐减,供给量减少,农民收入反而增加。

需求函数:

$$Q_{td} = \alpha - \beta \cdot P_t$$

供给函数:

$$Q_{ts} = -\delta + \gamma \cdot P_{t-1}$$

供求平衡时,$Q_{td} = Q_{ts}$。

其中,α, β, δ 和 γ 均为常数,且均大于零。大蒜本期产量取决于上一季蒜的价格,本期需求量取决于本期价格,市场均衡时,两者相等,均衡价格为:$P_e = (\alpha + \delta)/(\beta + \gamma)$。

　　分析大蒜近几年的供求情况：大蒜市场偏离均衡状态后，随时间变化，实际价格和实际产量上下波动的幅度越来越大，偏离均衡点越来越远（见图4）。相对于价格轴，大蒜的需求曲线的斜率的绝对值小于大蒜供给曲线的斜率的绝对值。从而，在市场机制的调控下，市场均衡难以实现。

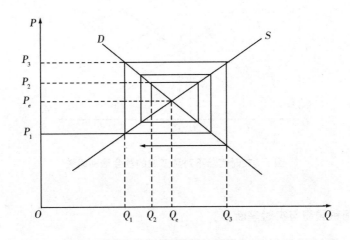

图4　发散型蛛网模型

3. 信息不对称的灾时经济效应

　　和其他商品一样，信息也是一种稀缺的资源，且具有"公共物品"的性质——没有排他性，有益的信息具有明显的正外部性，可以减少经济主体的决策风险和失误。信息不对称导致了市场失灵，特别是在灾害发生时，市场处于混乱状态，需要政府干预市场。但是由于社会、经济、政治等多方面因素，灾时有些基层政府部门或者当事经济主体不能够积极妥善地处理信息不对称问题。

　　信息不对称是灾后生活必需品价格上涨的重要社会经济根源之一。如图5所示，灾时生活必需品（吉芬商品）供给量减少，价格上涨，均衡点由 E_1 变为 E_2，在信息不对称情况下，出于对未来不确定的恐慌心理，民众为获得足够多的"吉芬商品"以维持生计，在自身消费水平下会尽可能地买入吉芬商品，而商家更倾向于减少供给量、提高价格以获得更高的利润，供需均衡点由 E_2 转移至 E_3，表现为吉芬商品价格更高，由 P_1 到 P_3，供给量更少，由 Q_1 到 Q_3。信息不对称显然加剧了灾时生活必需品供需失衡，降低了社会福利水平。

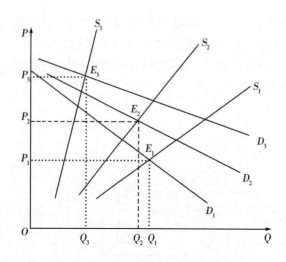

图 5　灾时信息不对称造成的社会福利损失

4. 商家囤积居奇与灾时垄断

灾害发生时,吉芬商品成了不可缺少的、稀缺的应急商品,一方面灾民和普通民众的需求量急剧增加,另一方面大部分吉芬商品短期内难以迅速供应,特别是农产品类吉芬商品。在"看不见的手"调节下,任何"理性"的经济人都倾向于在自己支付能力可行条件下占有更多的吉芬商品,相对于普通民众应对灾害时可行能力不足,占有资源、信息等优势的商家囤积居奇,甚至于垄断吉芬商品,按照利润最大化原则出售商品,而不是按照社会福利最大化原则分配商品,结果往往是吉芬商品价格提高、供给量减少,这样社会总体福利遭受损失,损失大小是△abc 的面积(如图6 所示)。可见,商家囤积居奇或垄断,助长了吉芬商品供应紧张,不利于减灾、救灾和社会经济稳定。

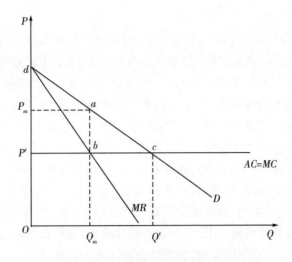

图6 垄断造成的社会福利损失

(三)对策与建议

重大灾害等突发公共事件往往造成社会不稳定和经济损失,危害民众身心健康,其处理要依靠政府得当的措施,权威媒体及时、公正、全面的报道,民众的支持和反馈。在这种非常态情况下,政府、媒体和民众是一个复合的整体,相互影响,不可分割。日益增长的经济实力、政府的应急管理水平逐步提高、防灾减灾理念逐渐改善有利于我们防灾减灾能力的提高,但是面对重大灾害我们依然脆弱,仍有诸多方面有待进一步完善。

首先,高度重视信息发布工作,牢牢把握舆论控制权,维护和提高专家在应急管理中的地位,从源头上控制灾后生活必需品价格波动。温家宝同志在察看"7·23"甬温线特大铁路交通事故现场时指出:"……公开、透明,这一点非常重要。这起事故能否处理得好,其关键就在于能否让群众得到真相。因此,处理的过程应当及时、准确向群众发布信息。"[①]《人民日报》等权威媒体发布的信息对事件的发展有着重大的影响,另外也要重视"微博""QQ"等网络信息传播工具的应用。重大突发公共事件发生后,要在第一时间抢占舆论制高点,把握舆论控制权,坚持"及时、准确、客观、全面"的信息发布原则,打压谣言传播的空间,维护社会稳定。切实尊重专家学者的观点,提高专家学者发言权,科学地防灾减灾,自觉主动地发挥专家组在应对重大灾害中的智囊团

---

① 新华社.温家宝在"7·23"特大铁路交通事故现场与记者见面[EB/OL].(2011-07-28)[2012-11-26].http://news.xinhuanet.com/politics/2011-07/28/c_121735285_3.htm.

作用。①

其次,建立和完善生活必需品储备体系,健全价格监控机制,积极有效发挥市场资源配置的作用。我国已颁布《中央级救灾储备物资管理办法》《中华人民共和国突发事件应对法》等法律法规,国家还编制了《国家医药储备应急预案》《国家粮食应急预案》《国家物资储备应急预案》《国家自然灾害救助应急预案》《煤电油运综合协调应急预案》《国家突发公共事件总体应急预案》等预案,促进和规范了我国应急物资储备体系的建设。我们应当优化多层次的政府应急物资储备体系建设,调整充实储备品种规模布局,优化完善现有生活救助、抢险救灾、公共卫生等类型物资储备,强化生活必需品储备。对于大蒜、板蓝根等具有"吉芬商品"属性的产品,政府应提供基础设施保障,如灌溉、良种、交易市场、农产品加工等,公开市场信息,培育和维护区域农产品品牌。在充分发挥市场机制前提下,完善政府调控职能,维护农民利益,引导农产品产业化发展,促进农产品产业健康发展,加强应急管理的物资基础。

最后,提高公民科学素养,做到不造谣、不信谣、不传谣。普通民众是谣言的传播者和受害者,通过多种途径和方法提高公民的科学素养,努力做到科学认识突发灾害事件,客观评价灾害风险,有利于我们化解各种突发灾害事件对社会经济的冲击。

（摘编自谢永刚、刘志隆、王建丽:《突发性重大灾害事件对生活必需品价格的影响及对策》,载《灾害学》2013年第4期。）

---

① 谢永刚.中国重大水污染灾害的经济学分析及实证研究[R].国家社会科学基金项目研究报告,2009:3.

三、1932 年松花江大洪水对哈尔滨市经济的影响及灾害应对措施

(一)文献综述

1932 年 7—8 月,松花江流域发生了有历史记录以来范围最广、历时最长、影响最大的洪水灾害,哈尔滨市灾情尤其严重。洪水发生前各地均有数日大雨或暴雨,松花江干流洪水时期均有溃堤决口。由于同年 2 月日本侵略者就已进入哈尔滨,日寇及其扶持的伪满洲国致力于镇压当地人民抗日活动,根本无暇顾及灾前的预防、灾中救济和灾后重建,但为了维护其对哈尔滨市的长久统治,并以此安抚民心,"不得不成立水灾委员会,采取一些防水排水与防疫措施。事后,为了夸耀其'政绩'与所谓'王道政治'、'日满亲善'"[1],由其策划清理水灾善后委员会编纂出版了《壬申哈尔滨水灾纪实》一书。迄今为止,此书是关于这次大洪水记载文字最多的材料之一。水灾发生后的 80 余年里,有关这次灾害研究的详细文献不多,但有报刊以消息或短文的形式记载当时的灾情。原因可能是大水冲垮了《哈尔滨新报》等报馆,致使其水灾期间停办[2],影响了灾时民众对灾情的了解。近些年来,有学者发表文章,分析这次洪水灾害对当时社会经济的影响。如汪少鹏、李淑娟[3]等以《滨江时报》为中心,摘录当时水灾概况,并分析了灾害对社会经济的影响;另有水利部门组织编撰的历史洪灾灾情专著,如《黑龙江省历史大洪水》等,重点记述了历史洪水灾害的水文气象成因;地方政府组织的志书如《哈尔滨市志·农业　水利》等,主要记录历史洪水成因、灾情以及救灾措施和减灾工程等。

对于 1932 年哈尔滨市水灾造成巨大损失的自然、社会、政治和经济等原因,现有文献中的观点主要可归结为以下几点:①1932 年 6 月下旬至 8 月中旬,松花江流域气候异常变化导致长时间大面积降雨,江河水位不断上涨。②与松花江流域内水文和地势有着密切的关系,整个地形沿松花江干流由西南向东北倾斜,沿河谷阶地地形易形成洪水。③过度垦荒与流域内森林资源被大量砍伐,水土流失严重。如谭玉秀描述了1932 年松花江流域大洪水的发生主要源于异常的气候、森林的过度砍伐、政府疏于防

---

① 哈尔滨清理水灾善后委员会.壬申哈尔滨水灾纪实[M]//李兴盛.会勘中俄水陆边界图说.哈尔滨:黑龙江人民出版社,2006:451.

② 解学诗.伪满洲国史新编[M].北京:人民出版社,2015.

③ 汪少鹏,李淑娟.1932 年松花江水灾及其影响——以《滨江时报》为中心视角[J].北方文物,2012(4):93-97.

范与堤防年久失修等。①④早在1912年,松花江部分堤防由民间力量出资修建,但日后未发生较大的水灾,较大规模的江堤修缮一直未进行,无法抵挡特大洪水的冲击。如1929年进行的一次修堤,"惟款项难筹。此事为工程局之专责应由该局组织而有,共举三十人为修堤会职员(绅商各半),此事非八万元不可,而八万元之数,不过仅修至东四家子两江湾处,越长一百九十五丈"②。⑤日伪政府的漠视。当时已经侵占哈尔滨地区的日本统治集团急于建立统治秩序,对水情疏于防范,事后又补救无策,致使松花江水灾泛滥,损失巨大。⑥救灾委员会是在水灾之后成立的,虽采取了救济措施,但成效并不显著,有些救济措施只是纸上谈兵,没能从根本上缓解灾民的生存压力。③

通过对文献的梳理与归纳发现:第一,针对1932年松花江水灾,大多数文献的侧重点多在洪水的起因、水灾经过概况、灾民救济等方面,文献多从史实叙述的角度进行研究,缺乏对史实事件具体、客观的分析。第二,学者多从史实出发,采用历史学或政治学视角,对相关资料进行整理、归纳,力图尽可能真实地还原历史事件,包括总结历史经验,为研究灾荒史提供详尽的阅读参考资料,但缺乏从经济视角进行的研究,即通过水灾发生前后的社会经济状况对比分析灾民和社会对灾害的应对能力。第三,文献多以水灾具体事件为研究对象,探究水灾发生过程中出现的种种问题,未形成完整的时间链研究,未发掘水灾对松花江地区产生的长期影响。此外,现有文献考察的多是1932年松花江水灾对整体流域内的影响,例如松花江流域、黑龙江省、吉林省等,而相对缺乏对具体受灾县市的研究,例如,受灾严重的哈尔滨市主城区和呼兰、阿城、巴彦县等。

(二)大洪水发生前的哈尔滨市政治经济状况

19世纪末到20世纪初,凭借优越的地理条件和发达的中东铁路网,哈尔滨市逐渐发展为现代化的大都市,开始步入了由传统社会向现代社会转型的发展轨道。20世纪初,哈尔滨的工商业和对外贸易发展迅速,除了少数大规模且直接服务于中东铁路的企业,如中东铁路哈尔滨总工厂、中东铁路哈尔滨制材厂等由国家资本开办外,其余均是围绕生产生活与外贸出口的生产加工企业,如面粉业、酿酒业、油坊业和烟业等。哈尔滨依托高产的传统农业和先进的工业生产技术,成为东北亚著名的商业中心。其特色是外国商铺林立,如1906—1911年之间,日、德、英、美、法等国资本纷纷进入哈尔滨,开办32家外国机构及外商企业。1907年5月15日,由华俄道胜银行哈尔滨分行行长喀普列里发起,成立了哈尔滨交易所。1908年,中国东北的大豆和小麦由

① 谭玉秀.1932年松花江流域大水灾述略[J].兰台世界,2011(17):29-30.
② 修江堤筹款会补志[N].滨江时报,1932-04-23.
③ 汪少鹏.1932年松花江水灾及对黑龙江民众生活的影响[D].哈尔滨:哈尔滨师范大学硕士学位论文,2012.

日本、俄国、丹麦等国家的公司经中东铁路转运出口至欧洲。哈尔滨同英、法、德、美、俄、日等 40 多个国家和地区的 100 多个城市与港口进行经常性的贸易活动,并且这些先进的资本主义国家在我国东北北部经营进出口贸易的投资也几乎全部集中在哈尔滨,仅在 1908—1913 年,哈尔滨进出口贸易额就从 1 785 万海关两达到 5 686 万海关两。① 到 19 世纪 20 年代,哈尔滨已发展成远东地区最大的国际商贸城市,哈尔滨对外出口额直线上升,1926 年为 7 525 万海关两,1927 年为 8 545 万海关两,1928 年达到 9 946 万海关两。滨江关在全国四十五关贸易全额中虽居第六位,而以出超实际利益论,则滨江关实居全国四十五关中六大海关之第一位。哈尔滨同样是金融中心,根据《东三省经济调查录》,到 1918 年,哈尔滨就有华资银行 18 家、外资银行 16 家,信托行、票据交换、当铺、钱庄也是规模庞大,保险业同样发达,西欧国家的商人在哈尔滨创办了数十家保险公司,至 1920 年,哈尔滨已有 2 500 多家外资银行、保险公司和商社,哈尔滨俨然成为当时东北地区乃至全国的经济重镇。但外国资本垄断着我国东北的经济命脉,并广泛地进行经济掠夺和渗透,致使哈尔滨民族资本只能依靠农业,在农产品的加工和交易方面寻求发展,因而油坊、制粉、粮栈、钱庄等成了民族工业的代表行业。在经济危机、九一八事变发生后,这些行业很快"让位给炼钢、采煤和化学工业",而伴随其间的 1929—1932 年世界经济危机,使得对外开放程度很高的哈尔滨直接受到了冲击。由此可见,大水灾前哈尔滨已经成为工商金融业发达的东北亚著名的中心城市,但经济侵略和世界范围内的经济危机使得当时的哈尔滨经济逐渐衰退,商业结构逐渐变得十分复杂。

(三)大洪水损失估计及其对行业经济的影响

无论从直接还是间接的角度考察,1932 年大洪水都给哈尔滨市带来了沉重的经济影响。具体表现为:农业的巨大损失加重了市区周边农村经济的衰退;工商业损失空前,使得对外贸易量骤减,贸易结构发生大面积变化;公路、铁路等交通瘫痪,流通受阻;与民生相关的各种材料及生活必需品价格飞涨;银行业务急剧萎缩,交易所停市,市场运行混乱。

1.郊区农业遭遇重创

水灾发生期间,不仅损失了大量的粮食储备,因为正值农作物生长期,还使得当年农作物产量大量减少,粮食供给量减少,居民生计受到严重影响;同时大量经济作物绝收,直接影响到工业生产和粮食出口,产业链条中的工厂加工业也遭受了巨大损失,导致农业危机加重。1932 年 8 月 11 日的《盛京时报》描述了此次哈尔滨及其周边大洪

---

① 李士良.试论本世纪 20 年代哈尔滨成为国际大都市的历史条件[J].北方文物,1994(3):81 – 85,93.

水造成的惨状:松花江沿岸溺毙者多达 3 万人……本年秋收,陷于完全无望。尤其是北满地区特产物中的大豆、小麦等作物生产遭受了重创。下面整理了《壬申哈尔滨水灾纪实》中统计的北铁哈尔滨管区(包括松浦区在内)特产物的被害状况(如表 1 所示)。

表 1　北铁哈尔滨管区粮类水害调查表

项目		大豆	小麦	面粉	共计
哈尔滨市八站	灾前额/吨	60 093	33 066	2 030	95 189
	被害额/吨	7 458	1 766	—	9 224
	剩余额/吨	52 635	31 300	2 030	85 965
	损失程度/%	12.4	5.34	—	9.70
松浦	灾前额/吨	9 867	—	—	9 867
	被害额/吨	8 745	—	—	8 745
	剩余额/吨	1 122	—	—	1 122
	损失程度/%	88.60	—	—	88.60
傅家甸	灾前额/吨	11 550	2 673	248	14 471
	被害额/吨	6 683	1 601	198	8 482
	剩余额/吨	4 867	1 072	50	5 989
	损失程度/%	57.86	59.90	76.21	58.61
码头	灾前额/吨	—	4 290	1 320	5 610
	被害额/吨	—	660	413	1 073
	剩余额/吨	—	3 630	907	4 537
	损失程度/%	—	15.38	31.29	19.13
共计	灾前额/吨	81 510	40 029	3 598	125 137
	被害额/吨	22 886	4 027	611	27 524
	剩余额/吨	58 624	36 002	2 987	97 613
	损失程度/%	28.08	10.01	16.98	22.00

　　数据来源:①此表根据《壬申哈尔滨水灾纪实》中数据摘录、整理而成。②表中损失程度为笔者根据灾前额和被害额计算。

表1显示:哈尔滨市八站、松浦、傅家甸、码头等区域在水灾前大豆、小麦、面粉的总额为125 137吨,损害总额为27 524吨,损失程度达22.00%。这一统计数据与1932年灾后10月20日出版的《滨江时报》所载相差无几:哈尔滨地区,因地处松花江支流,其河流纵横交错,被水害者较多,耕地被浸水者在22%以上,农作物减收三成⋯⋯松花江下游地方,哈尔滨至依兰间的水害甚大,以北较轻。《滨江时报》还报道了伪满铁道部统计的各铁路沿线的大豆损失情况:哈尔滨共计81 300吨,西部线共计18 860吨,齐克线共计34 970吨,呼海线共计34 400吨,东部线共计14 370吨,双城堡共计500吨。由此可见,北铁哈尔滨管区的粮食水害程度甚是惨重。

表2统计了1930—1936年东北地区农业生产状况。此表反映了在1932年松花江大水灾发生前,东北地区农业经济状况不错,在相当一段时间内,由于广大农民的艰苦开发,出现了单位面积产量稳定和耕地面积及农产品产量迅速增长的局面。[①] 而在1932年水灾后整个松花江、辽河流域的农业经济状况和总体形势急转直下。加之九一八事变,日本对东北实行侵略,灾区经济形势更是雪上加霜。

表2　1930—1936年东北地区农业生产状况表

年份/年	耕地面积/千公顷	产量/千吨	每公顷收获量/千斤[①]
1930	13 387	18 865	1 409
1931	13 733	18 457	1 344
1932	12 664	15 395	1 216
1933	13 241	16 846	1 272
1934	11 897	13 431	1 129
1935	12 415	15 356	1 237
1936	13 058	16 274	1 246

注:1斤=0.5千克(公斤)。

资料来源:解学诗.伪满洲国史新编[M].北京:人民出版社,2015。

农业生产的危机,给广大人民带来了更大的灾难。农业危机产生的原因是多方面的。首先是世界经济危机的影响。由于东北地区农业产品国际商品化程度高,它遭受世界经济危机的影响也最重。大豆价格下跌幅度最大,当时东北大豆总产量的80%以上出口,大豆出口量占农产品出口总量的80%,大豆出口额占东北地区各种商品出口总额的70%。[②] 因此,大豆出口危机的影响是极其严重而深远的。与此同时,1932

---

① 解学诗.伪满洲国史新编[M].北京:人民出版社,2015.

② 解学诗.伪满洲国史新编[M].北京:人民出版社,2015.

年和 1934 年的耕地面积与农作物产量较前一年均有所下降,这与 1932 年夏北满的特大洪水和 1934 年气候反常所造成的低温、多雨、江河泛滥和虫灾蔓延等等密不可分。以 1931 年为基期,到 1934 年的农业生产最低点,耕地面积下降到 86.63% ,农产品产量下降到 72.77% ,耕地面积、产量和单位面积产量都出现了明显的下降。而在事变发生前相当一段时间内,呈现了单位面积产量稳定和耕地面积、农产品产量迅速增长的局面。1924 年至 1930 年,耕地面积从 814.8 万公顷增加到了 1 338.7 万公顷;主要谷物收获量从 1 446 万吨增加到 1 870 万吨;主要谷物单位面积产量保持在 1 300— 1 400 公斤的水平。可见,日本帝国主义的侵略引发了农业生产的危机,而随之而来的水灾加重了农业危机,加快了侵略的步伐,对哈尔滨农业的影响变为几年内农产品产量剧减,短期农产品价格飙升,水灾过后几年产量难以恢复到以往水平。经过 1934 年的最低点后,生产才略有恢复,而水灾过后,农业部门相较工商业部门可以快速地恢复生产,短期影响大。

2.水灾导致工商业凋敝,物价大幅度上涨

(1)水灾对工商业的影响

哈尔滨市是供给日用必需品与商品交易的中心地区,但由于交通中断,直至 8 月底相继通车后,商品供给与交易才慢慢正常运营。在近一个月的时间里,商户损失惨重。1932 年松花江洪水来势迅猛,市、镇、屯内大多数商民几乎无暇顾及商品、货物、财产,搁置在江埠周边仓库中的商品受到洪水冲刷浸泡,商家们都遭到不同程度的经济损失。中东铁路修成后,哈尔滨成为水陆交通枢纽,吸引了周围地区的物资向哈尔滨集中,集产地市场、集散市场、出口市场于一身,因此哈尔滨的商业损失最为巨大。仅哈尔滨市傅家甸一区商民货物损失为 5 003 024 元,占总损失的 26.48%;因水害停止营业损失 5 606 775 元,占总损失的 29.67% 。由此可见损失之巨大。详见表 3。[①]

---

① "商民水灾损失"[N].滨江时报,1932 – 11 – 26.

表 3　1932 年 1 月 2 日哈尔滨市政筹备所调查数据

单位:元(哈大洋①)

损害类别	道里		傅家甸		松浦
	商工业	一般人	商工业	一般人	
货物	695 578		5 003 024		
粮食	1 112 777		882 150		
铺垫衣服	212 747	567 861	1 281 620	7 759 609	
房屋	289 809	558 506	2 913 492	4 593 600	
防水	259 707		1 132 924		
牲畜	3 712		15 494		
迁移	432 520	238 900	1 296 060	1 091 800	
金钱	95 559	138 600	203 557	648 664	
因停业之间接损失	868 926		5 606 775		
其他	304 519	256 700	560 750	510 000	
合计	4 275 854	1 760 567	18 895 846	14 603 673	
各区总计	6 036 421		33 499 519		2 500 000
总计			42 035 940		

资料来源:哈尔滨清理水灾善后委员会. 壬申哈尔滨水灾纪实[M].哈尔滨:哈尔滨特别市公署,1932。

20 世纪 20 年代的哈尔滨,被誉为"大豆都市",油坊业和面粉业在哈尔滨的民族工业中,占据了重要的地位。由于得天独厚的气候条件和交通优势,哈尔滨成为大豆、豆饼、豆油的主要出口城市,油坊业和面粉业的产品远销俄罗斯、日本、欧洲、美国等地,在东北亚乃至世界市场上占有重要份额。哈尔滨是工业界的中枢地区,如制粉业、电业、油坊业等工厂都云集在此。由于洪水相继淹没全市各区,工业各行也受到了不同程度的影响。道里、八站、傅家甸三处,原属哈埠工业界之中枢,依次相继被淹。

1932 年大洪水后的几年中,从东北地区几个重要生产基地看,1934 年,哈尔滨、营口、安东等地油坊,都停业一半甚至更多。大连、安东、营口、哈尔滨等 4 个城市,1929 年生产豆饼 3 795 万块,1935 年下降到 2 875 万块,减少了 24%。哈尔滨下降最猛,从

_____

① "哈大洋",指民国八年(1919 年)十月首次发行,"在纸币上印有发行地'哈尔滨'字样。……当时的中央财政部亦决定税务处于辽宁、吉林、黑龙江三省一体通用哈大洋"。

1 312万块下滑到411万块,减少了69%。1935年比1929年下降的主要原因是受到1932年哈尔滨大洪水影响,直到1939年才恢复到大洪水之前1929年和1930年的水平。这说明大洪水的影响可延续5—7年之久。九一八事变后,直到1932年水灾发生前,哈尔滨油坊业已然承受着巨大的经营压力,多数油坊停业整顿,洪水发生在某种程度上使得哈尔滨市的油坊业经营雪上加霜。据当时的经济调查,哈尔滨市六户大型工业油坊,1932年就已经亏损了不少。反映在输出上,到1936年,哈尔滨市形势非但没有好转,而且达到了最低点。1929年至1936年,大豆出口由271.7万吨下降到了204.5万吨,减少了25%;豆饼由141.9万吨下降到84.7万吨,减少40%;豆油由11.8万吨下降到6.6万吨,减少了44%。原本忧患颇多的油坊业在水灾过后进入长时间的衰退期,油坊数、资本额、生产能力均开始下降(见表4)。从表4中可以看出,1932年后,哈尔滨油坊业衰退之势加剧,油坊数量、产量及投入资本额等再难恢复以往的繁荣。

表4　1928—1936年哈尔滨油坊概况

年份/年	油坊数/个	资本额/千元	昼夜最大生产能力	
			豆油/吨	豆饼/吨
1928	42	5 350	258	2 479
1931	33	5 540	220	2 104
1932	28	1 727	192	1 844
1933	20	1 496	151	1 453
1934	15	1 040	111	1 068
1935	14	880	107	1 032
1936	14	880	107	1 032

数据来源:《满铁调查月报》,1936年,第16卷,第11号,第158页。

《壬申哈尔滨水灾纪实》载:哈埠油坊,自六月以来,因成本不合,全体原未工作……惟香坊之华英油坊,因未遭水害,仍继续开工。[①] 可见,1932年水灾对当年油坊业生产经营产生一定的影响,由水灾造成大豆减产,在某种程度上迫使油坊业进入长期的衰退,影响可谓深远。

东北地区的面粉工业是随着中东铁路的修建而建立起来的,日俄战争期间,以哈尔滨为中心发展迅速。但受到1929年世界经济危机的影响,哈尔滨市的面粉产量急

---

① 哈尔滨清理水灾善后委员会.壬申哈尔滨水灾纪实[M].哈尔滨市特别公署,1932.

剧下降。1931 年至 1934 年,由 610.5 万袋下降到 396.9 万袋,减产 35%。相反,外粉特别是日本面粉的上市量扶摇直上。1931 年至 1933 年,日本面粉进口量由 4.9 万袋增加到 28.7 万袋;同时期,其他国家面粉进口量也从 13.7 万袋增加到 21.9 万袋。随着日本侵略和经济掠夺的不断强化,民族资本面粉工业衰落。同时,1932 年松花江流域发生的大洪水灾害,加速了民族资本面粉工业的衰退。直接的表现是大洪水导致哈尔滨市大部分民族资本面粉工业遭受巨大损失,全市的面粉加工业几乎全部停产,这就导致了灾害期间市民对面粉的迫切需求难以满足,进而加大了国外面粉的进口量。《壬申哈尔滨水灾纪实》载:嗣至十三四日,水势愈深,双合盛外,不得已全体停工。①可见,全市面粉工业停产和遭受损失使得面粉供应量严重不足。

　　表 5 统计了哈尔滨市的水灾损失情况,仅市内工商业不动产与商品的损失就占市内总损失的 30% 以上,这一数字还不包括一般个体小商贩的损失。足见哈尔滨市内及外围的损失极为惨重。正如《哈尔滨水劫记》中所描述的那样,哈尔滨市三年两次大水,灾后之商业已暮气十足,宛然迈进末路矣。

表 5　1932 年 10 月 28 日水灾损失调查表

单位:元(哈大洋)

市内之部		
损失类别	工商业	一般人
不动产与商品	1 331 050	1 257 640
动产	203 150	314 410
防水费及其他	104 400	250 000
停业之间接损害	406 400	—
合计	2 045 000	1 822 050
总计	3 867 050	

---

① 哈尔滨清理水灾善后委员会.壬申哈尔滨水灾纪实[M].哈尔滨市特别公署,1932.

续表

市外之部		
损失类别	第一调查区域	第二调查区域
不动产	534 136	575 000
动产	104 013	150 000
其他	75 000	422 350
合计	713 149	1 147 350
总计	1 860 499	

资料来源:哈尔滨清理水灾善后委员会.壬申哈尔滨水灾纪实[M].哈尔滨市特别公署,1932.

（2）物价大幅上涨

水灾给居民生活造成了巨大影响。《壬申哈尔滨水灾纪实》载:自本年七月以后,连日暴雨,一般商人,皆知北满一带之农作物,受害甚广,故哈尔滨市内在水灾以前,市民必需之白面、精米等价格,莫不腾涨,计白面一袋,提涨哈洋四角,精米一布特,提涨哈洋二角。及其江水入市,知其浩劫临头,更以为机不可失,早将日常需用各物,提涨价格,又将库存之物,措而不卖,以待高价,希图重利,即如食粮一物,在八月五六两日之间,一举提价十分之二以至十分之五。可见,水灾发生前,日常生活必需品价格已有涨势。水灾发生后,大量货物短缺,一些奸商囤积居奇,试图牟取暴利,导致日常消费品价格暴涨。表6统计了食品和交通费用的涨幅情况,可知出行与搬家的费用上涨幅度高达十几倍至几十倍。

表6　食品类商品价格和市内交通费用价格变动情况

各类商品	原价	现价	物价变动幅度
日本稻米	4.2 元/布袋	5—5.5 元/布袋	19%—31%
本地稻米	2.4 元/布袋	3—3.2 元/布袋	25%—33%
旧面包	7 枚/斤	1.34 角/斤	—
烧饼	2 枚/个	>3 枚/个	—
锅饼	1 角/斤	1.60 角/斤	60%
船只	市内交通	道外区	物价变动幅度
出行	≤2 角/次	≥10 元/次	4 900%
搬家	1—2 元/次	15—30 元/次	1 400%

数据来源:根据《滨江时报》1932 年 8 月 7 日、9 日信息整理而成。

灾害发生期间,船只使用费用和搬家费用价格变动幅度大的主要原因:一是大水淹没了许多城市与农村,断绝的交通使得居民出行极为困难;二是松花江沿岸多处决口,原来的陆路交通变成了水路,交通工具的需求数量以及运行成本大大增加。以哈尔滨道外区为例,堤岸决口,洪水进入市区,一片汪洋,各处交通,只能依赖船只。1932年8月12日,船多被官方雇去充公差,行人欲赴某处,非向各方救济船苦口恳求,船只使用价格更是一度暴涨49倍,搬家费用暴涨14倍,高昂的船价,常人难以接受,一些贫困居民,只能看着自己的财产被洪水淹没,他们的生活更加困苦不堪。商家尽最大可能把受到浸水威胁的商品存货转移到安全地点以降低经济损失,而高昂的运输费用无疑使得商户的损失雪上加霜。物价的大幅度上涨不仅极大地影响着民众的日常生活和社会稳定,同时使得居民的财产损失加剧,使洪水产生的经济损失及后续影响进一步加大。又如道外八站居住之商民,因鉴于松花江水势之危险,连日纷纷向南岗转移,以为万一之备,而在南岗之房阀,则乘机牟利,骤然抬高房价,虽偏僻之处,每间房舍之租价,亦在二十五元以上……然中产以下之户,仅房费一项,即觉难予应付,房价奇高,居民生活极其困苦,从而造成社会更加动荡不安。直到八月底,北铁南线及呼海铁路相继通车,流通日畅,市场价格才开始慢慢恢复正常。

3. 对外贸易"顺转逆"明显

在洪水发生期间,道路、桥梁等陆路交通设施被冲毁,河流堤岸崩坍,停泊港口被冲垮,松花江水运也被迫中断,所有进出口贸易活动完全停止,导致交通全面受阻,使得从哈尔滨运往其他地方的货物外运不出去,进口货物也难以进入,致使贸易额大幅下降,哈尔滨市整体贸易结构发生了转变。黑龙江省一直是大豆主产区,中东铁路畅通以后,大豆市场的输出率一直保持在80%以上,然而1932年大洪水使得大豆市场的输出率下降到80%以下,表7记录了1928—1933年哈尔滨市大豆输出情况。

表7　1928—1933年大豆市场的输出情况

年份	大豆输出率/%	年份	大豆输出率/%
1928	82.4	1931	82.1
1929	81.2	1932	78.8
1930	82.1	1933	81.1

资料来源:吉林省图书馆伪满洲国史料编委会.伪满洲国史料　6[M].北京:全国图书馆文献缩微复制中心,2002。

受到松花江决堤、哈尔滨市区进水的影响,哈尔滨市乃至整个东北地区1932年、1933年的贸易总额较1931年有明显的下降。从1933年开始贸易总额逐步回升,渐渐恢复到1931年水平,并在1936年超过了1931年的贸易总额(见表8)。1932年以前,大豆三品(即大豆、豆油、豆饼)等农产品在东北的输出中占主要地位;同时由于东北地区以农业为主,工商业经济相对落后,购买力较低,进口货物较少,对外贸易始终呈现顺差。直到1932年大水后的第4年(即1936年),哈尔滨市的对外贸易总额才超过1931年大洪水前的水平。

表8   1931—1936年伪满对外贸易额比较

年份	贸易总额/亿元	指数/%	输出额/亿元	指数/%	输入额/亿元	指数/%	入出超/亿元
1931	10.8	100	7.3	100	3.4	100	(+)3.9
1932	9.5	88	6.1	84	3.3	97	(+)2.8
1933	9.6	89	4.4	60	5.1	150	(−)0.7
1934	10.4	96	4.4	60	6.0	176	(−)1.6
1935	10.2	94	4.2	58	6.0	176	(−)1.8
1936	12.8	119	5.9	81	6.9	203	(−)1.0

资料来源:《满洲经济年报》1937年版。

据记载,哈尔滨海关1908—1931年24年间输出输入总额为13.935 9亿海关两,其中输出总额为9.508 02亿海关两,输入总额为4.427 88亿海关两,贸易顺差额为5.080 14亿海关两。表8也表明,从1932年起,贸易总额开始下降,直到1935年也未能恢复到1931年的水平,而且从1933年便开始连续地出现入超。对外贸易总额的下降主要是输出减少的结果。相反,输入方面从1933年起急剧地持续增长,从1931年到1936年增长了一倍多。当然,1931—1936年伪满贸易额和贸易结构的转变固然与之前的世界经济危机和当时日本帝国主义武装占领、经济侵略有关,但与1932年松花江流域大洪水也有一定的联系。严重的水患在一定程度上导致1932年贸易总额有所下降,而且在未来几年内贸易总额经历了一段缓慢的恢复期,直到1936年才恢复到灾前水平。水灾发生和灾后的恢复重建期间,哈尔滨作为人口最为集中、受灾最为严重的区域,其市场供求结构发生了转变。区域内生产受阻,供给量不足,各类商品的需求量激增,过去自给自足的生产生活方式难以维系,使得进口需求量增加,输入额在之后几年逐步上升;本土市场逐渐恢复活力,输出额在之后几年有所下降,从而使得灾后的贸易结构发生了转变。

4. 交通运输业损失空前

我国东北地区铁路在推动区域经济发展和社会进步方面曾起到重要的客观作用,尤其中东铁路更是哈尔滨成为国际性商埠的重要基础。19世纪末20世纪初哈尔滨早期现代化的崛起,与中东铁路的修建是密不可分的。哈尔滨开始与外界进行的商业贸易往来,出口货物大都是从这里集中外运的,进口货物也是由此向腹地扩散的。1932年的大洪水造成铁路中断,使得哈尔滨市经济蒙受了巨大的损失。1932年8月17日《滨江时报》报道:因遭受水害,或桥梁被冲毁断,或轨道被冲坏,且所坏之处,均极重大,虽尽力修复,均难一时竣工。1932年10月20日伪满的铁道部报道:各铁路沿线的大豆损失,按伪满洲国在北满一吨货物运费为14.61元(金卢布)算,除去依协定缴纳东铁的3.55元,净余为11.06元,此运费核算总计减收超过110余万元,仅运费一项,北满铁道部损失非常严重。据《中国水灾年表》统计,被淹各区域的铁路,路基被冲毁近100处,累计20余平方千米,桥梁轨道多被损毁,直接经济损失非常惨重,而经济损失最重的属北满铁路,其路线及桥梁被损毁10余处,要恢复原状,所需费用巨大。在《壬申哈尔滨水灾纪实》中记载:北满铁路局概算水灾发生后铁路交通损失,恢复通车直接工作所需经费,计一百万元(金卢布),损坏处所之恢复工程费,计一百万(金卢布),铁路改修之基本工程费,计二百万元(金卢布)。由于水灾,铁路运输停止,导致收入减少及其他间接损失,加以计算,损失尤为惨重。该铁路理事会副理事长库兹聂错夫,曾非正式声明,损失约达一千万(金卢布)。交通直至8月底相继恢复后,商品供给与交易才慢慢正常运行,渐至10月,铁路各线恢复运行,市价开始慢慢恢复常态。

对于市区周边的农村地区,传统依靠大牲畜短途运输的运费,在水灾期间也上涨了若干倍。同时,水灾期间大牲畜被淹死,导致市场上大牲畜价格上涨,原来靠大牲畜运输的小贩根本无力购买大牲畜。表9记载了灾区哈尔滨市近郊大牲畜价格与家禽价格对比情况,1头牛的价格大约相当于100只鸡的价格。

表9　灾区哈尔滨市近郊大牲畜与家禽价格对比

单位:元(哈大洋)

名称(大牲畜)	价格	名称(家禽)	价格
牛	40—50	鸡	0.5—0.6
马	40—50	家鸭	0.6—0.7
骡子	50—60	鸡卵	0.025—0.03

资料来源:黑龙江省档案馆.满铁调查报告　第2辑　6[M].桂林:广西师范大学出版社,2005。

总之,水灾对哈尔滨各线铁路造成的短期影响及损失巨大,水灾过后有的地区铁路长期难以恢复运营;同时,对民间靠牲畜运力的交通运输业打击也很大。

5. 金融业:停业、停市、停牌

自 1932 年 8 月 7 日傅家甸堤防决溃,洪水淹及哈尔滨市区,傅家甸各银行于 8 月 8 日起,全部停止营业。随后道里区进水,由于各大外国银行和商社大都集中在道里区,凡被淹区域的各银行和商社全部停业。伪满洲国各大银行的顾客,多为傅家甸、道里区的居民,当时几乎全部迁往南岗区避难,中央银行(包括东三省官银号、黑龙江省官银号、吉林永衡官银号及边业银行)、中国银行及交通银行三家银行,为满足社会需要,特在南岗区车站街前的银行旧址,各自设立临时办事处,在非常时期办理临时业务。在《壬申哈尔滨水灾纪实》中记载:外国各行中,除麦加利银行被淹外,其余大体均受灾。在此非常时期,平时最主要的汇兑业务,此刻基本无人问津,各银行临时设立的办事机构仅办理存款支取和收受两种业务,营业时间也有所缩短,每日自午前九时至午后一时,而且业务量不大。滨江交易所及滨江粮食证券交易所被洪水淹没,全市经济状况混乱,实际上已经不能开市,于是临时决定自 7 日起,至 28 日止,停行三星期,于 29 日恢复营业。表 10 记录了 1932 年大洪水及其前后的 1931 年、1933 年哈尔滨市远东银行存放款和利润情况。表 10 中的数据表明,水灾前一年纯利润为 15.2 万元,水灾当年和后一年的纯利润为 11.0 万元、7.2 万元,比水灾前一年分别下降了 28%、53%。由此管窥一斑,1932 年的哈尔滨大水灾给金融业带来的损失和影响非常严重,而且影响的不仅仅是水灾发生的当年。

表 10　远东银行存放款和利润情况表

单位:万元(哈大洋)

年度	存款 (平均余额)	放款(每年一月一日余额)	汇款		纯利益
			支付	收入	
1931 年	1 394.2	2 623.5	3 896.3	2 037.2	15.2
1932 年	1 225.3	2 211.2	3 056.4	1 653.8	11.0
1933 年	1 056.4	2 039.7	1 893.8	1 237.4	7.2

数据来源:由哈尔滨远东银行的相关资料整理得到。

6. 零售业凋敝

松花江堤决口后,洪水进入市区,大部分商店进水导致关门停业。只有在那些地处高岗的商家,未遭淹没的地方或受害轻微的地方,如酒柜(专零售食品、酒类及杂货）、药店、饭馆等特殊商品的零售商可以照常营业,其余殆皆呈停业之象。尤其是,水灾淹没了周边多数的城镇,仓库和仓储的日用必需品市场与交易所也遭灾或被淹而停止营业。这些仓储物资库与中心区域交通中断,市民日用品供应远远不足,导致在近一个月的时间里,商户损失惨重,部分居民断柴断火,于经济复兴上,亦予莫大打击。决堤洪水涌入市区仅一周,《盛京时报》就估计哈尔滨罹灾民已达二十五万人,损害约三亿元。据《壬申哈尔滨水灾纪实》统计,全市由这次水灾所造成的直接经济损失,估定为国币两亿元。事实上,这次哈尔滨市松花江大洪水造成的直接及间接损失远不止两三亿元。

(四)水灾对社会的冲击及应对措施的效果

在日伪统治时期,1932 年 8 月哈尔滨市的大洪水灾难对百姓日常生活来说,更是雪上加霜,正常的经济生活受到严重影响。大批的灾民迫于生计,流离失所,食不果腹、衣不蔽体。大批流民被迫做了匪贼,灾情最严重的地区匪患愈加猖獗。民众饥不择食,生活得不到保障,生命受到严重的威胁。

大灾之时有大疫,大洪水造成污水横流,水质恶化,加之雨后天气炎热,大量死亡生物体腐烂,并且垃圾、粪便等地表排泄物漂流,使市区臭气熏天,严重破坏了卫生环境,导致疾病流行,瘟疫盛行,给灾后人民生活带来更为巨大的威胁。虎烈拉(霍乱)最为猖獗,白喉、窒扶斯(伤寒)、猩红热等也时有发生。据 1932 年 8 月 16 日《申报》载:"每日患者达八十人,每日平均死者约二十五人,以华人避难者居多。"据《壬申哈尔滨水灾纪实》载:自 8 月 1 日有一人患烈性"虎烈拉"死后,至 10 月 2 日,哈尔滨共死于虎烈拉患者达248 人,与患者数621 人相较,死亡率为40% 。可见,灾区民众不仅承受着身体上的疾病,又忍耐着精神上的创伤,使正常的生产生活难以开展。这样的灾、匪、外敌等多重打击,给灾后经济恢复和重建带来了相当大的困难。当时哈尔滨市的日伪主政当局不得不采取临时救援和缓解措施,但并没有从根本上消除大洪水带来的巨大经济影响,灾害救援效果大打折扣。

1. 灾民赈济、收容:杯水车薪

1932 年 8 月 7 日晨哈尔滨市区傅家甸河段江堤决口后,江水涌入市区,直到 3 天后的 8 月 10 日,日伪政府才临时组建"哈尔滨水灾非常委员会",下设总务部、救济部、收容部、排水部等 11 个部门,负责水灾应急善后处理,包括救济、收容、隔离和转运难民,维持治安等事宜。水灾发生当天,由于灾前毫无防范措施,绝大部分灾民受到突如其来的大水冲击,大多数人临时逃难到高地或露宿街头。如极乐寺、文庙等地集聚灾民数量较多,直至大直街之北端,山街两侧,及霁虹桥附近,其中有无一席以庇风雨者,几似人间地狱,殊堪酸鼻也。到 8 月 17 日,据不完全统计,仅南岗下坎、文庙附近、

老巴夺卷烟厂等十处地带,露宿街头的已有 5 万人之多。临时搭建的收容所人满为患,需要救济的人也非常多,如自 8 月 16 日至 10 月 31 日之 77 日间,所收容的灾民之延人数,计 1 416 215 人,每日平均计救济 18 392 人。可见,这里记录的如此之多的收容和救济人数,与记录的设粥厂数量以及收容所情况不成比例。如 8 月 13 日《申报》描述这次水灾的食物供给情况:设粥厂三处,每处粥锅三口,每日放粥两次,共计 155 000 余人。"三处粥厂,九口锅,15 万多人,每人能领到多少食物? 嗷嗷待哺者排队领粥的场面是什么样的? 可想而知。

2. 洪水抵御与善后清理:行动迟缓、人财物投入严重匮乏

在 8 月 7 日第一次决堤后,由于防洪措施不到位,灾情、险情没有得到应有的重视,随后,马家船厂及松浦一带又发生溃决,致使松浦一带之田园,均化成溯水。当局决定临时抢修和防堵,其效果不佳。据《盛京时报》载,"十日午后八时,中央大街迤东十四道街,十三至九道街,新城大街……,殆成泽国,而水势仍其汹涌"。由于日伪当局临时应对,方案敷衍,缺乏统一指挥、统一规划和标准,投入人力、物力和财力甚微,根本达不到实际效果。由于城市堤防决口,市区排水是水灾之后亟待处理的重要问题,这关系到居民出行、城市交通运输,以及商业、企业正常开工等民生大事;尤其是城市生活污水与进入市区的外水及杂物混在一起,随处漂流,极易引起细菌泛滥和疫情。由于市区大部分地区长期浸泡在污水中,为了避免大面积疫情,当局在水灾发生一个多月,决定将防御转为排水工作,但行动迟缓;直到市区进水 16 天(8 月 24 日)后才拟订积水较多的傅家甸地区排水计划,从制订计划到实施又拖延了大约一个月的时间,于 9 月 29 日才全面组织排水工作,但投入的设备有限,排水速度非常缓慢。

3. 防疫及灾区社会治安维持:措施不力、强制残忍

8 月 9 日,水灾非常委员会成立防疫部,"在露宿灾民密集地带,则急造便所,撒布石炭酸,并分发传单,宣传'勿饮生水'"。至于防疫效果,就连清理水灾善后委员会在其编写的《壬申哈尔滨水灾纪实》中也承认:"然灾民集团,既乏卫生思想,加以天时多雨,水质腐败,食粮饮水,颇觉欠缺,防疫医员与医药,复感不足不备。故在虎烈拉攻势之前,效等于零。"至于防疫,仅靠防疫部的检疫队、消毒队、预防注射队等的每队几个人是不行的,有如蜻蜓点水。如依据 8 月 21 日之调查,第四收容所 319 人中,注射完了者仅十之二;第五收容所 213 人中,全部未完;第十四收容所亦然。溯自 8 月 1 日有一人患真性虎烈拉而死亡后,至 10 月 2 日,为患此者死亡最后之日。其间哈埠共有死于虎烈拉之患者 248 人,与患者发生数 621 人相较,死亡率为 40%。在水灾、疫情并重的背景下,日伪当局对维护社会治安倒是"用心至极",这主要是为了维护他们的统治。主要特征是"一手硬、一手软":"软措施"表现为在形式上救灾安抚民众;"硬措施"表现为以稳定社会治安为由强力打压东北地区的抗日活动及其宣传者。如 8 月 7

日洪水涌入市区的当天,当局向全市民众发布布告:"尔被灾民众等,其各守尔常,各安尔业,以待救济,万勿听信谣言,徒滋自扰。"这里提到的"谣言",从3日后的《滨江日报》刊载的《水灾声中不逞分子乘机造谣》一文中可窥见一斑:"……共产分子,乃乘地方情势之混乱,潜行来哈,企图扰乱人心……散放谣言,以期扰乱治安。"对于灾区的刑事犯罪,日伪当局也不手软,警戒森严,严厉惩处偷盗掠抢行为,一旦发现一律处以死刑。

(五)结论

大洪水发生之前,日本帝国主义在哈尔滨大搞经济附庸化,采用所谓"统治主义"的日满融合政策。尤其在1929—1932年资本主义世界的大危机之后,资本主义国家越来越多地利用政权干预经济,经济上和政治上全都加浓了"国家主义"的色彩,日本在我国东北尤是如此。伪满政权夺取了东北经济命脉和官有资产及企业,实行经济统治政策,以使伪满经济完全从属于日本的需要,彻底附庸化。大洪水发生后,本来对外开放程度很高的哈尔滨市经济蒙受了双重的打击,使得工商业很快陷入停滞、衰退的局面。这次大水灾造成哈尔滨市区受灾人口达23万多人,并带来社会的严重动荡。明显的特征是农业遭受重创、工商业低迷、对外贸易量骤减、各路交通瘫痪、流通受限、物价飞涨、银行业务急剧萎缩、交易所停市、市场运行受阻、信息中断等。加之侵略和世界范围内的经济危机使得当时的哈尔滨地区经济情况复杂混乱,由此产生的长期的影响难以确定。哈尔滨清理水灾善后委员会编写的《壬申哈尔滨水灾纪实》成了了解灾情的主要渠道,而这个资料并不代表灾区人民的意愿和灾害的真实状况。

1932年松花江大水灾具有历时长、受灾区域广、损失重、影响时间长等特点。这场由大洪水带来的灾难不仅对哈尔滨市及其周边地区的社会稳定和人民生活造成了严重威胁和冲击,而且大水灾与当时的外敌入侵及匪患相叠加,使得自然灾害因与动荡的时局背景纠缠在一起而变得错综复杂,最终形成一条天灾人祸恶性循环的风险链,经济长时间一蹶不振,防灾与抗灾能力严重下降,灾区民众生活处于水深火热之中。直到十多年后日本帝国主义被赶出东北,在中国共产党的领导下对大江大河加固堤防、兴修水利,人民群众才摆脱了灾难的困扰,过上正常的生活。

(摘编自韩强、谢永刚、姜宁:《1932年松花江大洪水对哈尔滨市经济影响》,载《边疆经济与文化》,2021年第1期。)

四、1998 年嫩江、松花江流域特大洪水灾害及其对黑龙江省社会经济的影响

1998 年夏季,嫩江、松花江发生了百年不遇的特大洪水,黑龙江省是重灾区。特别是在保证大庆油田和省城哈尔滨的抗洪抢险战斗中,松、嫩沿岸集结沈阳军区、武警部队、民兵预备役等官兵达 40 万人,与洪魔殊死搏斗,最后终于取得了这场举世瞩目的抗洪抢险斗争的胜利。但洪水给我们带来的灾害损失是惨重的,我们应认真分析这场洪水发生的规律和特点以及洪灾对国民经济的影响,这对我们今后加强水利建设和恢复生产、重建家园都有重要的意义。

(一)雨情、水情分析

1998 年 6 月上旬至 8 月中旬,嫩江流域上游地区发生四次强降雨过程,形成嫩江流域、松花江干流特大洪水。嫩江干流先后四次出现洪峰,松花江干流三次出现洪峰,洪峰量级一次比一次大,洪水一次比一次猛,连续两次突破历史记录。嫩江、松花江干流有 13 个水文站发生了有记载以来的第一位大洪水,成为黑龙江省历史上极为罕见的历史性特大洪水。四次洪水过程详述如下:

(1)第一次洪水过程

6 月 20 日—6 月 21 日,嫩江上游大兴安岭地区普降暴雨,局部降雨量达 180—270 毫米,加格达奇站点雨量达 270 毫米。受其影响,嫩江干流及其支流甘河发生大洪水。嫩江干流库谟屯站 6 月 25 日 8 时出现 1998 年第一次洪峰,水位为 234.68 米,流量为 4 350 米³/秒,为建站以来第一位大洪水;嫩江干流同盟站 6 月 27 日 15 时出现洪峰,水位为 170.36 米,流量为 8 350 米³/秒,为建站以来第二位大洪水;齐齐哈尔水位站 6 月 29 日 2 时出现洪峰,水位为 148.43 米,超保证水位 0.23 米;嫩江江桥站 7 月 13 日 11 时出现洪峰,水位为 140.71 米,流量为 7 480 米³/秒,为建站以来第二位大洪水;甘河加格达奇站 6 月 24 日 17 时出现洪峰,水位为 100.64 米,流量为 1 460 米³/秒,为建站以来第四位大洪水。受嫩江第一次洪水过程和松花江、拉林河来水影响,松花江哈尔滨站 7 月 22 日 22 时 55 分出现 1998 年的第一次洪峰,水位为 117.64 米,流量为 4 910米³/秒。

(2)第二次洪水过程

7 月 6 日—7 月 9 日,黑龙江省普降中到大雨,局部地区降暴雨或大暴雨,齐齐哈尔市、绥化市、佳木斯市所属的 13 个县(市)降雨量在 50 毫米以上,其中拜泉县降雨量达 100 毫米,局部达 200 毫米,致使一些中小河流泛滥成灾。受 7 月 17 日—7 月 22

日嫩江上游地区降雨影响,嫩江支流雅鲁河碾子山站 7 月 23 日 8 时出现洪峰,流量为 1 900 米³/秒;嫩江江桥站 7 月 26 日 8 时水位为 140.20 米,流量为 6 100 米³/秒。我们把这次洪水称为嫩江第二次洪水。

(3)第三次洪水过程

7 月 24 日—7 月 28 日,内蒙古境内嫩江右岸支流区域出现大面积强降雨过程,全流域平均降雨量达 85 毫米,其中雅鲁河五公里站达 253 毫米,绰尔河文得根站达 193 毫米,阿伦河、音河、黄嵩沟、乌裕尔河流域降雨量为 10—2 000 毫米。受这次降雨影响,嫩江干流及其大部分支流都发生大洪水或特大洪水。雅鲁河碾子山站 7 月 27 日 23 时出现洪峰,水位为 217.21 米,流量为 3 700 米³/秒,为有水文记载以来第一位大洪水;绰尔河两家子站 7 月 27 日 7 时出现洪峰,水位为 102.34 米,流量为 5 500 米³/秒;罕达罕河景星站 7 月 27 日 2 时出现洪峰,水位为 100.29 米,流量为 560 米³/秒;阿伦河乌斯门站 7 月 27 日 2 时出现洪峰,水位为 98.72 米,流量为 11 150 米³/秒。受干支流洪水影响,嫩江干流下游发生较大洪水。7 月 30 日 10 时,江桥站出现第三次洪峰,水位为 141.27 米,流量为 9 340 米³/秒,超历史最高洪水位(1969 年水位为 140.76 米)0.51 米。

受嫩江第三次洪水过程和松花江、拉林河来水影响,松花江哈尔滨段 8 月 9 日 21 时出现第二次洪峰,水位为 118.75 米,超警戒水位 0.65 米,流量为 7 390 米³/秒。至此,嫩江、松花江沿岸防汛形势全线趋于紧张。

(4)第四次洪水过程

8 月 4 日—8 月 10 日黑龙江省普降大到暴雨,全流域平均降雨量为 40—260 毫米,嫩江右岸支流平均降雨量达 260 毫米,其中甘南县雨量达 393 毫米,致使嫩江流域和松花江干流发生历史特大洪水。嫩江支流雅鲁河碾子山站 8 月 10 日 4 时出现第二次洪峰,水位为 217.64 米,超历史最高水位 0.43 米,流量为 55 500 米³/秒,为有水文记载以来第一位大洪水;诺敏河古城子站 8 月 10 日 11 时出现洪峰,水位为 206.87 米,超历史最高水位(1952 年 8 月 4 日水位为 206.57 米,流量为 4 980 米³/秒)0.30 米,流量为 6 660 米³/秒,为有记载以来第一位大洪水;罕达罕河景星站 8 月 11 日 8 时出现洪峰,水位为 101.24 米,流量为 1 760 米³/秒,为有水文记载以来第一位大洪水;阿伦河乌斯门站 8 月 10 日 7 时出现洪峰,水位为 98.88 米,流量为 1 800 米³/秒,为有水文记载以来第一位大洪水。受干支流洪水影响,嫩江干流下游发生第四次洪水。同盟站 8 月 12 日 3 时出现洪峰,水位为 170.69 米,流量为 12 200 米³/秒;齐齐哈尔站 8 月 13 日 6 时出现洪峰,水位为 149.30 米;8 月 14 日 3 时,江桥站出现洪峰,水位为 142.37 米,超历史最高水位 1.61 米,流量超过 15 000 米³/秒。以上各站均为超历史纪录的特大洪水。

受嫩江第四次洪水过程和松花江吉林省段、拉林河来水影响,形成松花江干流第三次洪水,通河以上江段和富锦江段发生了有水文记载以来特大洪水,依兰、佳木斯江段发生了第二位大洪水,哈尔滨站 8 月 16 日 18 时开始超过 1957 年历史最大流量 12 200 米³/秒,水位 18 日 7 时开始超过 120.30 米(保证水位)。自 8 月 18 日 11 时— 8 月 22 日 12 时,水位由 120.41 米缓慢上涨到洪峰水位 120.89 米,历时 97 小时。8 月 22 日 12 时至 8 月 23 日 19 时洪峰水位持平 31 小时,然后开始回落,洪峰水位超 1957 年历史最高洪水位(120.30 米)0.59 米,洪峰流量为 17 300 米³/秒(大大超过 1932 年还原后洪峰流量 16 200 米³/秒和 1957 年还原后洪峰流量 14 800 米³/秒),为 150 年一遇。佳木站 8 月 26 日 20 时出现洪峰,水位为 80.34 米,超 1991 年最高水位 (80.21 米)0.13 米,为有水文记载以来第二位大洪水。洪峰于 9 月 2 日通过抚远县进 入俄罗斯境内。

(二)汛情及灾害特点

1998 年嫩江、松花江大洪水与往年洪水比较有如下特点:

(1)大暴雨集中且有反复性

根据气象资料分析,1998 年降雨量比历年平均多一倍,部分地区多两倍以上,而 且多集中为暴雨和大暴雨。6 月上旬至 8 月中旬,嫩江、松花江流域平均降雨量为 500—730 毫米,龙江县发达乡不到半个月出现 5 次降水,总雨量达 592 毫米,扎兰屯 降雨量为 960 毫米,比历年全年平均降水还多一倍,雅鲁河五公里站点降雨量为 1 010 毫米。8 月上旬末有的市县 48 小时降雨量超过 300 毫米。多次降雨又都集中在大兴 安岭东侧的嫩江支流上,而 1969 年嫩江洪水就是大范围降雨形成的;1957 年洪水是 因为流域内 20 多天连降滂沱大雨。所以 1998 年的大水是黑龙江省极为罕见的。

(2)雨量大峰值高,汛情来得早,持续时间长

据调查分析,齐齐哈尔市从 5 月下旬开始,降雨量就比历年同期多一半以上,到 8 月 15 日,在不到三个月的时间内平均阴雨天数达 52 天;而 1969 年嫩江洪水三次降雨 过程发生在 8 月 11 日—8 月 31 日,洪水起涨到落平 20 天左右;1957 年洪水是 6 月下 旬—7 月连续降雨。1998 年齐齐哈尔市及所属 9 个县市从 6 月 1 日—8 月 15 日 8 时, 平均降雨量达 544 毫米,比历年同期多 105%,比历年全年平均降雨量还多 19%。降 水最多的是甘南县,总降雨量达 776 毫米,比历年全年平均降雨量还多 74%。在 6 月 中、下旬,嫩江上游及其支流相继出现 1998 年第一次较大洪水过程。嫩江干流连续出 现四次洪水,受其影响,松花江干流出现三次洪水。嫩江干流的大部分支流均出现二 至三次大洪水,洪峰一次比一次高,洪水一次比一次猛。嫩江干流及雅鲁河、诺敏河、 绰尔河等支流连续两次出现超历史标准的特大洪水,嫩江干流下游出现的第四次洪峰 比第三次洪峰高得多,相当于 200—300 年一遇,江桥站第四次洪峰比第三次洪峰高 1.1 米,相当于 1 000 年一遇。哈尔滨市洪峰水位高出 1932 年最高水位(119.72 米) 1.17 米,高出 1957 年历史最高水位(120.30 米)0.59 米,相当于 150 年一遇。嫩江、

松花江干流共 13 个水文站点发生了超历史标准特大洪水。哈尔滨江段自 8 月 5 日超警戒水位到连续出现三次洪峰后降至水位 119.00 米以下共达 40 天。

（3）洪水组成非常单一

往年松花江洪水都是由嫩江和松花江吉林省段洪水合成后又汇入拉林河、呼兰河、牡丹江等支流洪水形成的大洪水或特大洪水。如 1957 年松花江扶余站洪峰流量为 5 540 米³/秒，但是 1998 年松花江扶余站流量不到 600 米³/秒，松花江的特大洪水主要由嫩江干流特大洪水形成，组成非常单一。

（4）工程险象环生、频频告急、物资及人力消耗巨大

嫩江、松花江河道总长 2 309 千米，堤防长度 1 899 千米。工程战线长，洪水频率高，高水位浸泡时间长，工程险象环生是 1998 年水灾的突出特点。松嫩大堤日最大抢险人数达 200 万人，累计出险 5 789 处，长 691 千米的大堤出现较大险情 581 处，这是历史上没有的。泰来的拖力河、白什哈、老局子堤防，杜蒙的拉海堤防，肇源的胖头泡堤防等 5 处决口，长度达 4 000 米，主要支流雅鲁河左岸堤防 5 000 米漫堤、绰尔河龙江段 2 处决口，好在松花江干流 1 200 千米堤防无一处决口，特别是城区堤防。而 1932 年 7 月大水，哈尔滨市松花江大堤溃决 20 余处，江水涌入市区，道里、道外两区顿成泽国，最大水深 5 米，10 万难民衣食住行无着落，全市 23 万多人受灾。

（三）对社会经济方面的影响

这次嫩江、松花江流域洪水造成的黑龙江省直接经济损失达 230 多亿元，不包括直接用于抗洪抢险的费用 10 亿元。

（1）对农林牧渔业的影响

农作物受灾面积达 310 万公顷，占 34%，成灾面积达 243 万公顷，占 27%，绝收面积近 138 万公顷，占 15%，毁坏耕地 23 万公顷，其中灌溉面积 5 万公顷，粮食减产 630 万吨，粮食损失 186 万吨，牲畜死亡 3 万头，水产养殖损失面积 5 万公顷、产量 8 万吨。农林牧渔业直接经济损失达 140 多亿元，占全省农业生产总值的 19%。

（2）对工业、交通、运输业的影响

企业全停工停产的 900 多个，其中乡镇企业近 800 个，部分停工停产的有 440 个，其中乡镇企业近 230 个；水淹油气井 1 372 口；铁路中断 10 条，中断时间 1 759 小时；航道中断 311 条；公路中断 513 条次；冲毁铁路、公路桥涵 3 364 座，毁坏路基 4 022 千米；供电中断 333 条次、5 434 小时，损坏输电线路 5 537 千米、电杆 26 322 根；损坏通信线路 1 425 千米、电杆 11 648 根。工业、交通运输业直接经济损失近 26 亿元，占全省工业生产总产值的 10%。

（3）对水利方面的影响

水利工程设施水毁非常严重。全省毁坏堤防 2 035 千米，堤防决口 215 处、长度

57 千米,其中国堤决口 8 处、长度 28 千米;损坏大中型水库 10 座、小型水库 103 座,水库垮坝中型 1 座、小型 19 座;损坏护岸 404 处,水闸 641 座、渡槽 68 座,桥涵 5 032 座、机井 20 149 眼,塘坝 565 座,渠道决口 1 295 千米;损坏水文测站 32 个,机电泵站 207 座,水电站 7 座。水利设施直接经济损失 22 亿元。

(4)对人民居住方面的影响

全省有 63 个县市、840 个乡镇、7 125 个村屯遭受了不同程度的洪灾,受灾人口达 553 万人,占全省总人数的 15%。被洪水围困人口达 39 万人,紧急转移人口 124 万人,积水城镇 4 个,损坏房屋 64 万间,面积 1 600 多万平方米,倒塌房屋 36 万间,面积 970 万平方米。

通过上述对 1998 年嫩江、松花江流域大洪水的分析及灾害对国民经济部门影响的介绍,希望能引起社会对洪水灾害的重视,为今后加大减灾防灾力度提供参考。

(灾情有关数据来自黑龙江省 1998 年防汛总结。)

(摘编自张明、高伟民、谢永刚:《98'嫩江、松花江流域特大洪水灾害及其对黑龙江省社会经济的影响》,载《灾害学》1999 年第 2 期。)

第三编

干旱预防与节约用水：生态需水与民间水权激励

一、私人参与国有中小型灌区管理及水权制度创新的经济绩效——以黑龙江省兰西县长岗灌区转变农业用水管理机制为例

(一)引言

我国是世界农业大国,依靠灌溉用水生产的农民约 5 亿人,产出了占全国 75% 的粮食、90% 的经济作物。在可利用水资源总量中,农业用水占了绝大部分,2005 年,全国农业用水占总用水量的 75% 以上,平均每生产 1 千克粮食要补充灌溉 1.25 立方米水。2010 年全国总用水量为 6 022.0 亿立方米,其中农业用水占 61.3%。由此可见,农业用水仍然占总用水量的大部分,而且减少的速度很缓慢,农业节水潜力和空间很大。前些年,由于全国中小型灌区普遍管理体制落后,大部分灌区"吃大锅饭""喝大锅水",用水效率低下,工程老化失修,水费难于收缴,灌溉用水无法保障;然而,随着改革开放的不断深入,社会经济快速发展,国家投入农田水利的资金大幅增加,农田灌排水工程配套日趋完善,但中小型灌区用水的管理仍然很落后,特别是工业、生态等其他领域的用水紧张日趋明显,对农业灌溉用水的管理提出新的课题。

1995 年以后,随着向市场经济的过渡,对灌区管理的制度创新和实践探索逐步展开。2000 年浙江省东阳市和义乌市的水资源产权成功交易,开创了中国水权交易的先河,为我们在实践上提供了可操作的政策依据和经验;但由于产权交易的不彻底或理论支持有待进一步的探索,东阳和义乌的水权交易出现了成本过高的新问题。国外在解决公共资源和产权问题方面有很多可以借鉴的理论,如埃莉诺·奥斯特罗姆在她的《公共事物的治理之道》[①]中着眼于小规模公共池塘资源问题,在大量的实证案例研究的基础上,开发了自主组织和治理公共事物的制度理论,为面临公共选择的人们开辟了新的路径,也为避免公共事物的退化、保护公共事物、可持续地利用公共事物从而增进人类的福利提供了自主治理的制度基础。她的研究成果给我们的启示是:要思考如何避免公共事物的退化,并挽救已经在退化的公共事物,如灌区主体工程及其配套设施建设等。她还从博弈论的视角探索了政府与市场之外的自主治理公共池塘资源在理论上的可能性,特别是"自筹资金的合约实施博弈",认为没有彻底的私有化,没有完全的政府权力的控制,公共池塘资源的使用者可以通过自筹资金来制定并实施有效使用公共池塘资源的合约。她考察了美国洛杉矶地区南部一系列地下水流域资源利用的制度起源,分析了该地区发生的"抽水竞赛"导致的地下水资源退化问题,看到

---

① 奥斯特罗姆.公共事物的治理之道[M].余逊达,陈旭东,译.上海:上海三联书店,2000.

了水资源生产者为了摆脱恶劣的抽水竞赛,在大量的诉讼无法解决问题的情况下,自主地建立了公共企业,对地下水资源进行适当的管理,在多个公共企业基础上,终于形成了"多中心公共企业博弈"的格局,如成立了有效的组织"民间协会"。这给中国中小型灌区管理开拓了新的思路,如农民自发成立用水户协会。迈克尔·麦金尼斯对水资源退化等的实证研究,旨在为人类社会的持续发展提供一个可行的制度基础,即"多中心治道",也就是说发展是在各个层次、各个地方同时发生的,而并不仅仅是某些政治中心。全面的、持续的发展基础,靠的是地方社群的自主治理能力,以及以此为基础的多中心治理的多层次的制度框架,这个框架无疑也有助于我们进一步思考并推进"简政放权"方面的治道变革,即中小型灌区不再是靠政府大包大揽,一龙治水的局面必须打破。迪阿拉西在研究制度的绩效时得出结论,认为资源使用权结构的差异对行为具有系统的、可预见的影响。灌溉发展一定会面临治道的问题,一定会利用人力资源和其他资源采取措施,除了采用适当的灌溉技术之外,还要建立适当的制度和组织。埃莉诺·奥斯特罗姆在研究长期持久灌溉制度设计原则时,以西班牙巴伦西亚灌溉水道的水权作为案例,指出水权的严格私有化在许多国家广阔的制度构架内不是可行的选择。如果授权给灌溉水的供给者和使用者在设计他们自己的体系方面拥有更多的声音,把集体选择安排原则和组织权利的最低认可原则结合在一起,在许多国家广阔的制度框架内就是可行的改革。这样,我们就可以期待那些最受激励的人找到"他们对其所面临的最突出的问题的解决方案"。以上国外学者在探索公共资源及产权方面的理念为我国中小灌区管理创新和新的制度安排提供了参考。

(二)灌区水管理存在的问题

以长岗灌区为例,该灌区始建于 1964 年,设计灌溉面积 1.5 万亩,灌区管理站属于"事业单位"。1980 年因管理不善,灌区被迫停止灌溉;1989—1997 年灌区在进行配套改造的同时继续维持运营,但由于用水效率低下,农民追求高产量过度使用化肥,污染严重,使稻米品质低劣,价格低廉;同时水费收缴困难,灌区管理部门负债累累,于1998 年再次停灌。停灌后的灌区管理站泵站设备闲置,职工下岗;灌区供水陷入了危机。是什么原因导致这样的后果呢?

1.水权模糊导致水资源配置效率低下

水资源也像其他资源一样,在使用过程中,如果产权不清,这种资源可能就会被滥用。根据阿尔钦定义的产权概念,它是一个社会所实施的选择一种经济品的使用的权利。从经济学角度分析产权,它不是指一般的物质实体,而是指由人们对物的使用所引起的相互认可的行为关系。它是用来界定人们在经济活动中如何受益、如何受损,以及人们之间如何进行补偿的规则。因此,要完成既定的功能,产权就必须明晰,它是市场机制正常运行的基本条件,它是有效利用、交换、保存、管理资源和对资源进行投资的先决条件。水资源也不例外。首先,水权模糊造成灌区用水的外部约束较弱,取水量主要受制于自然因素,特别是处于上游的地区,往往超量取水,浪费严重,"抽水竞赛"现象普遍存在。其次,水权模糊导致产权不明,水权无法转让,资源配置效率不高,水资源不能由低价值领域流向高价值领域,降低了社会总收益,实际上是资源配置扭曲。

2.水价低于供水成本,而且水费收缴困难

长期以来,水费标准普遍偏低(如长岗灌区,见表1),供水成本与水价之间的差额部分由政府进行补贴。这种方式一方面使人们形成了"对水资源认识缺乏价值观念,更没有合理的水资源价格体系,因而造成水资源的'资源无价,使用无偿'的局面,造成了水资源使用上的巨大浪费"[①];另一方面,农村水利工程投资无法回收补偿,完全依靠政府补贴,国家负担增加,而供水工程也日久失修,难以为继。更为严重的是,由于近些年处于经济转轨时期,政府补贴逐年减少,灌区管理单位经费运转陷入低水平的管理"陷阱",即使是好的年成,由于灌区用水机制落后和责权利不分明,水费难以收缴,形成恶性循环。另外,目前是按每亩20元收水费,从1997年后一直未变。而随着供水成本的不断增加,灌溉成本与水费差距越来越大[见表1中第(2)、(4)列]。

---

① 葛颜祥,胡继连,接玉梅.黄河水权市场的建设及其作用研究[J].中国农村经济,2002(4):40.

表1 长岗灌区不同时期水价、供水成本及补贴率

年份	国家规定按亩收费水价/(元·亩$^{-1}$)	净灌水定额/(米^3·亩$^{-1}$)	供水成本/(元·亩$^{-1}$)	现价水费与供水成本之差/(元·亩$^{-1}$)	补贴率/%
(1)	(2)	(3)	(4)	(5)	(6)
1990年	0	600	20	20	8.0
1992年	10	590	25	15	0
1995年	10	590	27.6	17.6	0
1997年	20	580	27.5	7.5	0
2000年	20	580	30.5	10.5	0
2003年	20	500	32.2	12.2	0
2005年	20	450	35.5	15.5	0
2008年	20	400	38.5	18.5	0
2010年	20	380	40.8	20.8	0
2013年	20	350	45.0	25.0	0

资料来源:第(2)、(3)、(6)列数字来源于兰西县长岗灌区管理站2013年12月编的《长岗灌区历年水价台账》,第(4)、(5)列为估算值。

3. 管理体制亟待改革以适应灌区发展的客观要求

长岗灌区属于国家所有,灌区管理单位归县(市)水利局领导。改革之前,灌区管理者同用水户、乡政府、村委会之间在解决灌区管理问题时常常出现推诿现象,农民参与灌区管理的积极性不高。在水费的缴纳上,特别是在干旱年份,农民有抵触情绪,灌区管水员与农民、农民与农民之间时常发生抢水的纠纷,可谓"在水资源的公有性质与使用权的私有化之间就出现了矛盾"[1]。同时,灌区管理单位的负责人三年两头就更换一次,在1985年至1995年的10年中,长岗灌区负责人曾经5次易主,这就必然造成管理者的短期行为并给管理单位造成不良的影响。所以,必须改革灌区管理的体制机制,改革的目标就是充分发挥灌区管理者、农民用水户、村委会等各个利益相关者的积极性和创造性,适应灌区发展的需要。

---

① 赵世瑜.分水之争:公共资源与乡土社会的权力和象征[J].中国社会科学,2005(2):202.

（三）长岗灌区用水管理制度改革与设计

"我国农用水资源的利用率和利用效率都较低,其根本原因是水资源的所有权及其实现形式不明晰。"[①]因而,长岗灌区管理者抓住明晰水权这个主线展开一系列的制度创新。灌区管理制度改革十多年来,不断探索,水管理制度建设步步求新:先后建立了22项责任制、34项管理制度、17项合同管理条例、8项章程。2002年灌区管理者接受高校研究人员的指导,逐渐形成新的理念并在灌区农民用水户间宣传和推广。在2003年末农民用水户知道水利部门通过投资把"自然水"变为"商品水",用水交纳水费是天经地义的。2004年农民用水户开始知道"水权"这个概念,并认识到明确了水权对节约用水有好处。2006年灌区成立了用水户协会,共同协商用水问题。2013年初长岗灌区成立了"水银行",明确初始水权的确立并签订用水契约,节余的水量信息可以进入水银行信息平台、存储平台、交易平台。

1. 水权制度创新的原则:成本与收益比较

任何制度创新或变迁能否实现,制度变迁的收益与制度成本的比较结果是关键因素。借鉴科斯的产权思想,在考虑交易成本的情况下,合法权利的初始界定会对经济制度的运行效率产生影响。权利是一种调整,会比其他安排产生更多的产值。因此,必须通过对初始权利界定后的成本与实际效果的对比来具体分析,以选择合适的制度安排。如果制度安排的成本太高,则这种安排将失去效率,因此,一种制度安排的总产值的大小,取决于这种制度的运行收益与运行成本的比较。只有在预期收益大于预期成本的情况下,才会最终实现制度的变迁。兰西县长岗灌区的实践也说明了这一点。从理论上我们不难看出:

共有水权制度（Ⅰ）的总产值＝制度（Ⅰ）的收益－制度（Ⅰ）的交易成本

产权明晰的水权制度（Ⅱ）的总产值＝制度（Ⅱ）的收益－制度（Ⅱ）的交易成本

显然,制度安排（Ⅱ）比制度安排（Ⅰ）更有效率的条件是:制度（Ⅱ）的总产值大于制度（Ⅰ）的总产值,即:

制度（Ⅰ）的收益－制度（Ⅱ）的收益＜制度（Ⅰ）的交易成本－制度（Ⅱ）的交易成本

---

①　刘庸,丕国霞,祝青云.农用水资源水权理论的探讨[J].内蒙古农业大学学报,2001,3(1):25.

我们发现表1中数据第(3)列,灌水定额为什么会下降如此之快呢? 也就是说,灌水定额在2000年到2003年4年间,下降了80米³/亩,随后逐年下降,从2000年到2013年的14年间,下降了近40%,这是自1964年建成以来近40年没有实现的。这得益于大力推广节水技术和国有灌区私人管理后的灌溉用水管理制度和逐步清晰化的水资源产权制度(见图1)。

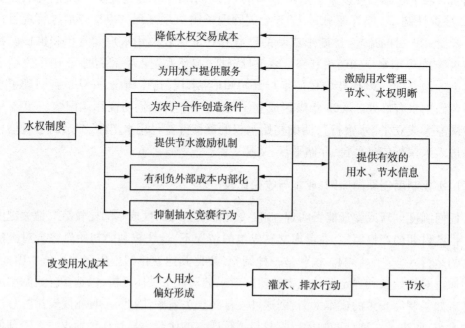

图1 水权制度功能及其对个人行为的影响

2. 水权的确立及民主协商

长岗灌区在用水管理制度转变中经历了缓慢的过程。自2006年灌区成立了用水户协会以来,共同协商用水的机制逐步形成。长岗灌区主要解决的水权问题在于:灌区对于节余的水如何处置,处置得当能给节约用水者带来什么收益? 要解决这个问题,必须明确对节余的水是否具有收益权和转让权;同时,如何解决这些问题或通过什么方式解决? 这是一个大难题。《中华人民共和国水法》规定,"水资源属于国家所有","农村集体经济组织的水塘和由农村集体经济组织修建管理的水库中的水,归各该农村集体经济组织使用"。灌区用水从半开放利用到集体水权的行使,这是水权变迁的基本方向。灌区水权成为集体水权的基本含义是,赋予灌区更为明确的使用权和收益权,并允许行使适度的转让权。从管理的角度来说,灌区水权是公共机构或公共代表通过组织协商和签订协议的形式从公共流域中确定给特定的灌区一定数量和质量的水资源的权利;从灌区自身来说,该水权意味着灌区作为用水集团在一定的水资源流域或区域中根据自身拥有的人口数量、资源状况、发展潜力等因素,对一定数量和质量的水的获得和消费权利。同时应注意到:灌区水权一定是灌区全体居民共有的,并委托给公共机构管理;灌区应拥有一个初始用水总量,也就是初始水权;灌区对于农业节余的水应具有收益权和转让权;法律是界定自然资源产权的最常用的方法,对水资源也不例外,法律的介入能够产生界定产权的规模经济,从而减少交易费用。

长岗灌区明晰水权的具体做法是:

第一,明晰初始水权。确立水利工程供水的商品属性特征,建立供用水两者之间的买卖关系,灌区管理单位依据合同供水,农民用水户有偿使用灌溉用水,所有农户都在年初预交一部分水费。在农户调查中几乎所有农户都清楚水是商品,有2/3农户可说出目前灌溉用水的水价及价格政策。在此基础上按照作物需水规律和节水技术综合确定灌水定额,这个定额就是农民应该享有的灌溉用水权,同时,也是灌区管理部门应尽的义务。

第二,农户直接参与灌区管理。用水户协会要求农民用水户参与全方位管理,包括用水协会辖区内田间灌溉工程的投资建设、运行维护管理,参与用水计划的制订、配水,对用水户协会和供水部门的民主监督等。调查表明,农户参与管理主要表现在灌溉工程的兴建和维护;同时,农民还能够积极参与用水计划的制订、民主监督等。灌区用水协会增加民主决策的透明度,使农户对协会负责人选举、工资支付及其管理人员费用占水费的比例等有所了解。农户认识到,积极参加协会,目的是使自己的意见能被采纳,他们提高自身素质的愿望不断增强。

第三,用水户协会已与农村经济发展显示出良性的互动。渠道的兴建和维修保养、供水及时性、农户民主参与监督、协会与水利部门关系等方面都有所改善,从而使得水管部门对灌溉活动的不当干预减少了,农民的不合理负担减轻了,产权关系有了一定的明确,社会交易成本大大下降,促使农村经济发展速度加快。

第四,建立利益补偿机制。利益补偿机制核心是保障农民利益尤其是贫困户和受损人口的利益,给农户带来节水激励。农户节水除了能完全弥补少用水的损失并减少水价提高付出的成本外,与原来的多用水相比,还能够获得更大的收益,这样才能达到农业节水和农户受益的双重目的。在政府的支持下,出台对用水户协会和农户节水的激励措施。利益补偿的渠道有:财政转移支付、国家对水利设施的投入和补贴、节约用水补给地下水补偿等。

3.建立灌区水权流转机制

灌区水权市场建立的核心就是构建灌区水权转让市场,即在政府授权的基础上,允许灌区水权的独立运作并进行流转,允许并不拥有水权或水权限额不足的用水户通过水权转让获得水权,获得灌溉用水。水权流转能够提高资源配置效率,因为没有有效的水权流转制度,水权就会长期停留和凝固在现有水权拥有人的手中,时间一长,低效率用水的现象就会发生。水权流转则能促使水权被善于经营并能高效用水的业户所掌握和运用,始终保证水资源的高效配置和有效利用。灌区水权的流转可以是灌区向外部卖水,也可以是灌区内农户之间的相互转让。

(1)灌区水权的外部流转

如前所述,向外部卖水将使农户的经济效益增加,但是,现实中的卖水业务不是也不可能由分散的各个农户去做,而是由农户集体完成的。该灌区为了卖水,必须征得全体每一个成员的同意,坚持一致性同意原则,即所有的农户都必须具有卖水的要求,因此有必要成立农户用水协会,广泛的农户参与同广泛的信息披露能够降低交易成本和管理成本。目前,长岗灌区向外卖水的动机的表现不够明显,主要原因是按流域水资源分配方案,向外卖水必须是在节约用水的基础上完成的;其次是在工业用水紧张且卖水效率明显以及生态补偿机制建立的条件下。节约的农业用水卖给工业用水或生态用水,当下作为松花江支流的呼兰河流域还没有建立较为严格的水资源管理制度。

(2)灌区内水权流转

灌区内水权流转是灌区内不同农户之间的灌溉水权转让。同一个灌区内的农户拥有的水流量稳定而且位置相对固定,流转中的协商和管理工作都比水权的外部流转具有更低的交易成本。灌区内的水权流转只需有关当事人进行协商,经农户用水协会审核通过即可;2013年成立的"灌区水银行",建立了水权明晰的交易、用水信息发布和用水户协商机制,为灌区水权流转搭建了平台。

4. 单一治理向多中心治理结构调整

长岗灌区以干、支、斗渠为主分成多个渠域,每个渠域成立一个农民用水户协会,单独选举执行委员会委员和会长,在本渠域内行使独立的权力,制定和实施供水收费和渠道维护的规则,构造多中心治理结构,即"明确建设和管理主体,健全会员参与管理职能,规范量水测水收费标准,确定筹资投资渠道,理顺各方利益关系"的用水户协会自主管理制度,先后建立用水户协会3个,辖灌溉面积1.5万亩,占灌区总灌溉面积的80%。多中心治理结构中责、权、利到位的用水户协会作为一个灌溉系统管水的责任主体和决策者,主持管辖区域内用水户制定规则,即承担管水、配水、维护渠道、代缴水费的职责。多年实践证明,由单一治理向多中心治理结构调整不能脱离国情,紧密结合当地实际才是可行的。胡继连等人对农田水利设施建设改革的调查研究也证实了这一点,近些年来,各地农村以小型农田水利工程设施为主。

(1)解决水费收缴难题

第一,作为用水户,用水户协会要与水管单位签订用水交费合同,承担用水与缴费的职责。如果只用水不缴费或少缴费,它就要受到水管单位惩罚或其他利益相关者(用水户)的监督。在这种规则的激励下,用水户协会制定了两种水费计收管理办法:

一种是论次收费,即对交费意识不强或水费难收的部分用水户实行浇一次水收一次水费,或按计划取水量先交费购取水票,凭票供水。另一种是以亩次计费,即以斗渠当轮用水量和实灌面积为基础,以当轮水的时段水价为标准,以用水户为单元,浇一次水按灌溉亩数计一次费。在这种规则下,如果不交费,农户就无权用水。如果想少交费,农户就要少用水。过去一些"钉子户"用水不交费,损失的是水管单位的利益,水管单位无法对其约束;如今初始水权确定,每个农户与水管单位签订了初始水权连带的税费收缴合同,水量水费与每个用水户利益直接挂钩,不交费将会侵害其他用水户的利益而引起协会内部的用水户对"钉子户"的严厉制裁。在这种制度激励下,杜绝了喝"大锅水"和浪费水资源的现象。

　　第二,作为供水户,用水户协会必须为用水户提供有效率而公平的供水服务,以减轻收费的难度。在原有的供水管理体制中,渠道的管理维护是依靠群众投工投劳来管理和维护,采用"大帮轰"形式,群众没有维修渠道的激励,有人用水、没人修渠的"搭便车"现象十分严重,导致各级渠道淤积严重,致使输水困难,灌区管理单位供水效益逐年衰减,农民用水户得不到满意的服务,直接影响到用水户缴费的积极性和水资源的节约保护。灌区改革后,制定了用水户共同管理公共工程的规则,或用集资的办法,或用按亩收取维护管理费的办法开辟了投入渠道。如农民用水户协会成立后,集资7 000多元,新建了两个节制闸,并对渠道阻水段进行了清淤,3 支渠采取用水户一事一议的办法,每亩收取维护费1.3 元,用于工程岁修养护,有效地保证了工程设施的良好状态,使得为用水户提供良好服务成为可能,解决了公共事物维护管理中存在的"搭便车"现象,为灌区的可持续运行创造了良好的基础。同时,私人参与灌区管理也激励了他们积极集资、出资参与渠系配套工程的建设,依次来分享灌溉收益(如图 2所示),私人投资大约占国家投资的50 %,灌区投资由单一投资型向混合经济型转变。多中心治理结构用水户自主管理效果比较好,使灌区的持续运行有了可靠的基础。可见,对于中小型灌区或农田水利工程建设而言,它并不是"一个私人部门不大可能进入的领域"[1],关键在于社会经济发展水平所处的历史阶段或自然资源分布多寡的历史时期。

---

①　林伯强.中国的政府公共支出与减贫政策[J]经济研究,2005(1):36.

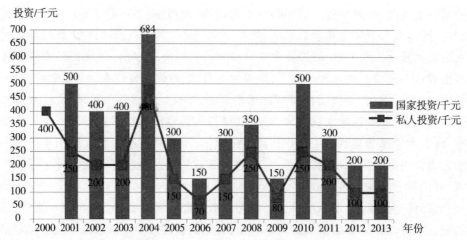

图2　长岗灌区国有投资、私人投资状况

数据来源:长岗灌区财务台账及年终总结材料。私人投资来源主要是灌区管理者及其用水或种粮大户。

第三,在多中心治理结构中,用水户协会能更有效和准确地确定每户农民对灌溉用水的真正需求,每个渠长能较清楚地知道每个用水户的土地面积和不同需求,最大限度消除由农产品结构和地理因素而引起的供水需求在时间上和数量上的差距,在管辖范围内提供公平管理、配置有效的供水服务。用水户协会还定期公布账目,增加了水费计收及使用的透明度,避免了"灰色"水费的出现。群众用的是明白水,缴的是合理费,极大地调动了群众缴纳水费的积极性。

(2)用水户从以往"被动节水"变为"主动节水"

呼兰河流域的最大特征是每年春灌时用水紧张,用水户协会的主要职责是协助灌区管理站做好水源调配工作,包括监督是否有"上游多引水、下游无水引"的现象发生。因此对每个用水户都具有考虑水资源优化配置和节约用水的激励。从2002年开始,灌区为了节约水资源,建立了"节水、保墒、旱育稀植、水量包干"的灌溉制度。灌区在灌溉面积增加0.4万亩而引水工程条件没有大变化的情况下,3年节水0.5亿立方米。

(3)有效的制度安排提供了有效激励

科斯在文章《社会费用问题》中,提出了权利的界定和权利的安排在经济交易中的重要性,他认为当人们在面对A损害B(即庇古认为的外部性)这类问题时,往往是考虑应该如何阻止A。其阻止的办法无外乎要求A向B赔偿损失或向A课税,甚至干脆要A停止工作。[①] 这一理论对灌区改革具有很大的启示作用:建立用水户协会,利用有效的规章制度来约束和协调会员的责权利,形成奖惩分明和互相监督、互惠互

---

① 科斯,阿尔钦,诺斯.财产权利与制度变迁[M].刘守英,等,译.上海:上海人民出版社,1994.

利的用水机制。实践证明,以用水户协会自主管理的多中心治理结构的制度安排至少能提供三种有效激励:一是集体选择激励,用水户自主管理的多中心治理结构的制度安排激发了每个用水户的责任感,绝大多数受规则影响的用水户能够参与对规则的订立和修改。因此,用水户有严格遵守规则的激励。二是有效监督和分级制裁激励,能及时发现违规者并使不按规则行事的犯规者受到其他用水户的制裁。三是冲突的自我解决激励,能将用水户因供水矛盾而产生的针对政府和灌区管理局的不满,转化到协会内部和协会与灌区管理部门之间。用水户自己用水,自主管理,自我解决来自各方面的矛盾;让用水户清楚地知道,他们从遵守规则中得到的好处至少要与所征收的费用相等,这一点非常重要。改革以后,灌区的水费收取率年年达到97%以上,供水和缴费这个农业供水中普遍存在的矛盾在用水户协会这个环节上得到了根本解决。

(4)发挥农民用水户协会的作用,强化民主协商

灌区完成产权的改革后,由于人员配备不足,管理要面对千家万户,这样就很难顾及田间渠系的用水管理。2003年组建了长岗灌区农民用水户协会,是用水户直接参与的农民用水合作组织,入会农户总共有810户,总体上实现了用水的民主协商。协会自成立以来发挥了很好的自治管理职能。灌区农民最大的感受有以下几点:第一,实现了支渠、斗渠的自治,在维修渠道、调水配水上不用灌区操心了。第二,农民用水户的参与程度加强了。用水户自我建设、自我管理以及出工分水都由协会进行组织和安排。第三,用水管理加强了。工程维修计划、分水制度是在协会成员之间制定的,执行上比以前更加自觉,协会内部灌溉用水秩序也好了起来,群众也都非常认可,稻农们也积极自愿地加入用水户协会,会员不断地增加。第四,供求关系改善了。通过农民用水户协会这座桥梁密切了稻农和灌区的关系,灌区不仅能够及时地为稻农提供优质的灌溉服务,而且稻农也能够积极配合灌区的水电费收缴工作,在秋收之后都会主动上门缴费。随着时间的不断推移,灌区在管辖范围内的村屯又建立了5个用水户协会。图3列出了长岗灌区自主管理灌排区示意图,水务局对灌区管理站、农民用水户协会及用水组进行着统筹,而农民用水户协会对灌区的斗渠、支渠进行着管理,这样的一种管理方式不仅能够充分发挥农民对农田水利的自主管理,而且农们也愿意加入到灌区用水户协会来,这在一定程度上也减少了灌区农户之间用水纠纷情况的发生。

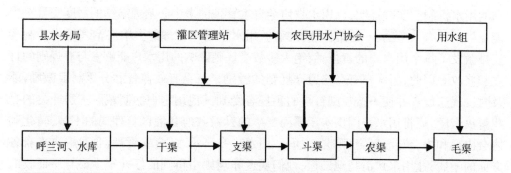

图3 农民自主管理灌排区示意图

长岗灌区农民用水户协会运行的特点主要是协会的建立大多都是在当地政府或者水务局部门的倡导下进行的。用水户协会一方面承担起了对灌区所有农户的水电费的收缴工作,提高了改革后的水电费上缴率;另一方面,用水户协会也承担起了对基层水利设施的维护和管理工作。在政策执行上,这些用水户协会都实行自主经营、自负盈亏、民主决策,主要是从水电费的收缴上提取一定比例的费用来维持灌区用水户协会的正常运行。表2[①] 对不同的灌溉组织制度的效率进行了比较;而表3 又对不同的灌溉组织中成员间的信任程度、协作意愿及水事纠纷事件等进行了比较。结果表明:用水户自主协商管理与由政府主导管理的灌溉系统比较,灌溉用水效率较高,用水户之间的纠纷较少。

表2 不同灌溉组织制度的效率比较

衡量指标	用水户自主协商管理的灌溉系统	由政府主导管理的灌溉系统
基础设施完好程度	高	低
供水能力	大	小
灌溉用水效率	高	低

---

① 徐振兴深入兰西县长岗灌区并调查了不同灌溉组织对灌溉渠系工程的管理差别,见表2、表3,结果表明:用水户自主协商管理比由政府主导管理效果更好,使用和维修的自主性更灵活,参与管理的积极性也高,尤其是以工代赈建设的农田水利工程。

表3　不同灌溉组织中成员间信任度及用水纠纷比较

对象	用水户自主协商管理灌溉系统	政府主导管理的灌溉系统
成员之间的信任程度	高	低
用水户之间的纠纷	少	多

(四)多中心治理结构下灌区水权的需求、供给与效率分析

1. 水权主体的确立

在多中心治理结构的建立中,用水户协会扮演了非常重要的角色。如前所述,用水户协会作为用水户利益的代言人,对外要与水管单位签订用水交费合同,承担用水与缴费的责任。首先,当水价升高时,用水户协会根据灌区的用水状况减少用水需求;当水价降低时,用水户协会根据利益最大化的目标增加用水需求。用水户协会主要通过衡量节水费用与用水费用的大小关系以及用水增加的收益与用水费用之间的关系,决定是增加用水还是减少用水。这说明用水户协会具有"经济人"的特征,能够作为市场主体。其次,用水户协会的成立有效地将外部性内部化,增强了市场的有效性,表现在用水户自己用水,自主管理(包括配水和渠道建设与维护),自我解决来自各方面的矛盾,如钉子户、水费收缴、维修费集资、共同出工等,解决了公共事物维护管理中存在的"搭便车"现象。

因此,灌区多中心治理结构的建立和完善,客观上培育了适应市场变化的市场主体,为建设灌区水权市场奠定了组织基础。

2. 灌区水权性质划分

存在灌区基本水权情况下,根据基本水权是否分配给具体的用水户协会,灌区水交易可以分两种情况讨论。

(1)不将基本水权分配给用水户协会

这种情况是指国家分配给该灌区基本水权,而该灌区没有具体分配给各个用水户协会,仅将基本水权保留在灌区管理部门。由于基本水权具有保证率高的特点,初始基本水权还具有水价低等优点,因此基本水权是含有利益的水权。基本水权的多少,影响着灌区收益水平和灌区供水保证率。因此基本水权越多,灌区供水保证率越高。如果基本水权不分配到用水户协会,则当灌区新增灌溉面积时,原灌溉面积的用水户的利益会受到损失,因为其基本水权的利益被新灌溉面积用户共享。

（2）将基本水权分配给用水户协会

如果每一个用水户协会都有相应的基本水权,则灌区水权交易中存在基本水权的转让问题。基本水权的优势在水资源短缺的情况下比较明显,主要是保证率高。另外初始基本水权水价低,但有承诺费。将基本水权分配给用水户协会的优点在于:当灌区新扩灌溉面积时可以保护原灌溉面积用水户的权益。一般情况下,同一灌区内部基本水权的转让应该是不活跃的。这是根据同一灌区内,种植结构基本趋同、利益落差并不大的情况推理出来的。

基于以上分析,灌区水交易行为分为两种情况:一种是灌区管理机构和用水户协会之间的交易行为,另一种是用水户协会之间的基本水权交易行为。

第一种属于垄断市场性质,水(取水权)的供给属于灌区管理机构,它根据灌区水的供求状况决定自己在流域取水权市场上取水权的供给和需求,它对灌区内水市场的供给就是它在流域取水权市场上的需求。灌区水权的需求方是各用水户协会。该种市场类型,可以看作是取水权的市场,如水银行平台,也可以看作是水商品的市场;市场交易中的价格采用全成本水价,不只反映取水权价格。

第二种属于自由竞争市场性质,供给和需求方均是用水户。但这种情况是否出现取决于灌区是否将基本水权分配给各用户。

3. 水权需求与水权供给分析

如果灌区水银行平台建成后,通过水市场交易水权,这种激励的动因如何,我们从理论上进一步分析。首先,分析灌区管理站与用水户分别对水权的需求;其次,分析灌区管理部门对水权的供给情况。我们按照一般商品的供给与需求规律分析其均衡情况下的水权状况。

（1）灌区管理部门和用水户对水权的需求

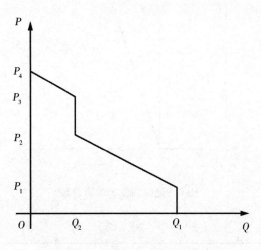

图4　单个用水户的需求曲线图

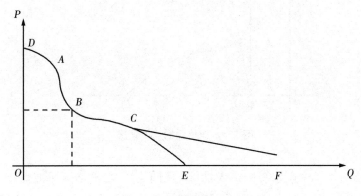

图5　灌区面临的需求曲线

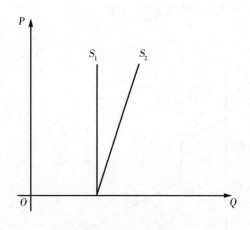

图 6　灌区面临的供给曲线

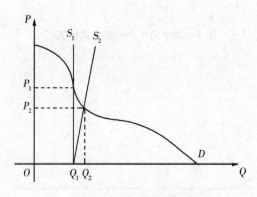

图 7　水权供需的均衡情况

首先分析一下单个用水户的需求曲线(见图 4)。当价格等于或低于 P_1 时,用水量稳定在 Q_1,因为单个用水户在现有土地规模和灌溉系统情况下基本稳定,也包括节水技术、渗漏损失等因素基本稳定。如果灌溉引水过多,也将因渍涝、地下水位上升等因素,用水户遭受损失,是理性经济人所不为的。若价格位于 P_1 和 P_2 之间时,用水量随价格的逐步升高而逐步减少,在这一区间,用水量对水价格是敏感的。价格位于 P_2 和 P_3 之间时,用水量基本稳定在 Q_2,原因在于用水户在现有种植结构情况下,有效用水是不会随价格明显变化的。当价格继续提高,用水户将因水费增加或用水成本上升而收不抵支,将减少作物种植面积,甚至完全停止引水。而灌区面临的需求曲线则不同,如果不考虑灌区现有用水户以外的潜在用水户,则灌区面临的需求曲线是 DCE。如果考虑潜在用水户,则灌区面临的需求曲线可能是 DCF。如图 5 所示。DA 段表明当水价过高时,用水户因无力承受,用水量将急剧减少。AB 段表明当水价维持在较高价位区间时,由于作物用水量价格弹性小,随价格升高用水量并没有明显降低。BC 段表明当水价价位维持在较低区间时，由于可以通过必要的配水管理措施和渠道防渗处理等节水措施，大幅度降低用水量从而减少开支，该段用水量对水价是敏感的，价格弹性较大。这里还要重点关注 CF 和 CE 段的区别：CE 段表明当水价维持在过低状况，用水量将增加，但由于已经达到了极限，用水量过多反而导致损失，因此用水量也将趋于稳定。CF 段表明当水价维持在过低状况时，潜在用水户要求加入到灌区，用水量将增加，但由于开垦灌区的内在成本因素，用水量增加也有一定的限度。

（2）灌区管理部门的水权供给分析

灌区水权的供给可以分为两种情况：第一种情况是当灌区的取水权供给量一定时，或者仅按照国家取水权分配指标，或者当外界供水不受价格影响时，或者外界供水受价格影响可以忽略不计时，供给曲线是一条垂直于横轴的直线，如图 6 中的 S_1 所示。目前长岗灌区属于这种情况，因为呼兰河流域取水权市场没有建立起来。第二种情况是当存在灌区外部的取水权市场时，外界供水受价格影响较为显著，当价格上升时，水权供给量增加；当价格下降时，水权供给量下降，如图 6 中的 S_2 所示。这种情况待未来流域最严格的水资源管理制度建立后，将对流域上下游取水权界定或交易。

（3）水权需求与供给的均衡分析

当灌区水权的供给曲线为 S_1，需求曲线为 D 时，此时，供给曲线为垂直线，即说明水权供给量一定，当价格低于 P_1 时，水权需求量大于 Q_1，从而出现供不应求的现象；当价格高于 P_1 时，水权需求量小于 Q_1，从而出现需求不足的现象。当价格为 P_1 时，需求量等于供给量，有限水资源恰好全部得到配置。即二者的均衡价格为 P_1。如果灌区水权的供给曲线为 S_2，需求曲线为 D 时，则二者的均衡价格为 P_2。因为供给曲线为斜线，即说明水权供给随价格升高而增加，当价格低于 P_2 时，水权需求量大于 Q_2，从而出现供不应求的现象；当价格高于 P_2 时，水权需求量小于 Q_2，从而出现需求不足的现象。当价格为 P_2 时，需求量等于供给量，有限水资源恰好全部得到配置。由于两种情况供给曲线的斜率不同，相同需求曲线的情况下，市场的均衡价格不同。如图 7 所示，供给曲线为 S_1 时的均衡价格要高于供给曲线为 S_2 时的均衡价格。可见，当流域取水权受到限制，灌区水权明晰且建立水市场，水资源的配置效率是最高的。

4. 水权供给者对灌区水权交易的管制和调控

灌区管理部门即灌区管理站是水权界定或水市场管理的主体，同时受县水务局的领导。换句话说，政府为了控制灌区引水，可以通过灌区管理部门采取如下两种措施：一是限制供给量，减少取水权指标；二是抑制需求，主要通过抬高水价，也可以采取行政手段减少需求。如果政府或有关部门限制某灌区水权供给量，如图 8 所示，则灌区内水权市场均衡价格将上升。当水权供给曲线从 S_1 变为 S_3 时，即水权限供水量从 Q_1 减少到 Q_3 时，灌区内均衡水权价格从 P_1 上升到 P_3。如果政府或有关部门希望通过提高水价抑制需求，如图 9 所示，当水价从 P_1 提高到 P_3 时，用水需求量将从 Q_1 减少

到 Q_3。

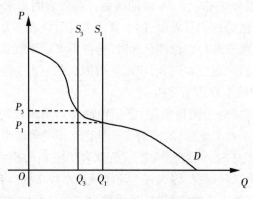

图8　限制灌区水权供给量

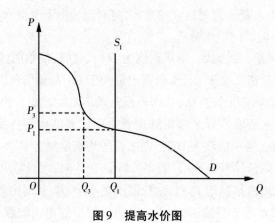

图9　提高水价图

图10　单纯价格管制

如果位于长岗灌区上游的呼兰河水量足以供应沿河各个取水单位用水,不需要管制,供给曲线与需求曲线的状态如图10所示,D 与 S_1 不相交,即在不考虑价格因素和水权指标的情况下,所有需求均能得到满足。但在有些年份,政府出于流域上下游水资源的宏观管理的需要,需要抑制上游取水量从而防止下游河道不断流或维持河口湿地的生态需水。这时可以通过价格管制抑制水权需求。假定灌区的水资源供给不受价格影响,如图10所示,需求能够全部满足的情况下,需求量由价格决定。当价格为 P_3 时,需求量为 Q_3,以达到价格管制的效果。

5. 关于生态需水的补偿①

目前,呼兰河流域很多农田灌溉区域特别是井灌区,地下水超采,导致地下水位下降,甚至形成"漏斗"。若把节余的水量通过回灌的方式注入地下,使这部分水资源对地下水进行补充,进而有利于降低地下水下降速度,并使河流系统或湿地生态得到恢复。但是,生态补偿的做法对灌区农民来说必须有一种激励手段,即给予适当补偿,农民才有积极性去做。补偿的标准应高于用水户因节水保护生态而丧失的机会成本,以激发用水户继续保护的动力;同时,补偿标准应低于受益群众为生态效益的增加而愿意支付的价格,这样才能从受益者处筹集到生态补偿金。而在当下由于生态效益的社会性和公益性特点,生态补偿金来源、标准等尚不明确或还在探索中,这对于灌区管理者和农户来说,靠灌溉节余用水补充生态环境用水而得到货币补偿有一定难度。长岗灌区根据明晰的水权和多中心治理结构的基础条件,确定用水户在灌水定额内节余的水量,事先告知水银行平台,经水银行确认水量后,可以回注地下水或采用其他方式储存,在第二年春季灌水期给予用水户用水优先权或在水费中适当减收一至三成。在这项工作中,渠系管水员(用水户协会核心成员)要配合水银行机构管理者行使监督权并做好节余用水的信息收集,实际上,管水员实施监督权,可以使其获取用水户协会剩余索取权的激励②,他们发挥较好的作用,对计量好生态需水补给量非常重要。

6. 灌溉用水效率分析

灌区用水效率的提高,得益于实践上的有效运作和理论上的指导。以下对四种不同情况和阶段的农户利润进行讨论,结果是:通过建立水市场(尽管是准市场),按方(每立方米)收费,而且使节约的水资源转让出去,有利于节水和经济绩效的发挥。具体分析如下:

---

① 2004年澳大利亚国家水试点方案出台,澳大利亚政府同意:如果为了环境不得不从农民那里拿水的话,这是需要付费的。此处提及的生态需水,即为人类活动不能过分侵占生态环境用水,生态环境也像人类一样,倘若缺水,她的肌体就会萎缩,其功能就会丧失,负面的结果是报复人类社会。因此,节余农业灌溉用水补充到生态环境,是要得到补偿的,否则,个人不会主动为生态环境需水买单。

② 谭智心,孔祥智.不完全契约、内部监督与合作社中小社员激励——合作社内部"搭便车"行为分析及其政策含义[J].中国农村经济,2012(7):17-28.

（1）基本假定[①]

①农户为经济人，追求灌溉用水利润最大化。农户拥有的土地面积为 T，该地只种植某单一农作物水稻（用 S 表示灌溉面积）。

②实际灌溉过程中的水量损失为 G（包含田面蒸发量、地下渗透量、灌溉管理中水量的损失），这部分水量损失无法避免，只能通过采取一定的节水措施来减少；没有进行节水投资时的供水量损失为 G_0；进行节水投资后节约的水量为 g；节水投资为 I，I 是 g 的函数。

则 $$G = G_0 - g$$

$$I = I(g) \qquad (I' \text{和} I'' \text{均大于} 0)$$

③农户的水需求量 $X = G + W$。W 为该农作物自然生长的需水量。假设该地区水量充沛，农户可以获得其所需全部水量，且农户的用水量不会超过他的分配水量 X_0，则剩余水量为 $X_0 - X$。

④该农作物的产量为 Q，其生产函数 $Q = Q(W,T)$ 为一种要素可变的生产函数，即水的投入量是可变的，设水量 W 的投入与产量 Q 之间呈收益递减规律。该农作物单位产量的价格为 P。

⑤农户行为不能影响水价，但可以通过选择产量水平、灌水多少等来影响自身的利润。

（2）四种不同情况下农户利润分析

①按土地面积征收水费，水权不明晰也不存在水交易

假设单位面积水价为 P_0，在此情况下，农户主观上不会采取任何有成本的节水措施，且最大限度地使用水资源，这是按土地面积征收水费所致。

农户利润 Π_1 = 销售收入 - 用水费用 - 节水费用 = $P \cdot Q(W,T) - P_0 \cdot T - I(g)$

农户追求利润最大化的用水均衡条件：

$$\Pi_{1w} = P \cdot Q_w = 0$$

$$\Pi_{1g} = I' = 0$$

即，当农户利润最大时，用水的边际效益等于节水的边际成本等于零。用水的边

① 陈大夫在其《环境与资源经济学》（2001）中，从理论上介绍了水资源给农业灌溉带来的利润的分析方法，并给出假设条件。此处引用其假设条件及理论方法，以此分析四种不同用水情况下农户的用水效率。

际效益（MRP_w）指农户每增加一个单位的水量所带来的产出的变化。节水的边际成本指农户每节省一单位的水所耗费的成本。

则：

$$\varPi_1 = 销售收入 - 用水费用 - 节水费用 = S_{oaw} - P_0 \cdot T$$

其中，S 表示面积。

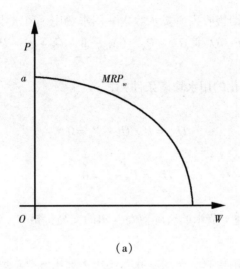

（a）

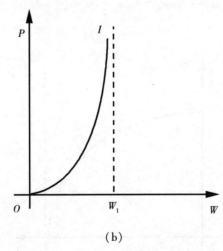

（b）

图 11　按面积收费、不存在水交易市场的农户利润示意图

如图 11(a)所示，MRP_w 代表边际效益曲线，OW 表示农作物用水，如图 11(b)所示，OW_1 表示无节水措施下农户用水的损失量 G_0，节水量 g 为 0。随着用水量的增大，边际效益呈递减趋势；如图 11(b)所示，节水投资 I 随着用水量的增大，所增加的节水投资加大。

②按土地面积征收水费，界定初始水权，存在不完全水交易

如果农户愿意，他可以把自己所拥有的分配水量的一部分或全部卖给非农部门。在此情况下，农户会采取必要的节水措施。如图 12 所示，用 Π_2 表示在此情况下农户的利润，水的交易价格为每立方米 P_a：

$$\Pi_2 = 销售收入 + 卖水收入 - 用水费用 - 节水成本$$
$$= P \cdot Q(W, T) + P_a \cdot (X_0 - W - G_0 + g) - P_0 \cdot T - I(g)$$

农户追求利润最大化的用水均衡条件：

$$\Pi_{2w} = P \cdot Q_w - P_a = 0$$

$$\Pi_{2g} = P_a - I' = 0$$

即，用水的边际效益 = 节水的边际效益 = 水的交易价格

$$\Pi_2 = 销售收入 + 卖水收入 - 用水费用 - 节水成本$$
$$= S_{oabw} + (S_{wbcW_3} + S_{odeW_2} + S_{W_1fgX_0}) - S_{oP_abw} - S_{oeW_2}$$

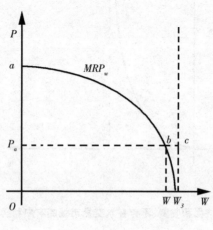

(a)

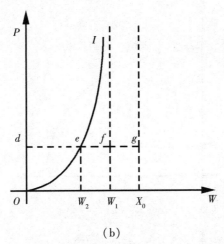

（b）

图 12 按面积收费、存在水交易市场的农户利润示意图

在图 12(a)中:OW 表示实际农作物用水,WW_3 表示农作物减少的用水量;在图 12(b)中:OW_2 为采取节水措施后所节省的水量 g;W_1X_0 为即使在不节水的情况下也会存在的剩余水量,即$(X_0 - G_0)$;W_2W_1 为实际灌溉过程中的水量损失 G。

③按每立方米 P_w 征收水费,不存在水权交易

如果按方(每立方米)收费,在此情况下农户出于减少种植成本的心理,则会采取一定的节水措施。如图 13 所示,用 $\varPi_3$ 表示在此情况下农户的利润。

$$\varPi_3 = 销售收入 - 用水费用 - 节水费用 = P \cdot Q(W,T) - P_w \cdot (W + G_0 - g) - I(g)$$

农户追求利润最大化的用水均衡条件:

$$\varPi_{3w} = P \cdot Q_w - P_w = 0$$

$$\varPi_{3g} = P_w - I' = 0$$

得出,$P \cdot Q_w = P_w = I'$,即为了生产利润,农户对节水加大投入,直到用水的边际收益等于节水的边际费用。把图 13(a)和(b)联合起来分析,则得出:

$$\varPi_3 = 销售收入 - 用水费用 - 节水费用 = S_{oabw} - (S_{oP_wbw} + S_{efW_1W_2}) - S_{oeW_2}$$

图中 OW、WW_3、OW_2、W_1W_2 等代表的意义与图 12 相同。

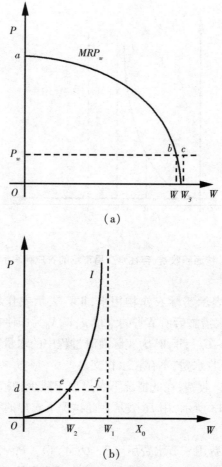

（a）

（b）

图 13　按方收费、存在水交易市场的农户利润示意图

④按每立方米 P_W 征收水费，存在水权交易

假设水的交易价格为每立方米 P_a，且 P_a 大于 P_W。如果农户愿意，他可以把他所拥有的分配水量的一部分或全部卖给非农部门。在此情况下，农户一定会采取必要的节水措施。用 Π_4 表示在此情况下农户的利润。

则：

$$\Pi_4 = 销售收入 + 卖水收入 - 用水费用 - 节水费用$$
$$= P \cdot Q(W, T) + P_a \cdot (X_0 - W - G_0 + g) - P_w(W + G_0) - I(g)$$

农户追求利润最大化的用水均衡条件：

$$\Pi_{4w} = P \cdot Q_w - P_a - P_w = 0$$

$$\Pi_{4g} = P_a - I' = 0$$

如图 14 中(a)和(b)所示，农户从$(P_a + P_w)$的水价格出发选择种植策略 b 点，对应农作物的用水量为 W，而农户实际支付的种植成本仅为 S_{oP_wdw}（机会成本 S_{oP_acw}）；农户从价格 P_a 出发选择节水策略 g 点，节约的水量全部用来交易。在图 14 中，OW、WW_3、OW_2、W_1W_2 等代表的意义仍与图 12 相同。

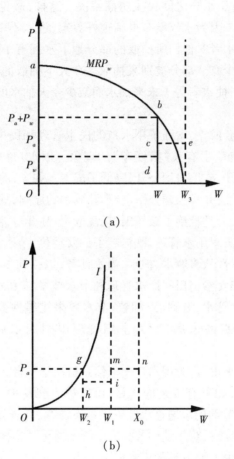

(a)

(b)

图 14　按方收费、存在水交易市场的农户利润示意图

$$\Pi_4 = 销售收入 + 卖水收入 - 用水费用 - 节水费用$$

$$= S_{oabw} + \left(S_{wceW_3} + S_{oP_agW_2} + S_{W_1mnX_o} \right) - S_{oP_wdw} - S_{W_2hiW_1} - S_{oW_2g}$$

从上述模型分析中可以得出这样的结论：Π_1 小于 Π_2、Π_3 小于 Π_4。通过水权交易，一方面，农户可以将节约的水资源转让出去，这样将以较大的节水激励机制作用于农户；另一方面，随着农业产业结构调整的进行，农户将会改种耗水系数低的作物或高效农作物，否则，其水资源边际收益将低于水资源的转让价格。通过水交易市场转让水资源的收入，还可以用于补充农田水利基础建设资金的不足，加快节水灌溉设施的建设，使农业节水工作形成良性循环。

（3）用水效率评价

①明晰了初始水权，干、支渠用水由灌区管理站与农民用水户协会签订合同解决，斗、农渠以下配水通过用水户之间民主协商解决。这样，避免"抽水竞赛"的发生，特别是灌区内的井灌区。因为水权没有得到很好界定，进入不受限制，占有原则支配着对储量的所有权。抽水者对他们所抽取的部分地下水拥有了排他的权利。一个抽水者今天不抽取的水至少有一部分被别人抽取。今天不抽取的明天就不能占有。由此而产生的担心，削弱了抽水者为了未来抽水而减少今天抽水的动机，"抽水竞赛"必然发生。

②农民用水户协会成立，增强了用水户的民主管理和民主决策意识，提高了灌区用水管理的透明度，避免了有人"搭便车"的现象。用水户协会成立后，有了监督机制，收费透明，财务公开，支出费用公开，降低了成本。如今，灌区用水的事情都必须通过民主协商和民主决策，并且强调公平、合理和效率的原则，减少了各村、各户、户与灌溉站之间的水事纠纷，而且杜绝了破坏渠道、乱取土、乱开口、乱别坝等现象。

③鼓励妇女参与田间用水管理，既提高了妇女地位，节水效果也很显著。2005年以前，一般家庭都是男性从事看水、护水、灌水任务，以往在争水过程中，妇女、老人等处于劣势地位；鼓励妇女参与田间用水管理和节水技术学习，争抢用水和田间械斗事件减少了。同时，妇女管水，有耐心、细致，节水效果比男性显著。据调查，三斗渠的38户原来是男性管水的家庭，变为主妇管理田间用水后，灌溉用水平均节约5%—7%。

④开始运作灌区水银行，为用水户交流信息搭建了平台。农民可以按照初始水权量作为灌水定额上限，如果有节余的水量，可以进入交易平台，不能交易时（没有买主），井灌农户可以把节约的水通过水井引入地下储存，并告知水银行，水银行记录存档，给予农户适当补偿或在跨年度调节分配中给予考虑。这样，既激励了用水户节水，又通过地下水补给减少了地下水漏斗的形成。

（五）水管理制度创新的经济绩效考察

1. 直观的数据

1999 年 11 月，兰西县水利局经过征求上级主管部门意见和听取农民的意见，提出了关于长岗灌区（多年实行事业单位企业管理方式）的承包改革方案，提交县委、县政府并得到了批准，同意在水利事业内部开始竞标。2000 年 4 月 1 日，通过全县竞标，县水利局一名高级工程师在竞标中获胜，并与长岗灌区主管部门县水利局签订了合同。2000 年 5 月，灌区责任人接管灌区管理权后，灌区的经营性质发生了改变，由国有转为国有民营，灌区管理发生了一系列显著的变化。责任人自筹资金 41 万元开展修复工程，预付电费 20.5 万元，创造条件恢复灌溉，对漏水渠道进行防渗加固，整修田间配套工程，扩大新灌溉面积。实行聘用制，原有职工虽全员聘用，只有一次竞岗机会，实行工资改革，严格推行节水奖罚制。灌区当年即恢复灌溉面积 333.3 公顷（此前灌区基本停灌），而且每亩毛用水量由原来的 1 700 立方米减少到 800 立方米，水事纠纷在承包后也大大减少。到 2005 年，长岗灌区由于转变用水管理机制和管理制度创新，灌区效益明显好转，灌溉保证率大大提高，农民农业收入比 1999 年翻了一番；到 2012 年，灌区农民农业收入比 2005 年又翻了一番。可见，"相比内部晋升，岗位轮换的经理人产生方式同样有助于改善企业未来绩效"[①]。

表 4 中列出长岗灌区总产值 Y（万元）、总资本额 K（万元）、总劳动力人数 L（人）（包含用水户及用水管理人员）。

2. 制度创新的绩效分析

如果我们将有关数据引入经济模型检验，将更为清楚地评价这一时期长岗灌区水权制度的经济绩效。斯密指出，影响经济增长有两个基本因素：一是决定生产性劳动即劳动生产力水平的分工；二是决定生产性劳动人数的资本。斯蒂格勒茨认为影响经济增长主要有资本积累的增加、劳动者素质的提高、资源配置效率的提高和技术变革等因素。因此，在含有技术因素的情况下，笔者认为灌区水权制度的经营绩效也同样主要受灌区资本积累、劳动者素质和技术等因素影响。

因此，含有技术水平的生产函数是：

$$Y(t) = A(t)F[K(t), L(t)]$$

---

① 郑志刚,梁昕雯,吴新春. 经理人产生来源与企业未来绩效改善[J]. 经济研究,2014,49(4):164.

$Y(t)$、$A(t)$、$K(t)$、$L(t)$ 分别表示 t 时期的产值、技术状况、资本存量和劳动力总量。

表4 兰西长岗灌区总产值、总资本额、总劳动力人数统计表

年份/年	Y^*/万元	K/万元	L/人
1964	50	150	320
1969	62	165	350
1988	13	300	400
1995	14	340	620
2000	25	400	680
2001	52	480	720
2002	100	650	900
2003	200	800	1 000
2004	450	870	1 110
2005	700	920	1 200
2008	1 281	1 080	1 390
2009	1 954	1 420	1 560
2010	2 653	1 720	1 780
2012	3 683	2 420	2 190

资料来源:《长岗灌区改革纪实2003》、《长岗灌区改革纪实2009》、兰西县水利局2002年编《按照市场发展取向 积极推进灌区改革》、2008年《黑龙江省灌区改革会议交流材料》;表中2004年为估算值,1964—1995年数据根据灌区年度总结以及财务人员估算。

对该生产函数两边取对数并求导,可得:

$$\frac{Y'(t)}{Y(t)} = \frac{A'(t)}{A(t)} + \frac{[F'_K(t)K'(t) + F'_L(t)L'(t)]}{F[K(t),L(t)]}$$

$$\frac{Y'(t)}{Y(t)} = \frac{A'(t)}{A(t)} + \frac{F'_K(t)K(t)K'(t)}{F[K(t),L(t)]K(t)} + \frac{F'_L(t)L(t)L'(t)}{F[K(t),L(t)]L(t)}$$

令 $\alpha = \dfrac{F'_K(t)K(t)}{F[K(t),L(t)]}$, $\beta = \dfrac{F'_L(t)L(t)}{F[K(t),L(t)]}$, $\gamma = \dfrac{A'(t)}{A(t)}$,

$$y = \frac{Y'(t)}{Y(t)}, k = \frac{K'(t)}{K(-t)}, l = \frac{L'(t)}{L(t)}，则有\ y = \gamma + ak + \beta l$$

$$y = \gamma + ak + \beta l$$

$$\gamma = y - ak - \beta l$$

其中，γ 表示水权制度的绩效，y 表示灌区总产值的增长率，α 表示灌区总资本对总产值的弹性，k 表示灌区总资本的增长率，β 表示灌区劳动力总量对总产出的弹性，l 表示灌区劳动力总量的增长率。由于 $\gamma, y, \alpha, k, \beta, l$ 都是时间 t 的函数，所以将时间变量离散化，则有：$\gamma_i = y_i - \alpha_i k_i - \beta_i l_i$。

各指标表示第 i 期的指标含义。因此，假设技术水平不变，通过获得上式各边各年或某时期的数据，就可以得出水权制度的经济绩效分析表（见表5）。从表5的分析得知：在传统灌区管理体制下，制度的经济绩效极其低下；2000年后转变用水管理机制后，制度的经济绩效逐渐增加，最大达到了97%；在2000年到2005年这六年当中灌区的经济绩效仍然是正向的，而从2008年到2012年制度的经济绩效出现了负值，这并不表明制度不起作用，而是比前一阶段绩效显性略低而已，但从总体上看在这一阶段灌区的规模报酬是递增的（$\alpha + \beta > 1$）。这在一定程度上说明了制度在一地区由旧体制向新体制转变时期，最初的制度的效率是最高的。同时，在制度的创新过程中当地的农业总产值的经济增长率也是最高的。随着制度的框架体系在一地区逐步地完善，制度的整体效率就会处于相对稳定的状态。

值得注意的是：长岗灌区在制度方面的创新从某种意义说是一种对当地生产关系的调整，有效的制度能够促进灌区的经济发展，而不利的制度则会起到相反的作用。这就为今后长岗灌区在促进农民收入与提高农业生产的效率方面提供了可行的经验。灌区在重视制度的同时，也要注意到制度这一因素还要和其他因素有效地结合在一起才能发挥更大的作用，我们从上面的分析结果也可以看出，制度因素对长岗灌区的经济发展的促进会有一个阶段问题，而导致这种原因的出现也正说明了新的制度在替代旧的制度的时候，制度对长岗灌区经济发展的促进作用比较显著，但是后来会呈现出稳定甚至有所下降的趋势。总而言之，没有一成不变永远适应经济发展的永恒制度，这也告诉我们要不断地进行制度的创新，因时因地而变，特别是具有激励合作性质的制度安排，如每当农民春灌时节，劳动力资源特别紧缺，而用水户或邻里之间相互支援引水、泡田、插秧。韦倩和姜树广的研究结果也表明：人类之所以可以牺牲自身的物质利益参与合作，可能源自个体在相互合作中可以获得更高的快乐体验。①

————————————

①　韦倩，姜树广.社会合作秩序何以可能：社会科学的基本问题[J].经济研究,2013,48(11)：140－151.

表 5 灌区用水制度创新的经济绩效分析表

年份	y	α	k	β	l	γ
1969 年	0.24	0.8	0.1	0.4	0.09	0.123
1988 年	−0.8	−0.4	0.82	−1	0.14	−0.35
1995 年	0.08	0.03	0.13	0	0.55	0.071
2000 年	0.79	0.18	0.18	0.18	0.1	0.736
2001 年	1.08	0.34	0.2	0.68	0.06	0.973
2002 年	0.92	0.28	0.35	0.27	0.25	0.756
2003 年	1	0.67	0.23	1	0.11	0.735
2004 年	1.25	3.57	0.09	2.27	0.11	0.688
2005 年	0.56	5	0.05	2.78	0.08	0.09
2008 年	0.83	3.63	0.17	3.05	0.15	−0.12
2009 年	0.52	1.97	0.31	3.95	0.12	−0.52
2010 年	0.36	2.3	0.2	3.1	0.14	−0.53
2012 年	0.39	1.4	0.35	2.5	0.2	−0.60

如表 6 所示,灌区制度在演进的机制上会不断连续地、逐步地随着环境的缓慢变化而变动,在一定的触发条件下(如政治经济政策的演变),当个体能够预期会收到长远的效益,在新情况下会投入资源去重新构建新的规则,采纳新的战略选择时制度演进过程中就会出现转折点,另外一种相对稳定的阶段就会来临,新制度最终产生,如2013 年建立的"长岗灌区水银行",它是一个有效率的经济组织,通过水的信息平台、产权明晰平台、交易平台、存储平台等,使得内部信息外部化、隐蔽信息公开化等,引入广泛参与,从而降低交易成本。

表6　灌区制度的演进机制

灌区旧制度的持续		主观博弈模型的反馈与重新界定		新制度的演进
由现存的灌区管理规则所限制的选择	→	预期与收益之间的差异→在具体情况下寻找新主观博弈模型(如何运用民主协商解决目前斗渠以下量测水技术瓶颈)→新规则的重新产生	→	新的平台选择(如水银行制度创新)
⇧⇩		⇧		⇩⇧
灌区用水、水价等旧的制度安排		环境的变化(节水技术变迁,外在冲击如洪水、干旱、节水成本等领域内的互补制度的变迁)		新制度产生

3.制度创新的贡献度

技术进步是生产率提高的源泉,但是,除了技术创新这种"硬进步"以外,管理水平的"软进步"也依然能推动生产率的提高。随着我国经济改革向纵深发展,农村也加大了土地承包制度的深化和改革,用于农村田间灌溉的水利工程投资也逐年提高,但农田水利工程在建设和管理中依然存在新的问题,比如以工代赈制度的弱化,导致农民管理田间水利工程的积极性降低等,这些因素都直接地影响了农业的增产增收。笔者试图对长岗灌区用水制度创新对农业产值影响程度进行探讨,农业产值的增加受到土地、资本、劳动、化肥等传统因素的影响,而影响农业产出和农业增收的因素有很多,在这里重点把用水管理制度创新与传统因素作一比较来说明用水制度创新对农业产值的贡献大小。

笔者采用了柯布－道格拉斯生产函数模型来考察长岗灌区在用水制度创新中对灌区种植业产值或收入的影响。

柯布－道格拉斯生产函数的形式为:

$$Y_t = A_t K_t^{\alpha} L_t^{\beta}$$

在此公式中,Y代表长岗灌区水稻亩产出值,A代表全要素生产率,K代表资本的投入要素,L代表劳动投入,α和β分别表示资本和劳动投入的规模报酬,t代表年份。我们对柯布－道格拉斯生产函数两边取对数得:

$$\ln Y_t = \ln A_t + \alpha \ln K_t + \beta \ln L_t$$

设定以下模型:

$$\ln Y = \beta_0 + \beta_1 \ln S + \beta_2 \ln W + \beta_3 \ln M + \beta_4 \ln L + \beta_5 \ln T + \beta_6 D + \varepsilon$$

式中,ε 为随机干扰项。

（1）数据来源和变量的选取

此处所用数据是笔者在兰西县当地实地调研中取得的,笔者获取了灌区从2000—2013 年有关粮食总产值、土地种植面积、土地的施肥量、当地的机械投入、劳动力人数、农户每年在对水稻灌溉过程中与灌区管理站的技术人员咨询和联系的次数跟当地水资源管理制度在灌区实施的情况。

在上面的计量模型中可以看出,等式的左边为被解释变量,等式右边为解释变量,模型中各变量的量化标准如下:

①产出(Y)。笔者研究的产出数据为兰西县长岗灌区水稻的每年的总产值。

②土地面积(S)。这里所指的土地面积为灌区每年的总的灌溉面积。

③施肥量(W)。施肥量主要是指灌区在水稻种植中所使用的化肥的数量。

④机械总投入(M)。机械总投入是指灌区水稻种植中投入的农用机械的总动力。

⑤劳动力(L)。劳动力的投入包含了平整地、育秧、移苗、施肥、打药、灌溉、收割、脱粒、运输等环节的所有劳动的投入,这些投入包含在生产过程中雇用工人和自身劳动力的投入。

⑥技术要素(T)。技术要素在农业产值的增长上具有很大的影响作用,而技术在农民中的掌握和转化程度是衡量技术使用程度的重要指标。在这里我们采用灌区农户每年在对水稻灌溉过程中与灌区管理站的技术人员咨询和联系的次数来反映灌区技术的使用程度。农户跟灌区管理站咨询的次数越多,联系得越频繁,则农户对技术的掌握程度越高并且采用的可能性也就越大。

⑦水资源管理制度(D)。这一制度指标采用虚拟变量对长岗灌区所实行的用水管理制度进行说明,在2000—2013 年这14 年当中我们对灌区所实行的制度用变量 D 来表示,如果某一年有制度创新我们定义为1,没有则规定为0。制度创新包括私人参与投资、用水户协会的建立、初始水权确定、农民合作社建立、妇女参与田间用水管理、水事纠纷的减少、信息公开、水银行等12 项。

（2）模型分析与结果讨论

通过对计量模型的设定与变量的量化,我们用调研所取得的从2000—2013 年这14 年的时间序列数据,利用计量软件 stata 11 对上述模型进行分析。得出以下模型及参数:

$$\ln Y = -4.002 + 1.101\ln S + 0.695\ln W + 0.478\ln M - 0.190\ln L + 0.280\ln T + 0.009D + \varepsilon$$

$$(0.70)^{***} (0.04)^{**} \quad (0.25)^{***} \quad (0.05)^{***} \quad (0.24) \qquad (0.06)^{***} (0.004)^{*}$$

从以上模型分析的估计参数及检验结果我们得知,上述模型的总体回归的结果比较理想。在影响长岗灌区农业产值增长的诸多因素中,传统的土地灌溉面积、施肥量、机械总投入、技术要素对农业产值的影响作用比较显著。值得关注的是:水资源管理制度创新因素对农业产值也有显著影响,这一结果告诉我们,制度创新的贡献已在传统因素中凸现出来,甚至对长岗灌区农业产值的增加有着不可替代的作用。随着时间的推移,用水管理制度在灌区的逐渐完善,农业政策和节水技术的推广,其制度因素对农业总产值的影响会越来越明显,对农业生产率的影响也越来越大。可以预测,在土地、资本、劳动、化肥等传统因素不变的情况下,加大制度的建设,完善制度的创新机制将会对灌区农业总产值的增加产生重大的影响。

(六)结论

笔者对黑龙江省兰西县长岗灌区用水制度的一系列改革创新活动进行了微观上的分析,并对长岗灌区在用水制度改革前后进行了对比分析,得出如下结论:

(1)长岗灌区在技术方面的进步使灌区用水成本降低了,并使得起初不怎么起作用的某些管理制度起到了应有的作用,如渠道量测水技术使得水权准确地按方交易成为可能;节水控灌技术的推广、互联网技术的应用为信息沟通搭建了平台。技术进步可以在一定程度上降低水资源产权的排他性费用,从而使用水户的私有产权制度成为可能。对任何制度的需求都不能离开技术这个因素,因为灌区农民对水管理制度的需求除了受利益、成本、相对价格等因素的制约以外,技术因素的制约非常明显。另外,灌区水银行交易迟迟没有得到实质性的推进,实践调查表明,不论是灌区管理者还是农民用水户都非常期盼水交易早日实现,主要是受制于量测水技术利用的成本问题。

(2)研究表明:长岗灌区在制度的创新过程中当地的农业总产值的经济增长率也是最高的。随着用水制度的框架体系在这一地区逐步地完善,制度的整体效率就会处于相对稳定的状态。长岗灌区在制度方面的创新从某种意义说是一种对当地生产关系的调整,而且有效的制度能够促进灌区的经济发展,而不利的制度则会起到相反的作用。长岗灌区这种自下而上的诱致性制度变迁克服了有关部门或利益组织的干扰,激发了农民用水户的积极性和创造性。

(3)笔者通过两种不同的方法对灌区用水管理制度创新所带来的效益进行了考察,从整体上看它们都能说明制度因素在灌区增产中所起到的作用,同时提高了农业生产效率并实现了灌区的农业增加值;特别是在干旱的年份,用水管理制度的建立和完善从根本上达到了节约用水的目的,在一定程度上还会激励灌区农户从事农业生产活动,最终促进灌区农业经济的增长。

(4)随着水权制度创新和水管理机构机制的转变,水资源在农户心中的价值不断提高,农民参与节约用水和保护水资源的积极性高涨,为将来建立严格的用水管理制度打下了基础。特别是通过对灌区农民赖以生存的水资源的科学管理,农民的生产生活方式会潜移默化地转变为更加现代的、科学的、知识性的生产生活方式。

（摘编自谢永刚:《私人参与国有中小型灌区管理及水资源有效配置的经济绩效分析》,载"寒区水资源研究"会议录,2008 年;徐振兴:《黑龙江省兰西长岗灌区用水管理制度创新及绩效研究》,黑龙江大学硕士论文,2014 年 5 月。）

二、近年来国家层面的水权制度理论创新及实践探索中存在的问题

（一）国家层面水权制度创新的历史进程

1998 年长江、松花江两大流域发生大洪水后，连续 3 年发生全国性的干旱，城市生产生活及农业用水紧张，全民节水的呼声逐渐高涨。2002 年 8 月 29 日，第九届全国人民代表大会常务委员会第二十九次会议修订通过了《中华人民共和国水法》（以下简称《水法》），《水法》总则中第八条规定"国家厉行节约用水，大力推行节约用水措施，推广节约用水新技术、新工艺，发展节水型工业、农业和服务业，建立节水型社会"。建立节水型社会写入《水法》，节水型社会被纳入各级政府的规划和地方发展纲要中，各行各业积极为节水型社会的建立作出努力。通过十年的实践探索，以建立节水型社会为目标，国家层面的水资源管理制度实现了创新上的突破，尤其是几次理论上的飞跃，使得我国水资源管理制度如水权明确、水权交易、节水补偿等有望从顶层设计走向民间自觉节水；特别是使具有节水潜力的农业水资源优化配置利用的政府决定或引导向起决定作用的水权交易市场配置迈进了一步。

1. 首次聚焦水利工作并对水资源管理指明改革方向

2010 年 12 月 31 日发布《中共中央　国务院关于加快水利改革发展的决定》，指出："水是生命之源、生产之要、生态之基。""水利是现代农业建设不可或缺的首要条件，是经济社会发展不可替代的基础支撑，是生态环境改善不可分割的保障系统。"这是新中国成立 60 多年来中共中央首次系统部署水利改革发展全面工作的决定。文件强调水资源开发利用控制红线，要建立"最严格的水资源管理制度"，为今后的水权改革指明了方向。

2. 实行"最严格的水资源管理制度"的顶层设计与提升

为贯彻落实《中共中央　国务院关于加快水利改革发展的决定》，2011 年 12 月，水利部印发《关于拟将山西省、湖北省、甘肃省列为加快实施最严格水资源管理制度试点的通知》（以下简称《通知》）。《通知》提出"实行最严格的水资源管理制度"的要求，强调以科学发展观为指导，以水资源配置、节约和保护为主线，以建立"五大体系"（水资源管理指标、监控评价、责任考核、服务、保障）为支撑，健全水资源管理制度体系，实现水资源的可持续利用，支撑经济社会的可持续发展。2012 年国务院在水利部

试点意见的基础上,下发《关于实行最严格水资源管理制度的意见》(以下简称《意见》)。《意见》中指出:实施最严格水资源管理制度,就是要坚持民生为本。协调好生活、生产和生态用水,科学谋划,制定有地方特色的水资源管理政策措施;要坚持政府主导,落实各级政府为水资源管理的责任主体。发挥水权、水市场的作用,通过市场机制配置水资源,提高效率;建立合理水价形成机制,建立法制完备、体制健全、机制合理的现代水资源管理制度。

3.出台"节约用水"的国家纲要,为促进民间节水指明方向并提供战略保障

2012年,国务院办公厅印发《国家农业节水纲要(2012—2020年)的通知》(以下简称《通知》)。《通知》指出:"水资源是基础性的自然资源和重要的战略资源。我国是一个水资源严重短缺的国家,水资源供需矛盾突出仍然是可持续发展的主要瓶颈。农业是用水大户,近年来农业用水量约占经济社会用水总量的62%,部分地区高达90%以上,农业用水效率不高,节水潜力很大。"有条件的地区要逐步建立节约水量交易机制,构建交易平台,保障农民在水权转让中的合法权益。同时强调:"农民是开展农业节水和受益的主体,要充分尊重农民意愿和首创精神,鼓励农民建立用水户协会等多种形式的农民用水合作组织,让农民广泛参与农业节水工程的建设和管理,对用水节水中的问题进行民主协商、自主决策。"这些政策的出台,表明我国未来一段时间节约用水的根本出路在于农业用水,节水的主体在于农民。为明晰农业用水权和交易指明了方向。

4.强调"水利工作和水资源管理"的重要性

2012年11月16日,水利部部长陈雷在水利部传达贯彻党的十八大精神大会上的讲话中提到:党的十八大报告多处涉及水利工作,并把水利放在生态文明建设的突出位置。在水利改革创新方面,强调要完善最严格的水资源管理制度,深化资源性产品价格和税费改革,建立资源有偿使用制度和生态补偿制度,积极开展排污权、水权交易试点。这一系列重要论述和重大部署,进一步完善了我国新时期治水方略,深化了水利工作内涵,拓展了水利发展的空间;水是生态环境的控制性因素,水生态文明是生态文明的重要组成和基础保障。

5.强调市场在资源配置中起决定性作用

党的十八届三中全会通过的《中共中央关于全面深化改革若干重大问题的决定》,把以往发挥市场在资源配置中的基础性作用改为使市场在资源配置中起决定性作用。这是深刻总结我国社会主义经济建设经验、适应完善社会主义市场经济体制新要求做出的创新和发展,表明我们党对社会主义市场经济的认识达到了新高度,必将

对全面深化改革产生深远影响。[①] 以往我国水资源利用和配置是以政府为主导,尽量发挥市场在配置中的作用,而这次全会上提出的"使市场在资源配置中起决定性作用",为水资源产权明晰和界定、交易提供了指导原则;特别是在节约农业水资源方面,为真正实行农民用水权明晰和交易、补偿等提供了政策保障。

6. 再次突出水权制度改革并提出相关要求

2015 年初,中共中央　国务院印发了《关于加大改革创新力度加快农业现代化建设的若干意见》(以下简称《意见》),《意见》对水利工作提出相关要求。指出:深化水利改革,建立健全水权制度,开展水权确权登记试点,探索多种形式的水权流转方式;推进农业水价综合改革,积极推广水价改革和水权交易的成功经验,建立农业灌溉用水总量控制和定额管理制度,加强农业用水计量,合理调整农业水价,建立精准补贴机制。由此可见,"水利是农业的命脉",水权制度改革是深化水利改革的重要内容,已经成为农业现代化建设的基础性工作。不久,又下发《关于加快推进生态文明建设的意见》,指出:在水资源利用方面,要推行市场化机制。加快水权交易试点,培育和规范水权市场。同时,健全生态保护补偿机制。引导生态受益地区与保护地区之间、流域上游与下游之间,通过资金补助、产业转移、人才培训、共建园区等方式实施补偿,建立独立公正的生态环境损害评估制度。可见,水被定位是生态文明建设不可或缺的自然因素,而管好水,又是生态文明建设的主要手段之一。

7. 落实推进"河长制、湖长制",为助推水权明晰化提供保障

2016 年 12 月,中共中央办公厅、国务院办公厅印发了《关于全面推行河长制的意见》,并发出通知,要求各地区各部门结合实际认真贯彻落实。目前各级政府正在谋划成立"河长办公室",专门负责管理、指导并全面推行河长制。"河长制",即由各级党政主要负责人担任"河长",负责辖区内河流的水环境及其污染治理、水资源分配和利用等诸多河事。[②] "河长"依法负责督办河流水环境综合治理,为逐步形成水资源管理的制度化、规范化的体制机制以及助推水权明晰化提供保障。

(二)水权制度明晰化与交易的实践探索及存在的问题

归纳上述中央和国务院近年内连续出台的关于水问题的各项改革举措,可以说是历史上空前的,客观上讲这也是历史的必然抉择,是国家最高决策层不失时机、实事求是地抓住了水资源这个束缚经济社会发展的核心瓶颈问题。因此,充分认识到水权明确、界定与交易的重要性和所面临的问题的重要性。

---

①　高尚全. 市场决定资源配置体现市场经济规律[N]. 人民日报,2014 – 03 – 26(7).
②　谢永刚. 河长制[J]. 黑龙江水利,2017,3(4):20 – 23

1. 宏观上我国水资源开发已接近最大"负荷",各行业全面节水势在必行

2015 年中共中央、国务院印发了《关于加快推进生态文明建设的意见》中指出:全国用水总量力争控制在 6 700 亿立方米以内,万元工业增加值用水量降低到 65 立方米以下,农田灌溉水有效利用系数提高到 0.55 以上;而目前全国用水总量正在逐步接近国务院确定的 2020 年用水总量控制目标,海河、黄河、辽河流域水资源开发利用率已经达到 106%、82%、76%,西北内陆河流开发利用已接近甚至超出水资源承载能力。农田灌溉水有效利用系数为 0.52,低于 0.7 以上的世界先进水平,万元工业增加值用水量为世界先进水平的 2 倍左右;大部分地区的井灌区超采地下水导致地下水位下降,出现地下漏斗的面积增加;工业等行业水资源开发利用强度仍在加大,农业用水方式粗放,大水漫灌的现象仍很普遍。从全国来看水资源开发已接近最大"负荷",节约用水不论在技术上还是在管理制度上的创新,必须双管齐下,势在必行。

2. 节水型社会的意识没有全面形成,水权改革仍处于较低级阶段

目前全社会节约用水的意识逐渐形成,尤其是具有最大节水潜力的农业用水户。绝大多数农民朋友还没有意识到水资源的商品化、市场化的时代即将到来,农业灌溉节水的积极性也没有被调动出来,灌溉用水的按亩收费方法导致的"先到先得、多用多得"的惯例仍然成为节水的障碍理念。农业水权改革的攻坚阶段是在国家或政府推动水资源所有权属于国家的基础上,再把使用权分配到基层行政区域和微观用户,节约用水的农户间相互交易;目前水资源的使用权指标,流域或省(区)、市(县)分配水权工作已经开展,如黄河流域的宁夏、内蒙古的水量分配和水权置换,已有一定的经验积累。但水权明确、界定和交易在微观农户间展开目前还没有完全成功的案例。笔者在内蒙古达拉特旗四村黄河灌域用水协会的调研中发现:绝大多数农民用水户不知道水权的含义,对自己的用水权属不清楚;对节水后还能交易并从中得到好处持怀疑态度。内蒙古达拉特旗昭君镇农民对政府操作引导下的水权置换项目很支持,因为水权置换把农业用水用于工业企业,工业企业出钱修农田基础设施,农民积极支持。但一旦置换的用水指标上升,用于农业灌溉的节水力度加大,每个农户的节水问题就会凸显,水分配的合理性与公平性成为用水户之间的主要矛盾;而农民用水户对水权明确、界定及户与户之间的交易,显然缺乏一定的心理准备。

3. 水权交易制度创新受到技术因素的阻碍

黑龙江省兰西县长岗灌区于 2013 年初在农民用水户协会基础上探索建立水银行,为灌区内农民用水户搭建用水信息平台、水权交易平台、存储平台等;通过宣传,农民接受初始水权后,并与灌区管理站签订用水合同,合同包括用水量、电价、水价,连同界定的初始水权,节约下来的水量可通过水银行进行交易,并探索如何避免斗渠、农渠

渠道的上游多引水而造成下游无水可引,以及浪费水资源的现象。起初,大家的积极性都很高,干、支渠以上由于有水闸控制,引水量可以计量,而斗、农渠无计量设备,以一个农渠为单位,30户农民根据总引水量,每户用多少采取民主协商和管水员监督引水时间和水量等,确定每户的用水量;但这种方法计算得不够精准,要使每个农户都能达成共识并认可引水量,开会商量或分时灌溉及监督所花费的时间成本很高。实际上,尽管签订了初始水权,交易还是无法顺利进行。主要原因是受到入户的量测水设备及渠道标准等技术问题影响,使得水权制度创新运行成本大大提高。

以往水权制度创新的实践表明,技术因素制约着制度创新,技术没有达到一定水平,如灌区的量测水技术落后,就会使得进入每户农田的灌溉用水量计量难以进行或计量成本大大提高。这样,农户间节约水量的交易就不能顺利进行。技术进步可以在一定程度上降低产权的排他性费用,从而使水权制度成为可能。可见,人类对制度的需求除了受利益、相对价格等因素的制约以外,还受技术因素的制约。而制度创新尽管受技术的制约,但有限资源的缺乏和优化配置的需要会倒逼技术的改良与投资的加大。正如法国经济学家托马斯·皮凯蒂在他的近作《21世纪资本论》中提到的:增长、竞争与技术之间的不断博弈将会逐渐降低社会不同阶层之间的不平等程度,促进社会更加和谐地发展。① 这是肯定的,这是大势所趋。另外,由于技术的约束,无法进行按计量用水收费,尽管明确灌溉用水的私人产品属性,若仍然是按亩计收水费,也无法摆脱水费支出与用水量的不相关的局面,即使水价提高,对水的需求量也不会下降,农民用水户节水必然缺乏动力。

(三)关于推进民间水权交易,全面建立节水型社会的几点思考

1.降低交易成本是全面促进民间水权交易的关键

2000年11月,浙江省义乌市一次性出资2亿元,向东阳市买断了每年5 000万米³水资源的永久使用权,成为中国水权交易的第一案。但东阳和义乌的"水权"交易,实质是政府操作下的政府之间的水资源"使用权转让"。十五年过去了,除了"转让",增加了一个"置换",没有实质地依靠供需关系来决定"交易"的价格。而对于水资源的特殊属性,只有在稀缺时交易才真正有意义。如黄河水权市场分三级:流域级水市场、省区级水市场、用户级水市场模式②,假设水资源短缺,前两级是解决重新配置的问题,而最后一级才是真正实现"节约"的核心问题。甘肃民勤县和张掖市的实践也说明了这一点。从理论上我们不难看出:共有水权制度(Ⅰ)的总产值 = 制度

---

① 皮凯蒂.21世纪资本论[M].巴曙松,等,译.北京:中信出版社,2014.
② 王花兰,张国科,慕娅婷.黄河流域水权交易机制研究——以黄河兰州段为例[J].兰州石化职业技术学院学报,2014,14(4):75 - 79.

（Ⅰ）的收益－制度（Ⅰ）的交易成本；产权明晰的水权制度（Ⅱ）的总产值＝制度（Ⅱ）收益－制度（Ⅱ）的交易成本。显然，制度（Ⅱ）比制度（Ⅰ）更有效率的条件是：制度（Ⅱ）的总产值大于制度（Ⅰ）的总产值，即：制度（Ⅰ）收益－制度（Ⅱ）收益＜制度（Ⅰ）交易成本－制度（Ⅱ）交易成本。基于以上分析，交易成本的高低是决定水权交易是否顺利和成功的关键因素。

甘肃省张掖市水管单位在帮助农民确立初始水权后，并以"水票"的形式把"权属"发给农民用水户，用水户节约下来的"水票"可以进行交易和转让。结果使得整个黑河流域的引水量明显较少，节约下来的水量为生态补水做出了贡献。但也有问题存在，即农民反映可交易的"水价格偏低"，交易的水价比预期的低，水权交易的意识就会降低，加之信息沟通不畅，则导致交易成本上升，进而加大了水权交易的难度。2013年5月笔者亲自就"水票"交易存在的问题，调研了民勤县红崖山等灌区，这些灌区的"水票交易"成交后，也存在预期水价偏低的现象；同时用"IC卡"单户取水，还存在渠系用水损失比多户取水大的问题。这一问题需要通过水权制度的进一步创新来实现，否则水权交易及交易平台建设缺乏动力。在初始水权的确定上，是由县政府分配到乡镇，各乡镇再结合各自实际分配到各村农民用水户协会，协会将水权分配管理到各农户、机井和轮次。这种从上而下的分配，应充分考虑农作物生长规律和灌溉制度，以保证农民的用水权益；同时，避免水权行业置换水量过多压缩农业用水。民勤县和张掖市的做法还是走在全国前列的，并起着示范作用。因为"水票"作为水权、水量、水价的综合载体，是连接政府、农户、市场的核心介质；水票交易制度的创新，使得农民用水户对水资源利用的使用权、经营权和可交易权得以确立和充分体现。这对促进水权市场发育和完善，推进由水管单位总量控制和定额管理的宏观指导，向由市场决定资源配置迈出了重要的一步。但强调的是，对于我国水资源的特征和以往水权置换及初步交易的经验表明：市场和行政手段必须有效地结合起来，才能充分体现中国特色的水市场经济。

2. 初始水权界定与农民用水户的利益挂钩是水权交易的前提

制度经济学家科斯在考虑交易成本的情况时，承认任何制度创新或变迁能否实现，制度变迁的收益与制度成本的比较结果是关键因素。合法权利的初始界定会对经济制度的运行效率产生影响。权利是一种调整，会比其他安排产生更多的产值。[①]所以必须通过对初始权利界定后的成本与实际效果对比的结果来具体分析，以选择合适的制度安排，如果制度安排的成本太高，则这种安排将失去效率。因此，一种制度安排的总产值，取决于这种制度的运行收益与运行成本的比较结果，只有在预期收益大于预期成本的情况下，才会最终实现制度的变迁。

---

① 科斯，阿尔钦，诺斯. 财产权利与制度变迁[M]. 刘守英，等，译. 上海：上海人民出版社，1994.

为了保证国家、社会、区域、生态和个人的用水利益合理地分配，权衡的主要办法就是注重初始水权界定的科学性的同时，多考虑利益相关者尤其是农民用水户的收益。农民所考虑的是用水的效率和产出效益。可用下列几种情况表示用水户的心理变化：①节水收益＞从增产中获得收益，用水户积极节水；②节水收益＜增产收益，用水户选择不节水；③节水收益＝增产收益，用水户选择节水也可不积极节水，这取决于农户的节水意识。

目前，甘肃、宁夏、内蒙古等在初始水权的确定上，大都是政府部门或水管单位根据水资源总体分配，从上至下地按行政区域分配水权，农民的初始水权在分配中处于被动或缺乏讨价还价的主观意识。因此，激励农民积极参与水权改革运动的最有效思路是让农民在行动中得到更多的好处。值得注意的是：水权界定或交易，核心目标是节约用水。节水问题关系到社会、经济、生态等问题，不能只强调个人利益、集体利益，还要充分考虑社会、民族、生态的整体利益。

3. 完善水权交易平台，建立"水银行"运行机制是水权交易全面展开的保障

党的十八届三中全会要求，将水资源管理、水环境保护、水生态修复、水价改革、水权交易等纳入生态文明制度建设重要内容。如何进行农业水资源的合理确权和交易制度的平台设计，是此轮水资源管理改革的基础性的重要工作。

首先，生态补水补偿机制能够激励无法交易的剩余水量反哺环境。如民勤县井灌区节水，通过回注地下水，避免地下水位下降、产生地下漏斗的情况发生，为环境和生态补水，政府应给予补偿。因此，在水权交易制度创新的同时，要考虑生态补偿机制的建立和完善。民勤县在近几年探索建立天上水、地表水、地下水"三水"联合调度长效机制，特别是在"三水"配置和交易的价格由"以亩收费"向"按方（立方米）收费"方面，做出了大量的探索。

其次，内蒙古和宁夏的引黄灌区的农民通过多年的"水权转换"已经适应，至少并不抵触。因为水权置换，农业节水反哺工业，工业的高效用水创造的价值的一部分支持农田灌区的灌排设施得以完善。若置换的水量继续增加或水资源短缺严重时，农户间的水权交易将成为必然，但目前交易平台如何建立并没有做好软件和硬件上的准备。国际上有实践操作经验或已被国内专家认可的水交易平台——"水银行"建设，可将卖家节余的水量存进来，通过水银行信息平台发布，买家可以自由购买。同时，水银行建设促进了政府职能转变，把以往发挥市场在水资源配置中的基础性作用真正变成市场在资源配置中起决定性作用。民勤县正在加快建立水权交易市场和公平合理、平等有偿的水权水市场运行体系，层层搭建有形水权交易平台，积极探索买卖、寄售、预购、兑换、寄存、回购、拍卖等多种水权交易方式，进一步规范不同层次和不同水量的

水权交易程序,推动水资源优化配置,保障水资源可持续利用。①

最后,进一步完善"行业水权置换"的责、权、利问题,避免"基础设施建设过程中存在的制度性障碍"②,以及"水权置换后"的农田水利工程建设与管理、养护维修相分割的状态。只有交易平台建设及运行机制的完善,才能使政府、用水户协会、农民之间的水信息沟通渠道畅通,以保障水权交易在用水户之间全面展开,才能促进节水型社会全面建成和生态文明的实现。

(摘编自谢永刚:《近年来国家层面的水权制度理论创新及实践探索中存在问题探讨》,载《水利科学与寒区工程》2018 年第 12 期。)

① 科斯,阿尔钦,诺斯.财产权利与制度变迁[M].刘守英,等,译.上海:上海人民出版社,1994.

② 任艳.制度创新与中国基础设施建设[M].北京:中国社会科学出版社,2013.

三、黑龙江省兰西县长岗灌区水银行运行模式探讨

(一)兰西县长岗灌区的基本情况

黑龙江省兰西县长岗灌区始建于 1964 年,1969 年改为电力提水泵站,1989 年泵站改造时安装了 3 台立式水泵,当时设计水田灌溉面积 1.5 万亩。从 1994 年至 1999 年间,由于工程年久失修、管理不当,灌区陷入瘫痪状态,实际灌溉面积在 1 000—5 000 亩徘徊,特别是遇到呼兰河枯水年份,灌区水资源严重短缺。到 2000 年兰西县水务局在该灌区实行产权制度改革,以国有民营方式转制经营,由现经营者承包经营,签订了 25 年承包经营合同。经营者在主管部门的指导下进行了管理体制改革,实行合同聘任制,定岗定编,竞聘上岗,以制治站,科学管理,严格兑现供水合同,长岗灌区在管理制度改革中,不断探索,制度建设步步求新。灌区管理者追求科学管理为先的理念,与科研单位和高校联合,寻求节水技术不断进步和用水管理制度创新。如 2001 年,组织专家考察灌区并传授新知识,通过专家的宣传和讲解,农民认识到商品水的概念;2003 年成立了农民用水户协会;2004 年农民知道了什么是水权;2005 年,鼓励灌区农户家庭主妇参与灌溉用水管理;2008 年成立了农民合作社;2010 年灌区用水户对水银行有了初步的了解。上述这些长期、持续的宣传工作和知识普及都为灌区管理水平的不断提高打下了良好的基础条件。

黑龙江省兰西县在改革开放后进行了一系列的制度改革,积极发展现代农业,在综合利用灌区管理机构和平台这一有利资源的情况下,于 2013 年 2 月 27 日通过借鉴国外水银行运行机制,在长岗灌区率先挂牌成立水银行。主要理念是:水银行的建立,为节约水资源、保证水费征收和灌区可持续发展提供了平台,开始是学者在理念、理论上引导,管理人员积极配合,用水户积极参与的共建模式;在法律框架下,尽早在灌区内实现水资源产权确定和界定、建立水市场、进行水交易,使水资源达到科学配置和高效利用。具体思路是水权交易不能长期停留在理论探索,只有实践,才能不断积累经验。遇到什么问题,解决什么问题,有法律等约束的地方,暂时搁置,寻求法律或体制机制创新解决。水银行运作的第一步是初始水权确定。确定和明晰的水权,也给农民吃了一颗定心丸,困扰农民的心结被打开,同土地确权发证一样,知道了自己所享有的灌溉水量的权利,也知道了多用水会受到惩罚或多付出成本,节约水会得到补偿。关于初始水权的确定原则应尽量简化,不能把简单的问题在理论上复杂化。

（二）兰西县长岗灌区水银行框架设计

目前,长岗灌区建立的水银行应该是一个公益性、非营利性的组织,隶属于灌区管理站,是其中的一个部门机构。长岗灌区在水银行运行框架设计中主要搭建了四个有效的平台,即信息交流平台、水权明确平台、水权交易平台、存储平台,如图1所示。在这几个平台中,每一个平台都有其重要的作用。

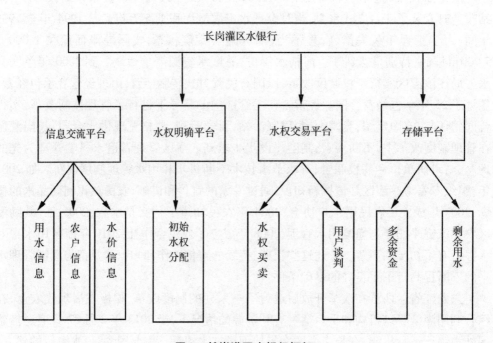

图1　长岗灌区水银行框架

1. 信息交流平台

灌区首先利用 GPS 导航系统实地测量灌区每个农户土地的面积,并将这些数据整理到灌区水银行的网站中,这样就可以通过网站很直观地看到每个农户拥有的土地面积和用水量信息,同时也可以方便快捷地了解到水银行水权交易价格信息、政策法规,更好更快速地知道哪家农户需要水从而及时地进行交易,也有利于收缴水费等,水费收缴程序如图2所示。

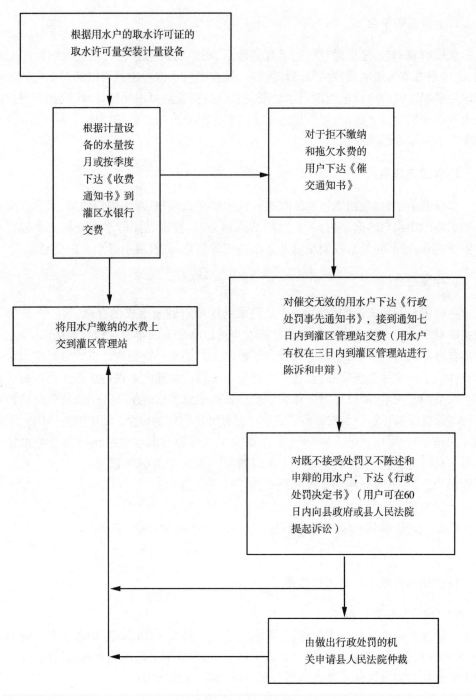

图 2　长岗灌区水费收缴程序

2. 水权明确平台

水权明确平台,是指通过初始水权的确认,每户农民拥有自己明确的初始分配水权,这样通过节约用水或种植经济作物等方式在灌区水银行中就可以实现水权的自由流转。根据以往的每亩土地的用水量限定农户每亩最高可以使用的水量,如果农户的用水量没有超过这个标准,可以把没用上的水按照一定的比例相应地抵免一部分水费或者在下一年度继续使用。

3. 水权交易平台

水权交易平台,是指通过灌区水银行这一中介,农户登录水银行网站,了解富余和短缺水量的用水户情况,进行买卖之间的谈判协商,实施具体的水权交易。水银行可以依据供水合同,初始水权额度以及灌溉面积等信息,监督或引导用水户交易。

4. 存储平台

存储平台有两方面的作用,一个是储水功能即对剩余水权的存储,另一个是储钱功能即对多余资金的存储。储水就是指农户可以将节余的水量存储在灌区水银行中,留待自己需水时再取出,灌区水银行为了鼓励农户储水可以相应地少收取对应水量的水费并给予一定的经济奖励,或者直接将节余水量卖给灌区水银行从而获得收益。这样不仅节约了用水,而且还可以作为应急储备在紧急需水时使用。储钱的含义是指一方(A)拥有尚未开发的水权而另一方(B)拥有可供利用的资金,当 B 想要使用水资源却无法满足时,可以通过水银行与 A 协商购买其所拥有的水权并出钱建设抽水井等小型水利设施,这样水银行这一中介不仅解决了农田用水的问题,而且还大大地增加了粮食的产量,有效地激活了民间资本。

(三) 长岗灌区初始水权确认

1. 初始水权界定的范围和依据

(1) 初始水权界定范围

兰西县长岗灌区初始水权确定,依据国家、省、县有关部门的法律法规文件的基础上,按照水权分配五层次进行确定。本案例中,水权界定的范围为县域水权内,按县域水权分配给长岗灌区的水量进行再分配,具体如图 3 所示。

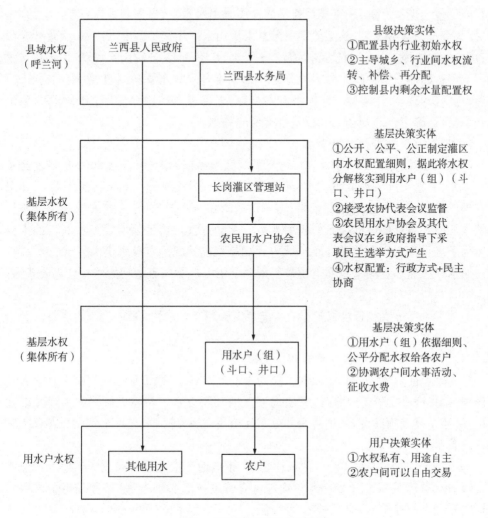

图3　长岗灌区初始水权界定

（2）编制依据

长岗灌区初始水权确定所依据的国家、省、县有关部门的法律法规文件,包括《取水许可和水资源费征收管理条例》《黑龙江省河道管理条例》《黑龙江省基本农田保护条例》《黑龙江省农田水利条例》《中华人民共和国水法》等,还要参考近几年国家水行政部门关于水资源管理的相关文件、法规等。

2.长岗灌区初始水权确定办法

长岗灌区引呼兰河水灌溉,采用泵站提水,年设计引水量为912万米^3,设计引水流量为2.2米^3/秒,设计水田灌溉面积为1.5万亩。由于呼兰河流域降水的地区分布极其不匀,兰西县境内河流属于下游平原区,降水量少,蒸发强烈,丰枯期水量变化很大,春旱、夏涝现象严重,经常导致长岗灌区灌溉用水紧张,每年春季灌溉期,用水户争水、抢水等现象常有发生;甚至灌渠下游或末梢用水户无法得到灌溉用水,粮食减产歉收,水费无法收缴。所以,推动和提倡公平用水、和平用水、节约用水、效率用水意义重大。水银行的建立宗旨就是为了充分有效地利用有限的水资源,提供激励机制,进行水资源产权的确定,逐步建立水市场和水交易,以促进节约用水,提高用水效率,为达到这个目标,确定合理的初始水权是水交易的基础。

(1)呼兰河引水灌溉的初始水权

长岗灌区共有 1 100 个用水户,每户平均灌溉面积为 15 亩。自 2000 年转变经营方式以来,一直推广节水灌溉技术,灌溉定额由每亩 1 700 米^3 下降到 600 米^3。如果正在推广的控管技术达到预期效果,有望达到每亩 400 米^3。呼兰河流域赋予兰西长岗灌区的引水量是按设计灌溉面积用水量分配的,所以,灌区所有农户所获得的水权总量为灌区设计 75% 保证率下的引水量。根据目前状况确定灌水定额为 600 米^3/亩,则初始水权为灌水定额乘以灌溉亩数。则每个用水户所拥有的初始水权计算公式为:

$$初始灌溉水权量(W) = 灌水定额(P) \times 灌溉面积(M)$$

(2)干旱区启动地下水井灌的初始水权

由于呼兰河流域兰西县境内河段年内水量分布不均,遇干旱年份河流引水量大大下降,特别是遇春旱年份,所以时常启动灌区内井灌设备。井灌设施一般为预先设计好的井、泵房及其附属设备,这些水井分布在田块内,特殊情况允许个别农户在自家田块内自备水井。

为了避免"先到先得"以及"抽水竞赛"产生的地下水过度开采或导致地下水位严重下降,形成"地下漏斗"的情况,在确定占有者水权时必须考虑以下因素:①该用水户何时开始抽取地下水;②有多少水实际上做了有益的使用;③这种使用是否是持续的。

鉴于长岗灌区刚刚开始这项工作,灌区管理部门在制定田块,预先设置好若干水井,供周边用水户使用。抽水产生的电费、设备费等由用水户分摊。

此种情况下,地下水属于公有产权,但使用量受国家水资源监管部门管理,一般情况下,不产生地下水严重下降或地下漏斗,农户可以抽取使用。这里还应明确:不是 A户在自家地块上打井,抽水权利只属于 A,抽多少、何时抽、什么方法抽、要受不同生长期需水定额和水务部门监管的限制。但 A 户能打出水,相邻地块邻居 B 打不出水时,A 家是自费打井,成本是私人承担的。B 地块农户用水时,可以给 A 补偿打井或用电成本,因为地下水资源归属权不属于 A 户。

（四）长岗灌区水银行的水交易

长岗灌区一系列规范的管理制度的建立,赋予灌区更为明确的使用权和收益权,并允许适度的转让。

1. 操作步骤

长岗灌区水银行运行的操作步骤分为以下三步：

（1）发布信息

长岗灌区通过建立的灌区水银行网站系统发布用水信息,这样农户们就可以清楚地了解到灌区的用水情况并及时地为自己缺水的农田灌溉。灌区水银行运行后,在每一个灌溉季节来临之前,尽可能早地向广大灌区农户、企业潜在用水户发布水银行借贷水的通知和公告,使其可以提前考虑并做出借贷决策。用水户可以通过灌区水银行网站进行用水量、水价、交易情况等相关信息的查询并进行水权交易,同时享有缴纳水费等水银行提供的相关服务；也可以到灌区水银行办公室进行登记申请存贷。长岗灌区水银行网站应该简洁明了、操作简便,可以直接借鉴图1的模块进行设计。

（2）资格审查、谈判协商

长岗灌区水银行的参与主体是灌区内的农户,虽然灌区管理部门已经有相关农民的用水信息,但是还是要注意卖水资格审查,审查是否为其不当节约的水,是否对其他农户造成负外部性,是否有损农业发展等。然后符合资格的农户通过谈判对水权交易价格和输水方式、输水时间、水需求量等问题进行协商、确认。灌区水银行可以根据我国农业用水目前的价格制定一个基准价格及其浮动范围作为交易价格,灌区农民在水银行进行交易时,根据其自身的需水、用水紧缺情况协商具体的交易价格,从而有效地避免投机行为出现,保障农业粮食产量。同时由于目前水银行的公益性质,水权交易中的交易费用应该不收取或低价收取。

（3）签合同、交割结算、公告

灌区与符合资格审查的农户签订存贷水合同,严格按照合同规定进行交割结算。灌区内农民进行水权交易结算时,需要通知灌区水银行,并且灌区水银行在渠道分水口进行交易水量测量、记录、监督、备案,通过灌区输水设施进行输送。同时,贷水农户支付给存水农户相应的水权费用作为补偿。最后灌区实行公告制度,将交易事项备案并在灌区水银行网站上进行公告,接受灌区合作社农户的监督和检查。灌区水银行对农户间的交易进行监督,同时农民用水户协会对灌区水银行进行监督,兰西县水务局对长岗灌区水银行进行监督管理。

2. 交易形式

长岗灌区水银行交易具体有两种形式：

（1）水权现货交易

灌区内有富余水资源使用权的农户将现在手中的剩余水权直接存入灌区水银行留待自己未来使用，或者是在水银行的监管下，直接与其他农户进行水权的转让和租赁，并从中获取收益。这种交易形式操作简单易行，但是需要对存贷水双方的需求进行较好的一对一匹配。其中，对灌区贷水方的贷水可以实行信用贷水，即对在灌区农业用水等各方面有良好信用的农户进行贷水，或者采用担保贷水，即用下一个灌溉时所分配的初始水权作为抵押物进行贷水或者用信誉度高有可偿还水权的第三方作保证方进行保证贷水。

（2）水权期权交易

水权期权交易是指灌区农户根据水银行网站发布的相关水资源信息及对未来的用水需求预测，缴纳少量交易保证金购买未来存水或贷水的期权权利，并签订期权合同。但是由于灌区水权交易一般是发生在灌区内部的短期水权交易，主要发生在农业灌溉季节，尚不涉及外部交易，所以在长岗灌区水银行运行的初期应主要以水权现货交易为主，逐步实现期权交易。

3. 交易办法

引河水灌溉时的水权交易办法有以下三种：

（1）现行按亩用水收费条件下

长岗灌区现行水费征收采用按亩收费，每亩20元，依据2001年发布的《黑龙江省人民政府农业用水水费征收办法》确定。若A斗渠或农渠的每个用水户，能够根据自家田地面积引用合理的用水量，并能够采用节水措施，节约用水，不浪费；用水量不超过初始确定的水权量（不同生育期按总量分摊），节约部分自动转运给下游用水户B；B得到这部分水量，通过水银行信息平台，再进入交易平台，B应给予A补偿可交易的水量费用。

交易水权费(F)＝节约水量（米^3）÷灌水定额（米^3/亩）×水费标准（元/亩）

如在现行每亩灌水定额为600米^3，每亩水费为20元。A用水户水田面积为10亩，其初始水权量为6 000米^3。A引水超过6 000米^3，超额部分水银行应给予惩罚，惩罚额为超额部分水量可灌溉面积应交的水费。若A通过节水措施或提高用水管理水平，只用5 000米^3，把另1 000米^{3}转引给B用水户，通过水银行平台，B得到可交易用量1 000米^3。

可交易的费用为：1 000米^3（节约水量）÷600米^3（灌水定额）×20元（水费标准）＝33元。

可以解释为：每节约1 000米^{3}的水量，就可以根据初始水权，获得33元的补偿。

(2)按方(米³)收费条件下

目前,灌区灌排水设施基本完成,下一步量测水设备上马并进一步完善,为按方收费制度创新创造了技术条件。从而为水权交易制度完善,真正做到节约用水、公平用水、效率用水创造了条件。届时,用水户之间可直接通过水银行平台进行更便利的水权买卖。

$$交易水权费(F) = 节约水量(米^3) × 水价(元/米^3)$$

(3)跨年度交易

跨年度交易是指用水户和水银行之间的交易。如果用水户有能力在旱年节约用水或出资建设地下水回灌设施(类似地下水库),弥补地下水下降,用以补充第二年春天打井灌溉,水银行可以给予补偿。这种情况可以在水银行运行成熟和灌区工程配套率较高的条件下进行。

4.交易的价格标准

合理的水权交易价格是水银行正常运行的杠杆,目前参考国家有关农业灌溉的收费文件,水价偏低,而相对来说水权交易费用或成本很高。随着国家按供水成本核定的农业用水价格政策的完善,水权交易将会真正发挥节水作用,同时,带来水交易的便利。

5.交易的保障机制

由于灌区水资源归全部农户集体所有,为保障灌区水银行的市场化运作能够顺利进行,灌区管理部门还应该提供立法基础和必要监督,建设其市场保障机制。

第一,重新划分与界定农户的初始水权,在灌区水资源综合规划利用的基础上对灌区水量进行分配,为灌区农户进行市场化的水权交易提供了基础条件。

第二,灌区水银行建立的网站,使灌区水银行的信息渠道公开、畅通,保证水资源供求信息交流顺畅和交易价格公平,同时可以有效地规避市场风险。

第三,灌区管理部门制定各类水交易法案、条例,规范水银行交易行为,调节水银行运作过程,兰西县水务局定期对水银行进行监督、检查,保障相关第三方的利益。

第四,农民用水户积极参与用水户协会的全方位管理,主要包括投资建设了一些田间灌溉工程,以及负责一些灌溉工程相关配套设施的运行和维护,并积极地参加一些用水方案和计划的制定与传达,而且还对用水户协会和供水部门进行民主监督等。长岗灌区用水户协会还进一步地加强了民主决策的公开度和透明度,灌区农户还对用水户协会中人事聘用进行投票选举,行使每个农户的投票权。

第五,灌区管理部门不断创造良好的市场化运作环境,利用市场供求变化调节灌区水权交易价格,保障水资源的合理流动,降低水权交易成本,减少水资源浪费,保障灌区水银行的可持续运行及发展。

(五)兰西县长岗灌区水银行运行存在的问题及其政策建议

国内目前还没有真正的水银行,兰西县长岗灌区水银行作为第一家筹划运行的水银行在国内开了先河,但是长岗灌区水银行运行还存在着以下一些问题。

①目前灌区水费是按亩收费,每亩20元,这种收费方式不利于节水。如果按方(立方米)收费,需要完善工程配套,安装量测水设备。

②长岗灌区水银行还处于探索的过程中,国家层面上还没有相关的法律、法规,其自身也缺乏一定的规章、规则,可以制定《长岗灌区水银行水权交易办法》《长岗灌区水银行运行章程》《长岗灌区水银行管理条例》等。

③灌区内农户对水银行的认识还不够,还有待于灌区管理部门加大对灌区水银行的宣传、介绍,调动农民参与的积极性。

④初始水权确认工作需要进一步加强,灌区管理站可以向农户发放代表其初始水权的"水权证",明确各自的用水权利。

⑤建立节水奖励、超额用水惩罚的激励机制,建立节水利益驱动长效机制,促进灌区农户节约用水,使每个灌区农户都能有充足的水资源进行灌溉,提高用水效率,增加农民收入。

⑥加强长岗灌区水银行的信息发布平台建设,并保证其高效、实时地运行,对灌区内的农民公开发布相关用水、借水、价格信息,灌区管理政策、规章制度等内容,方便农民进行水权交易,降低交易、经营风险。

⑦加强兰西县水务局、灌区管理部门、灌区水银行、农民用水户协会等多方监督管理,建立冲突协调解决机制,保护每个农户的利益。

⑧注意降低水交易的外部性,也要加强对灌区农户水权交易的资格审查,保护基本农业用水需求、保障生态环境用水,避免农户为了获得较高的节水收益而出现弃耕的现象。

(摘编自谢永刚、徐进:《黑龙江省兰西县长岗灌区水(资源)银行运行模式探讨》,见戴长雷,吴敏主编:《东北寒水探索与世界寒水平台——第六届寒区水资源及可持续利用学术研讨会文集》,哈尔滨地图出版社2013年版。)

四、木刻"分水"实质是"分权"

2010 年,我国云南哈尼稻作梯田系统入选全球重要农业文化遗产(GIAHS)保护试点地;2013 年 6 月,云南哈尼梯田"申遗"成功,被列入联合国教科文组织世界文化遗产名录。笔者有幸详细考察了这个驰名中外的"文化景观"项目。哈尼梯田不论是以农耕技术为基调的"世界遗产",还是以历史悠久而独具特色的灌溉管理为脉络的文化景观,其灵魂是"水",没有水,一切无从谈起。像元阳梯田这样靠天吃饭的雨养农业能够年复一年地延续至今,主要是抓住以水为中心的"技术"和"制度"的巧妙结合,"木刻分水"就是元阳梯田 1 000 多年来不废不衰的法宝。

何谓木刻分水? 木刻分水,就是将一个"分水木"(又称"木刻"),安放在渠道的分水口处,让水流按照开口的不同宽度分配水量进而分别流入各条分水沟。按分水量大小划分,大到村与村用水量的分配,小到每块田之间或上下层(按梯田不同层级)田块之间的水量分配。如通过灌溉干渠上的分水木,一边分水到全福庄的水田里,另一边分水流到箐口村的水田里。入村的水流量再根据每家灌溉面积往下一级分配,进入各家各户。以此类推,总水沟流出的水,经过若干个开口宽度大小不等的木刻分水器分水到每块梯田,保证了每块梯田都能得到约定的用水量。

"木刻"一般选用质地坚硬的板栗树、黑果树等耐腐蚀、耐浸泡、耐磨损木材制作,刻出开口宽度大小不同的横木,即木刻分水器,它相当于今天的"明渠流量仪表"。为了保证木刻分水器的标准、质量、耐用性等,规定其必须由村寨中最有信誉的工匠制作完成,其他村民没有资格擅自制造木刻。当新安装或更换木刻分水器时,也需要渠长或族长、沟长(相当于当前灌区的管水员)在场监督下完成。木刻分水器通过一段时间的使用,若有人对分水流量有异议,也可申请测试,率定木刻的过水流量。这一整套过程相当于今天的量测水仪表生产使用的许可、质量监督、售后服务、检修等一系列的管理制度。即使木刻使用的木料再好,一年四季长期受水浸泡和冲击,也很容易腐烂或变形,后来人们采用一些硬度较大的石料代替木料,即以"石刻"代替"木刻",所以,后来也有人称之为"石刻分水"。

据《元阳县志》记载:在唐朝时哈尼族就定居在红河岸边的哀牢山区,居所坐落在海拔 1 400——2 000 米之间的半山腰上,已有近千年的历史。由于山区气候温凉,雨量充沛,非常适合水稻生长;于是,聪明能干的哈尼族人民因地就势、顺其自然地开垦梯田。他们根据地形条件,所开梯田形状分方、扁、圆不拘一格,能长则长、能短则短,坡缓的地方开大田,坡陡的地方开小田。在平均海拔 1 700 米的山上,开梯田种水稻离不开充足的水源,而村民的日常生活更离不开水源。当地流行一句俗语"山有多高,水就有多高。"因为哀牢山区植被覆盖率高,云雾蒸发进入森林被枝叶冷却成了水滴,无数的水滴汇成千百条小溪从林中流出来,被哈尼人引水进村、进田,用于生产生活的水源。为什么要分水呢? 第一,山间小溪或天然沟道断面不规则,天然径流量分配不均,无法保证灌溉或生活所需的水流量,所以要采用人工分水的方法,以调节天然径流,真正实现旱涝保收保用。第二,"放水平田法"体现了哈尼人的智慧,因为梯田要平整,又没有测量工具,通过木刻分水,平缓地把需要的水量引入田间,用此"放水平田法"来平整土地,已延续了上千年。第三,哈尼梯田在15度的缓坡到75度的山腰间开成,遇到坡度较大的地方,需要巧妙运用地势、地貌,用延长路径的方法来减少渠道的坡度,使得水流平稳顺畅地流淌。水位差很小,流速缓慢,减少了水土流失。第四,一水多用或循环利用也是哈尼人巧用自然资源的一大特色。如利用水能碾米、冲肥、养鱼、养浮萍等,这些都是利用发达的沟渠网络和分水技巧将水资源进行合理分配的例子。这种由森林、云雾、村寨、梯田、小溪、池塘、沟渠等自然景观构成了天人合一的生态系统和绿色、循环系统。

如何确保分水的公平和效率呢? 木刻分水从理论上讲就是利用三角堰或矩形堰原理,使过水断面大小、形状由过水流量决定,而过水流量则根据梯田灌水面积来确定。如果有人私自更换或改动,将受到严厉的惩罚。这是确保木刻分水制度能够延续、农户公平使用水资源而又不失效率的关键。怎样做到这一点呢? 首先是靠乡规民约。如分水量的确定,由德高望重的老者或沟长牵头,根据各村寨、各片区、各条水渠所需灌溉梯田面积的大小,通过村民协商,约定每条渠道应该分得的水量。分水量一经确定,木刻分水的断面尺寸、相应的灌水时间等约束水量的灌溉制度雏形也就形成了,这是得到大家认可的一种制度安排。这种制度安排受到乡规民约的监督,"护者奖,违者惩"。木刻制造的工匠,要确保木刻分水计量单位的统一和准确,要依据约定分给每户的水量,在横木上凿刻相当于成人右手掌一指或二指、三指的根部宽度进行细分。若有任人唯亲,私自改变木刻尺寸,要受到惩罚,轻者或惩"一斗米",重者或惩"一头牛"。就连用于"木刻"的材料也要通过村里严格的审批,因为哈尼人把森林视为"寨神林",他们深刻地认识到保护森林植被,就是保护好水源。其次是激励机制。为了保证木刻分水器长期有效运行,建立有效的沟长制度并形成激励机制至关重要。规定沟长的职责是定期巡查和维修梯田的主要灌排沟道并适时维护管理好分水木刻器,监督挪动、破坏分水木刻器的行为。沟长实行年薪制,报酬由他所负责水沟受益田主按照梯田面积、分水量的多少共同承担,也可以稻谷的形式兑现,每年用水户给沟长评分,若沟长认真管水并能为大家排忧解难,评分很高,沟长的报酬相应涨高。沟长退休或辞职,新沟长要通过全体村民公选产生。这些详细的规则,充分体现了哈尼族人民追求公正、公平,合理利用水资源的节制美德。这也是木刻分水机制千百年以来一直使用延续至今的奥妙所在。据《云阳县志》载:哈尼人有一句著名的农谚"金子越炼越纯,道理越讲越清",这句话体现在木刻的制造和分水的管理制度建设上的精益求精。

木刻分水实质是水权的分配。哈尼人在层峦叠嶂的梯田上发明了木刻分水器,分布在大大小小的田块上,并代代相传。这一技术相当于在渠道上安装一个简易的闸门,主要是起到控制水量的作用,因为其简单、灵活、方便、便于维修等优点,所以被广为使用。但从另一方面讲,木刻分水器就像一把"双刃剑",控制水量的背后是控制"权利",即农民用水户的"初始水权",其功能既是"分水"又在"分权"。也就是流到每户的水量多少根据木刻分水器的"口门"大小来确定,而口门大小是根据什么确定呢? 这就涉及很复杂的问题了。调查得知:每家梯田的灌溉面积、位置高低、土壤类别、田地所在方向(南坡、北坡等)、以往灌水管理水平、信用等级、耕作年限等等,这些因素实质决定了每家拥有多少水量,也就是有多少"水权(水资源的使用权)"。如果某用水户对自己的"权利"得不到满足而有异议,村民自治组织以及用水户协会是一个公平的"裁决机构",通过民主协商、规章制度、乡规民约等解决。这些"机构"注重公平和效率,有信誉、有影响力。因此,在元阳梯田上分布的大大小小的"木刻",表面上看是技术措施,它相当于一个闸坝系统。但其标准和尺寸的大小,是根据灌溉面积、灌溉制度、初始水权等因素权衡而定,木刻"分水"实质是"分权"。从理论上分析,正如埃莉诺·奥斯特罗姆在她的《公共事物的治理之道》中分析公共池塘资源问题时,在大量的实证案例研究的基础上,开创了自主组织和治理公共事物的制度理论,为面临公共选择悲剧的人们开辟了新的路径,也为可持续地利用公共事物从而增进人类的福利提供了自主治理的制度基础。这也给我们一个很大的启发——像元阳梯田的水管理与运营模式,尤其要重视诸如:自制木刻、自筹资金、奖惩制度等合约形成和实施机制的建立。为了摆脱使用水资源产生"抽水竞赛"或"公共地悲剧"以及大量的诉讼带来的无法解决的问题,自主地形成了"多中心治理"的格局,如最有效的"用水户协会"组织的成立。元阳梯田的木刻分水制度形成和完善过程,本质上就是一种自下而上的水权制度创新的过程,这种诱致性制度变迁更能激发农民用水户的积极性和创造性。

　　元阳梯田作为一个集自然、生态、技术与制度于一体的系统,即是自然遗产又是文化遗产,也是我国农耕文明的一个典范,应该保护好、利用好、发扬好。

　　(摘编自谢永刚:《木刻分水》,载《中国社会科学报》2016 年 9 月 7 日。)

五、湿地自然保护区生态需水供水成本补偿机制探讨——以黑龙江省扎龙湿地为例

(一)生态需水补偿机制设计有关理论基础

1. 生态经济理论

湿地生态需水补偿的生态经济理论,主要以生态补偿理论为基础。首先,湿地生态建设和环境保护是一种为社会提供集体利益的公共物品,它往往被集体加以消费,这种物品一旦被生产出来,没有任何一个人可以被排除在享受它带来的利益之外。如果要求每个人因享受生态带来的效益自愿支付费用,有些人也许会为此支付,但更多的人也许不愿意,这就产生了"搭便车"问题,即人们总希望让别人来生产公共物品,而自己免费享用。"搭便车"会导致生态建设和环境保护的供给不足,有时还会出现供给为零的现象。其次,明确解决问题的两种手段,即庇古税和科斯定理。对于如何解决"搭便车"的问题,西方新古典经济学家认为公共物品应该由政府提供或由政府干预。庇古认为:对于正的外部影响,政府应予以补贴,以补偿外部经济生产者的成本和他们应得的利润,从而增加外部经济的供给,提高整个社会的福利水平。他还进一步指出,外部性的产生是因为私人成本与社会成本之间的偏离,因此,解决办法是政府干预。著名制度经济学家科斯,反对以政府干预外部效应的庇古办法,认为损害具有"相互性质"。科斯认为,外部性问题的实质在于双方产权界定不清,也就是说,尽管双方所有权是明确的,但两种所有权范围出现了交叉,出现了行为权利界定不清,利益边界不确定的现象,从而也就产生了外部性问题。因此,要解决外部性问题,必须明确产权,即确定人们是否有利用自己的财产采取某种行动并造成相应后果的权利。通过适当的产权安排,市场运作同样能有效地解决公共物品的供求平衡和收费问题。另外,解决外部性问题并不局限于市场交易一种形式,企业合并、政府干预都是一些解决外部性问题的方式,但无论哪种方式都存在成本,在效果相同的情况下,只有成本最低的方式才是最合理的方式。

湿地生态需水补偿的内涵,也可参照生态补偿的思路进行思考。可以理解为湿地的自然生态系统对由外界干扰造成的生态环境破坏所起的缓冲和补偿作用,或者可以看作是生态负荷的还原能力。生态环境补偿费是为了控制生态破坏而征收的费用,其性质是(行为的)外部成本,征收的目的是使其内部化。征收生态环境补偿费是对自然资源的生态环境价值进行的补偿,它的核心在于为损害生态环境而承担费用是一种

责任，其作用在于提供一种减少对生态环境损害的经济刺激手段。

2. 灾害经济理论

人类社会的经济活动，包括人们日常生活活动、工业生产、农业开发、交通运输等活动，都能直接或间接地引起灾害的发生。特别是人们对自然生态系统的不正确干预，加剧了生态经济系统灾变的强度。目前，全国很多湿地面临着上游河流不合理开发、水资源危机导致生物多样性受到威胁甚至干旱自燃起火，使其他动植物资源严重破坏；有的湿地受社会因素的影响已上升到主要地位，过度放牧、开荒、围垦草场、截断上游天然来水等，人为促使了水资源的过度耗费；缺水是湿地大火的根本原因。实际上，大自然也像人类一样，缺水，她的肌体就会萎缩，功能就会丧失。出现了这些灾害现象，人类在得到短浅利益回报的同时，也付出了代价，并应该反省自己，主动地投入减灾防灾工作中并积极地修复自然。根据灾害经济学的"负负得正原理"，为了减少灾害造成的更大经济损失，人类必须要加大减灾防灾资金投入力度，把损失降低到最低程度。

3. 制度经济理论

经济制度缺陷导致公共地悲剧，是发展中国家普遍存在的问题。导致公共地悲剧发生的原因很复杂，既有道德因素和经济利益因素，又有经济制度因素等，其中经济制度的缺陷是导致公共地悲剧并带来相应灾变的最根本的因素。因为道德是非强制性的，而制度却是强制性的。在经济制度存在着缺陷的条件下，道德的力量往往是苍白的，讲道德意味着牺牲自己的经济利益。相对于道德原因来说，经济原因可能是更有说服力或者说更现实的解释。因此，必须在完善经济制度上下功夫，以便杜绝公共地悲剧的发生。我国可以通过产权关系的明晰化和所有权与经营权的相互分离，再配合严密的法律责任和制度等来减少公共地悲剧的发生。自然保护区是一块自然湿地，本不需要补水，主要是人为的原因危及湿地的生存，因此需要人工补偿，而补水应尽可能采取生态的手段，用制度经济理论维护生态水权。

近年来人口增加和生产发展，使得很多河流向下游平原湖区或湿地下泄的水量锐减，加之上游工农业用水耗水增加。应该对上游实施扶持政策，促进退耕还林，调整产业结构和种植结构，限制高耗水产业，还湿地及自然保护区生态水权。这是可持续生态手段，但付诸实施需要观念的转变，这是长期的过程。而很多湿地自然保护区采取利用现有水利工程向湿地补水，以保湿地面积和功能不萎缩，这是实施成本最小的办法，也是现实的选择，因为毕竟"水利工程"已经建成，而且有条件为湿地供水。但由谁来为供水成本"埋单"呢？如何建立一套长效的供水补偿机制是解决此问题的关键。

（二）生态需水补偿的供水成本确定

扎龙湿地位于黑龙江省西部松嫩平原、乌裕尔河下游湖沼苇草地带,地处黑龙江齐齐哈尔的铁锋区、昂昂溪区、富裕县、泰来县、大庆的林甸及杜尔伯特蒙古族自治县的交界地域,横跨 2 区 4 县,总面积为 2 100 平方千米,是亚洲第一、世界第三大湿地,1992 年列入《国际重要湿地名录》。历史上扎龙湿地以水美草肥、物种繁多而著称,被誉为"丹顶鹤的故乡"。但自 2001 年 7 月以来,扎龙湿地多次发生火灾,不仅造成了巨大的经济损失,生态环境及生物多样性也遭到严重破坏。为此,国家决定采取人工补水的办法,对扎龙湿地实施生态补水。从 2001 年 7 月到 2003 年 4 月底,黑龙江省中部引嫩工程管理处(以下简称"中引")从嫩江向扎龙湿地共补水 7.89 亿立方米[①],2002 年初自然保护区明水面积由 100 多平方千米扩大到 650 平方千米,2003 年扩大到 1 000 多平方千米,湿地的生态功能基本恢复,暂时解决了扎龙湿地的缺水问题。从长远看,由于湿地上游生产生活用水不断增加,乌裕尔河的多年平均水量远远不能满足扎龙湿地最低用水需求,人工补水是满足扎龙湿地基本用水的唯一途径。但持续地对生态环境补水需要巨大的运行成本,而如何确定生态需水的供水成本是解决成本补偿问题的核心,而且这个成本的核算要得到各方认可,这也是建立长效生态需水补偿机制的关键。

"中引"根据多年运行情况和供水水费核算,得出供水成本(主要包含运行费、岁修费、折旧费等)及水费分摊比例(见表1)。

表1 "中引"向扎龙湿地、大庆油田供水数据统计表

项目年份	总供水量/10^8 米³	总成本/万元	其中扎龙湿地供水			其中大庆油田供水		
			供水量/10^8 米³	平均成本/(元·米⁻³)	供水成本/万元	供水量/10^8 米³	水费/(元·米⁻³)	水费收入/万元
2000 年	3.68	4 714	—	0.128	—	2.00	0.225	4 500
2001 年	4.82	4 231	1.05	0.088	92	2.00	0.225	4 500
2002 年	7.52	4 617	4.21	0.061	2 568	2.00	0.225	4 500
2003 年	5.83	4 945	2.63	0.085	2 236	2.00	0.225	4 500
2004 年	4.38	4 896	0.53	0.110	583	2.20	0.225	4 950

---

① 杨喜春,冯建维. 应急补水抢救扎龙湿地[J]. 水利天地,2001(10):4 – 5.

续表

项目 年份	总供水量 /10⁸ 米³	总成本 /万元	其中扎龙湿地供水			其中大庆油田供水		
			供水量 /10⁸ 米³	平均成本 /(元·米⁻³)	供水成本 /万元	供水量 /10⁸ 米³	水费 /(元·米⁻³)	水费收入 /万元
2005 年	—	—	2.02	0.061*	1 232	0.80	0.225	1 800
合计	26.23	23 403	10.44	—	—	—	—	—
平均	—	4 681	2.1	0.089	1 342	—	0.225	4 125

注：表中数据根据黑龙江省中部引嫩工程管理处 1995 年统计报表及调查数据；* 数值按照 2002 年计算；— 为无法计算或数值不存在。

通过对扎龙湿地水资源平衡分析，确定扎龙湿地平水年适宜水体面积为 780 平方千米，按照补水收益范围，齐齐哈尔占 33%，大庆占 67%；考虑"中引"实际供水能力，确定年平均补水量为 2.5×10^8 米³。"中引"测算，年平均需补水补偿费用 1 500 万元（参照 2002 年的供水成本 0.06 元/米³）。① 值得注意的是，这个供水补偿水费是按平均供水成本 0.06 元/米³ 推算得来，实际上"中引"供水目标主要是大庆油田生产生活用水，工业供水的水费 0.225 元/米³；另外还承担一部分农田灌溉用水。

从表 1 可看出，"中引"是企业性质，正常生产运行的开支费用、维修及养护费用、管理等费用，主要靠大庆供水水费的收入来支持。每年为大庆供水约 2×10^8 米³，水费收入 4 500 多万元，基本能够维持正常运行。这也是 2001 至 2004 年为扎龙湿地补水能够实现的主要因素。但新的问题在于，随着大庆油田用水的减少，水费从 4 500 万元降到 1 800 万元，缺口 2 000 多万元。据大庆供水公司介绍，今后从"中引"要水每年平均为 1×10^8 米³ 左右；如果为扎龙湿地补水的补偿得不到解决，以后为生态需水补水的可能性很小。② 所以，建立补水的补偿机制是当务之急。

(三)确定补偿承担者

1. 企业(资源使用者、污染制造者)

首先是企业污染。企业在自然保护区周边分布，难免对湿地的动植物以及水体造成不同程度的污染。保护区内的水质仍只有 Ⅳ、Ⅴ 类："一方面的原因在于，湿地的水属于静水体，易产生污染；另一方面是受到两岸工农业的影响较大。"乌裕尔河沿岸及

---

① 周庆欣,张野,曹波.扎龙湿地应急补水必要性及效益分析[J].黑龙江水利科技,2003(4):67－68.
② 潘启成.扎龙湿地应急调水工程的建设与管理[J].东北水利水电,2002(12):46－47.

附近的克东、克山、拜泉、依安、富裕、林甸，现有企业 541 个；克山、克东、依安的工业废水直接通过自然水沟排入乌裕尔河，富裕、林甸两县排入沼泽地。一年的总污水量为910 亿立方米，相当于最高来水量的 50 倍，仅齐齐哈尔的 20 多座大型工厂日排污水就 9 300 吨以上。其次是农业污染。区内灌溉面积有 4 万公顷，一年用化肥 10 200吨，用农药 90 吨，还有大量的杀虫剂、除莠剂流入保护区。①

2. 政府

政府的作用是提供公共物品，并对负的外部性加以遏制，对正的外部性给予激励。② 扎龙湿地生态环境保护做得好，特别是为生态需水供水的中部引嫩工程的供水成本应予以补偿。从各级人民政府的财政经费支出中划拨一部分是非常必要的。政府部门的财政（预算内资金）、水利（减免水资源费等）、林业（支持水土保持治理、湿地保护等）、环保（环境建设、湿地恢复）等职能部门，要从上到下对补偿费的来源提供合理的渠道，避免扯皮现象。

3. 苇民、农民、渔民

通过调查发现：补水可使 30 万亩芦苇生长环境得到改善，芦苇单产将增加 50 公斤/亩，年可获得芦苇 1 500 万公斤；补水能改善 5 万亩自然养鱼水面，使鱼类生产每亩单产增加 8 公斤，年增加鱼总产量 40 万公斤。两项合计，农民年增加收入 540 万元。从交费的自愿性来看，大多数居民能够认识到湿地补水的重要性，但有 90% 的人没有湿地给水和水权的知识，85% 对水权没有了解，在此基础上，大多数人认为补水关乎国家和自身的命运，95% 的人表示愿意出钱，但要在自己经济允许的范围内。由此可见，向当地居民收取部分水费还是有群众基础和现实的可操作性的。

4. 自然保护区管理局

扎龙自然保护区的生态环境及保护工作做得好，扎龙自然保护区管理局本身的效益是可想而知的。旅游事业发展使收入增加、生物多样性得到改善，正常的科研活动得到有效开展。所以，扎龙自然保护区管理局作为管理单位也应从经费收入中拿出一部分对供水成本进行补偿。

5. "中引"

"中引"是国家水利部门在 20 世纪 60 年代建成的大型水利工程，主要负责大庆油田生产生活用水，为自负盈亏事业单位，国家管理的特点决定了不可能再建若干个引水工程与之竞争，同时也赋予了占有初始的供水权。所以，"中引"也应为扎龙的环

---

① 冯波,冯建维.谁为生态用水埋单[J].水利经济,2003(3):63-64.
② 谢永刚.水灾害经济学[M].北京:经济科学出版社,2003.

境治理付出一定的"代价"。如与水利部门协调,免收水资源费,供水水费不能太高,开始以略高出运行成本为宜,逐步以市场调节为主。

(四)补偿机制的设计

尽管生态环境保护的重要性已深入人心,而且为了环境建设理应有一个合理的补偿也得到人们的共识,但针对扎龙自然保护区的生态环境需水的补偿问题,如何设计一个合理的补偿机制还是有一定困难的。因为要明确识别所有的受益者和服务提供者以及要确定受益者受益的程度和服务提供者提供的服务多少并量化成货币是很难的;即使这一步能够做到,但如何选择使用适当的手段来实现补偿也是有一定难度的。笔者通过对国内外经验的归纳与总结得出如下方法以供参考:

1. 补偿的利益相关方确定

关于补偿给谁的问题,在讨论外部不经济问题时,通常是由生态环境的破坏者补偿给受害者,但对于扎龙的问题,主要表现是由受益者补偿给对生态效益的增加做出贡献而损失一部分利益的个体或群体,这里就是供水单位,即"中引"。另外,这里涉及一个产权界定的问题。首先,湿地周边的工矿企业排放污水并没有获得污染权,所以厂商为环境恶化应支付补偿;其次,湿地范围内的群众也没有乱挖沟渠、乱开荒种地等权利,群众应为其违规行为支付补偿;最后,供水单位为生态环境变好付出代价,同时其他单位和个人也得到好处,受益者理应支付补偿。在这里,"中引"具有优先占用权与公共权利,优先占用权即自然拥有水资源产权;资源的开发和利用必须服从国家经济计划和发展计划;资源配置通过行政手段进行。

2. 补偿标准的确定

根据扎龙湿地补水的特点,参照生态保护者(供水单位)因保护生态而丧失的机会成本来确定补偿标准较为合理和现实,而用支付生态服务功能价值这一方式难以实现,因为生态系统服务功能难以准确计量并数额巨大,而支付生态保护者的机会成本则容易实现,因为财务成本可以通过市场定价进行评估。另外,由于补偿是一种激励手段,补偿标准应高于生态保护者因保护生态而丧失的机会成本,这样才能激发继续保护的动力[①];而同时,补偿标准应低于受益群体为生态效益的增加而愿付的价格,这样才能从受益者处筹集到生态补偿金。

2001年,由"中引"向扎龙湿地供水,同年国家水利部投资700万元,在六干渠上修建了向扎龙补水的枢纽工程,当年补水1.05亿立方米,供水部门没有得到补偿;

---

① 奥斯特罗姆. 公共事物的治理之道[M]. 余逊达,陈旭东,译. 上海:上海三联书店,2000.

2002 年黑龙江省政府从省财政拿出 150 万元,大庆拿出 90 万元,齐齐哈尔拿出 60 万元,总共 300 万元。其余年份没有补偿,详见表 2。从表 2 看来,这个补偿费用远远不能保证供水的成本费用。

表 2　历年扎龙供水成本补偿占应补偿费用的百分比

年份	扎龙供水 /10^8 米^3	供水成本[①]/万元	供水成本补偿 /万元	占应补偿费用的 百分比/%
2001 年	1.05	630	0	0
2002 年	4.21	2 526	300	12
2003 年	2.63	1 578	0	0
2004 年	0.53	318	0	0
2005 年	2.02	1 212	0	0
合计	10.44	6 264	300	12
平均	2.10	1 253	60	2.4

注:①供水成本按 0.06 元/米^3 计算,②表中数据根据"中引"1995 年统计报表。

3. 具体补偿分摊办法

目前鉴于扎龙自然保护区生态需水问题的复杂性,采用庇古手段通过征收费税或补偿等经济转移支付手段,使外部成本内部化,在现实中主要表现为各种税、费、补贴等。[①]

(1)向渔、苇民征收生态补偿费或补偿税

渔、苇民是湿地资源的利用者和受益者,据统计,对于渔民,湿地有水没水收入有明显差别,对于三口之家,收入差别在 2 000—12 000 元不等。所以,根据划定的水草面积征收一定费用,用于补水补偿是可行的、合理的。如果供水年份保护区内每亩地收取 4 元,按现有面积 700 平方千米,可征收水费 420 万元。

(2)向渔、苇专业户直接收取水费

扎龙自然保护区内有大小渔场 9 个和苇子加工厂 11 处,而水面的大小和苇子的长势及质量完全依靠水资源。据调查,2001 年与 2000 年比较,2001 年通过补水,渔场平均效益增加 23.5 万元,苇子加工和收购厂平均增产增收 8.2 万元,总共渔、苇专业户增收 301.7 万元。每个渔、苇专业户应按增产增收的 30% 交纳水费用于补偿。这

---

①　诺思.制度、制度变迁与经济绩效[M].刘守英,译.上海:上海三联书店,1994.

个标准，是通过意愿调查，渔、苇专业户愿意承担的费用。也就是说，每个渔场愿意花7万元买水，保证养鱼所需的水量；每个苇厂愿意花3万元，保证芦苇长势良好，数量充足。保护区内可收缴约100万元正常用水补偿费。

（3）向企业收排污费

乌裕尔河沿岸及周边工业企业工业总产值约43.7亿元。按利税额的5%（参考教育基金等）作为生态环境的补偿费，可收43.7（亿元）×7%×5%＝0.15亿元（7%为当地工业企业税率）。如果10年内能在10%的企业中开展向企业收排污费作为湿地补水补偿费，每年能征收150万元。

（4）农民垦荒约束保证金

近年来，湿地周边的农民有开垦沼泽地、围垦水草地造田、乱挖沟渠等现象。目前，在2 100平方千米的范围内，居住着9 500户约29 000人，其中核心区1 270户约4 700人。任何一户使用保护区内的土地，必须得到有关部门颁发的许可证，对已盲目开垦的土地，要实施配套的复垦计划，交纳复垦保证金。据不完全统计，保护区内有约75 000亩沼泽地在干旱年份被不同程度地盲目开垦。如果每亩地缴纳20元垦荒保证金，总共150万元，这部分资金可用于补水补偿。

（5）拿出部分旅游收入补偿供水

正常年份，春夏秋旅游项目开展很好，旅游收入主要用于鹤类养殖和科研费用的补充。但扎龙旅游开展能够有一个持续的发展，水是一个关键的因素。据统计，2004年，齐齐哈尔接待海外旅游者6 010人次，同比增长10.2%；旅游外汇收入247万美元，同比增长12.6%；国内旅游人数64.5万人次，同比增长11.2%；国内旅游收入21.2亿元人民币，同比增长12.1%，全年旅游总收入21.4亿元，同比增长10.3%，占全市国内生产总值的5.26%。可见，齐齐哈尔旅游发展前景非常乐观。2004年来扎龙湿地旅游的人数达8万人，每人门票20元，仅门票收入160万元。可拿出1/3作为供水补偿，即50多万元。这样也有利于管理单位加强对水资源的管理和有效利用。

（6）财政补贴

采用"积极补贴"，可将积极的溢出效应内部化。"中引"积极为扎龙供水，并投入大量精力进行维修养护和前期准备，就应该得到相应的补贴。补偿金额通过具体的调查研究后确定，对经济条件不同或受益程度不等的地区要有所区别。根据总共1 500万元的补偿费，前5项总共为870万元，还差630万元缺口。齐齐哈尔市政府2005年8月向黑龙江省政府呈报了《关于建立扎龙自然保护区长期补水机制的请示》的文件中提出：建议黑龙江省财政每年补贴800万元、齐齐哈尔市财政承担200万元，大庆市财政承担200万元，共1 200万元。如果以上三方能共同承担630—1 200万元，这个问题就解决了。

（7）明确产权

让资源使用者拥有资源的财产权，即赋予使用者产权，实际上增加了其资源使用活动的成本,这样,资源使用者在决策时就会有动力去考虑如何减少其活动,降低成本,以保证潜在的未来利益。因此,明晰财产权本身也可以作为一种补偿手段。扎龙湿地、苇地资源按照土地承包责任制已划归当地苇民使用,30 年不变;而水资源的产权没有明确。水权的明晰,对扎龙湿地节约水资源和解决供水水费不足问题至关重要。

2004 年夏天,扎龙湿地水资源面临危机,渔场缺水,苇地干旱,芦苇长势不好。可当时"中引"的水源地嫩江水量充沛,"中引"非常愿意提供补给,苇民、渔民、农民也都希望供水。2004 年 10 月的调查走访中了解到:扎龙乡赵凯村的村民 15 户有 12 户愿意花钱买水,有 1 户认为水问题与自己无关,2 户不想花钱。实际上,苇民、渔场、供水部门可以根据水资源稀缺程度,确定水资源交易的合理价格,进行买卖交易。"中引"拥有水资源的"初始权",苇民或政府部门都是认可的。而通过对部分苇民愿意付出价格的调查显示,平均每亩花 4 元买水,村民还是能够接受的。

(8)优惠信贷

小额贷款是以低息贷款的形式向生态保护行为和活动提供一定的启动资金,鼓励当地人从事有利于生态保护的行为。同时,贷款又可以刺激借贷人有效地使用贷款,以偿还所贷资金。

优惠信贷的资金来源可以是政府的财政预算外的资金,或用来自国外非政府机构的贷款、捐资等形式。优惠信贷在生态保护和扶贫等社会工作中应用较多,并且也起到了积极的作用。

(9)国内外基金

建立生态补偿基金是由政府、非政府、机构或个人拿出资金支持生态保护,现缺少的只是一个有效的地方财政管理体系。由于基金受国家的财政体系影响较小,因此其操作比较容易。现在,我国也有了几种形式的环境基金。用在生态保护中较多的基金会有国内的中华环保基金会、世界自然基金会,以及福特基金会、联合国开发计划署等。

(摘编自谢永刚、姜睿:《湿地自然保护区生态需水供水成本补偿机制探讨——以黑龙江省扎龙湿地为例》,载《求是学刊》2006 年第 1 期。)

第四编

水污染灾害防治：污染产生的
经济原因及治理手段

一、马克思恩格斯关于生产力发展与环境灾害关系的思想探析

生产力发展与灾害存在着密切的联系,一方面,生产力的发展使人类防灾减灾的能力不断提高,另一方面,不合理地发展生产力,又会加快对自然资源的掠夺和自然环境的损耗,导致各种灾害不断走向恶化。18世纪60年代工业革命以来,人类社会发生了深刻的变化:一方面社会生产力得到极大提高,创造了前所未有的物质财富和现代文明;另一方面自然资源过度开发和污染物质大量排放,导致全球性的大气污染、酸雨、温室效应、臭氧层被破坏等各种自然灾害频频发生。面对工业化所带来的愈演愈烈的生态危机和自然灾害,许多学者试图从现存的经济与社会关系上通过走可持续发展之路来解决。实际上,马克思恩格斯的实践唯物主义学说中人与自然关系的思想为我们解决生产力发展和灾害矛盾问题提供了科学的思路。

(一)生产力体现的是人与自然之间的物质变换关系

对于人与自然的关系,马克思恩格斯首先指出,人是自然界长期发展的产物,人本身就是自然存在物,是自然界组成部分之一。马克思认为:人直接地是自然存在物,人作为自然存在物,而且作为有生命的自然存在物,一方面具有自然力、生命力,是能动的自然存在物,这些力量作为天赋和才能、作为欲望存在于人身上;另一方面,人作为自然的、肉体的、感性的、对象性的存在物,和动植物一样,是受动的、受制约的和受限制的存在物。恩格斯指出:"我们连同我们的肉、血和头脑都属于自然界。""人本身是自然界的产物,是在他们的环境中并且和这个环境一起发展起来的。"这一点对我们在后边的讨论中,理解"人与自然关系从根本上说是社会问题"至关重要。

在深入分析人是自然界的一部分的思想以后,马克思恩格斯进一步指出,自然界是人类生存和发展的物质前提,人靠自然界生活,因为自然界为人类提供了生产资料、生活资料和丰富的精神食粮。马克思说:"没有自然界,没有感性的外部世界,工人就什么也不能创造。它是工人用来实现自己的劳动活动,在其中展开活动,由其中生产出和借以生产出自己的产品的材料。""人(和动物一样)靠无机自然界生活,而人比动物越有普遍性,人赖以生活的无机界的范围就越广阔。……人在肉体上只有靠这些自然产品才能生活。""从理论领域来说,植物、动物、石头、空气、光等,一方面是自然科学的对象,另一方面作为艺术的对象……,是人必须事先进行的以便享用和消化的精神食粮。"

人和自然之间密不可分,那么人和自然是如何联系在一起的呢? 马克思恩格斯认

为,人和自然的现实的统一,不是像动物那样与自然直接同一,而是以社会和自然之间特殊的中介形式——劳动作为其基础。人类社会发展的历史表明,人类要生存和发展就必须通过劳动去改造和利用自然界。劳动作为人类的一种物质生产的最基本的社会实践活动,既是人与其他动物的最根本的区别,也反映了人与自然之间的一种基本联系。马克思指出,从劳动过程本身的一般形式来看,作为抽象掉了历史规定性的劳动过程,虽然还不具有特殊的经济规定性,但它是为了人类的需要而占有自然物,实现人和人之间的物质变换的一般条件,因此是不以任何社会形式为转移的一种共同需要,即"人类生活得以实现的永恒的自然必然性"。因为,"人从出现在地球舞台上的第一天起,每天都要消费"。"任何一个民族,如果停止劳动,不用说一年,就是几个星期,也要灭亡,这是每一个小孩都知道的。"

马克思恩格斯认为,生产力是人类在劳动过程中表现出来的改造自然、获得物质资料的客观物质力量,它体现的是人与自然之间的物质变换关系。完全抽象地考察劳动过程,最初出现的两个要素是"人和自然",即"劳动和劳动的自然物质"。或者说,"主体是人,客体是自然"。也就是说,构成生产力的一般要素是作为主体的人(劳动者)和作为客体的自然(劳动的自然物质)。具体而言,作为生产力的主体性要素的人,可以理解为人的身体即活的人体中存在的、每当人生产某种使用价值时就运用的体力和智力的总和。作为生产力的客体性要素的自然,是劳动过程中所需要的物质条件和物质要素,即劳动资料和劳动对象。马克思指出:"在劳动过程中,人的活动借助于劳动资料使劳动对象发生预定的变化。过程消失在产品中。它的产品是使用价值,是经过形式变化而适合人的需要的自然物质。劳动与劳动对象结合在一起。劳动物化了,而对象被加工了。""如果整个过程从其结果的角度,从产品的角度加以考察,那么劳动资料和劳动对象表现为生产资料,劳动本身则表现为生产劳动。"这就是说,通过劳动过程而形成和发挥作用的生产力的构成要素是劳动力和生产资料。"一边是人及其劳动,另一边是自然及其物质。"

马克思恩格斯认为,人类是通过"劳动"这一中介与自然界发生物质变换关系的。马克思指出,劳动首先是人和自然之间的过程,是人以自身的活动来引起、调整和控制人和自然之间的物质变换的过程。人类通过劳动,一方面获得自然的有使用价值的东西(产品),另一方面又把消费中不需要的废弃物返回自然,从而实现人和自然之间的物质变换循环。与此同时,"人自身作为一种自然力与自然物质相对立。为了在对自身生活有用的形式上占有自然物质,人就使他身上的自然力——臂和腿、头和手运动起来。当他通过这种运动作用于他身外的自然并改变自然时,也就同时改变他自身的自然。他使自身的自然中沉睡着的潜力发挥出来,并且使这种力的活动受他自己控制"。这就是说,人在通过劳动不断地改造和支配自然界的过程中,人的自身也得到了改造,进而引起人类社会的变革。物质生产劳动是表征人的"类特性"的自由的自觉的活动的最基本形式,是人所特有的生命活动。虽然所有生命体都是通过与外在自然进行物质变换来维持自己生命，而人与其他动物不同，人是以自己的劳动为中介与自然进行物质变换。恩格斯指出：一句话，动物仅仅利用外部自然界，单纯地以自己的存在来使自然界改变；而人则通过他所做出的改变来使自然界为自己的目的服务，来支配自然界。这便是人同其他动物的最后的本质的区别，而造成这一差别的还是劳动。同样，马克思在《雇佣劳动与资本》中也概括地指出了通过劳动和生产，把人和人、人和自然关系的相互影响紧密结合在一起：人们在生产中不仅影响自然，而且也相互影响。他们只有以一定的方式的共同活动和相互交换其活动，才能进行生产。从以上马克思恩格斯的论述主要表达人与自然的相互作用关系，这种相互作用伴随着物质转换，这种转变如果违背客观规律，就会导致生产力发展中产生障碍因素，即灾害反作用于或直接影响生产力发展。宋冬林在其《马克思主义生态自然观探析》一文中也分析了人与自然关系问题，指出："马克思主义经典作家对灾害双重属性的阐释是基于历史唯物主义的生态自然观，是把人类社会经济活动方式与灾害发生以及影响有机地联系在一起。"又如胡大平在其《从"自然的报复"问题看恩格斯自然概念及其当代意义》一文中强调的"在《反杜林论》中，恩格斯从自由的角度强调人对自然的'支配'，而在《论权威》和'自然辩证法'计划中强调的则是自然对人的'报复'，这两种关系不是相互作用又是什么呢？"

（二）人与自然之间的物质变换关系失调引发的灾害

马克思恩格斯认为，人类通过劳动这一中介与自然界发生物质变换关系，一方面，把自然材料变换成对人有用的使用价值的价值形成活动，另一方面，生产了自然界不存在的大量的东西（包括劳动过程中人与自然之间的原材料的变换在内）必须还原到自然界。在整个自然界存在着普遍的物质变换，劳动的过程只是整个自然界中物质变换过程的一个特殊部分。但是，自然界普遍的物质变换的共性，必然寓于劳动过程这个特殊的物质变换过程之中，即劳动这个特殊的物质变换过程，也是整个自然界自然循环中的一环，也是物质、能量和信息的交换过程，也不能超越自然生态阈限的限制。因此，必须把"人和自然界之间的物质变换"作为自然界的形态变化来把握，"人在生产中只能像自然本身那样发挥作用，就是说，只能改变物质的形态"。进一步说，在劳动过程这个特殊的物质变换过程中，主体人的能动性、目的性、计划性，必须遵循主体自然的规律和客体自然的规律及其二者相互作用的规律，必须以自然界生态系统的动态平衡规律来规范"人与自然之间的物质变换"，把人类的生产和消费置于自然生态系统所能承受的范围。如果人与自然之间的物质变换失调，就会破坏自然环境，从而受到自然界的惩罚和报复，引发严重的自然灾害。马克思指出："耕作如果自发地进行，而不是有意识地加以控制，接踵而来的，就是土地荒芜，像波斯、美索不达米亚等地以及希腊那样。"恩格斯指出："但是我们不要过分陶醉于我们对自然界的胜利。对于每一次这样的胜利,自然界都报复了我们。每一次胜利,在第一步都确实取得了我们预期的结果,但在第二步和第三步却有了完全不同的、出乎预料的影响,常常把第一个结果又取消了。"人类发展史上的许多例子就是最好的佐证:美索不达米亚、希腊、小亚细亚以及其他各地的居民,为了想得到耕地,把森林都砍完了,但是他们梦想不到,这些地方今天竟因此而成为荒芜不毛之地,因为他们使这些地方失去了森林,也失去了积聚和贮存水分的中心。阿尔卑斯山的意大利人,在山南坡砍光了在北坡被十分细心保护的松林,他们没有预料到,这样一来,他们把他们区域里的高山牲畜业的基础给摧毁了;他们更没有料到,他们这么做,竟使山泉在一年中的大部分时间内枯竭了,而在雨季又使更加凶猛的洪水倾泻到平原上。在欧洲传播栽种马铃薯的人,并不知道他们也把瘰疬症和多粉的块根一起传播过来了。刘静暖、纪玉山在《马克思自然力危机思想研究》中,得出结论:对资本的贪欲导致自然力危机的发生。

马克思恩格斯认为,人类社会的发展是在人类认识、利用和改造自然(即生产力发展)的过程中不断演进的。随着生产力的发展,人与自然的关系也在不断演变。在远古时期,由于生产力水平十分低下,人类在很大程度上受到自然力的支配和摆布,无力与之相对抗,但那时人与自然的关系是协调的,人类崇拜自然,敬畏自然,与自然和谐相处,构成一幅"天人合一"的美好画卷。自从人类掌握了使用火和制造工具以后,利用自然的过程便开始向征服自然的过程演变,人与自然的协调关系开始发生裂变,由与自然的统一走向与自然的对抗。特别是到了资本主义阶段,随着生产力的不断提高,人类仰仗自己的智力越来越自封为"万物之灵",把自然界的万物视为供人类征服、享用的对象,对征服自然界的每一次胜利都会欣喜若狂。但是,随着人对自然界的影响越来越大,自然界对人的反作用也日益暴露出来,特别是传统工业文明以"恶"的方式对待自然界,对自然进行破坏性的攫取。在大量生产—大量消费—大量废弃的生产和生活方式下,向自然界排放出大量有毒、有害废弃物,其中许多不能由于"自然物质变换的破坏作用而解体",超过了自然生态系统的自我净化和自我修复能力的限度,扰乱和破坏了人与自然之间的物质变换,从而引发严重的生态危机和自然灾害。

马克思恩格斯认为,人以自身的活动来中介、调整和控制人和自然之间的物质变换,本质上并不是人类对自然的统治和征服。"统治和征服",是以自己为基础和中心使对象无条件地服从,而"中介、调整和控制"是根据自己和对象都必须遵循的标准、尺度来衡量、导引对象、自己及对象与自己的关系。人与动物不同,人类的一个重要特性就是具有自由的有意识的活动,它把人同动物的生命活动直接区别开来。因此,人除了和动物一样具有"受动"性外,还具有"能动"性,只有人才能合理地调节与自然之间的物质变换,把它置于他们的共同控制之下,而不让它作为盲目的力量来统治自己。正如恩格斯告诫:"因此我们必须时时记住:我们统治自然界,绝不像征服者统治异民族一样,绝不像站在自然界以外的人一样,相反地,我们连同我们的肉、血和头脑都是属于自然界,存在于自然界的;我们对自然界的整个统治,是在于我们比其他一切动物强，能够认识和正确运用自然规律。"

（三）资本主义私有制度是灾害产生的制度根源

马克思恩格斯认为，灾害的发生和发展有其社会制度因素，私有制特别是资本主义制度加剧了人与自然之间物质变换关系的失调，从而引发严重的自然灾害。马克思指出，劳动是人的本质力量对象化的一种活动，在这种活动中，人的聪明才智和肉体力量都体现在劳动产品上。此外，这种活动使人的智慧和体力都获得了发展，同时劳动者还在劳动实践中感到一种创造的幸福和愉悦的心情。但自私有制产生之后，特别是资本主义制度产生以来，人与自然之间的物质变换关系发生了越来越不和谐的变化。在资本主义条件下，生产的目的是获得剩余价值，生产力的发展和科学技术的进步完全服从于资本的需要，不仅使人与自然的关系分化对立，还演变为对自然界的"征服""统治""剥削"和"虐待"，这就扰乱了人与自然的物质变换，导致生态平衡的破坏、自然资源的枯竭和环境污染的加重。恩格斯也指出，在资本主义生产方式下，人们只着眼劳动的最近的、最直接的有益效果，而忽视了长期的社会影响。"在西欧现今占统治地位的资本主义生产方式中，……支配着生产和变换的一个一个的资本家所能关心的，只是他们的行为的最直接的有益效果。不仅如此，甚至就连这个有益效果本身——只就所制造的或交换来的商品的效用而言——也完全退居次要地位了；出售时要获得利润，成了唯一的动力。""当一个资本家为着直接的利润去进行生产和交换时，他只能首先注意到最近的最直接的结果。一个厂主或商人在卖出他所制造的或买进的商品时，只要获得普通的利润，他就心满意足，不再去关心以后商品和买主的情形怎样了。这些行为的自然影响也是如此。当西班牙的种植场主在古巴焚烧山坡上的森林，认为木灰作为能获得最高利润的咖啡树的肥料足够用一个世代时，他们怎么会关心到，以后热带的大雨会冲掉毫无掩护的沃土而只留下赤裸裸的岩石呢？"在深入研究了资本主义生产方式后，马克思和恩格斯得出结论，"生产力在其发展的过程中达到这样的阶段，在这个阶段上产生出来的生产力和交往手段在现存关系下只能带来灾难，这种生产力已经不是生产的力量，而是破坏的力量"。

马克思恩格斯认为，资本主义条件下人与自然之间物质变换失调主要表现在以下三个方面：

第一，资本主义农业生产中对土地的滥用和破坏。在分析资本主义地租时，马克思指出："大土地所有制使农业人口减少到不断下降的最低限度，而在他们的对面，则造成不断增长的拥挤在大城市中的工业人口。由此产生了各种条件，这些条件在社会的以及由生活的自然规律决定的物质变换的过程中造成了一个无法弥补的裂缝，于是就造成了地力的浪费，并且这种浪费通过商业而远及国外。""大工业和按工业方式经营的大农业一起发生作用。如果说它们原来的区别在于，前者更多地滥用和破坏劳动力，即人类的自然力，而后者更直接地滥用和破坏土地的自然力。"因此，"资本主义农业的任何进步，都不仅是掠夺劳动者的技巧的进步，而且是掠夺土地的技巧的进步，在一定时期内提高土地肥力的任何进步，同时也是破坏土地肥力持久源泉的进步"。在资本主义条件下，农业资本家为了在租约有效期内获得尽可能多的利润，就只使用土地，而不养护土地，导致土地越来越贫瘠，单位土地面积的产量随之不断减少。比如在谈及1845—1847年爱尔兰大饥荒时，马克思认为，除了产品和地租，连肥料也输出国外，土地贫瘠了。局部的饥荒常常发生，而1846年的马铃薯病害更引起全面的饥荒，数以百万计的人饿死。马铃薯病害是地力耗竭的结果，是英国统治的产物。所以说，天灾的发生是人类难以避免的，但有灾并不必然有荒，真正使灾荒发生的，往往是人祸，是不合理的社会制度。

第二，资本主义工业生产中对森林等自然资源的破坏。资本主义工业文明和工业产业的发展对木材的需求大量增加，而林业生产的周期特别长，利润率很低，资本家只愿意伐木而不愿造林，就必然破坏森林资源，从而使生态环境恶化，造成严重的自然灾害。马克思指出："文明和产业的整个发展，对森林的破坏从来就起很大的作用，对比之下，对森林的养护和生产，简直不起作用。""漫长的生产时间（只包括比较短的劳动时间），从而漫长的资本周转期间，使造林不适合私人经营，因而也不适合资本主义经营。"这就是资本主义私有制局限性的一种表现。正因为这样，所以18、19世纪，在资本主义还处于自由竞争阶段时，世界许多资本主义国家曾经先后出现过无林化现象。恩格斯指出："至于说到无林化，那么，它和农民的破产一样，是资产阶级社会存在的重要条件之一。欧洲没有一个'文明'国家没有出现过无林化。美国，无疑俄国也一样，目前正在发生无林化。因此，我看无林化既是社会因素，也是社会后果。"

第三，资本主义工业和农业分割造成人与自然之间物质变换的失调。马克思指出：资本主义生产使它汇集在各大中心的城市人口越来越占优势，这样一来，它一方面聚集着社会的历史动力，另一方面又破坏着人和土地之间的物质变换，也就是使人以衣食形式消费掉的土地的组成部分不能回到土地，从而破坏土地持久肥力的永恒的自然条件。这样，它同时就破坏城市工人的身体健康和农村工人的精神生活。"毫无疑问，伤寒病持续和蔓延的原因，是人们住得过于拥挤和住房肮脏不堪。工人常住的房子都在偏街陋巷和大院里。从光线、空气、空间、清洁各方面来说，简直是不完善和不卫生的真正典型，是任何一个文明国家的耻辱。"恩格斯指出：只是工业才使这些牲畜栏的主人有可能仅仅为了自己发财致富，而把它们当作住宅以高价租给人们，剥削贫穷的工人，毁坏成千上万人的健康；只是工业才可能把刚摆脱掉农奴制的劳动者重新当作无生命的物件，当作一件东西来使用，才可能把他赶进对其他任何人都是太坏的住所，而这种住所工人得花自己的血汗来享用，直至它最后完全倒塌为止；所有这些都只是工业造成的，而如果没有这些工人，没有工人的贫困和被奴役，工业是不可能存在的。因此，私有财产统治下的自然观是对自然界和人的真正的蔑视和实际的贬低，自然界的一切生灵都被当成人的财产,其生存自由遭到人的严重破坏。

(四)选择合理的社会制度是解决生产力发展与灾害矛盾激化的根本出路

既然私有制特别是资本主义制度加剧了人与自然之间物质变换关系的失调,从而引发严重的自然灾害,那么,人类又如何来解决这个问题呢? 对此,马克思从社会发展的历史高度出发,明确指出只有消灭资本主义制度,建立共产主义社会才能从根本上实现人与自然之间物质变换关系的协调,从而解决生产力发展与灾害的矛盾。"共产主义是私有财产即人的自我异化的积极的扬弃……这种共产主义,作为完成了的自然主义,等于人道主义,而作为完成了的人道主义,等于自然主义。它是人和自然之间,人和人之间的矛盾的真正解决。"恩格斯也指出,要解决生产力发展与灾害矛盾的途径"需要对我们的直到目前为止的生产方式,以及同这种生产方式一起对我们的现今的整个社会制度实行完全的变革"。"生产资料的社会占有,不仅会消除生产的现存的人为障碍,而且还会消除生产力和产品的明显的浪费和破坏,这种浪费和破坏在目前是生产的不可分离的伴侣,并且在危机时期达到顶点。"恩格斯在《共产主义原理》中又总结道:现今的一切灾难,完全是由已不合适于时间条件的社会制度造成的,因此,在共产主义的条件下,人们不仅会合理地调节人际关系,而且会合理地调节人与自然的关系,使社会发展同自然生态系统能够协调进行。

为什么共产主义社会能够解决生产力发展和灾害的矛盾呢? 对此,马克思指出,共产主义社会能消除资本主义私有制与社会化大生产的矛盾,从而使人和自然界之间、人和人之间物质变换变得协调,从而从根本上解决生产力发展和灾害的矛盾。"从一个较高级的社会经济形态的角度来看,个别人对土地的私有权,和一个人对另一个人的私有权一样,是十分荒谬的。甚至整个社会,一个民族,以至一切同时存在的社会加在一起,都不是土地的所有者。他们只是土地的占有者,土地的利用者,并且他们必须像好家长那样,把土地改良后传给后代。""社会化的人,联合起来的生产者,将合理地调节他们和自然之间的物质变换,把它置于他们的共同控制之下,而不让它作为盲目的力量来统治自己;靠消耗最小的力量,在最无愧于和最适合于他们的人类本性的条件下来进行这种物质变换。"这就是说,在生产资料公有制的社会里,在政府和企业的共同控制之下,根据人的需要按最集约化的方式来组织人和自然之间的物质变换,就可最大限度减少和防止自然灾害,从而实现人类社会的可持续发展。

同马克思一样,恩格斯也指出,只有共产主义社会才能实现"两个和解"和"两个提升",从而达到人类从必然王国向自由王国的飞跃。实现"两个和解",是指实现"人同自然的和解以及人同本身的和解"。而要实现人同自然的和解以及同本身的和解,就要求人类实现"两个提升",不仅"在物种关系方面把人从其余的动物中提升出来",而且"在社会关系方面把人从其余动物中提升出来"。这是人类社会发展的历史过程和方向,也是生产力发展与灾害矛盾真正解决的历史过程和方向,从而使人在一定意义上最终脱离动物界,从动物的生存条件进入真正人的生存条件,人们真正成为自然界的自觉的和真正的主人,成为自己的社会结合的主人。只是从这时起,人们才完全自觉地自己创造自己的历史;只是从这时起,由人们使之起作用的社会原因才在主要方面和日益增长的程度上达到他们所预期的结果。这是人类从必然王国进入自由王国的飞跃。

社会制度的发展和完善是一个长期的历史过程。现阶段,我国正处于并将长期处于社会主义初级阶段,生产力发展与灾害的矛盾问题在未来一段时间仍将十分突出。但解放生产力和发展生产力以及逐步实现社会主义现代化,建设有中国特色的社会主义,坚持和完善公有制为主体、多种所有制经济共同发展的基本经济制度;树立尊重自然、顺应自然、保护自然的理念,才能形成和建立良好的人与自然和谐的关系,减少生产力发展过程中的灾害现象。

（摘编自谢永刚、刘赣州:《马克思恩格斯关于生产力发展与环境灾害关系的思想探析》,载《当代经济研究》2016 年第 12 期。）

二、重大水污染灾害的成因及对策——基于微观经济学理论的探讨

水污染灾害是一种自然－人为复合型灾害，这就意味着水污染灾害的成因可能是单纯的自然原因，可能是纯人为原因，也可能是自然、人为共同作用的原因。该研究基于微观经济理论分析了重大水污染灾害的成因，将着重于对其人为原因的分析。从经济学的视角，有人可能认为重大水污染灾害发生的表面原因是水资源配置失当使得对清洁的水环境的需求超过了清洁的水环境的供给，导致水环境的自净能力不足以消除污染。基于上面提到的表面原因，微观经济层面往往从市场失灵的角度对水污染灾害的成因加以分析。然而，笔者认为，对于重大水污染灾害的成因来说，由于过去我国长期实行的计划经济体制，政府在水资源配置中起着主要的作用，因此，基于微观经济学理论从市场失灵和政府失灵两个方面对重大水污染灾害的成因进行探讨，或将对我国水污染防治具有启示意义。

（一）水污染发生的经济原因

1. 市场失灵

正常的市场运行是资源在不同用途之间和不同时间上配置的有效机制。然而，市场的正常运行往往要求具备以下的基本条件：人是完全理性的经济人；市场是完全竞争的；信息是完全的、充分的；所有资源的产权是明晰的。如果这些条件不能满足，市场就不能有效地配置资源，即出现了"市场失灵"。微观经济学理论认为，市场失灵是水污染灾害产生的根源。笔者将从人的环境行为特征、水资源市场的发育不足、水资源的公共物品属性、水资源利用的外部性和水环境产权的不明晰方面分析。

（1）人的环境行为特征

20世纪之前，经济学对经济效率的关注往往大于对人的环境行为影响的研究。然而，人是环境活动的主体，人的生产、消费等活动必然作用于其赖以生存的水环境。因此，在水污染灾害日益严重的今天，我们应该研究人的环境行为特征，并深究它们在水污染灾害发生中的作用。具体而言，人的环境行为的特征包括：

①人的有限理性

根据正统微观经济学理论，人是"完全理性"的经济人。这里的"完全理性"是指人类是理性动物，他们普遍存在着使自己经济利益最大化的愿望和动机。这种假设被以后的经济学界所普遍接受并运用于经济问题的分析中。但是，在20世纪80年代前

后著名经济学家赫伯特·西蒙提出了"有限理性"假定,西蒙提出古典经济学理论认为的经济人具有"完全理性"或"绝对理性"并且能够使利益最大化的这种观念是无法证明的。他指出,由于信息的不完备性、预见未来的困难性以及备选行为范围的有限性,"完全理性"在人的实际行动中是不存在的。在他看来,人类行动所依赖的是介于古典经济学家提出的"完全理性"和弗洛伊德提出的"非理性"之间的"有限理性"。

人作为水资源的使用者,他同时也是经济主体。就水资源问题而言,人的有限理性主要表现在:首先,人对水环境的承载能力有一个认识的过程。在人们对于他所赖以生存的水环境还没有足够的科学认识之前,过度向水环境中排放污染物的非理性行为就很难避免了。其次,即使人们已经认识到水污染灾害的严峻性,由于受经济发展条件的约束,人们还是不得不采取以毁坏水环境为代价的经济增长模式。这些因素造成人类的经济行为往往只顾经济增长,不顾水环境保护;只顾眼前利益,不顾长远利益;只顾局部利益,不顾全局利益,最终导致了水污染灾害的产生。

②人的机会主义行为

在人的有限理性基础上,西蒙提出每个人理性的有限程度是不同的,这使人在理解、解决复杂问题和处理信息方面的能力受到限制。这种限制的程度不一,就可能使具有优势的人产生机会主义行为的动机。所谓机会主义行为的动机是人对自身利益的考虑和追求的意识,是指人具有随机应变、投机取巧、为自己谋取最大利益的行为倾向。这就决定了人在追求自身利益最大化的过程中,会采用隐秘的手段和投机的方式来实现自身利益的最大化。

就水环境问题而言,由于人的机会主义行为倾向,企业为了追求自身利益的最大化,往往投机取巧、甘冒风险、不惜把自己污染水资源的成本或费用转嫁给他人,把大量的污染物排放到水环境中,造成了水污染灾害的发生。由此可见,即使上述人的有限理性特征中的两个问题都不存在,人的机会主义行为动机也会导致水污染灾害的发生。

(2)水资源市场发育不足

要实现有效的资源配置必然需要市场这只"看不见的手"通过价格机制来调节。如果市场发育不足,市场在发出资源的真实稀缺信号方面往往是失败的,必然误导人们对资源的配置。如果市场不存在,人们无法掌握资源的真实价格,必然导致人们对资源的滥用。

水资源市场发育不足是指水资源市场没有发育起来或者根本不存在,导致水资源的价格为零。按照西方经济学的供求理论,任何物品以价格为零供给的话,它的需求量就比有价格的物品需求量大,也就是说人们对这一物品的消费是不受经济因素约束的。如图1所示,D 表示对水资源的需求曲线,当需要对水资源的利用支付费用时,价格越高,需求量越少。由于水资源的经济稀缺性和物质稀缺性,以及水资源自身净化能力的有限性,在一定社会经济时期,有质量的水资源的供给一般是常量,如图1中所表现的有质量水资源的供给曲线 S 是垂直的。如果水资源存在市场时,水资源的价格为 P_1 时,消费的水资源量为 Q_1;如果不存在水资源市场,也就是说水资源价格为零,水资源的消费量为 Q_2,水资源被过度消费,而导致水资源自身不能立即净化污染,最终导致水污染灾害的发生。即使水资源市场存在但发育不足,水价普遍偏低(低于图中的 P_1 价格),不仅没有反映水资源的供给成本,更没有反映水资源的机会成本,导致了水资源的过度使用以及人类经济活动的低效率和强烈的致灾效应。总之,水资源市场发育不足会导致水资源利用过程中存在竞争利用、粗放利用和盲目利用,是导致水污染灾害的重要原因之一。但由于我国水资源的管理特征,上述理论上的分析在实际运用中还是有一定距离的。

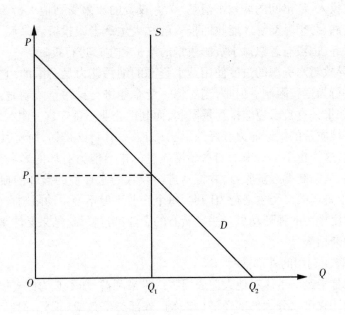

图1 不存在市场条件下的水资源利用

(3)水资源的公共物品属性

一般来说,西方经济学将人们生活、生产中消费的物品分为两类,即私人物品和公共物品。简单地说,两者的区别就在于,私人物品具有使用的排他性和竞争性,公共物品具有使用的非排他性和非竞争性。

由于水资源的不可分性,尽管水资源被一个人或企业使用,但其他人或企业依然可以使用,因此,水资源的使用具有共享性和非排他性;每人每天都需要饮用一定量的水来维持生存,水资源也是大部分企业生产所必需的生产资料,无论是个人还是企业对于水资源的使用都没有替代品,也就是说无论水资源的质量如何,人们都得使用,又由于水资源的稀缺性,一个人对水资源的使用会影响到他人对水资源的使用,比如在水量有限时,上游增大用水量,下游就需要减少用水量,它们之间存在着竞争性用水,因此,水资源的使用还具有竞争性。综上所述,水资源是一种具有竞争性但不具有排他性的特殊的公共物品。

正是水资源的公共物品属性,使得对于水资源的使用不能限定在那些对其生产成本有贡献的人的范围内,对水资源质量的保持和清洁没有贡献的人甚至是污染水资源的人都可以使用,这就产生了一个搭便车的问题。搭便车者在水资源消费领域大量存在并产生两个消极作用:

第一,导致有质量的水资源供给和水资源质量保持的融资活动很难通过私人生产者或投资者得到保证,从而无法通过市场活动来保证有质量的水资源的供给。原因是搭便车者为免费得到水资源,有意隐藏自己的偏好,这使得水资源的需求量难以确定,这必然导致投入、产出间的联系不清楚,个人投资的成果受到他人行为的限制。对于那些追求利润、必须靠交易才能收回投资的私人生产者或投资者来说,他们没有主动提供这种服务,也没有意愿对水资源质量的维护和生产进行投资。

第二,导致对水资源的过度使用。水资源的纳污能力是有限的,它需要适当地对人类的经济行为进行限制。但是,当对每一个企业进行排污量限制时,每一个企业都会意识到:如果只有自己遵守排污量限制,而其他企业不遵守这一限制,这样并不会对未来的水环境质量的供给能力有好的影响;如果只有自己排污,所有其他企业都遵守排污量限制,这样也不会对未来的水环境质量的供给能力有坏的影响。这样,企业往往选择排污,从中获得经济收益,并将其排污导致的水环境的破坏的损失转嫁给整个社会,再加上企业的机会主义行为倾向,每个企业不但不会主动限制自己的排污量,反而会产生过度排污的强烈动机。一旦所有的企业都这样做,结果必然是水环境质量的供给能力逐渐枯竭。

(4)水资源利用的外部性

外部性是指经济主体对他人造成损害或带来利益,却不必为此支付成本或得不到应有的补偿。它可以分为外部经济(或称正外部经济效应、正外部性)和外部不经济(或称负外部经济效应、负外部性)。在外部性中,经济主体对他人产生的正面外部影响称为外部经济;经济主体对他人产生的负面外部影响称为外部不经济。

从经济学的角度,我们一般把水污染灾害产生的症结归之于水资源开发利用的外部不经济。工业文明出现以前,由于水资源极其丰富,水资源一直被作为公共资源无偿使用。工业文明之后,随着人口的增加和经济的发展,水资源变得日益稀缺,其相对价格不断提高,此时的水资源零价格导致了生产、消费水资源的私人边际成本与社会边际成本以及私人边际收益与社会边际收益的巨大差异,加剧了水资源使用的竞争性,导致水环境质量的进一步降低。当水资源的生产和消费出现私人边际成本与社会边际成本的差异或私人边际收益与社会边际收益的差异时,水资源的生产和消费就出现了外部性。对水资源开发利用中的外部不经济分析如图2所示:

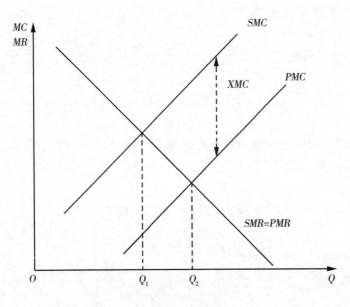

图2　水资源使用的外部性

图 2 中,PMC 和 SMC 分别表示私人边际成本和社会边际成本,PMR 和 SMR 分别表示私人边际收益和社会边际收益。在污水污染灾害发生时,追求利润最大化的厂商根据 $PMC = PMR$ 原则确定产量为 Q_2;当该厂商的生产导致水污染时,厂商的污染行为导致外部边际成本 XMC 的出现,从而使得社会边际成本由 PMC 移至 SMC,此时根据 $SMC = SMR$ 原则来确定实现社会福利最大化的产量,则产量为 Q_1。然而,企业仍然根据企业利润最大化原则将产量定为 Q_2,不承担污染产生的这部分边际外部成本。由此可见,$Q_2 > Q_1$,说明水资源开发利用中外部不经济的存在,使厂商按照利润最大化原则确定的产量 Q_2 与按照社会福利最大化原则确定的产量 Q_1 严重偏离,从而使水资源无法得到优化配置,污染物过度排放,水环境质量随之日益下降,最终导致水污染灾害的形成。

企业由于受到利润动机的支配,一般不会主动增加支出对生产过程中产生的废弃污染物进行治理,因为这一支出必然要使其盈利减少。于是,企业选择将污染物质直接排入水体中,造成了社会的经济损失,这一损失加上企业的私人成本就是社会成本。企业虽然节省了治理污染的私人成本,却增加了社会成本,即私人成本社会化了。用数学模型来说明,对这一企业而言,其生产费用包括两部分:一是生产成本(由固定成本和流动成本组成),设为 C_1;二是治理污染的成本,设为 C_2。若生产者不治理污染,将会使社会付出其成本,设为 C_3,并假设生产者产量为 Q,产品价格为 P。

若企业不治理污染,企业的盈利 R_1 为:

$$R_1 = P \cdot Q - C_1 \tag{1}$$

此时社会总福利 F_1 为:

$$F_1 = R_1 - C_3 = P \cdot Q - C_1 - C_3 \tag{2}$$

生产者对生产中产生的废弃物进行治理,这样生产者将增加治理污染的成本 C_2。此时企业的盈利 R_1(假设产量不变)为:

$$R_2 = P \cdot Q - C_1 - C_2 \tag{3}$$

而社会总福利 F_2 为

$$F_2 = R_2 - C_3 \tag{4}$$

由于企业治理了污染,也就没有了社会成本,即 $C_3 = 0$,则公式(4)变为

$$F_2 = R_2 = P \cdot Q - C_1 - C_2 \tag{5}$$

用公式(1)减去公式(3)得:

$$R_1 - R_2 = C_2 \tag{6}$$

用公式(5)减去公式(2)得:

$$F_2 - F_1 = C_3 - C_2 \tag{7}$$

这说明私人成本社会化使生产者获得超额利润 C_2,这一利润的获得是以社会付出超额社会成本 $C_3 - C_2$ 为代价的。

(5)水环境产权的不明晰

产权直观地说就是财产权,它是包括所有权、占有权、使用权、支配权和收益权在内的一组权利束。主流经济学认为,市场机制正常作用的基本条件是具有明确定义的、安全的、可转移和可视性的、涵盖所有资源、产品、服务的产权。产权是有效利用、交换、保存、管理资源和对资源继续投资的先决条件。当完全意义上的产权在市场经济中被交换的时候,这样的交换是有效率的,资源、产品、服务会有个合理的价格。在

这一市场价格下,消费者可以自己决定购买多少数量产品来实现个人效用最大化。如图 3 所示,假定合理的市场价格为 P^*, ABQ^*O 部分的面积表示消费者总收益,P^*BQ^*O 部分的面积表示消费者成本,则 ABP^* 部分的面积表示消费者剩余。在需求曲线 D 和价格线 P^* 的交点,边际成本等于边际收益,消费者个人效用达到最大化。但是,水环境产权很难符合所有市场机制正常运行所要求的产权条件。

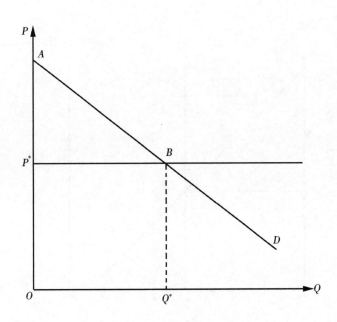

图3　有效产权界定下的市场交易

水环境产权,是指行为主体对水资源拥有的所有、使用、占有、处分及收益等各种权利的集合。拥有水环境的产权也就意味着拥有水资源使用的决策权和收益权,从而有利于水资源的合理配置使用。然而,在我们现实生活中,水环境产权实际上是缺失的、不明晰的。这是由水环境产权不同于一般资产产权的特征决定的:首先,从水环境的产权客体来看,水是流动的、无固定形状的,决定了水环境产权的客体具有很大的不确定性,并且产权边界容易模糊;其次,从水环境产权的主体来看,水环境具有显著的公共物品属性,具体表现在消费的非排他性和供给的不可分性两方面。因而,水环境的产权主体属于全体公民,而且一般由政府作为公众的代理人,行使管理、利用和分配水资源的权利。《中华人民共和国水法》虽然明确规定了水资源的所有权属于国家,但是水资源的使用权无法有效确定,因此难于向水资源的使用者(或破坏者)直接收费。此外,水资源利用中的外部性,引发了水环境产权的外部性。因为水资源定量衡量的技术要求高,计量成本高,难以精确地确定某一水环境产权持有者的配水额,因此,水环境产权易受到他人的侵害,并且水环境产权在交易中也会出现不平衡。在这种情况下,如图4所示,当人口膨胀提高对水资源的需求量并破坏共同体的凝聚力时,又由于水环境产权的不明晰,此时使用水资源的边际成本为零,人们会尽最大可能提高其个人收益。如果此时水资源供给量为S',人们会一直使用水资源直到边际收益为零;如果水资源供给量为S,则所有水资源都会被使用。由此可见,水环境产权不明晰会致使滥用水资源而导致次优均衡。

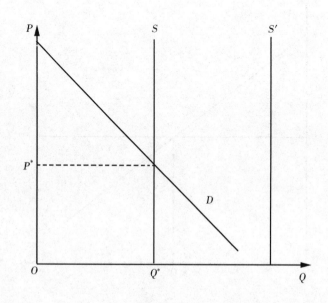

图4 产权界定不明晰下的市场交易

2. 政府失灵

由于市场失灵的存在,水资源不能在市场上实现有效配置,这就为政府干预提供了机会和理由。理论上,政府应该制定政策、法规并通过制度改革来纠正水资源配置的市场失灵,通过干预来有效治理水污染灾害,从而遏制水污染灾害的发生和加剧。但是,在现实中,政府本身也存在缺陷,不仅不能纠正市场失灵,反而会扭曲市场,加剧水资源配置的低效率,从而产生"政府失灵",即政府的行动不能增进经济效率或政府把收入再分配给那些不恰当的人们。

在水环境污染问题上,政府失灵主要表现在两个方面:一是水环境政策失效,即先行的政府部门政策和宏观经济政策在制定过程中没有给予水环境以足够的重视,以致扭曲水资源配置成本,造成水资源滥用与环境破坏。二是水环境管理失灵,即各级政府组织中存在着一系列管理问题,这些问题的存在致使有关政策无法有效实施。一些地方长期实行计划经济体制，使得水资源配置具有较强的政府行为色彩，因此，政府失灵成为导致重大水污染灾害形成的重要原因。

与市场失灵不同，政府失灵产生的具体原因可以归结为以下几个方面：

（1）判断与决策失误

由于制定决策是政治决策的过程，主要取决于政治体制而不是市场体制，所以它包含着判断与决策失误的风险。如果决策者掌握信息不完全或信息处理不当，可能就会导致判断与决策的失误。比如，在产业布局和设厂时，政府对环保因素和当地水环境的承载能力考虑不够，将一些高能耗、高耗水、高污染的行业、企业建在重要水源的旁边。以石化企业为例，我国2万多家石化企业大部分设在水域边，其中1万家在长江流域，4 000家在黄河流域，还有2 000家在饮水源地和人口稠密地区。在地区发展过于关注国内生产总值的前提下，这些行业、企业往往直接把污染物直接排到附近的水环境中，造成重大水污染灾害频发。

（2）决策信息不完全

如果政府信息极其完备，对企业和家庭对水资源的需求状况及其变化有完全了解，政府可以通过制定保证水资源清洁的价格和产量，来实现水资源的有效配置。但是，这在现实中不容易实现。因为政府往往不能准确、及时和全面地收集到关于水资源利用、消费者偏好和技术变化等信息，现有的手段和方法很难保证水资源配置和治理的科学政策的制定和实现。此外，信息不完全还表现在信息失真。信息失真的重要根源就是传统的国民经济核算体系的误导。传统的国民经济核算体系只注重产品和服务的经济价值，忽视经济增长过程中的自然资源损失，而政府正是根据国民经济核算体系提供的信息来制定宏观经济政策，因此，传统的国民经济核算体系的这一缺陷很容易诱使企业单纯追求经济产值、一味追求经济增长速度，不惜过度开发水资源，由此产生了"经济高增长，水资源高污染"的现象。

（3）地方政府追求短期利益

目前，考核政府官员的工作绩效、决定政府官员仕途的方式仍然是自上而下的政绩考核制度，这就可能导致地方政府官员只对上级负责，一味追求个人效用最大化、短期利益和任期内看得见的政绩，而忽视地方经济在水资源等自然资源质量保证基础上的可持续发展。有些政府官员为了谋取自身向上发展的政治资本，并碍于任职期限的限制，在制定地方经济发展政策和水资源环境保护的政策方面往往只考虑眼前利益，产生追求短期利益的"近视"弱点。

（4）利益集团的影响

出于自身利益的考虑，利益集团会运用各种手段来影响政府决策部门，使得决策部门做出有利于他们的决策。由于中国许多地方政府甚至环境保护部门财政支出的主要来源是企业税收，再加上有些地方政府的政绩考核重税收和经济产值、轻环保，为了保证财政支出费用的充足，地方政府可能会疏于管理那些污染严重但能创收的企业,这样就会加剧了重大水污染灾害的发生。

(5)体制机制不健全

即使政府制定了兼顾经济发展与环境保护的"好"政策,但是,也可能由于社会体制不健全而使得这些"好"政策难以执行或无法执行。比如仍然存在环境管理体制、机制不顺,多头管理、条块分割、缺乏整体规划,部门与地区利益冲突,各自为政,一事多人管和多事无人管等问题,这严重违背了湖泊的自然规律,不利于各种问题的解决,成为水资源可持续利用的障碍,导致水污染灾害治理政策不能很好地实现;湖泊保护法律、法规缺位,现有法律法规执行不严,环境监管不力,造成出现违法追究处罚的成本低,守法、执法成本高的现象,一些建设项目未经评估就开工建设,影响了水环境生态平衡,导致水污染灾害的产生。

(二)水污染灾害治理的经济对策探讨

现阶段,灾害经济学一般偏重于自然灾害的研究。自然灾害的发生主要是由于自然因素的作用,往往不可避免,因此,灾害经济学往往偏重于对灾后补偿的研究,以使灾害损失降到最低。然而,水污染灾害是自然－人为复合型灾害,而且人为因素是主要原因,这也意味着水污染灾害治理的可行性,不仅包括技术层面的,而且包括经济等方面的对策。

1.水污染灾害治理的两种经济手段

西方经济学一般把水污染灾害发生的根源归结为水资源利用中的外部性等产生的"市场失灵"。因此,以往经济学界一般将水污染灾害治理的经济手段分为庇古手段和科斯手段,以分别依靠政府干预和市场机制达到外部性内部化的目的。

(1)庇古手段

所谓庇古手段,是侧重于运用政府干预的方式使外部性内在化,从而解决水污染灾害的经济手段。主张通过政府干预来解决外部性从而消除市场失灵的传统可以追溯到马歇尔,但直接从私人边际成本和社会边际成本的角度来解决外部性,是由英国福利经济学家庇古首先倡导的。因此,一般认为庇古手段的理论基础来源于庇古的《福利经济学》。20世纪初,庇古在研究当时英国的大气污染环境问题时发现,工厂自由排放污染物,治理这种污染却并不构成工厂自身的生产成本,而要所有人来承担这一污染的成本,即社会成本。显然,在私人成本和社会成本间存在一定的差额,这一差额就构成了外部性。在此基础上,庇古提出了著名的修正税,即税收－津贴的办法。庇古认为,私人成本和社会成本之间的这一差额不能依靠市场这一"看不见的手"自行消除,只有通过政府这一"看得见的手"来干预。一方面,对于环境资源生产与消费中产生的负外部性数量,直接按照一定的比例向污染物排放一方征税或费,从而使得外部边际成本通过政府征税加入厂商的私人边际成本，在利润最大化原则作用下，厂商从自身的利益出发会主动将产量调整到私人边际成本等于社会边际成本的水平。由此可见，征税限制了环境资源消费中的负外部性生产。另一方面，给予正外部性厂商相当于正外部性价值的补贴，从而鼓励厂商将产量扩大到对社会最有效的水平。此外，政府还可以计算出外部性的基准水平，即当外部性价格为零时的均衡数量，从而按照外部性的消除量给予外部性消除企业相应的补贴。由此，政府根据这一理论对污染者排放的污染物统一征收税或费，即人们通常所说的最优庇古税。

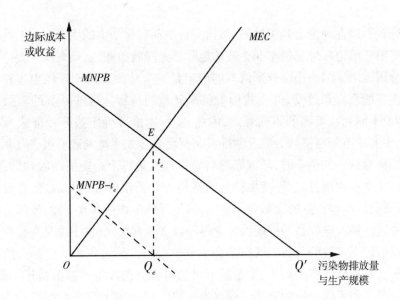

图 1　最优庇古税

图 1 显示了最优庇古税的确定。图 1 中，$MNPB$ 表示污染者的边际私人纯收益，MEC 表示污染者造成的边际外部性（损害）成本。由图 1 可知，这两条曲线相交于 E 点，与 E 点相对应的污染物排放量 Q_e 则为最优污染水平。但是，污染者为了追求最大限度的私人纯收益，必然希望将生产规模扩大到曲线 $MNPB$ 与横轴的交点 Q' 点。同时，随着生产规模的扩大，污染物的排放量也必然增加到 Q'，从而 Q' 远远大于 Q_e。那么，如果这时政府向排放污染物的企业征收排污税或费，污染者的私人纯收益就会减少，则曲线 $MNPB$ 的位置、形状及其与横轴的交点也会发生变化。假定政府根据排污者排放的污染物量，对每单位污染物排放量征收特定数额的排污税或费 t_e，则曲线 $MNPB$ 将向左平移到曲线 $MNPB - t_e$ 的位置，该曲线与横轴相交于 Q_e 点，表示污染者将根据其利润最大化的生产目标，把生产规模与污染物排放量都控制在有效污染水平 Q_e 上。因此，t_e 是最优庇古税或费，即最优排污税或费，它使有效污染水平等于 Q_e。

由此可见,最优庇古税可以被定义为:使排污量等于最优污染水平时的排污税或费,此时边际外部性成本等于边际私人纯收益。

理论上,运用庇古手段既可以对水环境污染者(即外部不经济性的产生者)实施征税或费的手段,也可以对水环境的保护者(即外部经济性的产生者)实施补贴的手段,使外部效应内部化,实现资源的帕累托最优配置,达到经济效益与环境效果的双重最佳化。同时,庇古手段还可以使不同企业根据各自的控制成本选择控制量,也可以根据各自的技术创新能力选择纳税还是技术创新,使每个经济主体都具有更大的选择空间,具有更大的灵活性,而不是简单地、机械地、僵硬地执行政府环境管理部门的决定。

尽管庇古手段在理论上是美妙的,然而实行中却有相当大的困难:首先,庇古手段的前提是能够了解边际外部成本和企业的边际私人净收益曲线,而现实中要准确了解这些是十分困难的。因为边际外部成本的确定是一个从污染的物理性损害转换为人们对这种损害的反应和感受,并用货币价值来计量的过程。这些环节的转换不仅复杂,而且涉及不同利益集团的不同观点,因此,实际中准确确定边际外部成本非常困难。另外,现实的市场经济社会缺乏激励机制促使企业如实地向政府报告其私人成本和收益。当面对众多的企业时,环境管理当局很难搜集每个企业的净收益信息,即使能够搜集每个企业的信息,这种搜集信息的费用也是非常巨大的。总之,非对称信息的影响,以及获得准确信息的交易费用巨大,环境评估中往往存在误差,使得边际外部成本和企业边际私人净收益的准确确定变得不现实。其次,庇古手段是在完全竞争市场这一前提假设下进行的分析。既然是完全竞争市场,那么,各个生产部门的生产规模都已经扩大到最低成本的地步,于是就不可能再有所谓成本递减的情形。最后,庇古手段没有考虑到税收分担的问题。根据弹性理论,需求弹性和供给弹性的不同会直接影响到生产者和消费者对税收的分担额度大小。按照庇古理论,似乎政府要做的就是,每单位产品向企业征收等于边际外部成本大小的税收,而实际上,这一税收往往是由生产者和消费者共同分担的,有的时候甚至会出现税收完全由消费者承担的极端情况。

(2)科斯手段

所谓科斯手段,是侧重于运用市场机制的方式使外部性内在化,从而解决水污染灾害问题的经济手段。在20世纪60年代以前,一般认为,表现为外部性的市场失灵问题只能依靠政府的征税或管制手段进行干预来获得解决,从而经济理论界基本沿袭了庇古的传统,即通过政府的干预,实行税收-津贴的方法来消除外部性。而事实上,一定条件下的市场制度也可以实现外部性内部化。而且,为了避免政府失灵对环境污染带来更坏的影响,1960年,美国经济学家科斯发表了著名的《社会成本问题》一文,文中强调应从庇古的研究传统中解脱出来,寻求方法的改变。他从产权安排和产权效率这个全新的角度提出将外部性内部化的方法,从而打破了之前的庇古手段的传统。

科斯在对"失散的牛群毁坏临近土地所有者谷物生长"这一案例的分析时,在交易费用为零的假定下,分别讨论了养牛人对农场主的损失负责赔偿时和不负责赔偿时的情况,从而得出一个著名的结论:养牛人和农场主不管谁拥有权利,只要产权关系明确予以界定,并且权利可以交换,那么经济活动的私人成本和社会成本必然相等,外部性便被内部化了。虽然权利属于不同的主体会影响财富的分配,但是,如果交易费用为零,无论权利如何界定,都可以通过市场交易或权利买卖合约的订立来达到资源的最优配置。这就是科斯第一定理,即只要交易费用为零,那么法定权利的最初分配从效率角度看是无关紧要的。

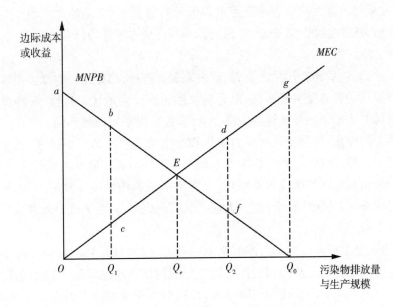

图2　科斯定理在水污染灾害治理中的应用

图 2 显示了将科斯定理应用于环境污染的治理中。在图 2 中,MNPB 表示污染者的边际私人纯收益,MEC 表示污染者造成的边际外部性(损害)成本。现在假设污染的受害者拥有产权,也就是说受害者有权不受污染,排污者并没有权利排污。在这种情况下,因为受害者拥有产权,而且希望完全不遭受污染,尽管原点是一种极端状况,但是,谈判的起点在原点也并非不可以实现。假设双方谈判的结果是污染者的排污量移为 Q_1,污染者将得到 S_{oabQ_1} 的净收益,受害者将付出 S_{ocQ_1} 的成本。由于 $S_{oabQ_1} > S_{ocQ_1}$,污染者可以付给受害者大于 S_{ocQ_1} 而小于 S_{oabQ_1} 的款项从而补偿受害者的损失。在这种情况下,污染者和受害者都会受益,意味着移向 Q_1 是帕累托改进。既然右移到 Q_1 是帕累托改进,那么,意味着还可以继续右移到 Q_e 也是如此。当达到 Q_e 时,MNPB 曲线和 MEC 曲线相交于 E 点,即边际外部性成本等于边际私人纯收益,达到了帕累托最

优。如果到达 Q_e 以后继续右移,情况就会有所不同。很显然,那时污染者的收益小于受害者的损失,污染者此时的生产规模不足以继续向受害者提供补偿,意味着谈判的基础已不复存在。因此,在受害者拥有产权的情况下,谈判开始于原点,在 E 点达到均衡,相应的 Q_e 是有效污染水平。

如果假设污染者拥有产权,在这种情况下,因为污染者拥有所有的权利来生产产品污染环境,而且污染者企业希望自己的利润最大化,因此,谈判的起点在 Q_0。但是,双方有可能向 Q_2 点移动。因为此时受害者损失的减少将多于污染者收益的减少,受害者可以给污染者一个小于 $S_{Q_2dgQ_0}$ 而大于 $S_{Q_2fQ_0}$ 的补偿,从而使污染者减少生产和排污。在这种情况下,污染者和受害者都会受益,意味着移向 Q_2 是帕累托改进。既然右移到 Q_2 是帕累托改进,那么,意味着还可以继续右移到 Q_e 也是如此。当达到 Q_e 时,MNPB 曲线和 MEC 曲线相交于 E 点,即边际外部性成本等于边际私人纯收益,达到了帕累托最优。

由此可见,无论受害者还是污染者,双方谁拥有产权,都存在着向社会最优点移动的趋势。只要排污者和受害者谈判,市场将自然达到社会最优。这样,科斯就提出了一个通过市场方式来解决外部性的方法,与传统的庇古手段迥然不同。

与庇古手段相比,科斯手段所极力主张和推崇的是纯粹的市场制度,其实质是用区别于政府干预的产权方式和市场制度来解决外部性问题。尽管在客观效果上,它与庇古手段的作用都是将外部成本内部化,最终实现帕累托最优。但是,它的优势在于其无须政府的介入,灵活性较强,能大大地降低管理成本,避免了政府治理缺乏效率的弊端。

但是,由于受到科斯定理本身的假定条件和外在的制约因素的影响,科斯手段在实际操作过程中也存在一些特别值得我们注意的问题:首先,科斯手段的运用需要考虑交易成本。因为交易协议是否能够达成,往往取决于交易成本的大小。然而,现实中,在大多数的环境管理实践中,并不像科斯的养牛人和农场主的例子中那样,只涉及两方,从而交易成本可以忽略不计。这时所涉及的协商主体人数往往数以千计,甚至百万计。如果按照产权途径的程序,要召集所有被影响的人在一起,并征询他们每一个人根据产权的拥有或不拥有而要求的补偿或愿意支付额,那么,其交易成本是极其巨大的。如果此时的交易成本高于社会净收益,那么,环境管理中出现的交易协议就很难达成。其次,科斯手段的市场交易制度安排没有考虑收入效应的影响。任何权利的分配必然伴随着不同的收入分配效应。比如,若产权所有者为高收入者,那么,他索要的污染补偿金额就高些;反之,则低些。在这种情况下,产权所有者收入分配的不同就会影响到资源的利用,这与科斯定理显然矛盾。再次,科斯手段只有在具有竞争性的市场中才能发挥作用。因为只有在竞争性的市场中,排污权价格才能真正由市场决定而且竞争性的市场中存在大量潜在的排污权交易者,从而使得排污权交易正常运行。然而,在很多的国家,尤其是发展中国家,市场经济发展得还不完善,有的还留有明显的计划经济痕迹,从而很容易存在垄断势力。从长远看,排污权价格呈上升的一种趋势,这样,就会存在炒卖甚至出现垄断排污权市场牟取暴利的现象,使得科斯手段在这样的国家中实行成为不可能。再其次,科斯手段应用的前提是产权明晰。对于一些自然资源,比如土地,其具有相对固定的形态,其产权容易界定。然而,还有一些自然资源,比如大气、水资源,由于其具有可流动的形态以及使用的不可排他性,其产权的界定不是很容易。因此,在这种情况下,科斯手段的应用会有一定的难度。最后,科斯手段所强调的纯粹市场制度对于资源与环境类法律有着很强的依赖性。因为运用市场机制调控作用的科斯手段的有效实施,必须有一个强有力的法律结构保障,使得这一手段的实施具有法律权威,并且通过法律结构来定义一系列的产权。然而,同竞争性的市场一样,在很多国家,尤其是一些发展中国家,其法律并不完善,更不用说资源与环境类法律,从而也为科斯手段的运用带来一定的难度。

(3)庇古手段和科斯手段的比较

在上面对两种治理手段分别具体分析的基础上,下面笔者将对它们进行简单的比较,如表1所示:

表1　庇古手段、科斯手段比较

比较项目	庇古手段	科斯手段
政府干预作用	较大	较小,产权界定后不需要
市场机制作用	较小	较大
适用的社会类型	计划经济社会、市场经济社会	市场经济社会
政府管理成本	较高	较低
市场交易成本	较高	参与经济主体少时不高; 参与经济主体多时很高
面临的问题	政府失灵	市场失灵
治理主体范围	政府	污染者与受害者
对技术水平的要求	较高	较低
选择与决策	集中选择、集中决策	单个选择、分散决策
偏好情况	政府偏好	企业偏好

2. 我国水污染灾害治理手段的现状

自1982年以来,我国已经开始实施各种治理手段对水污染灾害进行治理。在治理实践中,按照上述的两种治理手段,具体的治理手段以及实施情况可归纳为两个方面,见表2。

表2　中国已采用或正在尝试的水污染灾害治理手段

类型	具体手段	实施部门	开始实施时间	作用对象	实施范围	备注
庇古手段	超标排污费	环保部门	1982年	企事业单位	全国	1998年开始污染物排放总量收费
	污染治理补贴	环保、财政部门	1982年	治污企业	全国	补贴资金主要来自排污费基金
	污水排污费	环保部门	1991年	企事业单位	全国	收费标准在0.2元/吨以下
	污水处理费	城建部门	不详	企事业单位和居民	部分城市	大部分收费标准都低于0.2元/吨
科斯手段	排污许可证交易	环保部门	1985年	排污交易企业	上海和太原等11个城市	上海主要是水污染交易,其他主要是二氧化硫交易
	环境保险	保险公司和环保部门	不详	污染企业	沈阳、大连	这两个城市已基本停止,上海市正研究试点

(1)我国排污收费的应用现状

①发展历程

20世纪70年代,中国环保工作的开展尚处于初级阶段,而且当时处在计划经济时代,国家的污染治理主要侧重于"三废"的综合利用,在污染治理方面的技术和资金都十分缺乏。在这种国情下,中国逐渐认识到,在进行行政强制手段治理污染的同时,应使用一种有效的经济补偿手段,既能刺激排污者治污,也能为治污筹措一定的资金。从而,中国根据"谁污染谁治理"原则,提出排污收费的经济治理手段,成为在中国污染治理中最早提出并普遍实行的污染治理手段。排污收费手段在中国的发展和实施大体经历了三个阶段:

第一阶段,提出和试行阶段(1978—1981年)。1978年12月,原国务院环境保护领导小组《环境保护工作汇报要点》中第一次明确提出在中国实行"排放污染物收费制度"。环境保护部门及有关部门制定了具体的收费办法,一些地区也开始尝试征收排污费。1979年9月,在颁布的《中华人民共和国环境保护法(试行)》中规定:"超过国家规定的标准排放污染物,要按照排放污染物的数量和浓度,根据规定收取排污费。"这就从法律上确立了中国的排污收费制度。此后,1979 年 9 月江苏省率先对 15 个企业开展了收取排污费的试点工作;1980 年河北省、山西省、辽宁省、杭州市、济南市、淄博市先后进行了试点工作;1981 年底,除西藏、青海外,27 个省、直辖市、自治区都开展了试点工作。

第二阶段,建立和实施阶段(1982—1987 年)。1982 年 2 月,在总结 27 个省、直辖市、自治区的排污收费试点工作经验的基础上,国务院办公厅发布了《征收排污费暂行办法》,对实行排污收费的目的和排污费的征收、管理和使用做了统一的规定,这标志着排污收费制度在中国的正式建立。在《征收排污费暂行办法》实施一年以后,除西藏外,各地都根据《征收排污费暂行办法》制定了地方实施办法或细则。自此,排污收费制度在中国普遍实行。1987 年,中国的年排污收费额已经达到 14.3 亿元,比排污收费制度试行初期增长了近十倍。在此期间的第一次全国排污收费制度工作会议上,制定了排污收费的工作方针,提出了排污费"拨改贷"的设想,为排污收费制度的改革打下了基础。

第三阶段,发展和完善阶段(1988 至今)。1988 年 7 月,国务院发布了《污染源治理专项基金有偿使用暂行办法》10 号令,在全国将排污费的无偿使用改为有偿使用,即"拨改贷",从而拉开了中国排污收费制度改革的帷幕。1991 年 6 月,由国家环保局、物价局和财政局发布的《超标污水排污费征收标准》取代了《征收排污费暂行办法》中的废水排污费的征收标准,提高了污水超标排污费收费的标准,对水污染超标排污费增加了 10 个收费因子,总体收费水平高了 25.5%。1994 年 6 月,由国家环保局主持的、中国环境科学研究院组织实施的世界银行环境技术援助项目《中国排污收费制度设计及其实施研究》启动,并于 1997 年 11 月完成。此项目建立了中国的总量收费理论体系和实施方案。1998 年 7 月 1 日起,杭州市、郑州市、吉林市开始实行总量收费的试点工作。1994 年 10 月,国家环保局又提出了排污收费制度的总体思路,分别对排污收费政策、排污收费标准、排污费资金使用和环境监理队伍建设的改革。2003 年,国务院发布了《排污费征收使用管理条例》,这也标志着中国的排污收费制度从此进入一个新的发展阶段。此外,经过 20 多年的改革和发展,中国排污收费的法律、法规、政策、制度以及执行体系已经基本形成。目前,31 个省、市、自治区已全部开征排污费。

②排污收费存在的问题

尽管排污收费在我国的应用已经经历了接近十几年的时间,但在实际应用中,排污收费仍然存在许多问题,需要专家学者和环保部门的管理者深入探讨与改善。主要可以归纳为以下几点:

第一,收费标准偏低。尽管在以往的排污收费改革中曾对排污收费标准进行过调整,但是,现行的排污收费额度多数仍然低于污染治理的成本,这样就很难对生产企业起到约束作用,很难起到刺激它们治污的目的,从而导致了生产企业宁愿缴纳排污费也不愿治污。

第二,污染治理资金的使用效率不高。由于污染治理资金的使用分散和污染治理资金在使用过程中只能用于专项污染治理,而不能用于清洁生产等其他方面的局限,投资效益下降甚至无效益。

第三,尽管国家曾经对排污费进行过"拨改贷"的改革,但是,在实际应用中,排污费被用于污染治理的资金有偿使用的比例是很有限的,即使有偿使用,它的贷款利率也很低,导致排污费利用效率不高的现象。

(2)我国排污权交易的实践应用及现状

①发展历程

1987年,中国开始实行水污染物总量控制。根据总量控制的要求,环保部门给排污企业颁发排污许可证,要求排污企业按照排污许可证的要求排放污染物。随着经济的不断发展,排污企业和排污情况都会发生变化,使得这些企业对排污许可证的需求也会发生变化。在这样的情况下,排污权交易的治理手段逐步在中国试行。排污权交易在中国的发展大致情况如下:

尽管目前的污染物排放许可证在治理水污染、大气污染等环境污染方面都有应用,但是,中国对这一手段的试点工作最早考虑的是治理水污染。1985年,上海成为中国最早试行排污权交易制度的地区,对黄浦江上游水污染物的排放试行有偿转让。1988年3月20日,国家环境保护局发布了《水污染物排放许可证管理暂行办法》。同年6月,国家环境保护局确定在上海、北京、天津、沈阳、徐州、常州等18个城市(县)正式开始水污染物排放许可证的试点工作。

1989年4月28日,在北京召开的"第三次全国环境保护会议"上,中国提出了加强环境管理的五项制度,也称为"新五项",它们分别为:环境保护目标责任制、城市环境综合整治定量考核制、污染物排放许可证制、污染集中控制和限期治理制。在此次会议中,污染物排放许可证制被作为环境政策的形势正式提出。

1989年9月,在河南安阳市召开的"第二次全国水污染防治工作会议"上,中国提出要在全国的范围内推行水污染物的排放许可证制度。

1994年,在水污染物的排放许可证制度和大气的排放许可证制度的试点工作陆续结束之后,国家环境保护局宣布试点阶段的工作结束,而且开始在全部的城市推行排污许可证制度。到1994年为止,中国发放水污染物排放许可证的试点城市240个,共有13 447个水污染排放许可证向12 247个企业发放。到1996年为止,全国地级以上的城市已经普遍实行了水污染排放许可证制度,此时共有41 720个水污染排污许可证向42 412个企业发放。

1995年7月,在国家环境保护局关于国家环境保护"九五"计划和2010年远景目标的汇报会上所做的《会议纪要》中,中国对污染物的总量控制提出了这样的要求:要研究实行全国环境污染物排放总量控制的办法,2000 年全国污染物排放总量不超过 1995 年的水平,实行总量控制,逐步减少污染物排放总量,将各类污染物排放总量指标分解落实到各省、自治区、直辖市。在实际的实施总量控制的过程中,排污许可证交易就成为一项有效的总量控制的环境治理的经济手段。

2000 年,国务院颁布了《中华人民共和国水污染防治法实施细则》。在第 10 条中规定:"县级以上地方人民政府环境保护部门根据总量控制实施方案,审核本行政区域内向该水体排污的单位的重点污染物排放量,对不超过排放总量控制指标的,发给排污许可证;对超过排放总量控制指标的,限期治理,限期治理期间,发给临时排污许可证。"这一细则的发布标志着我国在行政层面上正式确立了水污染物排污许可证制度。

2003 年 8 月 27 日,中国通过了《中华人民共和国行政许可法》。此法的通过提供了一个良好的整合水污染物排污许可证制度的契机,架设了一个很好的法治平台。

②排污权交易存在的问题

十几年来,我国一直在不断地致力于水污染物排污许可证制度的试点和理论研究,但是,无论是理论研究或实践层面,还需加大改革力度并在实践中使排污权交易制度不断创新。可在以下几个方面突破:

第一,目前,我国的水污染物排污许可证制度在实施过程中能够依据的法律有《水污染物排放许可证管理暂行办法》《中华人民共和国水污染防治法实施细则》等,包括地方的相关规定。为使排污许可证制度从"试点"到广泛使用,还需在法律层面不断细化和完善。

第二,目前的污染物排污许可证制度仅限于特定区域、特定污染物目标总量控制,要想广泛、有效地发挥排污许可证制度的污染预防功能,应加快推进和扩大许可证制度适用的地域范围。

第三,完善管理监督体制。目前,我国对于违反水污染物排放许可证制度的制裁措施仅有警告、罚款、责令恢复正常使用或重新安装使用、责令限期改正、中止排放许可证、吊销排放许可证等,这些都是行政制裁措施。而且在实施中,也通常采用警告、责令限期改正等方式,排污企业违法成本低。因此,要从根本上杜绝超标排污,必须完善管理监督体制,进而提高污染物排放许可证制度的治污效力。

3. 中国重大水污染灾害治理的对策

由于中国传统计划经济体制对市场经济发展的局限,市场调节水资源利用和保护不足,而且强大政府力量的弊端引发水资源治理中的政府失灵。因此,中国重大水污染灾害要得到全面治理,必须从消除市场失灵和政府失灵两方面入手。然而,市场失灵和政府失灵的彻底消除也是经济领域至今尚未完全解决的难题,由于能力有限,也只能在借鉴现有的相关理论研究和中国治污的实践经验基础上,提出一点治理中国重大水污染灾害的思路:市场失灵主要是由产权的缺失、水资源的公共物品属性等因素引起的。而政府失灵则主要表现为政策失效和管理失灵两个方面。因此,重大水污染灾害的治理不能完全依靠政府或完全依靠市场,而应该结合双方力量,做到优势互补。此外,笔者认为,除了外部性内部化的这一治理思路外,重大水污染灾害的治理还应涉及治理主体的多元化和非正式内在治理制度的创新两个方面。总之,重大水污染灾害的治理不能单纯依靠哪一种手段或思路,而应该根据实际情况,综合多种思路相互配合、优势互补,以建立一种政府—市场(企业)—公众相互制约的社会制衡机制,并辅以完备的政策法规等正式制度和社会价值观、道德、舆论监督等非正式制度,切实保障社会制衡机制的建立和运转。

以下将围绕市场制度的完善和政府作用的发挥相结合这一主线,并结合治理主体的多元化和非正式内在治理制度两个方面的创新思路提出以下几个方面的具体治理措施。

(1)市场制度的完善与政府作用的发挥相结合

由于水资源的公共物品属性,对于水资源利用不当的治理产品的提供也同样涉及公共物品的有效供给问题。而且无论是在理论上还是在目前中国的实践中,庇古手段和科斯手段都显现出一系列的问题。对于这两个问题的解决,笔者认为应该明确政府和市场在中国重大水污染灾害治理中的责任和作用,以市场的力量改善政府的职能发挥方式,以政府的力量纠正市场失灵,各司其职、相互配合。

①明晰水资源产权

产权制度是保障整个社会经济活动得以有序运行的前提。为了确保水资源在市场上等价交换,实现有偿使用,就必须界定水资源的产权关系。这是防止水环境继续恶化,使水环境持续良性发展的重要前提。

中国的水法明确规定水资源归国家所有,但是水资源的使用权没有明确界定。因此,在所有权的实现途径上,国家在进行必要的监督和调节下,可以把水资源的使用权转移给私人部门,使得国家获得经济利益、水资源资产保值增值的同时,也鼓励非所有人享有水资源产权所带来的收益,从而使得水资源得到有效配置。在中国现阶段主要的工作还是明晰流域的水资源产权,这包括河流、湖泊和水利工程的产权界定。我们可以借鉴农地制度改革的成功经验,使得水资源的所有权和使用权二权分离,由市场化主体去经营水资源。

②转换水资源公共物品状态

根据配置的状态,资源可以分为私人物品、公共物品。私人物品是由市场提供的,通过市场机制自行配置的,因此它的配置效率高。而公共物品由于其消费和生产的非排他性和非竞争性,它的配置效率往往最低。通过分析,我们知道水资源是一种特殊的公共物品,这也意味着水资源的配置效率低下。本报告的思路是试图尽量把公共物品转换为私人物品,来提高它的配置效率,从而避免水资源的过度使用。

根据中国水资源的利用途径,水资源可以分为生活用水、生产用水、生态用水。我们可以根据其不同的特点,对它们的公共物品状态的转换做如下的分析:对于生活用水,一般为政府垄断供给,往往处于半市场化的状态。以往为了体现生活用水的价值,中国进行了全国范围的水价调整,从而把生活用水完全转换为私人物品。中国生活用水要得到最佳的配置,还应当适当引入竞争机制,而政府在其中担任制定市场规则、实施和监督市场运行、确保供水清洁的角色。对于生产用水,既包括工业用水,也包括农业用水。目前,中国的工业用水和农业用水配置的情况基本相同,主要是通过政府引导,建立原水市场和水产品市场,使生产用水参与到市场配置体系中去。其中,较发达地区的农业用水基本实现政府垄断供给,处于私人物品和公共物品之间;而较落后的农村地区的农业用水还直接取自江河,仍属公共物品。基于目前中国农业用水使用的实际情况,我们可以建立专门的农业用水市场,使得农业用水实现公共物品向私人物品状态的转换。对于生态用水,它并不被人们直接使用,但作用却不可忽视。目前,中国的生态用水是一种公共物品,由此带来的管理效率低下阻碍了水资源的保护和可持续利用。然而,由于其主要具有生态功能,而且部分生态用水无法人为管理或不需要人为管理,不能建立专门的市场,因此,对于这种水资源我们就需要由政府对其配置进行调控,建立流域管理委员会,制定相应的法律规章进行保护,使之最大限度地引入市场机制,界定或明晰水资源的产权,从而避免水污染灾害的发生。

③完善水权交易市场

如果说明确水资源的产权是解决中国水污染灾害的前提,那么,产权交易就是解决的关键。目前,中国的水权交易仍存在着水权交易市场不健全和不规范、缺乏水权初始权配置的合理方案以及水权交易缺乏市场行为等问题。对于这些问题的解决,我们可以借鉴国外的先进经验,逐步建立一个两级灵活多样的水权交易市场,即一级市场和二级市场。其中,一级市场即初始水权交易市场。政府通过招标、拍卖、无偿分配等方式以签订期权合约的形式将水资源使用权在一定期限内出让给水资源的使用者或投资者。水资源的期权拥有者具有多种选择权,他既可以拥有水的使用权利、对水资源进行投资获利,也可以在期权合约内的任何时间进行水权转让。二级市场,即水权自由交易市场。在实现水权初始分配之后,各市场主体会因不同的年份和季节出现供需不平衡的现象,交易主体可以在二级市场直接买卖水权交易期权合约。这种实物期权赋予了水权投资主体更大的灵活性,交易主体可以按市场规律在二级市场中以一定的水权交易价格购买或出售水权。

④公私合作提供污染治理产品

水资源作为公共物品,其消费和收益的非排他性,使得私人对于它的治理会缺乏积极性,甚至不愿投资治理;而政府在治理过程中,也可能存在公共部门的决策并不是最优决策等政府失灵状况。因此,水环境治理产品的供给成为一个难题。根据公共经济学的理论,对于作为公共物品的有质量的水环境的供给,采用公私合作化的方式供给水环境治理产品,能提高供给的效率。

对于良好水环境的生产,政府不必亲自介入到生产事务之中,可以通过与私人建立承包、租赁、托管等契约关系,由私人或者企业按照政府的意图或者合同提供水环境治理的产品,同时政府可以采取法律手段对生产进行控制以保证企业所生产的水环境质量。对于私人企业的选择,政府可以通过公开招标的方式,让投标企业之间相互竞争。这样,可以使水资源这一公共物品的生产成本达到边际成本加利润的经济合理水平。政府可以在诸多的竞争投标的企业中选择服务方案最优的,或者在接受政府提供的治理方案中选择要求补贴最少的。也就是说,良好的水环境的提供者主要是政府,而生产者是企业。

⑤社会经济发展与水环境保护相结合

在制定未来国家和地方经济发展规划时,政府要组织人力深入研究绿色国民经济核算方法,将发展过程中的资源消耗、环境损失和环境绩效逐步地纳入经济发展的评级体系中,根据本地区的环境容量、资源禀赋以及国家发展规划和产业政策,把区域经济规划和水环境保护目标有机结合起来,合理规划和调整产业、企业的布局和结构。对于一些高污染的行业、企业经营权和建厂地址的审批,政府要充分考虑其对水环境的影响,严格把关,减少高污染的行业、企业在沿江地区进行生产经营;对于已经建立的高污染行业、企业,政府发挥管理监督作用,控制其排污水平,在条件允许的情况下,改变沿江行业、企业的结构,使得地区经济发展和当地的水环境承载力相协调,形成地区经济可持续、健康的发展局面。

(2)完善水环境管理体制

第一,建立信息共享机制。在流域层面建立水环境信息管理中心,进行流域水环境、水资源、水生态等方面的收集、整理工作,并对江河沿岸可能出现水污染的企业的生产规模以及有害物质排出量进行调查,对于江河的水资源状况随时掌握,定期向国家、相关省区、公众提供公开、透明的信息报告。还要建立、健全整个流域的水利、水电、水运、环保、供水、水产等部门和单位之间的信息资源共享制度,促进各个部门在水污染灾害防和治工作的协同合作。此外,对于区域水资源保护和水污染防治的项目建设的资金投入和防治效果也要及时、准确地向公众通报。

第二,明晰水环境管理部门的职责分工。根据区域水环境管理的具体情况,逐步理顺各部门的职责分工。国家在大局上加强对地方水环境管理的指导、支持和监督,健全区域环境督察派出机构,有效协调跨省的水环境保护,督促、指导区域突出的水环境问题;地方政府加强与其他相关地方政府的工作协调,对本区域内的水环境质量负责,并监督下一级政府和本区域内重点企业的环境行为,建立环境监督员制度,进一步总结和探索地方水环境管理体制;各级环境保护部门严格执行水环境监管制度,负责召集有关专家和代表研究与提出地方经济规划环境影响评价的审查意见,严格监管污染严重企业的排污行为。

第三,健全水环境管理的法律、法规。有效的水环境管理需要健全的相关法律、法规来保障。因此,要抓紧拟定和完善有关水资源保护、水环境监测、水污染灾害损失赔偿和水污染灾害的责任追究与惩处等方面的法律、法规,对已经脱离现实的法律、法规进行废除,加大对违法排污行为的处罚力度,重点解决"违法成本低、守法成本高"的问题,认真评估各项环境税立法,完善水环境法律、法规体系,使水环境标准与水环境保护目标相一致。

第四,加强水环境监管制度。对于水环境的监管,要采取经济手段、法律手段、行政手段相互结合、相互补充的方式。各级政府和环境保护部门要形成一套有利于这些手段充分发挥作用的监管制度。要将污染物总量控制指标逐级分解到地方政府并落实到各个排污单位,有效实施污染物总量控制制度;要推行排污许可证制度,运用法律和行政手段禁止无证或超总量排污;要严格执行水环境影响评估和"三同时"制度,严格监察和禁止对地区产生新增污染物排放量和对生态有较大负面影响的建设项目的审批;严格按照法律、法规,对排污量超过允许范围和数量的企业,进行停产整治和罚款的惩罚;要加强跨省水环境执法及污染纠纷的协调,明确污染方责任并依法追究相关地区和企业人员的责任,保证对污染受害者的赔付补偿。

第五,加大环境保护经费投入和投资,加强水污染预防和处理的基础设施建设。为了支持和保障流域水环境保护的项目建设与日常管理工作的有效运行,应建立流域水资源保护和水污染防治的专项基金。中央政府要加大对各流域水资源保护和水污染防治的公共财产投入,地方政府要每年从区域征收的税费和污染处理费中抽取一定的比例注入基金,同时,流域内的各级政府要制定和完善投融资、进出口等有利于水污染防治的优惠政策并积极运用债券和证券市场,从而鼓励商业资本、民间资本和国外资本投入,形成水资源保护和水污染防治投资的多元化局面,从而加大环境保护经费投入和投资。此外,流域内各级政府应组织专家积极做好水资源环境和水污染防治项目的成本-效益分析,引入建设—运营—转移、转让—运营—转移和代建制等模式,积极推行城市污水处理厂的建设和运营的市场化,以提高政府水资源保护和水污染防治基金的使用效率。

第六,建立、完善流域应急预案。凡事预则立,不预则废。根据突发性水污染灾害具有的爆发的突然性、危害的严重性及影响的广泛性的特点以及2005年松花江重大水污染灾害的经验教训,一旦突发性的水污染灾害发生,如果没有完善的流域应急预案,将延误防治时机,对人民生命和财产、社会经济发展和政治稳定,甚至国际关系造成严重的危害。因此,根据各个流域的具体状况,平时制定应急与本地化的防范方案、建立和完善流域应急预案。突发性水污染灾害发生的时候,政府的集中指挥和整体协调能力是至关重要的,因此,首先应该在平时建立专门的组织机构,配备专职人员,进行系统化、专业化的紧急事务管理,作为唯一的应急中心直接与其他如公安分局、消防指挥中心、交通事故报警中心、医疗急救中心、城防、非政府环境保护组织等二级中心联系,构成综合性、功能性强大的应急指挥调度系统。其次,应该平时进行包括预案编制、演练和修正三个有机环节的预案研究,并在预案的不断完善中实现人员、物质资源、信息资源的优化整合,最终形成一个成熟实用的应急预案。

(3)水污染治理主体的多元化

目前,尽管中国的水污染灾害治理实行了企业参与的排污权交易手段,但是,这种手段在中国实际应用中仍有待于发展。即使中国更早也使用了所谓的政府干预的"经济手段"——排污收费手段,然而有的学者认为这种手段实质上也仍然是以政府为主体的直接操作的管理方式,如果离开了大量的资源投入就不可能正常运行。因此,经济手段无非是一种变相的行政手段,是一种收费、罚款等经济价值来调控的行政管理手段。政府始终是这些手段的操作者或"当事人"。因此,可以说政府仍是中国水污染灾害的单一治理主体。由于这种治理主体的单一化和目前中国环境治理活动正处于边际成本递增阶段,政府不得不消耗大量的财政资源,这又与中国的财政能力有限产生了矛盾。此外,由于政府要运行一系列治理制度,就必须承担大量的制度的供给、监督、协调、信息监测等成本,再加上各级政府之间存在的严重的信息不对称,往往造成所制定的治理制度不符合各地实际,从而实际结果达不到政府预期的治理目标。基于以上的分析,中国以往单一的以政府作为污染治理主体是不足以有效地治理水污染灾害的。

20世纪90年代以来,中国也逐步在实行以政府、企业、社会团体、社区和社会公众作为污染治理主体的制度创新。笔者认为,这种多元化治理主体的制度创新是可行的。因为它们在水污染灾害的治理中各有优势,比如一些非营利性的社会团体往往在相对狭小的领域内工作,积累了某种特殊的知识和信息,对于提高水污染灾害的治理水平是不可替代的;地域性较强的社区居民对其所居住的水环境质量有着高度的依赖性和敏感性,当水污染灾害严重影响到他们切身利益时,他们往往形成一股自觉保护、治理水环境的力量,也是不可忽视的;尽管单个个人或家庭的力量是微不足道的,但是社会公众拥有广泛的社会基础,因此,集合在一起的社会公众出于其公益心或对公共事务的关注而发出的种种言论就会形成强有力的社会舆论,将会直接或间接地对排污者和政府的治污决策者产生一定的影响,成为有效的社会监督力量。而且社会公众往往也成为财政提供治污资金之外的另一股强大的治污资金来源。因此,我们不仅要利用政府、企业作为水污染灾害的治理主体,还应该大胆地引入社会团体、社区和社会公众作为治理主体,参与水污染灾害的治理,共同建立起一个全面而有效的社会制衡机制,使水污染治理主体多样化,实现水环境与经济的综合决策制度。

(4)非正式制度在水污染灾害治理中的创新

水污染灾害的产生,除了有水资源的公共物品属性、外部性等原因外,还源于人的有限理性、投机主义倾向的主观原因。针对这种主观原因,我们需要在水污染灾害的治理中引入制度来约束人们的行为。制度经济学通常把制度分为正式制度和非正式制度。正式制度指人们有意识地设计并创造出的行为规则，包括法律、规章以及经济主体之间签订的正式契约等等。而非正式制度则指伦理道德、传统文化、风俗习惯、意识形态等等，乃是人们在长期交往中自发形成并被无意识地接受的行为规范。在中国现阶段的水污染灾害治理的制度体系中，往往过于强调法律等正式制度的作用，对于社会价值观、道德、社会舆论等非正式制度通常只是作为一种补充措施被提到，而没有提到与正式制度同样的高度来重视并加以提倡和实施。然而，实际上非正式制度往往产生于正式制度之前。我国古代的人们反而把这种非正式制度发挥得淋漓尽致，如我国传统文化中"天人合一"的思想则体现了古人质朴的生态伦理观。笔者认为，在水污染灾害的治理中，不仅要强调正式制度安排的重要性，也应强调非正式制度安排的必要性，两者应相互作用、相互渗透，才能更有效地约束人们的排污和治污行为。对于非正式制度在水污染灾害治理中的具体创新思路为：

首先，建立人与生态环境协调发展和可持续发展的生态伦理观、价值观。通过伦理说教、价值导向、"现代"与"复古"相结合等方式，强化人们在意识形态中形成人与生态环境的协调发展和保持社会可持续发展的正确生态伦理观、价值观，从而约束人们过度使用水资源和过度排放污染物的行为。

其次，大力倡导有利于加强国民生态伦理道德观的行为。在整个社会的生态伦理观、价值观形成之后，还要在全社会范围内倡导各种保护水环境的行为，并给予不同方式和不同程度的激励，以提高人们作为保护水环境行为主体在成本－收益结构中的收益。比如，全社会倡导保护水环境，此时保护水环境的行为成为企业形象的重要因素。这样，那些治污好的企业就会得到社会的普遍认同，其产品销售也势必会得到增长，实际上这也是间接改变了企业的成本－收益结构，而且这种社会认同还具有示范作用，进而引导更多企业自觉地治污。

最后，摒弃极端自利和机会主义的行为倾向。通过新闻舆论的导向作用，除了大力提倡保护水环境的"善举"，还要持续不断地、无情鞭挞那些过度向水环境中排放污染物以及污染水资源的极端自利和机会主义的行为，加大"惩罚"的力度，发挥强有力的监督作用。

因此，政府要加大环境保护基本国策和环境法制的宣传力度，弘扬环境文化，倡导生态文明，以环境补偿促进社会公平，以生态平衡推进社会和谐，以环境文化丰富精神文明。新闻媒体要大力宣传科学发展观对环境保护的内在要求，把环境保护公益宣传作为重要任务，及时报道党和国家环境保护政策措施，宣传环境保护工作中的新进展新经验，努力营造节约资源和保护环境的舆论氛围。各级干部培训机构要加强对领导干部、重点企业负责人的环境保护培训。学校要强化青少年环境教育，开展全民环境保护科普活动，提高全民保护环境的自觉性。提高全社会的水环境保护意识，深入到每个人的身心、行为之中，共同保护水环境，监督和谴责污染水环境的行为，使得污染水环境的行为个体形成一种强烈的"污染环境可耻"的思想意识，潜在地加大制造水污染灾害的惩罚力度。

(三) 结论

综上所述,重大水污染灾害的成因可概括为:

水资源开发利用的产权不明晰、水资源开发利用中的外部性,给参与其中的具有有限理性特征和机会主义行为特征的个体提供了极大的投机空间;另外,水资源的公共物品属性,又使得个体在水资源的利用过程中有了"搭便车"的动机,从而引发私人企业没有积极性投资和提供有质量的水资源,甚至导致水资源的过度使用问题;再加上水资源市场本身的发育不足,使得水资源在市场上零价格或价格偏低,导致有质量的水资源在市场交换中配置的低效率、无效率。当每个个体都采取这一相同的策略时,便出现了"囚徒困境"——水污染灾害的发生就不可避免了。既然水资源不能通过"看不见的手"在市场上实现有效配置,那么,我们是否可以通过政府干预来实现水资源的有效配置和治理呢?由于水资源的公共物品属性,似乎水资源可以通过政府干预来纠正市场失灵。但是,政府判断与决策失误、决策信息不完全、地方政府追求短期利益、利益集团的影响、社会体制不健全等因素,使得政府在水资源的有效配置和治理上低效率,出现了政府失灵,从而导致甚至加剧水污染灾害形成。对于市场经济发展还不完善的中国而言,政府在水资源的配置中仍然担任着重要的职责,因此,重大水污染灾害的成因除了市场失灵的原因之外,政府失灵是更主要的原因。

水污染灾害是自然-人为复合型灾害,而且人为因素是主要原因,这也意味着水污染灾害治理的可行性。然而,对于水污染灾害的治理,工程技术治理只能治标,不能治本,而只有从人和制度方面入手才是治本良策。以往经济学界一般将水污染灾害的治理手段分为庇古手段和科斯手段,以分别依靠政府干预和市场机制来达到外部性内部化的目的。然而,两者无论在理论上还是在中国水污染灾害治理的实践中都显现出优点和缺点,决定中国重大水污染灾害治理应该结合两种手段的力量,实现优势互补。此外,由于我国传统计划经济体制对市场经济发展的局限,市场调节水资源利用和保护不足,而且强大政府力量的弊端引发水资源治理中的"政府失灵"。因此,我国重大水污染灾害要得到全面治理,必须消除市场失灵和政府失灵两个方面。除了外部性内部化消除市场失灵这一治理思路外,重大水污染灾害的治理还应通过治理主体的多元化和非正式内在治理制度的创新两方面来约束政府行为,有效治理政府失灵。应该根据实际情况,综合多种思路相互配合、优势互补,以建立一种政府—市场(企业)—公众相互制约的社会制衡机制,并辅以完备的政策法规等的正式制度和社会价值观、道德、舆论监督的非正式制度保障社会制衡机制的建立和运转。

［摘编自王茜、谢永刚等:国家社会科学基金一般项目《中国重大水污染灾害的经济分析及实证研究》(06BJL033),2008 年 10 月。］

三、中俄跨境水污染灾害及区域减灾合作机制探讨

（一）背景

松花江是我国七大江河之一，其两大支流在三岔河交汇后，形成松花江干流并流经哈尔滨、佳木斯、同江等地，然后与乌苏里江交汇，通过俄罗斯入海。如果松花江发生严重的水污染事件，不仅直接影响我国境内，还可能影响到下游的俄罗斯。因此，对于松花江流域水污染问题，我国是高度重视的。如 2005 年 11 月的松花江水污染事件，在污染带向下游行进过程中，中方就考虑到对下游哈巴罗夫斯克边疆区的影响，尽早地通报了俄罗斯方面。为保证黑龙江下游俄罗斯远东地区居民取水安全，中国在黑龙江省抚远水道入口处实施筑坝拦截工程，阻止污染水团流入乌苏里江和俄罗斯境内；并向俄方赠送了监测设备和治理污染物的活性炭，派出人员赴俄帮助安装调试。中国政府所采取的措施和行动完全符合国际水法相关原则、规则的要求，体现了中国政府解决跨界水问题的巨大诚意，也获得了俄罗斯方面的理解和支持。

随着松花江流域经济快速发展，沿江企业增多，河流环境保护仍然面临巨大的挑战，我们有必要回顾和总结教训，进一步探讨国际河流及其水资源管理和利用以及越境污染及区域减灾合作机制，以助于更好地解决类似事件发生所产生的问题，避免产生负面效应和不良影响。

（二）基于区域经济理论的分析

对于一个国家排放的可流动或可转移的污染物，所造成的危害往往会波及其他一些国家，乃至全世界。所以，在分析跨越国界的污染现象以及寻求解决办法时，博弈论可为我们提供一个完整的分析框架和进一步深入探讨的理论方法。一个具有实践意义并起到很好效果的例子，就是各国在研究和制定解决全球酸雨、气候变化、海洋污染等问题的方案时，博弈论是不可缺少的理论支撑工具，而且达成了共识。类似于上述的国际河流污染等问题，其特点是由于物理因素和经济因素的不同，国家在每单位污染中所受的损害是不一致的。因而，各个不同国家对待这类问题及其解决办法的态度也是不同的。

越界污染是国际外部性问题的典型例子，它是由全球公共物品或公共财产缺乏所有权而引起的。这些公共财产主要包括大气环流及气候资源、公海及其鱼类资源、全球多样性生物、热带雨林及重要湿地、大面积的湖泊、大江大河及其河漫滩等生态系

统。各国在利用这些公共财产时所涉及的问题比较复杂，主要原因是这些资源的使用边界不清，存在着外部性，尤其是负的外部性，既包括国内外部性还包括国外的外部性。国内外部性与国际外部性的本质区别在于：国内外部性问题的解决依靠本国的政府，政府可以通过外部性内化的手段如制定排污标准、征收排污水费、排污权交易等来解决；而全球公共财产要想以较低的成本求得一致性同意的解决办法就很困难，因为世界上目前仍不存在超越任何国家的政府或组织，而且能够具有完全的法律效力和权力去使国际外部性得到内在化。虽然欧洲联盟成员国可以通过颁布盟员必须执行的环境相关法律，明确要求其成员国遵守污染条例，但是其成员履行法律的程度却大为不同；并且，欧盟无论如何也不能够限制非成员国家，比如向它们征收二氧化碳税来防止全球变暖。同时，美国、加拿大、英国等国也不能迫使巴西必须要保护热带雨林而为全球提供公共服务。

　　国际外部性主要涉及的问题是他国的原因或负的外部性溢出使得本国的福利变得减少的问题。尽管一些国际公约至少认识到需要一些保护措施，去控制国际环境中污染物的过度外溢，但是"受害者"仍然不能够得到合理的补偿。在1972年斯德哥尔摩的联合国人类环境会议上，针对环境问题指出，国家有义务保证自己的行为不会导致其他国家环境受损害。从中我们可以看到，受害国是否能够从污染国那里得到真正令人满意的补偿，已经引起了关注。

　　目前，我们还缺乏国际水域污染物的外部性内在化的办法，尤其是跨国污染导致的环境灾难，因此通过国际公约去保护像界江界河这类的公共品就显得格外重要。然而，任何一个公约都会面临问题。比如，一个旨在减少二氧化碳排放量的全球性公约，A国就可能有很大的激励不签署这个协议或不执行这个公约，因为只要其他一些国家减少了二氧化碳的排放量，A国在不用消耗本国资源或投入成本去减少二氧化碳排放量的情况下，就可以从中获益。特别是非洲和南亚一些仍处于贫困状态的国家，吃饭和发展是头等大事，环境保护对它们来说是奢侈品或并没有摆在前列问题，对气候变化并不在意，就没有激励去减少排放。另外，如果有一些国家能从全球变暖中得到好处，它们就更没有动力去减少温室气体的排放量。从经济学角度分析，这意味着执行公约的结果不是帕累托最优，因为产生了搭便车行为，减少了全球的福利。假定在一个减少二氧化碳排放量的国际公约下，B国因减少排放量损失了八千万美元，但从全球的角度看，净收益还是大于零的，并且这个净收益损失超过了B国因减少排放量带来的损失。假若B国的损失能够得到补偿，它就会同意或积极参与这种减少排放的行动措施，相应地，全球福利也会得到增加。一个现实而容易理解的例子就是：如果巴西可以得到热带雨林的补偿收益，它就可以放弃本国砍伐热带雨林树木的收入。尽管补偿问题可以以环境损害为标准，关键问题是怎么样去解决执行的问题。也就是说，B国在参与了这个计划后，是否能够真正得到补偿？一个国家如果参与了一个国际计划，其国内受损的个体能否得到补偿？怎样决定哪个国家应该支付哪种补偿？这个问题通常通过博弈论来表达,以探讨合作与不合作的解决方案。显然搭便车行为对于这种单边支付协议同样是一个阻碍:若英国居民会从保护巴西雨林中得到好处,但是英国可能不会同意这种支付,因为只要其他一些国家进行了这种支付,英国就可以无本盈利。其实,解决类似跨国水污染问题,与上述例子是一样的,特别是一条河流流经多个国家,问题就变得更为复杂。

以下应用博弈论相关理论,分析和研究有关解决环境外部性的国际合作问题,正如上文中阐述的那样:这是一种被公认为比较有效的方法,特别是解决两国之间跨国污染问题。Maler(1989)首次试图在博弈论的框架下,对关于污染或酸雨越界问题进行经验研究以来,已经有越来越多的论文运用博弈论对环境问题进行研究。目前有关博弈论的研究大多数都是建立在如何解决有效配置或净效益最大基础之上的,这样就需要一个边界条件:假定污染控制的边际收益和边际成本都是预先给定的,或者是已知的。这样一来,有了这个假定,就能充分论证从全球激励的角度出发,有众多参与者中的完全合作解才是最优的结果。此时,控制或削减污染的成本加上污染带来的损害,从整个世界范围而言总的损害才是最小的,净效益才是最大的,也就是说,使得私人成本接近社会成本,即外部成本变小或趋于零。由于污染损害的减少通常被假定为公共产品,这个结果由萨缪尔森条件决定,即:

$$\Sigma MDC_j = MAC_j \qquad j = 1, \cdots, J \qquad (1)$$

(1)式代表着 J 个国家的边际损害成本(MDC)的总和等于每个国家的边际控制成本(MAC)。此时,污染的边际损害成本(MDC),可以被看成是控制减少污染所带来的边际收益。因此,(1)式的含义为:控制或削减污染达到负的外部效应内部化,使得私人成本与社会成本接近,故此,最佳的状态是各国控制污染的边际收益之和等于每个国家控制污染的边际成本。

如图 1 所示,假定边际损害成本 MDC 和边际控制成本 MAC 的函数是线性的,则各个国家合作的结果是 MAC 与 MDC 的交叉点,即 Q_c 点。此时,每个国家把自己边际损害成本 $MAC(MAC_j)$ 设定为等于全球控制(消除)污染所带来的边际收益 MDC(各国 MDC 之和)。

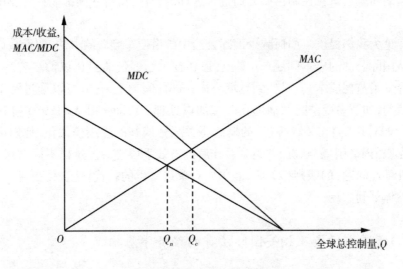

图1　完全合作解和不合作解

尽管如此,一个值得注意的问题不容忽视:即使整个世界福利增进了,这并不意味着每个国家的福利都会因此而增进。因为对有些国家而言,它们由于控制污染而支付了相对于经济发展水平来说是相当可观的一笔成本,此时,其经济状况可能变得更加恶化。主要原因可能有政治的、经济的和技术上的,但从环境经济学角度分析,控制污染所付出的代价往往比环境变好带来的福利大得多。这一点并不难理解,比如有些欠发达国家为了减少煤炭的使用,而开发更环保、更清洁的替代能源,它付出的成本有可能超过环境改善带给它的好处。这样,由公式可知,国家 j 完全可以通过不合作的方式,以使本国的福利不减少或得到增加。如果每个国家都从利己的角度行事,将导致的后果是均衡解,这时每个国家使其自身的边际控制成本(MAC)和边际收益(MDC)相等。这是一国对其他所有国家利己行动的最优反应,即:

$$MDC_j = MAC_j \qquad j = 1, \cdots, J \tag{2}$$

(2)式表明:产生了一个相对于完全合作结果的帕累托次优解,使得每个国家都使其各自的边际损害成本等于边际控制成本。通常可能存在着其他不同的均衡情况,它能使每个国家的状况至少与在纳什均衡下相同,甚至会更好。实践上,各国在解决气候变化和减排方面的合作,证明这个办法或措施是有效果的,因为在保护环境上,受损者得到了相应的补偿,能够激励每个国家或地区相互合作。比如,欧洲联盟国家对待全球问题、气候变化、跨境污染等问题上,在寻求这样的合作解时,通过附加单边支付的方法,或采用许多种单边支付办法,将合作带来的收益,在获益者和受损者之间进行再分配,这样可以使受损者得到补偿,从而使得盟员国都愿意进行国际合作。我国与俄罗斯之间应尝试在控制污染方面进行这样的合作,使得两国都能在合作中共同获得收益。

博弈论为我们提供了如何减少国际公约中的搭便车倾向的方法,假设我们不考虑监控服从国际公约的成本问题(事实上,遥感技术已经使监控比以前更容易,这种技术大大降低了监控成本)。具体到越境环境外部性问题上,官方可以通过污染与其他问题的谈判,如贸易壁垒问题捆绑在一起加以处理。Folmer 等人(1993)和 Folmer 与 Mouche(1993)用"内在关联博弈"的概念将关联性谈判的想法模式化,他们证明这一方法是克服"囚徒困境"状况,并达到合作解的有效手段之一。这样不同领域(包括国际环境外部性问题)的谈判相关联,能构成对单边支付的替代,使合作更进一步,并提高世界整体福利。

(三)跨国水污染及相关国际法律的经济学基础

1. 跨国水污染责任承担

直到 17 世纪工业革命以前,人类活动对国际河流湖泊造成的污染甚为轻微,因此国际条约着重保护的是水生物的养殖,还没有注意到水源和水质的变化。进入 20 世纪 50 年代以后,国际水域的污染范围和严重程度,都达到了空前高度,出现了现代意义的水污染,特别是跨国界污染。第一个因素是工业化产生了油污染、热污染和大气污染,污染范围遍及世界各地,带来的破坏性后果也十分严重。第二个因素是人口增长并向都市集中,加上生活内容发生了变化,造成用水量、生活污水和垃圾同时激增。第三个因素是过量用水和不合理使用加重了污染程度。

1966 年通过的《赫尔辛基规则》中对水污染的表述是:"人的行为造成国际流域的水的自然成分、结构或水质的恶化变质。"国际水污染是现代国际水法的一个重要方面,主要指国际水域的污染,包括地表水和地下水,具有受害面积大、防治困难和需要多国协作的特点。现代的国际水域条约已注意将开发利用同保护水资源两个方面密切结合起来,并增有防治污染的专门条款。但是由于污染源的继续增加,污染程度的日益加重,要求有关国家须采取更加有效的措施。国际水污染的领域和内容都在扩大,但在理论上和法律上则都还有一些重要的问题没有解决,如跨国界污染的概念和内容、国际责任、国际法和水污染的关系、后果及其补偿等等。然而,沿岸国之间无法控制对方的用水和排废,国际机构也没有真正的权力行使有效的监督。因此,国际水污染比国内水污染更难治理,对污染源也更不易控制,往往还因此引起国家之间的纠纷。每个国际水域污染都涉及几个国家,需要通过条约规定各国所应承担的义务。这些条约的制定或法理依据都要遵守一个基于经济成本的基础。

从许多事例中可以看出,跨国水污染已引起了国家之间利益的冲突。荷兰同法国、西德为莱茵河污染而争吵了30多年，美国同墨西哥、加拿大两个邻国之间长期遭受跨国水污染的困扰。尽管经过谈判签订了协定，制定了解决方案，甚至取得了一些进展，但跨国水污染并未根本解决，因为经济增长和人口集中所造成的污染源依然存在，旧的污染点减少或得到控制以后，又出现了新的污染点。跨国水污染包括政治、经济和技术三个方面的问题，而占首要位置的是政治因素。由于整治共有水域涉及各沿岸国的经济利益，因此解决方案还必须考虑各种经济因素。同时，治理跨国水污染又是一个科学技术问题，首先要求掌握大量技术资料，制定合理方案，并且需要长期进行技术监督，亦即从始至终提供技术保证。在签订国际条约、建立专门治理体制以后，能否真正发挥作用还取决于这些机构是否拥有必要的权力。目前，这些常设机构的共同问题是权力有限，不能采取有效措施并认真执行监督，因此治理效果不明显，这是国际水域沿岸国必须共同协力解决的一个关键性问题。

跨国水污染造成国家之间一种特殊的权利和义务关系，亦即污染者和受害者的关系，或是需要共同承担治理污染的责任并履行共同治理污染的义务。治理跨国水污染必须由国家之间协力解决，因此在这方面国际法应起到干预和调整的作用。

2. 跨国水污染与主权的关系明晰

国际水域分属各沿岸国，在其直接管辖下的河段或湖面，即是其领土的一部分。因此，国家对其辖下的国际河流湖泊拥有主权。在出现水污染时沿岸国家或是污染者，或是受害者，或是共同责任者。由于绝对主权论的影响，直到20世纪中期还有学者主张：国际法基本原则不禁止沿岸国污染其水域。但是，一个国家水域中的水如果流到境外，把水中污染体送到他国，则是直接损害他国利益的行为，妨碍了他国对水源的正常利用，以及侵犯或限制了别国的用益权。美国将盐度过高的水送入墨西哥境内，墨西哥无法用高盐度的水灌溉农田，这就妨害了墨西哥对水的正常利用，损害了他的主权利益。当主权利益受到侵害，根据相关法规，污染补偿才成为可能。

3. 跨国水污染与国家责任的关系

沿岸国在其领土上的活动污染了国际水源，国家应对污染负责，这也是国际法的一条基本原则，即在一国领土上不得从事危害他国的活动，包括军事破坏、组织走私、伪造货币等，都应由造成破坏行为的所在国承担责任。许多国际条约中已载入专门条款，禁止对国际水源造成污染，有的条约还规定赔偿原则。但是，在实践方面，实际执行的阻力很大，主要是当事国出于国家体面考虑，不愿承担责任。随着跨国污染范围的扩大，确定责任在技术上亦有相当大的困难，因此，国际事件倾向于强调照顾睦邻关系和共同利益，而避免过多强调法律责任。

4. 跨国水污染与共同财产

早在20世纪初，国际河流就被认为是沿岸国的共同财产。20世纪70年代发展中国家提出了"全人类的共同继承财产"的概念。国际水域属于人类共同财产,各国都有共同的保护责任,在发生污染时则有共同的责任。共同财产概念对于处理跨国水污染有极重要的意义,因为水的流动特点是同一流域范围内各国都会受到污染影响,而它们各自的活动也会造成对流域的污染。只有从整个流域概念出发规划治理污染,才能产生效果。目前,实行区域治理才仅仅是开始,治理效果不是很显著。这涉及防治跨国水污染的基本方针问题。各沿岸国对共同财产采取保护和整治措施,在流域范围制定规划,汇集各种力量,提出明确的治理目标和要求,应该是今后的方向。

5. 跨国水污染所涉及的责任及赔偿问题

现有的国际条约对于污染的概念和应该承担的责任有各种不同提法。很多条约只提出防治水污染而对它的内容未加具体说明。这反映了各个国际水域的不同特点,也说明现阶段国际水法在解决跨国水污染方面还处在起步阶段,有许多理论和实际问题需要进一步加以解决。

很多双边和多边条约已经确定了跨国水污染的内容、范围和治理措施,但是至今仍未有一个普遍性的国际条约对跨国水污染提出一个完整的法律定义。这是因为国际社会虽然都承认防止和治理水污染的紧迫性与必要性,但对于污染的标准和治理责任仍存在着很大的分歧。《赫尔辛基规则》要求沿岸国家共同防止国际流域出现新的污染,或是加重已有的污染程度,避免对其他流域造成重大损害,并且规定了赔偿损害的原则。但是,对于污染造成损失的标准正是当前一个争论的焦点。"重大损害"的提法主要是参照 20 世纪 40 年代著名的特雷尔冶炼厂污染赔偿案的裁决所规定的必须造成"严重后果"才负赔偿责任。在国际上,一般轻度污染通常不做污染处理,但严重到什么程度才构成污染行为,则很难制定统一标准。现今的趋势是由条约规定污染物排放的最高限额,或确定水质标准。这些规定都有利于控制和治理污染,但在国际上则很难形成统一的标准。这是因为各个国际水域有不同的自然特征,水源亦有多种用途,加之各个沿岸国的经济发展程度不同,从污染源、治理要求到各种杂质的具体含量,实际上都不可能规定统一指标。欧洲水污染问题会议的报告中强调污染概念的相对性,主张以水质变化所造成的损失程度作为主要标准,指出了一条新途径。近年来,国际事件已提供了一些先例可供借鉴,并有条约加以确定,建立常设机构直接负责执行治理计划并加强监督,比较能适合每个国际水域的特性。

(四)中俄跨国污染防范和治理的合作机制探讨

1. 以往中俄政府间合作内容、机制回顾

中俄在贸易、资源开发、跨国污染治理等方面合作,是有一定历史基础的,这对未

来界江界湖水资源开发合作以及跨国污染共治创造了基础条件,并提供了经验和借鉴。2007 年初,中俄两国元首共同批准了《中华人民共和国东北地区与俄罗斯联邦远东及东西伯利亚地区合作规划纲要(2009—2018 年)》(以下简称《规划纲要》),10 月中旬,两国总理共同发表的《中俄总理第十四次定期会晤联合公报》中特别强调,"双方将全力落实两国元首批准的《规划纲要》,并为此确定协调落实的办法"。为贯彻落实两国元首、总理等高层领导达成的共识和有关指示精神,双方一致认为,各有关部门和地方政府除结合职能、研究制定相应的支持政策措施外,还应从机制和制度上,建立和完善从国家到地方及企业等多层次的中俄地区合作协调、推进、落实机制。据不完全统计,自 1996 年至 2012 年,中俄两国元首级会晤 2 次,总理级会晤 17 次。其中涉及资源合作方面内容的达到 11 次。可以看出,中俄高层定期会晤和协商机制,为进一步解决双边问题和未来合作开拓了广阔的前景。同时,近十多年,中俄签署的有关水资源合作方面的协议、协定有 15 次,其中国家层面的 11 次,省部级层面的 4 次。如2007 年 8 月中国和俄罗斯在北京召开了水资源合作联络小组会议,这是中俄首次针对水资源合作成立的联络小组;同年 9 月,中俄联合专家组通过实地考察松花江流域水质状况,为跨境污染的经济制裁或赔偿措施等提供建议。2008 年 1 月《中华人民共和国政府和俄罗斯联邦政府关于合理利用和保护跨界水的协定》,初步构建了我国东北地区国际河流开发的法律框架;10 月中俄就黑龙江上的黑瞎子岛主权划分达成协议,这对跨境水资源的利用与开发营造了良好的政治氛围。2009 年 10 月中俄人文合作委员会第十次会议在大连市召开,国务委员刘延东与俄副总理茹科夫签署了《2009—2010 年旅游合作计划实施纪要》(以下简称《纪要》)。《纪要》为中俄界河界江界湖水资源开发奠定了基础。这些无疑使中俄双方将跨界水体利用和保护方面的合作例行化、常态化,对双方进一步合作解决跨境污染开创良好的条件。跨境污染与共治问题解决了,为双方水资源合作开发的合作机制的建立创造了条件。俄罗斯水资源极其丰富,随着黑龙江省确保千亿斤粮食生产,界江界河的水资源开发势在必行。因此,中俄界江跨境污染及水资源利用合作机制的建立意义重大。

2. 未来中俄跨国水污染灾害应对的合作机制设计

(1)在互信基础上,建立合作、协商制度

在国际水法中,互信是制度实施的基本保障,尤其是应对上下游水污染灾害事件的合作协商制度。1972 年人类环境会议通过的《行动计划》呼吁为防止淡水污染和保护水资源进行国际合作;1992 年联合国环境与发展大会上,通过了《地球宪章》《联合国气候变化框架公约》《21 世纪议程》等文件,在《21 世纪议程》中明确提出"适用统一的开发、管理和利用水资源的方法,保护水资源的质量和供应";联合国于 1997 年通过的《国际水道非航行使用法公约》,明确了在淡水资源保护方面国际合作的原则,倡议通过联系机制或联合委员会等方式进行合作。迄今为止,这是世界目前唯一的淡水资源国际法律。2005年松花江水污染事件,双方唯一可遵守的中俄之间的环境保护协定,即《中华人民共和国政府和俄罗斯联邦政府环境保护合作协定》。这个协定是中俄两国在双方互信的基础上,双方约定并开展有关环境保护等方面的信息沟通和相关资料的交换,其中包括技术人员交流和科研活动等合作方式,特别强调了属于国际河流(湖泊)水资源综合利用和边界水体保护领域中的合作,包括松花江下游水系、乌苏里江、绥芬河、黑龙江及兴凯湖等。这个协定表明了双方的互信程度,标志着在未来出现跨界水污染问题时,尽管目前还没有具体的跨界水污染处理可供参考的两国共同认可且可执行的文件,也可以启动外交临时协商和对话机制。在2005年的松花江跨国水污染事件中,中国不失时机地向联合国环境规划署等有关国际组织和机构与俄罗斯边疆区,通报了松花江水污染团向下游移动的最新发展情况。当时,不论是俄罗斯方面还是国际社会、国际组织和所有媒体,都能够及时了解和报道水污染全面而准确的相关信息。在这次跨国水污染灾害事件中,中国方面积极遵守了国际水污染跨界的处理习惯,并形成了一整套信息采集和通报制度,这是负责任的和积极的态度。俄方对中方的处理态度表示满意,中方的处理态度也受到国际社会的认可。中方认为,中俄有额尔古纳河、黑龙江、乌苏里江、兴凯湖等界河界湖,加强对这些河流的管理和保护,建立完善的协商和合作制度,这既是国家利益和国家安全的需要,也是执行国际水道法原则、规则的要求。

(2)在互利互惠的基础上,建立共同遵守的跨国水管理原则

解决类似像松花江跨国水污染这样的灾害事件,建立共同遵守的原则至关重要。由于河流水系、湖泊是一个国家或地区重要的自然资源之一,它的自然和环境系统与社会经济发展甚至同一个国家、民族的生存、发展及独特的文明脉脉相通。对处于本国境内的水资源进行管理、开发和利用是一个国家的主权,别国没有任何理由加以干涉。所以,一个国家对处于本国领域内的河流湖系及其水资源拥有主权,是一项国际公认的法定的权利,即所谓的主权原则。但国际法同时也规定,某一国家对其所拥有的河流水资源的开发利用,不得损害到自身管辖范围以外的(或他国)水资源和水环境,如界江界河(湖)或上下游国家。还包括一国对其所属河流、水道及其行洪滩地的利用和开发,如修建河堤、护岸等建筑物,必须要考虑到不得对其他沿岸国家或下游国家对该河流的主权行使造成负面影响或者设置障碍。因而,根据国际性河流及其水资源"共享"或尊重对方拥有水权的实际情况,每个国家在制定自身相关法律规则时,还要考虑确实保障相关国家的主权,以实现自身的"小法律"适应或在国际公认的"大法律"框架内,共同遵守公平、公正的基本理念,当然这种理念基于两点:一是河流沿岸国家相关信息的交流;二是利益相关国家之间要在互惠互利的基础上行事。如目前可遵守的原则即"大法律"有联合国环境规划署通过的《关于共有自然资源的环境行为之原则》《非航行利用国际水道法公约》等等。但是,当下已有的相关国际水法或水规仍没有实现完全的共同管理。所以,还要发展和完善一些跨国水管理原则,如不引起

严重损害原则，即在本国领土上利用国际水道应采取一些适当措施防止对其他水道国造成严重损害，如果发生严重损害，除非引起该损害的利用得到了受害国的同意，加害国应当与受害国进行协商并根据有关国际法规则消除或减轻损害，并对损害承担赔偿责任。可见，在互利互惠的基础上，建立共同遵守的跨国水管理原则，并形成长效机制尤为重要。

(3)在共同履行国际公约基础上，共同制定跨国污染措施

2005年的松花江水污染事故发生后，我国政府将松花江污染团下移并可能污染下游哈巴罗夫斯克边疆区域的有关情况向俄方政府部门通报，同时，中方将监测到的松花江水质污染的相关数据、跟踪监测水体污染团行进的情况以及污染影响程度等资料，一并通知俄方并协助他们商定应对措施。这些行动都是在履行国际相关公约的基础上进行的，也为后来俄方积极配合，积极地、共同地采取措施提供准备。尽管当时可遵守的国际公约有20世纪90年代联合国第五十一次大会通过的《国际水道非航行使用法公约》，这个公约是世界上第一个关于国际淡水资源利用和保护的国际公约，也是目前有关国家响应和倡导最多的公约。公约的内容涉及对国际水道非航行使用的内容、原则、方式，包括司法解释和管理制度等诸多领域，对于松花江下游国际水道污染的相关事宜处理有参考意义。《国际水道非航行使用法公约》还详细规定了上游国(如中国)利用其境内水资源的权利和应受到的限制，包括对下游国(如俄罗斯)的主权和水资源利用造成影响的限制。目前，中国政府虽然没有加入这个公约，但遇到此类污染事件，积极参照公约处理跨境污染事宜。另外一个可以参照的准则就是国际法协会通过的《赫尔辛基规则》，这个规则是1966年通过的，当时背景下北欧国家积极倡导并由国际法协会组织通过，对各国并不具有法律约束力。但是，这个规则对国际法中关于国际河流利用的规则做了系统的阐述，并在处理国际河流污染、纠纷中被很多国家参照执行，比如，《赫尔辛基规则》中规定了各国有责任防止和减轻对国际流域水体的污染，包括"从一国领土所造成的水污染"和"虽在其国家领土之外，但由该国之行为所造成的污染"。这一点对解决中俄跨境水污染问题的参考价值很大，特别是规则中强调"国家有责任停止其引起污染的行为并对同流域国所受的损失进行赔偿"。在这次松花江水污染事件中，中俄在界江界河水资源利用、处理跨境水污染事件的两国共商机制的建立以及共同应对污染灾害或防范的实践中，《赫尔辛基规则》得到中俄两国广泛的承认和尊重。第三个国际公约是1992年联合国欧洲经济委员会倡议制定的《跨国水道和国际湖泊的保护和利用公约》，它是区域性公约的典型代表。公约第一部分"一般规定"包括预防、污染者付费、代际公平、合作等基本原则的规定。第二部分"沿岸国的规定"对于双边和多边合作的具体事项、协商、联合监测和评价、共同研究和开发、情报交流、预警和警报系统、援助等进行了规定。这些规定为跨国污染共同制定措施打下了坚实的基础。中俄必须在共同履行国际公约的基础上，共同制定跨国污染措施，才能很有效地解决跨境污染问题。

（4）组建中俄界江界河（湖）国际委员会

国际河流共同管理常设机构有着一百多年历史的发展过程,如在美国和加拿大、美国和墨西哥、巴尔干水系、亚马孙河等,都成立了国际河流委员会,代表了不同合作程度的开发机构。目前,世界上运作比较成熟的国际河流委员会有多瑙河保护国际委员会、保护莱茵河国际委员会、美墨国际边界与水委员会、塞内加尔河流域开发组织、马诺河联盟、亚马孙合作条约组织、巴尔干各国水经济委员会等等。若组建中俄界江（湖）合作委员会,可借鉴上述这些国际水机构的经验,重点解决两国关于水资源开发和水污染共治的政治性与技术性结合的问题,包括中俄两国统筹兼顾的开发方针和国际参与等,充分发挥共同管理、协调、监督、开发等多功能机构的作用。实际上,19 世纪 60 年代苏联与波兰就签署过《苏联—波兰关于边界水域的水经济协定》,俄罗斯在此方面有很多经验可以借鉴到中俄水合作委员会,其中涉及的调节边界水流和修建水利工程以综合开发水利资源、修建堤防、改进水经济和供应农业用水、防止污染、研究边界水情等。

（五）中俄跨境水污染灾害共同应对机制建立应注意的几个问题

1. 加强中俄界江界河共同管理的基础工作

根据以往国际河流上下游、左右岸管理的经验,水文信息收集及评价是基础,国际河流资源认定是权益分配的前提性工作。水文测验和资料整编、水文分析计算、水文资料交换为主要内容的双边或多边水文合作,是国际河流合作开发的第一步。而黑龙江及其支流局部缺少前期水文研究,甚至基础资料都很不完整,水文监测站布设不够等,特别是双方技术层面的交流和互信不够,必定会影响后期河流共同合作开发和跨境污染应对等谈判的进程。

2. 注重和积累中俄双边交流的人文合作经验

目前,中俄界江界湖水域开发以及减灾合作,最大的障碍因素是解决双方不同或争议的地方,以往国际惯例是使用政治和法律方法。如外交谈判或依据国际判例和国际公约等。这些是不可缺少的基础条件,如《国际河流利用规则》《国际水道非航行使用法公约》《关于自然资源之永久主权宣言》等。但鉴于中俄双方经贸合作的历史,区域合作的创新机制更为重要,在界江（湖）开发中的水量分配、环境影响、共享资源产权等问题的协商,融入人文的因素更为重要。因此,实现双边互惠的各种谈判以及规则的制定,对以往合作的人文因素的经验总结和研究非常重要。

3. 加强政府管理部门、高校、科研院所的水问题领域的合作

中俄界江界湖水域主要在我国的黑龙江省和吉林两省,这两省都与俄罗斯有着历

史悠久的经贸往来。而在俄远东资源的开发和区域减灾合作方面,以及共同应对双边区域突发事件的合作上还是欠缺。首先要充分发挥黑龙江、吉林两省高校的科研优势,加强与俄罗斯的合作。如黑龙江、吉林两省对俄除了有地缘优势之外,又是我国俄语人才的培养基地和对俄研究基地,仅黑龙江大学就有水利学院、俄语学院、俄罗斯研究院、中俄学院、中俄联合研究生院等。要加强这些研究机构与俄方探讨跨境水污染和区域减灾合作有关的技术、信息、合作机制等方面的研究。

（摘编自谢永刚、王建丽、潘娟:《中俄跨境水污染灾害及区域减灾合作机制探讨》,载《东北亚论坛》2013 年第 4 期。）

四、水污染灾害的政府监管与企业治污博弈分析

(一)引言

为了彻底解决河流水污染问题,避免大量未经处理的城市污水和企业排污废水,直接进入河流,各地监管部门应加大区域水环境监测、预警、应急处置和环境执法能力,加大环境违法处罚力度。另外,政府在加强监管的同时,还要组织有关科研等部门从理论上探讨和研究"政府监管和企业污染治理的博弈关系",这对治污实践具有至关重要的意义。

(二)政府监管与企业污染治理的博弈分析

在排污问题上,政府和企业的利益是根本对立的。政府设法控制企业排污,而企业设法瞒过政府排污,这样政府和企业就构成了排污博弈事件的两个参与人。假设一个代表性的生产企业有两种策略选择:对水污染进行治理与不治理。政府也有两种策略选择:监管与不监管。假设企业在不进行水污染治理模式下的收益为 R,利润率为 α;而企业对水污染进行治理的成本为 C,企业的利润为 π。政府为对水污染进行治理的企业提供的税收减免与补贴合计为 T_R;对排污却不治理的企业的罚金为 T_A。若企业不治污,则政府为保护水环境而进行治理的投资费用为 A;若政府与企业均不对水污染进行治理,则对环境资源的浪费和污染折算总值为 B。设企业以利润最大为目标,政府以支出最小为目标。

模型分析:

(1)对企业而言:若 $R_\alpha - C + T_R \leqslant R_\alpha - T_A$,即 $T_R \leqslant C - T_A$,则企业存在占优策略——不对水污染进行治理模式;对政府而言:若 $A - T_A \geqslant B$,则政府存在占优策略——不监管,那么该博弈模型存在纯策略纳什均衡。即企业选择非治理模式,政府不监管。这必然导致环境的污染严重。

(2)若 $0 \leqslant R_\alpha - T_A < R_\alpha - C + T_R \leqslant B$,且 $B \leqslant A - T_A$,即:$C - T_R < TA \leqslant \min(A - B, R_\alpha)$,此时,仍存在纳什均衡,即企业不治理,政府不监管。这也必然导致经济的不可持续增长。

(3)设 $R_\alpha > A - B$,若 $A - B < T_A \leqslant R_\alpha$,则有两种可能:

①由于 $T_A \leqslant R_\alpha$,超额性的罚款,不至于使企业亏损,它仍在采用非治理模式,但政府应该采用监管策略,均衡结果是:企业非治理,政府监管。此时的企业利润为 $\pi =$

$R_\alpha - T_A$,政府的支出费用为 $A - T_A$。

②虽然 $T_A \le R_\alpha$,但若 $T_A > C - T_R$,企业进行水污染治理,使自身获利更多,这时不存在纯纳什均衡,存在混合纳什均衡。

现从定义出发求混合纳什均衡解。设企业治污的概率为 x,不治污的概率为 $1 - x$,政府监管的概率为 y,不监管的概率为 $1 - y$。

设企业的期望收益为 E_1,得:

$E_1 = x[y(R_\alpha - C + T_R) + (1 - y)(R_\alpha - C)] + (1 + x)[y(R_\alpha - T_A) + (1 - y)R_\alpha]$

企业的期望收益最优的一阶条件为:

$$\frac{\mathrm{d}E_1}{\mathrm{d}x} = y(T_R + T_A) - C = 0$$

得: $y = \dfrac{C}{T_R + T_A}$

当 $y < \dfrac{C}{T_R + T_A}$ 时,则 $\dfrac{\mathrm{d}E_1}{\mathrm{d}x} < 0$,即当政府监管的概率小于一个特定值时,企业的期望收益随企业治污概率的增大而减小,那么企业会选择不治污模式,这也表明当政府监管概率较小时,企业一般不会主动进行污染治理;当 $y > \dfrac{C}{T_R + T_A}$ 时,则 $\dfrac{\mathrm{d}E_1}{\mathrm{d}x} > 0$,即当政府监管的概率大于这一特定值时,企业的期望收益随企业治污概率的增大而增大,企业会选择治污模式;当 $y = \dfrac{C}{T_R + T_A}$ 时,企业对治理与否持无所谓态度。

政府的期望费用为 E_2,得

$E_2 = y[xT_R + (1 - x)(A - T_A)] + (1 - y)[x \cdot 0 + (1 - x)B]$

政府期望费用最优一阶条件为:

$$\frac{\mathrm{d}E_2}{\mathrm{d}y} = x(T_R + T_A - A + B) + A - B - T_A = 0$$

得, $x = \dfrac{T_A + B - A}{T_R + T_A + B - A}$

当 $x < \dfrac{T_A + B - A}{T_R + T_A + B - A}$ 时,则 $\dfrac{\mathrm{d}E_2}{\mathrm{d}y} < 0$,即当企业治污的概率小于某一特定值时,政府的期望费用会随着政府监管概率的增大而减小,因此政府会选择监管;当 $x >$

$\dfrac{T_A + B - A}{T_R + T_A + B - A}$ 时,则 $\dfrac{dE_2}{dy} > 0$,即当企业治污的概率大于这一特定值时,政府的期望

费用会随着政府监管概率的增大而增大,政府会选择不监管;当 $x = \dfrac{T_A + B - A}{T_R + T_A + B - A}$

时,则 $\dfrac{dE_2}{dy} = 0$,政府对监管与否持无所谓态度。

通过上述分析说明,企业对水污染治理方式的选择取决于政府监管的概率,而政府的行为同样取决于企业治污的概率。二者的概率取决于政府给进行治污的企业的优惠税收和补贴政策、企业对水污染进行治理的成本、对不治污企业的罚金以及政府为保护水环境而进行治污的投资费用等。从中可以看出在水污染治理过程中政府和企业之间的博弈是一个十分复杂的过程。这里仅从企业受益和政府支出的角度进行了简单的分析,如果再考虑环境资源的承载能力等因素,企业由环境恶化、资源短缺所造成的机会成本的损失,则其博弈分析更具复杂性。

企业在流域内排污行为的泛滥,最终导致水环境的恶化,从而造成严重的"公共地悲剧"。从上述的博弈分析中能够看出,在没有政府介入和约束的完全竞争市场经济条件下,经济主体的博弈双方受理性的支配,趋于不合作的结果,形成非合作博弈,最终达到的均衡是建立在环境的负收益基础上,博弈的纳什均衡对地区之间进行水资源优化配置是不利的或低效率的;而在政府有效政策的支持监督下,博弈的纳什均衡可以得到改善,使博弈达到有利于水资源优化配置的均衡。制度是 N 人博弈的均衡解。为了公众以及下一代利益,政府必须作为代表公众利益的博弈方,它的任务就是制定和执行各种制度规则,制止企业排污,保证公众的生活环境质量。因此,为推进水资源市场优化配置的实现,规避市场失灵、政府失灵带来的风险,在政策层面上,对水资源使用权分配的监管应实现流域管理与行政区域管理相结合,流域总量控制与定额管理相结合。为做好流域水资源使用权初始分配的监管,应加强水资源监测系统、水资源信息管理系统、水资源预报系统等监管手段的建设工作。同时,政府要提高监管的效率,形成政府、企业、消费者各主体之间的良性互动的水资源循环利用可持续发展的模式。

(三)对策与建议

1. 利用市场手段,促使企业主动治理污染

对于排污企业来说,处罚金在长期来看并不能抑制企业逃避治污的机会主义行为,同时,却有可能会刺激企业以提价的方式将治污成本全部或部分转嫁给消费者。因此,有必要打破主要依靠处罚来推动企业污染治理的单一手段。另外,有些地方政府会出于为本地区利益的考虑而对污染企业采取庇护态度。这些情况都促使我们应

当积极利用市场激励因素来推动企业的环境保护行为。灵活的市场手段能够使现有的环境法规体系应用得更加灵活和有效益，给予企业较大的主动权，如通过发放污染排放许可证的市场手段，可以使企业积极采用节约成本的环境控制措施，而不是仅仅遵循环境法规中所规定的技术措施，而且企业之间可以分担环境控制的经济负担，使那些低成本控制污染的企业更有利可图，有利于形成企业主动控制污染的市场环境。应该根据实际情况，综合多种思路相互配合、优势互补，以建立一种政府—市场（企业）—公众相互制约的社会制衡机制。

2.加强水环境监管制度,提高政府监管效率

有必要进一步完善水环境监管机制，采取经济手段、法律手段、行政手段相互结合、相互补充的方式。对于政府自身来说，应通过加强环境执法装备建设、健全执法监测体系，为环境监管提供基本的运行条件。各级政府和环保部门要形成一套有利于这些手段充分发挥作用的监管制度。要将污染物总量控制指标逐级分解到地方政府并落实到各个排污单位，有效实施污染物总量控制制度；要推行排污许可证制度，运用法律和行政手段禁止无证或超总量排污；要严格执行水环境影响评估和"三同时"制度，严格监察和禁止对地区产生新增污染物排放量与对生态有较大负面影响的建设项目的审批；严格按照法律、法规，对排污量超过允许范围和数量的企业，进行停产整治和罚款的惩罚；要加强跨省水环境执法及污染纠纷的协调，明确污染方责任并依法追究相关地区和企业人员的责任，保证对污染受害者的赔付补偿。此外，通过细化公众参与环境保护的具体条件、方式、层次、程序等内容，拓宽公众参与途径，充分发挥公众监督作用，为政府监管提供有力补充，促进政府监管效率的提高

3.社会经济发展与水环境保护相结合

在当今的经济发展过程中，有些地方政府仍认为国内生产总值是硬指标，环境是软指标，只关注经济效益，看不到环境效益和社会效益，这种观念也是影响政府环境监管不力的因素之一。因此，政府应摒弃旧观念，在制定未来国家和地方经济发展规划时，要组织人力深入研究绿色国民经济核算方法，将发展过程中的资源消耗、环境损失和环境绩效逐步地纳入到经济发展的评级体系中，根据本地区的环境容量、资源禀赋以及国家发展规划和产业政策，把区域经济规划和水环境保护目标有机结合起来，合理规划和调整产业、企业的布局与结构。对于一些高污染的行业、企业经营权和建厂地址的审批，政府要充分考虑其对水环境的影响，严格把关，减少高污染的行业、企业在沿江地区进行生产经营；对于已经建立的高污染行业、企业，政府发挥管理监督作用，控制其排污水平，在条件允许的情况下，改变沿江行业、企业的结构，使得地区经济发展和当地的水环境承载力相协调，形成地区经济可持续、健康的发展局面。

（四）结论

水资源是一种公共产品,其产权不清晰及外部性等特性致使其成为受污染的对象。水污染给整个流域的社会经济带来的危害不仅是社会效用的降低,更重要的是生态环境破坏及对人们健康的危害。通过对政府监管与排污企业的博弈分析可以看出治理污染必须通过政府监督使治理污染的成本内部化。政府作为环境监管部门,必须进一步加强水环境监管制度,提高自身的监管效率,制定经济发展与环境保护相结合的政策,以实现社会经济的持续协调发展。

（摘编自谢永刚、孙亚男:《水污染灾害的政府监督与企业治污博弈分析——松花江流域案例研究》,载《自然灾害学报》2009 年第 3 期。）

五、水污染灾害的补偿机制探讨

为了维护流域生态和经济的可持续发展,明确流域上下游之间的环境责任,内在化水污染治理外部成本,流域水污染的补偿机制问题已成为社会密切关注和亟待解决的现实问题。

(一)流域水污染补偿机制的现状

1.流域管理机制

《中国环境保护21世纪议程》指出:我国水管理体制的主要机构性问题是水资源管理与水污染控制的分离以及有关国家与地方部门的条块分割,特别是行政上的划分将一个完整的生态流域人为分割开,责权交叉多,难以统一规划和协调,极不利于我国水资源和水环境的综合利用与治理;我国的水管理是流域与行政区域管理相结合的水管理体制,并且已经建立了七大流域管理机构,但它们都不是权力机构,无权过问行政及经济方面的事务。

在处理水纠纷问题时,流域管理机构与各地区有关部门之间无法进行统一指挥及全流域的统筹规划和管理。因此,实际上是以各省(市、自治区)到地方各级的水管理机构为主的区域管理机制在发挥主导作用,而流域管理机构的行政调控作用并未得到落实和发挥。

当发生流域跨界污染纠纷时,上下游各地区都在最大限度地为本地区谋利,由此导致流域跨界污染纠纷问题相当严重。

我国已经颁布的几个重要水法文件中,流域管理机构都没有被国家明确授权,因此流域管理机构在对规划进行实施和监督时是无法可依的,并且在协调各省的过程中缺乏权威性和强制性。

一些大流域的跨省界污染纠纷相当严重,许多纠纷得不到有效解决,跨界水污染问题成为流域污染治理的不治之症。

2.流域补偿机制

目前,我国流域补偿的重要途径是中央政府对重点区域提供的中央补助,以确保整个流域水系统的可持续性。另外,在我国也出现了地区之间进行流域补偿的案例。处在流域下游的地方政府,为了保证本地区的水质,与上游地方政府进行协商谈判,通过一定的转移支付对上游保护水质的行为加以激励或者补偿。协商谈判有很好的灵活性,但同时也存在协商成本过高、周期过长、监督难、执行难等问题。

为了获得相对优质的水资源,有的下游地区也可能采用跨区域调水的方式直接从上游获得水资源的使用权。我国浙江省东阳、义乌两市就采取了这种交易方式。

总之,目前我国的流域管理中没有明确的区域环境产权,由于存在搭便车的激励,上游地区将污染以越界的方式转移至下游地区,而下游地区往往只能通过转移支付对上游进行生态赎买或者在水污染冲突时下游用水户提起诉讼,要求赔偿。地方政府也可能以跨地区调水交易的方式获得特定水质的水量。

(二)完善流域水污染补偿机制的前提条件

1.明确责任区域的行政划分

对于完善流域补偿机制,行政手段十分重要:

①要按照逐级划分的原则对流域水环境保护责任区进行行政划分,这是实施水污染补偿机制的前提。这项工作的焦点和难点是如何对河网地区和湖泊地区进行责任划分。

②要明确这部分区域的责任划分,关键是要将责任区域进一步细化,并对无法分清责任的河段和湖区进行详细的污染源调查,以污染源来明确造成河流和湖泊污染的责任。

2.省界水质标准的界定

明确的边界水质标准是实施水污染补偿机制的依据,也是补偿机制正常运行的前提条件。明确边界水质的标准,也就界定了上下游区域水环境属性的产权,明确了各个区域的环境责任和权利。并且,国家强制性的水质标准可以节省交易成本,维护公共利益。

然而,长期以来我国的流域管理大多集中在水量的调配上,水质问题缺乏明确的界定。因此,尽快制定边界水质标准已是水环境保护工作的当务之急。

目前我国的流域管理机构主要负责各省水量的分配和省界水质的监测,拥有充分的流域水文信息和相应的技术能力,因此国家应当授权流域管理机构进行省界水质的界定和监督。

从我国经济发展的现状来看,将Ⅲ类水作为省界水质达标的主要依据比较合适,即上游地区流向下游地区的水质在行政区交界断面应达到国家《地表水环境质量标准》的Ⅲ类标准。

在明确省界水质标准以后,上游来水省界监测断面超过了所规定的水质标准即被界定为"越界污染",下游可依据此要求赔偿。只要上下游行政区交界水质达到国家

《地表水环境质量标准》的Ⅲ类标准，上游区域就不必对下游区域进行补偿。

国家需要在边界水质界定上承担责任，从而使流域管理机构和地方政府真正落实水资源管理责任。

（三）流域水污染补偿机制的初步设计

1.改革流域水管理体制

要建立完善的流域水污染补偿机制，就必须对目前我国这种流域与行政区域管理相结合的水管理体制进行改革。要通过立法，给流域管理机构以权威性，强化流域管理机构作为相对公平的第三方的行政协调作用。

另外，设立跨行政区的流域水资源保护机构也是一种有效的方法。如松辽水系保护领导小组等流域统一管理组织，这些机构在流域跨区水污染的经济补偿中将发挥公平、公正的作用。

2.建立水资源补偿机制的组织体系

补偿机制的顺利运行需要有一套完善的组织体系。闫彦在《建立和完善水资源补偿机制》一文中提出，建立水资源补偿组织体系是建立补偿机制的一个关键部分。

水资源补偿组织体系是由补偿政策制定机构、补偿计算机构、补偿征收管理机构、补偿流通网络等部分构成，以解决补偿主体—补偿依据—补偿数量—补偿形式—补偿途径—补偿征收、流通—补偿使用—补偿监督等环节的问题，确保水资源补偿活动顺利展开。

另外，建立水资源补偿机制的组织体系关键也要理顺市场补偿机制与政府补偿机制的复杂关系，有效地整合市场与政府资源。

重大灾害的整体性补偿机制中，由来自多方的补偿主体对灾害造成的损失进行补偿，如灾害保险的保险金、政府补偿中的紧急救援、灾后救援等。重大灾害补偿机制框架见图1。

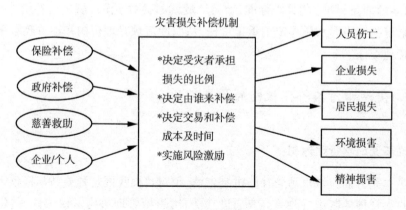

图1 重大灾害补偿机制框架图

3.完善经济补偿的法律制度

法律法规是实施水污染补偿机制的保障。应当通过法律工具来强化政府问责制和污染者的责任,强化损失的事前激励和保证受害者获得补偿的事后救济,从而实现社会公正和社会效率。

目前我国缺乏对跨行政区水污染事故的处理程序、监管措施和司法程序的规定,并且对造成污染的地区应承担的法律责任和对受害地区的经济赔偿责任也没有明确的规定。要对水环境污染实行区域补偿,目前的法律法规已无法满足要求。

建议在有关法律条文中增加相应条款,明确规定:跨行政区界水体断面未达到省界水质标准,并造成下游水污染损失的,上游地区政府应当对下游地区给予相应的经济赔偿;下游地区因特殊的水环境质量要求,需要上游地区采取专门的生态保护措施,下游地区应当对上游地区给予适当补偿。

总之,有关行政主管部门应尽快研究拟定有关流域水污染补偿的法律法规,让经济补偿手段有法可依,具有权威性和法律严肃性,为各级水行政主管部门开展水污染补偿工作提供有力的法律保障。

4.建立水污染损失评估方法,确定补偿标准

计算水污染损失、确定补偿标准是一个比较复杂的问题。水污染造成的损失包括由受水环境的有害影响所产生的国民经济、社会福利与人们身心健康、自然生态等方面的损失。国民经济损失包括水环境的保护费用、公共设施、建筑物和设备器材的维修、更换费用;社会福利与人们身心健康损失包括因水污染造成劳动力和人民身心健康受到危害而引起的生产力、工资收入下降,医疗、社会保险支出增加的损失等;自然生态损失包括江、河、湖、海、湿地、水库等水环境功能下降而造成的损失。

近几年,国内一些学者在水污染的经济损失计量问题研究上取得了很大的进展。

如李锦秀、徐嵩龄构建的流域水污染经济损失计量模型就是他们通过对几十种常用函数类型进行适定性检测试验,利用现有的流域水质评价资料,最后提出用双曲型函数表示水质-经济影响。水质-经济影响函数式为

$$\gamma_i = K_i \left(\frac{e^{0.54(Q-4)} - 1}{e^{0.54(Q-4)} + 1} + 0.5 \right) \tag{1}$$

式中 i 为第 i 项经济活动;γ 为不同水质状况下的水环境污染经济损失率;Q 为水质类别;K_i 为待求系数,即水污染对各个计算分项的最大经济影响损失率。该系数反映了在水污染达到最严重情况下,对社会经济各个计算分项可能带来的最大经济损失率。

关于补偿标准,赵来军在《我国流域跨界水污染纠纷协调机制研究——以淮河流域为例》中认为,跨行政区域的环境问题并不是一个行政区所能单独解决的。因此,在处理与多个部门、多个地区有关的环境问题时,必须遵循"多赢"原则。

进一步提出,满足流域各地区"多赢"原则的环境补偿机制应使接受污染物转移地区和转移污染物地区满足以下条件:经环境补偿之后,接受污染物转移地区和转移污染物地区都要有利可图,即接受污染物转移地区不但获得了削减转移污染物的成本补偿,而且还应获得一定收益;转移污染物地区支付给接受污染物转移地区的费用一定要小于自己削减转移污染物的成本。通过节余费用均分法确定了环境补偿系数后的接受污染物转移地区的最终补偿数额为

$$R = C_2 + 0.5 \, (C_1 - C_2) \tag{2}$$

式中 C_2 为接受污染物转移地区削减转移污染物的费用;C_1 为转移污染物地区削减转移污染物的费用;$(C_1 - C_2)$ 为污染物转移削减节余的费用。

5. 建立重大灾害保险制度

在现代社会中,风险是无处不在的。当社会面对一些突发的重大灾害时,风险的转移以及造成损失的补偿不仅是政府的责任,也是市场应该承担的。保险作为一种在商品经济高度成熟以后逐步发展起来的特殊产品,以确定性的费用代替不确定的损失,进行分散风险并补偿经济损失,已成为目前风险转移最普遍和最有效的方式。

市场化的保险补偿是运行水污染补偿机制的重要手段。当污染者难以确定,或者虽然能够确定污染者,但是没有能力提供足够的赔偿时,通过建立保险制度可以分散风险,既能保证对受害人进行及时的赔偿,也减轻了致害方的经济负担。

国家应当尽快建立重大灾害保险制度,运用市场化的风险管理手段管理灾害风险,建立一个能够充分调动政府、资本市场积极性的损失补偿制度,使各参与主体能够

有效地配合协调,帮助受灾投保企业迅速恢复生产、受灾家庭重建家园,保障社会经济的稳定发展。

(四)结论

在任何一个系统中,良好的机制起着基础性的调节作用。完善的流域水污染补偿机制有助于提高流域水资源的管理效率、提高管理措施的针对性和适用性,使流域管理从"人治"走向"法治"。

当前,对于流域跨界水污染问题,我国尚不具备健全、有效的补偿机制,污染补偿措施和标准技术性较强、操作性较弱,难以体现公平和效率。因此,基于我国现实情况构建完善的流域水污染补偿机制,以此来促进对水资源的合理开发和利用,实现全流域的可持续发展,是国家政府的当务之急。

(摘编自孙亚男、谢永刚:《松花江流域重大水污染灾害的补偿机制探讨》,载《黑龙江水专学报》2008 年第 3 期。)

第五编

水灾害损失评估及减灾效益：
理论探讨与实践方法应用

一、基于动态格网模型的洪水淹没损失评估方法

(一)洪灾损失评估的基本方法介绍

洪水灾害是我国目前面临的最主要的自然灾害,其每年造成的经济损失占国民经济总产值的 35% 左右,因此,洪灾损失评估预测是当前灾害学的重要课题。它既是减灾决策的重要依据,同时也对救灾和援灾决策具有重要的指导意义。如何迅速合理地估算和预测洪涝灾害造成的损失,对于及时地进行抢险救灾、降低灾情损失是非常重要的,对洪水造成的经济损失进行评估是国内外历来都比较重视的一项研究。

美国、日本、澳大利亚、英国等国家都建立了一系列洪灾损失评估方法,洪涝灾害损失内容繁杂、涉及面广、影响范围大,加上目前没有适用统一的损失评估模型,洪涝灾害损失存在很大的不确定性。由于洪灾损失评估的研究工作起步较晚,加上洪灾本身的复杂性以及基础工作的薄弱性,我国的灾损评估与国外先进做法相比,仍有较大的差距,需要不断改进与提高。

根据我国洪灾的实际情况和当前的研究水平,我国洪涝灾害损失评估采取的原则:以直接损失评估为主,适当兼顾无形损失和间接损失的研究,以直接损失评估与间接损失评估相结合;从相对损失和绝对损失两方面进行评估,以绝对损失为主,以洪损度作为相对损失的度量指标;结合灾前、灾中和灾后损失评估;结合灾害的短期和长期评估;结合高新技术和常规调查概算法、调查统计法,遥感评估法等综合评估。

(1)概算法。概算法是根据一定数量的抽样调查,求出平均经济损失,而后按受灾总体进行整体估算。这种方法速度快,但准确程度较低。概算法具有整体性,但必须有调查的样本作为概算的基础,无实地调查样本或样本不足,概算本身就缺乏精确性。

(2)调查统计法。调查统计法是深入受灾现场进行现场调查,将调查数字一一进行统计综合,最终评估出受灾整体的经济损失。调查统计法具有直接性和客观性,一些内涵很深的损失也能统计和评估,但是速度慢,整体统计结果出来往往需要较长时间。

(3)遥感评估法。遥感技术是随着空间技术、电子计算机技术和近代物理学的迅速发展而产生的一门综合性远距离探测技术。在评估水旱灾害经济损失时,充分利用遥感信息系统建立水旱灾害经济损失评估数据库,能够在远距离快速地、整体地评估灾情。卫星遥感技术评估灾情,具有远距离、快速性、整体性的特点,但这一方法无法评估一些内涵很深的经济损失。

（4）综合评估法。综合评估法就是将上述几种方法综合运用，从而使各种方法存在的短处得以互相弥补。如在有相当数量的典型调查的基础上进行概算，这不仅加快了评估速度，而且准确度也得到提高；遥感技术与典型调查相结合，不仅能把内涵很深的经济损失评估出来，而且能收到快速、准确的效果；典型调查与其他方法相伴用，能大大地提高评估速度。

（二）基于动态格网模型的洪水淹没损失评估法

目前，采用网格模型方法评估洪灾经济损失，在国际上是一种被认为较精确和切实可行的、可持续的办法，其优点是网格内的社会经济指标可以通过每一年的监测，掌握其动态的数据，上一年的数据可以作为检验下一年的评估精度。如这种方法在日本应用较为普遍，其特点是利用人工普查和地理信息系统相结合的办法，网格内的社会经济数据年年更新，数据连续性强，真伪可辨，具有极强的参考性和借鉴性以及可操作性。

如日本《经济调查纲要》，规定洪水淹没区的目的、范围、主要内容、表格（15 张固定表格）等。对每个网格进行编号，网格内的数据采用人工核查与现代技术相结合的方式进行。

下面以黑龙江省兰西县长岗乡洪灾损失评估为例，采用网格分析法评估不同区域灾害损失。

1. 基本思路

日本、德国、美国、英国等发达国家的洪水风险管理，近年逐步走向精细化和模式化，核心内容是把洪水管理的经验与理论结合，运用类似治安管理、街区管理、网络反恐检测等日常工作实行网格化管理。其优点是范围可控、精准定位、动态灵活、适时适地等。对于洪水灾害评估以及洪灾风险判别，这种网格化管理更为实用，尤其适用于以乡村为行政单元的管理体制。不足之处是每个网格可能跨越隶属于不同行政单元，但在最底层如乡级的网格不一定是直线，也可按照行政区域允许弯曲。

洪灾动态格网模型评估法的具体方法，是把易受洪水淹没的区域，按比例编织成网格图（图略），对网格内的人口、经济、企事业单位以及耕地、农田基础设施、道路、电力设施、林地等指标和数据进行统计。并按照网格排列规则编造成册，一旦每个网格内的数据发生变化，管理人员可随时增减，由于每个网格面积不大，统计起来工作量少，便于操作；网格内的信息可动态变化并能长期使用，且便于掌握变化的规律。实践表明：统计工作可由社区、街道、村或防汛管理部门组织进行，只要完成一个基准年的工作，以后工作量很少。

2.网格绘制的步骤

第一步:省级层面的网格图的绘制。为了便于省、市(地区)、县、乡四级统一管理模式,网格的统一性和标准性至关重要,因此,网格标准最好由省级防汛办统一制定。首先,在黑龙江省地图上(如比例尺为1:128 000),将区域内划分为面积相等的表格,纵向可按大写英文字母(A—L)排列,横向按数字如(1—10)排列。这样省级网格形成,图上1厘米=12.8千米,每个网格的面积为10 485.76平方千米。每个网格内包含3—4个县的面积。如网格(I-4),大致包含绥化、兰西、青冈、望奎4县(市),主要包含呼兰河、通肯河水系的中下游地区(图略)。

第二步:地市级层面的网格图的绘制。地市级网格图一般由本级防汛办制定,必须是在省级网格图的背景和分格原则下制定。如绥化市所属区域包含在纵向(H、I、J)、横向(3、4、5)网格内。绘制地市级网格时,在纵向(H、I、J)、横向(3、4、5)网格内再继续分格,仍是纵向按字母,横向按数字排列(图略)。图中比例尺为1:410 000,1厘米=4.1千米,每个网格的面积为10 485.76平方千米。每个网格内包含3—4个县的面积。绥化市区域大致落在H-3、H-4、I-2、I-3内。地市级防办在本区域内也可继续详细分格,但由于目前洪灾上报体制,地市级只做灾情的汇总上报,因此,也可不继续分格。

第三步,县级层面网格的绘制。如绥化市兰西县,主要在I-4、I-5网格内,县级防办可在市级网格图内细分(图略)。图中比例尺为1:95 000,1厘米=0.95千米,每个网格的面积为104.3平方千米。如长岗乡落在网格Ig(4)、Ig(5)、Ih(4)、Ih(5)内。

第四步,乡镇级层面网格的绘制。图中比例尺为:1厘米=250米,每个网格的面积为10.4平方千米。乡镇级层面网格可以作为村级洪灾管理数据库基础,如绥化市兰西县长岗乡长富村,Ig 9(4)网络内。

3.填充网格数据

网格内的社会经济指标和基础设施以及房屋等数据,首先以乡村或社区为单元,依据省、地、县的各级网格划分,找到村屯所在那一个网格内,统计每个网格内的数据,以乡镇为基本单元建立网格数据档案(有条件的村屯也可建档)。下面以黑龙江省绥化市兰西县长岗乡为例,具体步骤如下:

第一步:以长岗乡为基础统计单位。长岗乡共有长富、长新、长春、长太、长荣等5个村37个自然屯,由120个网格覆盖。每个村按照所属网格编号,逐一进行数据填充。

第二步,乡统计部门对每个村的上报数据(以网格为单元),进行统计汇总,得出全乡的汇总数据。

第三,数据整理与分析。乡统计部门根据对各村汇总的数据,进行核实、修改、完善,统一录入数据库。

4. 数据库设计和使用

（1）数据库特点及其系统结构

笔者根据乡村实际情况,开发出简单、易操作,便于基层人员修改和完善的小型数据库,其查询模拟系统的结构图此处不展示。

（2）数据结构设计

一个区域的信息组成结构体,所有区域的信息组成结构体数组。

结构体类型的定义：

①受灾户总数结构体类型为 hs。

②受灾总人口结构体类型为 rk。

③水毁工程损失结构体类型为 shgc。

④受灾土地总面积结构体类型为 tdmj。

⑤社会经济状况总数结构体类型为 shjjzk。

⑥总信息结构体类型为 rectype。

在内存中,用一个 rectype 的变量存放一个区域的信息,用一个 rectype 的数组存放所有区域的信息。

（3）外部存储与系统实现

用文件存储社会经济情况的全部信息以便长期保存数据(图略)。

为了读写的速度,采用二进制文件(用 C 语言提供的 fread 函数和 fwrite 函数进行读写)。

程序用 C 语言编写,运行环境选用 Microsoft Visual C ＋ ＋。具体程序内容不展示。

（三）案例分析:2013 年洪灾长岗乡经济损失估算

1. 社会经济资料统计分析

长岗乡此次洪水发生区域覆盖全乡 5 个村以及呼兰河左岸的一些滩涂地区。受灾范围主要落在 Ig(4)、Ig(5)、Ih(4)、Ih(5) 范围内,细分见长岗乡网格划分图。在计算机程序可运行环境下选择受淹范围并输入 Ig(4)、Ig(5)、Ih(4)、Ih(5),可查询网格内的资产产值等指标情况(该查询系统的数据内容主要依据国家防汛抗旱总指挥部办公室 2009 年发布的《水旱灾害统计报表制度》规定的表格内容),如表 1 所示。

表1　长岗乡社会经济情况统计(输出)表

受灾地区	乡镇数	村民委员会	户数/万户			人口/万人		
			小计	其中:		小计	其中:	
				城镇户	乡村户		城镇户	乡村户
Ig(4)	1	5	0.92	0.2	0.72	3.50	0.90	2.6
Ig(5) Ih(4) Ih(5)	家庭财产/亿元		土地面积/万亩			社会经济状况/亿元		
			小计	其中:		小计	其中:	
	0.98			耕地	草原		工农业总产值	固定资产
			1.73	1.58	0.15	2.1	1.85	0.25

注:为了介绍网格分析方法,表中数据为模拟值,非真实数据。

2. 受淹区域参数的累加

如果某场次洪水受淹为多个地块或网格,可输入如 Ig(4)、Ig(5)、Ih(4)、Ih(5) 等,表1中主要参数可自行累加计算得出上述5个区域的指标之和,包括表2中的各项二级指标。

表2　洪灾影响基础设施项目表

序号	指标	损失	序号	指标	损失
1	毁坏房屋/间	22	7	桥梁/座	1
2	毁坏房屋价值/万元	25	8	桥梁价值/万元	12
3	公路长度/公里	0.5	9	涵洞/座	15
4	公路价值/万元	15	10	涵洞价值/万元	15
5	闸门/座	3	11	输电线路/公里	—
6	闸门价值/万元	6	12	输电线路价值损失/万元	—
价值合计	价值/万元	46	价值合计	价值/万元	27

3. 损失计算

在这场洪水中,大部分农作物平均水深为0.5米,由损失率统计表可知,农作物综合损失率为35%,家庭、企事业、基础设施等损失率分别为20%、30%、50%等。则:

农作物损失为:1.58亿元×35% =0.55亿元。

农户家庭财产损失为:0.98 亿元×20% =0.20 亿元

企事业单位(工业产值及固定资产)损失:0.25 亿元×30% =0.08 亿元

基础设施损失:73 万元×50% =0.0036 亿元

根据上式计算结果,可通过网格信息求得各项损失之和为:0.83 亿元。

(四)洪灾网格动态模型评估法的优点

目前,我国洪灾损失统计和报灾的机制,一般是以行政单位为单元,自下而上的报告制度,以便上级掌握灾情,并及时做出下一步减灾行动决策或指导灾后重建工作。因此,适时上报、定时上报成为灾情统计和评估的突出特点之一。基于此,动态网格模型方法有如下优点:

(1)可操作性强。根据基层人员使用的特点,数据录入和查询系统操作简单,适合基层人员的使用,并且方便和快捷。

(2)及时更新,便于录入、查询资料。基层人员可根据需要,修改、更改和添加数据条目,没有计算机专业知识也可操作,无须再找系统开发人员或"售后服务"。

(3)便于规范化、标准化管理。动态网格模型方法的另一突出特点是"网格"优势。如各级防汛办公室系统的县级向市级、市级向省级报告灾情,通过标明事先划定好"网格"图,上级通过"查图",很快获取灾区所处的位置、范围、流域、地形地势以及社会经济资料。随着网格图系统的不断完善,便于自上而下的规范化、标准化管理。

(4)动态网格方法便于积累历史洪灾资料。如黑龙江省绥化市兰西县长岗乡在Ig(4)网格内,每年不论是否发生洪灾,新增或发生变化的数据可随时更新,即随时更新数据是基层灾情统计人员的正常工作,避免灾年时临时统计而带来的时间紧、任务重、统计数据临时粗估等问题。另外,通过每一年的更新,也积累了历史数据,也便于掌握社会经济指标变化的规律。

(摘编自谢永刚等:黑龙江省水利科技项目《洪水灾害损失调查统计与评估方法研究》,2016 年 6 月。)

二、洪灾损失率理论分析及实践运用

(一)基本理论

洪灾损失率通常是指受灾区域各类财产或农作物的损失值与灾前值或正常年份的产值的比值。它是计算洪灾直接经济损失的最重要参数之一。以往国内外洪灾损失评估中,用调查分析法来确定洪灾损失率比较可靠、准确率高、可操作性强。一般情况下,洪灾损失率按照行业分包括:农作物损失率、林业损失率、渔业损失率、工商矿企事业资产损失率、工程设施损失率、城乡居民财产损失率等几大类。日本主要分为一般资产损失率和农作物水灾损失率两大类。有了损失率,根据洪水淹没的不同深度、不同时间等因素,就可以计算出灾害损失。

1. 洪灾损失率的主要影响因素

洪灾损失率与灾区地形地貌、经济状况、洪水淹没程度(包括洪水淹没的深度、历时、洪水流速等)、上一次成灾洪水到本次洪水的间隔时间、洪水过程线的变化特征、天气状况、抗洪抢险(如排水)等诸多因素有关。但也分各个行业的损失率,它们有所不同,如种植业(农作物)损失率与淹没深度、淹没时间、作物品种、土壤类型等有关;财产类损失率取决于淹没深度、淹没时间、财产种类、耐淹性能等。

对于洪水灾害,特别是灾情面积很大,受灾区域主要为农村地区,如江河溃坝、内涝等农作物集中地区,其损失值与洪灾发生的季节、发生时间、作物所处的生长期等因素密切相关。如水稻在分蘖期与成熟期发生相同水深和相同淹没时间的洪水,灾害损失不一样。

对于不同类财产,除了上述影响因素以外,与洪水流速、地形地貌等也有很大关系。如洪水流速快、地形陡峭或土质疏松,对于土坯房及砖瓦结构的建筑物、林业、鱼池等的破坏性较大。另外,洪水流速大小,还直接影响洪水中挟带的泥沙含量,对农作物及土壤的影响也是很大的。目前国内还缺乏对洪水流速与损失率之间的相关关系的测验资料。不过,2005 年黑龙江省宁安沙兰的突发性暴雨洪水灾害发生后,黑龙江大学作了关于"洪灾的长期影响的研究",进行了 10 年关于洪灾对家庭经济和农业影响的资料积累,这对于进一步分析洪灾损失率是一个尝试性的工作。

2. 洪灾损失率的确定方法

洪灾损失率一般有调查法、统计计算法等,一般实际灾害统计与分析中,调查法较为普遍。丁志雄和金管生等人用此方法对各大流域进行了损失率统计分析。

（1）调查法

洪灾损失率的典型调查内容主要包括资产损失和洪水淹没特征。资产损失如农、林、渔业的洪灾损失及正常年份的产值；农村居民灾后财产损失及灾前的财产价值；工商企事业资产损失及灾前资产，水利工程设施洪灾后的修复重建费用及灾前的价值等。洪水淹没特征包括水深、淹没历时、洪水的流速、水质、泥沙含量等。收集这些资料，是为建立洪灾损失率的多因素统计模型或进一步分析提供基础资料。

对于农村地区，局部暴雨洪水可以作普遍调查；但对于流域性大洪水，可作局部调查或抽样调查，以及典型调查与抽样调查相结合，典型调查所选取的调查单元是代表性强的单元，能反映整个淹没区各地的财产构成及种植情况等；对于城市区，洪灾损失率的典型调查应在淹没范围内开展。对居民财产和各个行业，选择不同淹没水深区域、不同淹没历时条件下的洪灾损失以及受淹前的资产价值情况。

（2）统计回归模型法

由于洪涝灾害损失率是一个比较难获取的参数，特别是流域性大洪水，调查任务繁重，加之不同地区、不同行业、不同地理条件等，其洪灾损失率是不同的。统计回归模型法是在搜集资产类型、淹没水深、淹没历时、水流速度等前提下，建立水深与损失率、淹没历时与损失率关系曲线，确定回归模型。进而得出各行业或不同作物的损失率与水深关系曲线，损失率与淹没历时关系曲线。

具体步骤：

①通过现场实地调查、数学模型模拟计算或遥感分析方法确定洪水淹没范围、淹没水深、淹没历时等致灾特性指标。

②搜集社会经济调查资料、社会经济统计资料以及空间地理信息资料，并将社会经济统计数据与相应的因素建立联系，或结合地理信息系统分析，如将家庭财产、农业产值等定位在地面图层上，以反映社会经济指标在空间上的分布差异。

③洪水淹没特征分布与社会经济特征分布通过空间地理关系进行叠加，获取洪水影响范围内不同淹没水深下社会经济不同财产类型的价值及分布。

④选取具有代表性的典型地区、典型单元、典型部门等分类作洪灾损失调查统计，根据调查资料估算不同淹没水深（历时）条件下，各类财产洪灾损失率，建立淹没水深（历时）与各类财产洪灾损失率关系表或关系曲线。

通常将①—③的工作内容称为洪水影响分析。

（3）成本分析法

根据承灾体成本估算不同时期洪灾造成的经济损失，更能直接、详细地反映洪水灾害的程度，特别是农田作物在不同生长期遭受损失的程度。能够详细地分析农作物在不同生长阶段所投入的成本，不论使用何种方法估算灾损，对损失估算的精度以及合理性，都是非常必要的。尤其是在灾害损失的复核中，成本分析法有助于我们调整、修正损失估算的不足。

3. 洪灾损失率的调查与分析内容

洪灾损失率指标的准确与否,决定了对洪灾损失的估算是否准确。而洪灾损失是否准确也决定了防洪经济效益计算成果的可靠性。因此,洪灾损失率的确定至关重要。洪灾损失率在很大程度上取决于对防洪保护区内洪水造成的损失的调查与计算的精度。最可靠的办法,就是对防洪保护区进行全面的调查,尤其是对典型区的调查,进而得到典型区的综合损失指标。一般农村的损失多用亩均综合损失指标表示,即把遭受洪灾区域内的各行各业及国家、集体和个人财物之和,除以全部农田面积得到;城市的损失多用人均综合损失指标表示。由于这些损失指标的影响因素很多,加之以往对洪灾损失调查资料、生产水平及价格水平等的积累情况,洪灾损失的调查和分析是一项长期而复杂的工作。历史洪水的资料积累系列越长,灾害损失调查越详细,估算的洪灾损失率越准确。

(1)各类财产的损失率调查分析

损失率的调查与分析不同于洪灾损失,损失率是在洪灾损失调查的基础上,还要还原损失财物包括基础设施等的原值,对比分析后,得出洪灾损失率。洪灾损失率还要根据历史洪灾的调查资料和社会经济资料综合分析来确定,累计的洪灾损失资料越丰富、系列越长,综合分析的洪灾损失率也越准确。

①农作物损失率

农作物损失率(包括其他经济作物等)的调查和计算,可分为以下几种情况:

对于绝产的农作物的损失,可按预计收获量乘以农产品的单价,再适当减去尚未付出的农业生产成本计算;对于成灾农作物的损失,预计收获量减去当年实际收获量,再乘以农产品的单价,再减去因减产而不必再付出的农业生产成本;对于洪灾过后可以补种的农作物,则洪灾损失按原产值和补种后产值的差额,再加上因补种而增加的成本费用,作为实际的损失值。不论上述何种情况,农作物损失率等于损失值与正常年份(或前三年平均)产值之比。

根据黑龙江省洪灾发生特点,如遇下列情况的洪灾损失率,可根据具体问题具体分析。即发生洪水滞留低洼区域地带或地方决口导致河水长期蓄积在低洼地带,常常在计算淹没损失时,还要考虑受淹带来的正效益,如淤泥河沙沉积肥田、地下水的回灌补偿、利用水面养鱼、旱田改水田等,应在损失值中扣除这些正效益;对于淹没历时过长,影响次季作物正常播种,其损失率应按两季作物总损失值与正常年份两季作物总产值之比计算。

②林业(林木)损失率

林业(林木)损失率指各种用材林、防护林、薪炭林及果木林等的损失程度。根据黑龙江省林区及农区林木栽植和地形分布等特点,一般成材林因灾死亡很少,而水淹对其使用价值的损失不大,也可不考虑其损失。那么,林业损失主要是由洪水造成的幼林价值损失,按其死亡株数计算损失价值及其损失率,在洪灾过后调查时根据水淹程度区别对待。

③工程设施损失率

工程设施损失率计算比较复杂一些,主要是所涉及的洪灾受淹工程类项目很多。洪淹损失调查包括在农村的农田水利工程(如排灌渠道及建筑物、排灌扬水站、机电井及其机电设施等)、河道堤防、桥涵、路面设施、电力通信、通信设施等。其损失率估算应分析工程设施毁坏程度,用恢复和维修原工程所需费用与灾前实际价值之比计算。若洪灾发生在城镇,调查时还要考虑城镇内各类市政设施,包括城镇排水、通信和电力设施等。

④乡镇居民家庭财产损失率

农户家庭财产的洪灾损失是指农户在洪灾中因宅院进水,造成家庭财产受淹,其损失大小与农户宅院淹没水深及家庭财产的性质、耐水程度、损失比重有关。财产损失的调查按照房屋、家具、衣被、家用电器、生产工具、交通工具、粮草柴、禽畜等种类分类,其损失率为各类财产损失值(根据洪灾造成的严重程度估算损失,或根据维修后的费用估算)同灾前原有财产值之比。对倒塌或主体结构不能用的房屋,其损失值应按其灾前价值扣除可用物残值计算。其他财产的损失值按灾前价值扣除尚存物品价值计算。对乡镇居民家庭财产损失率的估算较为复杂,核查人员应做好灾前的财产登记以及各类表格的准备工作。

⑤企事业财产损失率

按不同行业,将固定资产和流动资金分别计算,与家庭财产调查相似。有财产保险的,要按保险合同及保险办法核定的实际赔偿价值和保险额,计算赔偿额与保险额之比即为损失率。企事业财产损失率的确定,要参考以往历史洪灾的损失调查资料和当前社会经济发展资料综合分析确定。

⑥企业停产停业损失率

企业停产停业造成的损失,按减少的净产值计算。即按灾前一年的净产值扣除灾年实际净产值所得的损失值,与受灾前一年的净产值之比计算;或按灾年计划净产值扣除当年实际净产值所得的损失值,与灾年计划净产值之比计算,灾年与受灾前一年的企业净产值,应在统计报表的基础上分析确定。

综上所述,各类财产损失率的确定,是一个复杂而烦琐的调查和分析过程,还要根据当年洪水的历史、程度、水深、救援和重建情况等综合分析。就一般规律而言,同一地区发生的洪水,淹没水深小、历时短、流速小,淹没损失就小,淹没损失率也小;反之淹没水深大、历时长、流速大,淹没损失就大,淹没损失率也大。

(2)综合损失率的确定

洪灾损失率可分为各类财产损失率、综合损失率、亩均综合损失率等。上述分析的六类损失率,就是指各类财产的损失率;综合损失率则是指各类损失率的加权平均;而亩均综合损失率则为洪灾造成淹没区的经济损失值折合到单位面积上的损失,一般用(元/亩)表示。综合亩均损失指标主要取决于当地经济发展水平及洪灾的严重程度,也与该地区在防洪系统中的作用直接相关。影响综合亩均损失指标的因素很复杂,因此,能否准确获得灾区单位面积上的损失值,与历史洪水淹没调查资料的积累以及社会经济发展资料的准确性相关。

如对黑龙江省同江市某镇 2013 年大洪水进行调查与分析,得到了不同淹没水深情况下的固定资产和流动资产淹没损失的综合损失率情况(见表1)。

表1　同江市某镇固定资产和流动资产淹没综合损失率

淹没水深/米	<0.5	0.1—1	1—2	>2
综合损失率/%	8	15	25	40

参照 1985 年黑龙江省绥化地区历史洪痕调查资料以及历史洪水数据调查分析,呼兰河流域及安达、肇源等地的行业损失率为:农业 60%、林业 20%、牧业 40%、渔业 90%、砖木平房 35%、土草房 50%、公路 20%、居民财产 35%,其综合损失率为 43.75%;估算得亩均综合资产值 869 元、亩均综合损失 408 元,亩均综合损失率 47%。

一般情况下,历史上各个洪水年份的灾害损失调查资料比较详细时,每次洪水都有洪水损失率参考数值,对分析当下场次洪水的损失率有很好的参考价值。估算其财产损失时,主要包括固定资产、公共事业财产及群众财产三项即可,同时,财产损失可按照历史经验的不同水深情况下的财产综合损失率计算。

(二)洪灾损失率确定的案例

1. 各地区洪灾损失率调查的步骤

各地区由于缺乏洪灾损失率的历史数据,笔者采用调查法、成本法、统计回归法等综合分析,确定洪灾损失率。具体操作步骤如下:

(1)只有调查得到的实际灾情统计数据,以此作为灾害损失率的当年值,进行损失估算。

(2)如果有以往洪灾损失率参考数值,根据洪灾损失增长率等指标分析确定。

(3)如有多年洪灾损失率数值,可根据统计回归法,模拟确定洪灾损失率。

(4)如果以往洪灾损失资料齐全,可以根据以上情况综合分析,或根据以上三种情况确定的损失率,取其平均值。

综合分析法确定洪灾损失率具有应用面广、针对性强、简单易操作的特点。特别是针对乡村级的基层单位非常适用。

因为黑龙江省各地区的防洪设施和排水设施的设计标准以及土壤、植被等条件的不同,洪灾损失率有所差别。以下根据黑龙江省各地自然地理环境和历史洪灾损失的综合情况,分析各个地区的洪灾损失率。

2. 各地区洪灾损失率调查的内容

(1)家庭财产调查:包括房屋、贵重物品(电视、冰箱、家具等)、机动车、农机具、大牲口、家禽、衣物、粮食、炊具、生产工具、种子、农药、化肥等。

(2)农业损失调查:根据近三年(2012年、2013年、2014年)的粮食作物产量,确定正常年份产量与受灾年的产量之差值,以此作为农业损失。根据黑龙江省各地市历史淹没经验数据和调查分析,一般情况下,水深1.5米左右、淹没时间大于72小时,洪水发生时间在7月10日—8月25日之间,大豆、水稻基本绝收,洪水发生时间在5月20日—6月25日之间玉米也基本绝收。

(3)林、牧、渔业损失调查:包括林业、果树、草原、畜牧业的财产,由于本项财产所包含的项目较多,财产价值及损失值估算繁杂,故而要通过反复调查以及经验数据分析确定;渔业包括成鱼、鱼苗、固定资产和流动资金的损失。对于黑龙江、松花江下游以及肇源、哈尔滨等沿松嫩两江地区,鱼池养鱼的淹没水深在1.5米以上、0.8—1.2米、0.8米以下,池塘养鱼损失率分别为100%、85%、75%。

(4)农村工业损失调查:包括固定资产、流动资金及停产损失。按各乡镇调查统计企业的财产值、产值和利税等以及灾后损失值、停产天数等。

(5)事业单位、机关等损失调查:包括中小学校、幼儿教育、卫生院(所)、政府部门、社区商店、粮油店(库)等单位的财产值及损失值。

(6)交通道路及基础设施损失调查:包括等级公路、乡村路等路基与路面及桥、涵损失,还应包括因洪灾停运所造成的损失。对于大庆、齐齐哈尔、绥化、黑河、佳木斯等平原地区,淹没时间为48小时左右,淹没水深在1—2米之间,损失率大约为35%;淹没水深小于1米,损失率为10%—25%之间。

(7)水利工程损失调查:包括桥、涵、闸、站及引、排水干、支渠道,田间水利工程等,逐项统计其财产值及淹没后损失值。

(8)农村电力等损失调查:包括供电、送电线路、变电所以及变压器、光伏供电设备等损失。

(9)油田损失调查:对于大庆、肇东、安达等县市地区,包括淹没区内油田地面设施损失及中俄原油管道等,因停产而减少原油与天然气产量造成的损失。根据1985年、1986年、1998年大庆油田洪水被淹损失及调查,淹没水深在1.0米以上损失率为3%;淹没水深在1米以下损失率为1%—2%;停产时间大约20天。

(10)抗洪抢险救灾费用:包括上级拨款和灾区自筹款项、救灾物资、抢险人工、车辆等费用等。

3. 单一产业洪灾损失率经验估算(以农作物为例)

以哈尔滨市西南部及绥化市南部为例:

(1)农作物生长环境

根据历史资料洪水淹没调查资料以及气象、地理、水文等环境综合分析,哈尔滨市西南部和绥化市南部的农作物洪灾损失率比较接近。

哈尔滨市区及双城区、呼兰区地域平坦、低洼,东部 10 县(市)为多山及丘陵。境内的河流均属于松花江水系和牡丹江水系,主要有松花江、呼兰河、阿什河、拉林河、牡牛河、蚂蜒河等。一年中降水主要集中在 6—9 月,占全年降水量的 70% 以上。土壤类型以黑土、黑钙土为主,土壤养分含量比较丰富,适于各种农作物生长。绥化市南部地势平坦,集中连片,黑土、黑钙土、草甸土等肥力较高的耕地约占 80%,耕地面积约 145 万公顷,占全省耕地总面积的 15.7%。耕地土质肥沃,适宜种植多种粮食作物和经济作物。粮豆薯作物主要有玉米、大豆、水稻、小麦、高粱、谷子、马铃薯等,经济作物主要有甜菜、亚麻、烤烟、药材、瓜菜等。全市平均降水量 483 毫米,西南部年降水量在 400 毫米左右,7—8 月份降水量约占全年降水量的 60%。

(2)历史洪水及水情灾情调查背景

1952 年 7 月 21—25 日哈尔滨地区集中降水,松花江及其支流水位猛涨,河水出漕,呼兰、巴彦、宾县、木兰、依兰等地洪涝灾害严重,被淹耕地 57 万亩,19 处粮库被淹,损失粮食 70 余万公斤。1956 年松花江、拉林河、牡丹江大水,受灾严重的有肇东、呼兰、双城、五常等市县;1957 年,松花江、拉林河大水,受灾严重的有肇东、呼兰、双城、五常等市县;1960 年,拉林河、阿什河、蚂蜒河、牡丹江、通肯河大水,农田受灾 1 370 万亩,粮食减产 13.3 亿斤;1962 年,呼兰河、通肯河大水。1983 年绥化市大水,23 个乡受灾,7.4 万亩小麦,0.6 万亩亚麻被淹,室内积水 0.5 米,0.5 万间房屋进水;1985 年大水,呼兰河、拉林河、阿什河、蚂蜒河、牡丹江出现大洪水;1986 年哈尔滨大水;1998 年哈尔滨、巴彦、米兰、通河、方正、依兰等县市发生水灾,松花江地方发生 40 多处险情,受灾 1 480 个村、成灾面积 26.7 万公顷、减产粮食 44 万吨、损坏房屋 89 250 间、倒塌房屋 26 300 间、损失 33.80 亿元。2013 年松花江流域洪水,哈尔滨市经济损失 32.39 亿元,其中农业 17.6 亿元、林牧副渔 6.67 亿元、水利工程破坏损失 5.23 亿元。

(3)农作物损失率图

根据历史洪水调查损失率,水稻、小麦两类作物在 6 月 10 日—7 月 10 日之间的淹没时间与损失率,淹没水深与损失率,淹没时间、株高与损失率等之间的关系如图 1、图 2、图 3 所示。调查中发现:水稻在孕穗扬花期(7 月 20 日左右)最怕水淹,如果株高在半米左右,流动的洪水水深在 0.5 米以上,浸泡 1 天以上,则损失率达到 80%

以上。

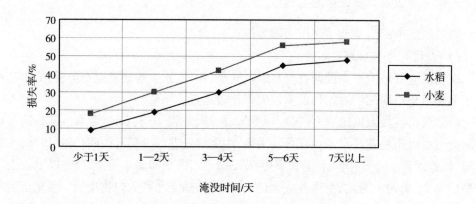

图1 水稻和小麦(6月10日—7月10日)在不同淹没时间的损失率

图2表示水稻在80—90天(孕穗扬花期过后)不同水深和不同淹没天数的损失利率关系图。

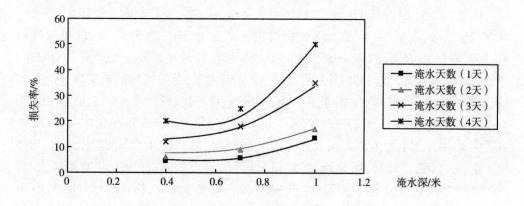

图2 不同水深和不同淹没天数的损失利率关系

图3表示水稻在100天生长期发生洪水,淹没水深占株高不同比例时,不同淹没天数的损失利率关系图。

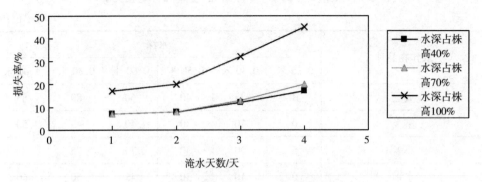

图3 不同淹没历时和不同淹水株高的损失率

4. 综合损失率调查与估算

（1）农作物综合损失率

农作物综合损失率是洪水灾害损失统计的一个重要而且难度很大的指标。调查组在大庆、绥化、齐齐哈尔、哈尔滨、佳木斯等地区的肇源、林甸、海伦、兰西、青冈、明水、方正、抚远、同江等县调查，2014年黑龙江省四大作物平均亩产、粮价、产值情况见表2。

表2 黑龙江省粮食产值估算表

作物名称	产量/（公斤·亩$^{-1}$）	价格/（元·公斤$^{-1}$）	产值/（元·亩$^{-1}$）
大豆	150	3.92	588
玉米	700	1.86	1 302
小麦	186	2.07	385
水稻	700	3.22	2 254
平均	—	—	1 132.25

由表2可估算出主要农作物平均亩产1 132.25元（估算取1 200元/亩），这个数值对估算农业损失率具有重要的参考价值。按照2014年农业单产、价格等因素，以及调查的经验数值，平均求得农业综合损失率，见表3。

表3 汛期(6月20日—8月30日)受淹72小时损失率

单位:%

农作物品种	水深					
	0.25米	0.40米	0.50米	0.60米	0.80米	1.00米
大豆	10	25	40	60	80	85
玉米	0	10	30	40	45	50
小麦	5	20	30	70	75	80
水稻	0	10	30	45	50	60
(农作物)平均	3.75	16.25	32.50	53.75	62.50	68.75

注:本表依据肇源、兰西、安达等地调研有多年灾害统计经验的村会计和农民得出的结论。

表3所得的损失率与根据上述各地区的损失率曲线综合分析,基本接近。

表4是黑龙江省农委《主要粮食作物灾后恢复农业生产技术指导意见》(黑农委函〔2013〕319号文件)以及实际调查数据综合分析结果。

表4 黑龙江省主要作物灾害等级表

作物	受灾	成灾	绝产
水稻	水深30厘米左右超过2天,20厘米左右超过5天,作物减产三成以下(损失率<30%)	水深70厘米左右超过1天、20厘米左右超过7天,作物减产至三成到七成(损失率在30%—70%之间)	水深70厘米超过2天,水深20厘米超过8天,作物减产七成以上(损失率>70%)
玉米	淹水超过4天,作物减产三成以下(损失率<30%)	淹水两周,作物减产至三成到七成(损失率在30%—70%)	淹水两周以上,作物减产七成以上(损失率>70%)
大豆	淹水2昼夜,作物减产三成以下(损失率<30%)	淹水3昼夜,作物减产至三成到七成(损失率在30%—70%)	淹水超过4昼夜,作物减产七成以上(损失率>70%)

资料来源:①水稻由同江市人员、抚远市人员、五常市水利灌溉站人员等提供。②旱田区选取黑龙江省海伦市福民乡志诚村原村会计提供、海伦市东林乡平安村人员、吉林省吉林市永吉县口前镇人员提供。

表 5 是根据安达、肇东、肇州等地农民多年来对松嫩平原水淹作物经济损失调查的经济数据得出的。

表 5　松嫩平原水淹作物经济损失统计表（郑树岐经验法）

作物	受灾程度	淹没水深/厘米	淹没时间/天	备注
水稻	成灾	5	3	
	重灾	10	7	扬花季节
	绝产	>10	>7	
玉米	成灾	<5	<7	
	重灾	>5	>7	
	绝产	≥10	>7	
大豆	成灾	5	1	结荚季节、淹死
	重灾	大于 5 小于植物一半	1—3	
	绝产	植物一半	>3	

注：成灾是指损失大于三成以上，重灾是指损失在五成以上，绝产是指损失在八成以上。

图 4 表明黑龙江省 1949—1990 年的洪灾农业损失率情况，此图是根据黑龙江省 1949—1990 年逐年粮食减产损失、正常（无水灾）时的产量、单产、播种面积等计算得出各受灾年份的灾害损失率。1951 年、1956 年、1957 年、1960 年、1961 年、1965 年、1972 年、1973 年、1981 年、1985 年、1986 年、1987 年、1990 等年份为水灾较重；但从 1985 年、1986 年、1987 年的灾害损失统计数据分析（见图 5），经济损失数量很大，而损失率并不高，因为农业损失占比相对较低；同时，随着社会经济的发展，社会财富的累积不断增长，水灾损失的趋势不断增加。如 1986 年、1987 年、1988 年大庆地区洪水，油田和基础设施损失严重。另外从图 4 可看出，从 1949—1990 年的 40 年的全省农业综合损失率呈下降趋势，表明随着水利减灾工程的不断加强，减灾能力有逐年提高的趋势。

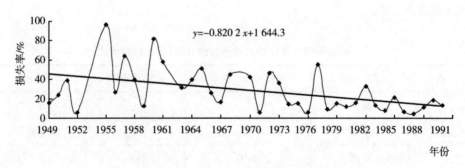

图4　黑龙江省1949—1990年的洪灾农业损失率趋势

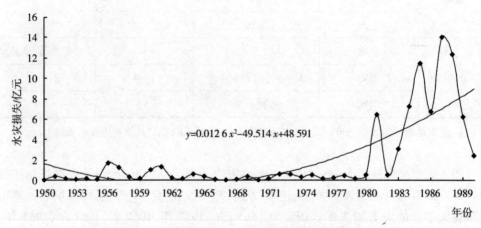

图5　黑龙江省1949—1990年的洪灾损失情况

5. 财产综合损失率

洪灾造成的财产损失率,是一个非常复杂的指标,一般根据历史洪灾淹没资料的分析而得到。金管生等人对1998年大洪水中,松花江流域各农村与城市的洪灾损失率情况进行了详细调查分析,在不同水深下的财产损失情况见表6。

表6　松花江流域洪灾损失率统计表

类别	项目	不同水深洪灾损失率/%									资料来源
		1.0米	1.5米	2.0米	2.5米	3.0米	3.5米	4.0米	4.5米	5.0米	
工商企事业	农村工业	19	27	36	42	48	80	80	80	80	松花江干流、呼兰河流域
	农村事业	19	27	36	42	48	80	80	80	80	松花江干流、呼兰河流域
	城市企事业	3.8	5.5	9.2	14	19	30	30	30	30	松花江干流
居民财产	农村房屋	30	52	68	80	87	90	90	90	90	松花江干流
		46	60	80	80	80	80	80	80	80	呼兰河流域
	家庭财产	7	10	13	16	18	20	20	20	20	松花江干流
		5	10	16	—	—	—	—	—	—	呼兰河流域
工程设施	供电设施	15	55	55	55	55	—				呼兰河流域
农业渔业	作物渔业	90	100	100	100	100	100	100	100	100	松花江干流
		80	90	100	—	—	—	—	—	—	

　　2013年夏季黑龙江下游发生大洪水,研究组到同江市以及抚远市进行调研,受淹72小时损失率见表7。

表7   松花江流域洪灾损失率统计表

类别	项目	不同水深洪灾损失率/%									资料来源
		1.0米	1.5米	2.0米	2.5米	3.0米	3.5米	4.0米	4.5米	5.0米	
工商企事业	农村工业	25	35	50	55	75	—	—	—	—	黑龙江干流
	农村事业	20	30	40	50	60	—	—	—		
	城镇企事业	10	15	18	25	40	—	—	—		
	平均	18	27	36	43	58	—	—	—		
居民财产	农村房屋	30	50	70	80	90	95	100			
	家庭财产	15	20	30	40	90	100	100			
	平均	23	35	50	60	90	98	100			
工程设施	供电设施	20	50	55	60	70					
农林渔业	作物渔业	80	90	100	—	—	—	—	—		
		70	100	100	—	—	—	—	—		
	平均	75	95	100	—	—	—	—	—		

注:农村工业指村办企业;农村事业是学校、医务所、村委会等;城镇企事业指乡镇中的企事业单位。

综合上述各行业洪灾损失率的调查和分析数据,绘制在不同水深情况下的损失率变化曲线,如图6所示。

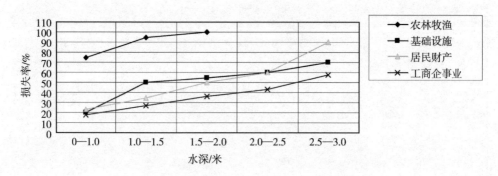

图6   黑龙江省1949—1990年的洪灾损失情况

（摘编自谢永刚、彭旭明等:黑龙江省水利科技项目研究报告《洪水灾害损失调查统计与评估方法研究》,2016 年 6 月。）

三、防洪减灾经济效益的评价

（一）概述

防洪工程经济评价中最重要的环节是防洪效益计算,科学、合理、简便地计算防洪减灾经济效益,统一、规范防洪减灾经济效益评价,可以为防洪减灾决策提供科学依据,所以我们依据《已成防洪工程经济效益分析计算及评价规范》《水利技术标准编写规定》及水旱灾害统计报表制度规定的原则、方法,结合防洪减灾工作的实际需要来确定防洪减灾经济效益的评价方法。

防洪工程经济效益一般包括大洪水年或稀有频率洪水年的效益和多年平均效益。大洪水和稀有频率洪水是指在实际发生的某次大洪水或稀有洪水时,依靠防洪工程所获得的防洪效益,多年平均效益是指在计算系列内对发生从现有防洪标准至设计标准洪水之间的任何频率洪水以及发生超标准洪水时,将工程发挥的防洪效益平均折算到系列的每一年,由此得出计算系列内逐年的防洪效益以及计算多年平均效益。

随着防洪保护区内社会经济财富的不断增长,一旦受淹,其损失也相应增大,防洪工程保护了防洪安全,效益自然也越来越大。目前一般是以洪灾增长率或防洪效益增长率来表示防洪效益的增长的,它是确定防洪效益流程、计算防洪效益现值的重要参数,对正确分析和评价防洪工程经济效益有重要影响,目前一般综合采用2%—4%,但防洪效益增长率与国民经济增长率是不同的,在不同防洪保护区内和计算期内不同时段也是不同的,需要通过调查研究和预测风险确定。

由于已成防洪工程运行时存在经费不足、经费无固定来源等问题,在进行经济评价时应考虑对工程财务运行状况进行分析计算,所以我们需要考虑防洪工程的费用问题,而对防洪工程的评价工作主要包括经济评价和财务评价。

（二）基本原理

为了应对防洪工程经济效益具有的随机性的特点,除了计算防洪工程一次洪灾损失外,对拟建工程还必须计算其多年平均防洪经济效益。对已成工程则要计算实际运行期的年均实际效益。他们在一次洪灾损失计算的基础上求得,其计算方法一般情况是:已成工程采用实际发生年法;拟建工程采用频率曲线法。

已成工程采用实际发生年法主要是因为已成工程防洪经济效益从工程发挥效益时实际减免的洪灾损失价值,实际发生了多大洪水,减免了多少损失,工程就有多少效益,其值需要逐年加以计算,而实际发生年法则能较好地满足这一要求。

实际发生年法计算多年平均防洪经济效益时的基本做法是:第一步,调查防洪工程建成后运行年中各年的实际洪灾损失值;第二步,通过洪水还原等水文计算出无工程情况下历年的洪灾损失;第三步,求出无、有防洪工程历年洪灾损失值之间的差值;第四步,用算术平均数求出"差值"的平均值,此平均值即为已成防洪工程多年平均防洪经济效益。相应的计算公式为:

$$\overline{B}_d = \sum_{t=1}^{n} \frac{L_t}{n} - \sum_{t=1}^{m} \frac{M_t}{n}$$

$$\overline{B}_d = \frac{1}{n} \sum_{i=1}^{n} (L_i - M_i)$$

对于防洪工程间接经济效益的计算目前国内外还没有具体的方法、一般就采用比例系数法。

(三) 关于防洪工程的投资与费用

防洪工程建设期投入的费用是指为达到设计防洪标准的全部费用支出,包括国家、集体和群众投入的一切支出,包括资金、器材、物资和劳力。通常可分为:

(1) 永久工程的投资,包括主体工程与附属工程等。

(2) 配套工程的投资。

(3) 移民安置和淹没、浸没、挖压占地的赔偿费用。

(4) 处理工程的不利影响,保护或改善野生资源和生态与环境所需的投资。

(5) 勘测、规划、科研等必需的前期费用。此外还要考虑文物古迹方面的保护费用。

集体、群众的工程投资,除直接投入的资金外,还包括投劳、投物等,估算方法为:

(1) 劳务投资,一般应加上编制概算采用的当地标准工资或该地区近期平均的劳动日价值与国家补助的民工生活补助费的差额,农忙和农闲时段的劳动力价值不同时应分别估算。

(2) 物资投资按当地合理价格估算。

(3) 未给赔偿或赔偿不足的淹没、浸没、挖压占地和拆迁投资,应加上国家制定的赔偿标准与实际赔偿的差值。

防洪工程的经济分析,在估算投资时,对工程所需的材料、器材等物资,原则上应按影子价格估算,而不能采用现行的市场价格。计算工作中困难较大,对影子价格与现行市场价格差别不大的,也可不做调整,但遇到影子价格与现行价格相差很大,可能影响到方案经济效果评价的优劣时,就必须采用影子价格。关于淹没占有耕地费用,应该反映该土地不被淹没占用时所花费用。

(四)以防洪工程多年平均效益为例

1. 多年平均防洪效益计算

某防洪工程兴建前、后损失曲线间所包围的面积的多年平均值作为防洪效益的年值如图 1 所示,计算过程见表 1。

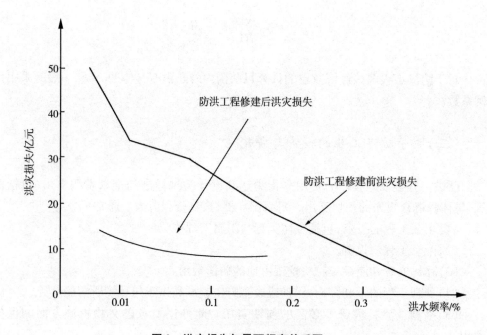

图 1　洪灾损失与暴雨频率关系图

表1　多年平均防洪效益计算表

洪水频率 P	ΔP	防洪工程建设前洪灾损失/亿元			防洪工程建设后洪灾损失/亿元		
		各频率洪灾损失值 S	平均损失 S̄	ΔP S̄	各频率洪灾损失值 S	平均损失 S̄	ΔP S̄
0.5		0					
	0.3		0.25	0.075			
0.2		0.5					
	0.1		0.75	0.075			
0.1		1.0			0		
	0.05		7.42	0.37		2.50	0.13
0.05		13.83			0.5		
	0.03		21.86	0.66		6.82	0.20
0.02		29.89			13.14		
	0.01		33.88	0.34		21.67	0.22
0.01		37.86			30.2		
ΣΔP S̄		1.52			0.55		

按照上述多年平均效益计算公式,可求得有防洪工程前后的多年平均淹没损失分别为1.52亿元,0.55亿元,则防洪工程的直接效益为0.97亿元(基准年为2004年)。

2. 效益评价的基本指标选择

(1)防洪工程投资,计为总投资为2.54亿元。

(2)采取运行费为总投资的3%,自投产年份开始投入资金。

(3)工程施工期为1989—1991年,以1992年初为基准年,经济计算期为30年。

(4)经济报酬率取7%,在经济计算期内的效益增长率均以6.8%计。

(5)防洪工程效益2004年基准年的多年平均值为0.97亿,换算成以1992年为基准年,则为4 450.11万元。

3. 经济效果分析

防洪工程费用、效益现值计算过程见表2。

(1)效益和费用的现值计算

费用现值 $C = 25\,400 \times (1 + 7\%)^3 + 762 \times \dfrac{(1 + 7\%)^{30} - 1}{7\% \, (1 + 7\%)^{30}} = 40\,571.8$ 万元

效益折算系数按等比系列求现值的复利因子公式算得:式中 $i = 7\%$, $f = 6.8\%$,其复利因子为 29.15,计算公式为:

$$\frac{1 + f}{i - f}\left[\frac{(1 + i)^n - (1 + f)^n}{(1 + i)^n}\right]$$

效益现值 $B = 4\,450.11 \times 29.15 = 129\,704.5$ 万元

净效益现值 $B_{净} = 89\,132.7$ 万元

表2 防洪工程费用效益现值计算表

年份	序号	投资折算		年运行费用折算			费用合计	效益折算		
		投资/万元	复利系数	年运行费用	复利系数	现值		年效益值/万元	折算系数	现值B/万元
1989	-3	25 400	$(1.07)^3$							
1990	-2									
1991	-1									
1992	1			762	12.41	9 455.7		$4\,450.11 \times (1.068)^2$	29.15	129 704.5
1993	2			762				$4\,450.11 \times (1.068)^3$		
1994	3			762				$4\,450.11 \times (1.068)^4$		
1995	4			762				$4\,450.11 \times (1.068)^5$		
1996	5			762				$4\,450.11 \times (1.068)^6$		
…	…			762				…		
…	…			762				…		
2020	29			762				$4\,450.11 \times (1.068)^{49}$		
2021	30			762				$24\,450.11 \times (1.068)^{50}$		
现值总值/万元		31 116.1				9 455.7	40 571.8			129 704.5
现值年值/万元		2 507.53		762			3 269.53			10 452.4

（2）效益和费用的年值计算

效益年值 $\bar{B}$ 计算：

$$\bar{B} = B \cdot \frac{i(1+i)^n}{(1+i)^n - 1} = 129\,704.5 \times \frac{7\% \times (1+7\%)^{30}}{(1+7\%)^{30} - 1} = 10\,452.42\ 万元$$

费用年值 $\bar{C}$ 计算：

$$\bar{C} = C \cdot \frac{i(1+i)^n}{(1+i)^n - 1} = 40\,571.8 \times \frac{7\% \times (1+7\%)^{30}}{(1+7\%)^{30} - 1} = 3\,269.53\ 万元$$

效益费用比计算：

$$B/C = \bar{B}/\bar{C} = \frac{129\,704.52}{40\,571.78} = \frac{10\,452.42}{3\,269.53} = 3.20$$

（3）敏感性分析

以效益、费用单项指标浮动和两项指标同时浮动,浮动幅度分别按 −10% 和 ±10% 进行,计算成果列于表3中。

表3　敏感性分析成果表

敏感性因素	费用年值/万元	效益年值/万元	效益费用比	净效益年值/万元
基本方案	3 269.53	10 452.42	3.20	7 182.89
费用增加10%	3 596.49	10 452.42	2.91	6 855.93
费用减少10%	2 942.58	10 452.42	3.55	7 509.84
效益减少10%	3 269.53	9 407.18	2.88	6 137.64
费用增加10% 效益减少10%	3 596.49	9 407.18	2.62	5 810.69
费用减少10% 效益减少10%	2 942.58	9 407.18	3.20	6 464.60

由表3结果可以看出,即使按效益减少10%和费用增加10%同时浮动,其效益费用比为2.62,净效益值为5 810.69万元,可见其防洪工程的经济效果是显著的。

(4)综合评价分析

通过上述对某防洪工程的防洪效益经济分析,效益费用比为 3.2,敏感性分析中,尽管效益减少 10% 和运行成本增加 10% ,其效益费用比仍高于 2.5,可见其防洪效益是非常显著的。

(摘编自展金岩、谢永刚、刘森等:黑龙江省水利科技项目《洪水灾害损失调查统计与评估方法研究》,2016 年 6 月。)

四、中国水旱灾害特点及水利减灾措施效果排序研究

(一)全国水旱灾害及其特点

从 1989—2005 年的全国农村经济的发展趋势分析,由于农村产业结构与农业内部结构逐渐向合理的方向调整,农民年人均农业收入尤其是粮食种植收入占总收入的比重呈下降的趋势。2000 年农民人均种植业收入为 784 元,比上年减少 98 元,比上年下降了 11.2% ;2002 年农村居民的农业收入中,种植业收入人均为 808 元,比上年下降了 0.2%。农民年人均农业纯收入占总收入的比例也已经从 1991 年的 74% 降至 2000 年的 50%。种植业收入下降的原因有很多,其中包含由于水旱灾害带来的粮食减产。如图 1 所示,1978 年全国人均粮食经济损失占人均收入的比例高达 5%,1985—1989 年平均在 3.5% 左右徘徊,而 1993—2000 年间有所下降,大约在 2.5% 徘徊。但从 1978—2006 年这段时期,人均粮食经济损失占人均收入的比例的趋势是下降的,这与水利减灾的投入增加有很大关系。可见,对于以种植粮食作物为主的农民来说,重大水旱灾害带来的损失仍然是十分严重的。

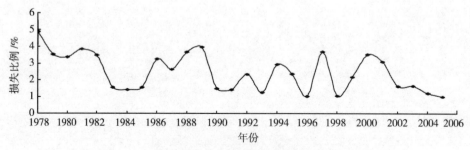

图1　1978—2006 年全国人均粮食经济损失占人均收入比例

(资料来源:各年《中国统计年鉴》。)

1979 年至 1982 年间,农村改革初期,农村经济开始逐步恢复,农业生产开始注重农业基础设施建设,但由于受经济条件和资金的限制,水利设施投入重点还是对 1958 年修建的"三边工程"的修修补补,农业减灾能力还是很薄弱的。1983—1986 年,尽管经历了全国的 1983 年旱灾和 1985 年(受灾面积 1.419 73 × 10⁷ 公顷)水灾,1979—1982 年的水利投入和消险加固工程,使得粮食损失有所下降;1989 年后,农村改革取得巨大成果,国家经济财力快速增长,为建设水利基础设施的加大投入提供了基本保证。但 1989—2005 年间,水利投入是 1979 年到 1989 年的 2.5 倍,使得全国人均粮食

经济损失占人均收入的比例在3%左右。而这期间,水旱灾害非常严重,如1989年、1992年、1994年、1997年、2000年、2001年的大旱灾,1991年、1993年、1994年、1996年、1998年、2003年的大水灾,导致农作物成灾率(成灾率即农作物成灾面积占播种面积的比重,成灾面积是指因受灾减产30%的面积)都在30%以上。图2也表明了在1989年以后,农业总产值有一个跨越式的增长,此期间的水利投入大幅度增长,2002年(2003年达到$1.920\,8\times10^7$公顷)后这些水利工程的减灾效果更加明显,农业总产值又上了一个新台阶。

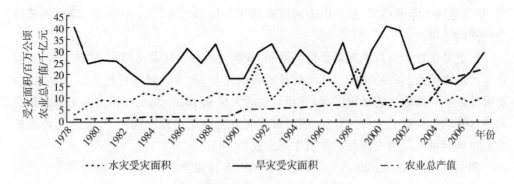

图2　水旱灾面积与农业总产值关系
(资料来源:各年《中国水利统计年鉴》。)

近20年来,中国水旱灾害有以下特点:

一是发生频率高。对于水灾,1980—1989年是一个洪水频发的时期,发生5次大洪水,其中,1985年为最重,平均每2年发生一次;1990—1999年,平均每2.5年就发生一次洪水,1991年和1998年最为严重。2000—2006年,发生2次大洪水,2003年较为严重。从近20年总体分析,受灾面积在2×10^7公顷以上的年份有2个,分别是1991年和1998年,出现频率为10年一遇;受灾面积在1.5×10^6—2×10^6公顷之间的年份有4个,分别是1993年、1994年、1996年及2003年;出现频率为5年一遇;从1980到2006年27年间受灾面积在1×10^7公顷的年份就有15年,超过了一半之多。20世纪90年代的灾情总体上较严重,10年中有8年的受灾面积超过1×10^7公顷,几乎可以说是年年遭灾。对于旱灾,1980到2006年27年间全国旱灾受灾面积在3.5×10^7公顷以上的年份有2个,分别是2000年和2001年,出现频率为13年一遇;受灾面积在3×10^7—3.5×10^7公顷之间的年份有6个,分别是1986年、1988年、1992年、1994年、1997年、1999年,出现频率接近为5年一遇;受灾面积在2×10^7公顷以上的年份共有22个。从1980到1989年农作物旱灾成灾面积年平均水平为$1.207\,56\times10^7$公顷,20世纪90年代的年平均水平是$1.194\,52\times10^7$公顷,2000—2006年的年平均成灾面积为$1.551\,01\times10^7$公顷。通过这组数字我们发现,旱灾的成灾面积在逐年增大。2000—2006 年的年平均成灾水平约为 20 世纪 80 和 90 年代的 1.3 倍。旱灾的受灾和成灾面积多年一直居高不下，并且高峰期的峰值在上升，表明旱灾对我国农业的影响历来很大，且有逐渐加重的趋势。

二是范围广泛。根据统计资料分析，我国有 2/3 的国土面积可能发生各种类型、不同程度的洪水，其中大部分地区都会形成洪水灾害，对农业生产影响严重。其中东部和南部地区有占全国 50% 以上的人口、35% 的耕地、2/3 的工农业总产值受到洪水的严重威胁。如 1991 年淮河流域大洪水，1998 年长江、松花江流域大洪水，波及面积广泛。干旱在我国分布更为广泛，绝大部分地区面临不同程度的干旱威胁，东北、西北、华北地区十年九春旱，长江以南地区有的年份伏旱严重。如 2000 年、2001 年持续全国性的干旱。

三是复杂性。受自然地理条件的限制，我国大部分地区非涝即旱、旱涝交替，对农业生产危害极大。有的年份或春旱秋涝或春涝夏旱，七大流域都可能发生大洪水，也有可能发生局部地区的暴雨洪水；或流域性的大旱和中小河流的洪水灾害。如东南沿海地区平均每年有 7 个台风登陆，使局部洪涝灾害频繁出现。同时，旱灾也从传统的农业扩展到城市周边的现代农业及生态农业。

四是损失严重。近 20 多年来，我国水旱灾害直接经济损失占各类自然灾害直接经济总损失的 60% 左右。尤其是 1990 年以来，全国年均洪涝灾害损失在 1 100 亿元人民币左右，约占同期国内生产总值的 2% 以上；遇到发生流域性大洪水的年份，该比例可上升到 3%—4%；如 1991 年和 1998 年洪水受灾面积在 2×10^7 公顷以上。旱灾造成直接经济损失每年平均约占同期国内生产总值的 1% 以上，遇严重干旱年份，该比例超过 2%。如 2000 年和 2001 年全国受灾面积都在 3.5×10^7 公顷以上；特别是随着中国经济社会的快速发展，工业、生态等用水持续增加，干旱灾害的影响越来越大。

（二）水利建设发展阶段分析

目前的中国农村水利工程建设，大都是在以下两个时期大规模建设的，即 1958 年发展生产时期和 1985 年后改革开放经济形势好转时期。第一个时期属于"三边"工程，即边规划、边设计、边建设，这些工程对抗御自然灾害，解决温饱、促进农业增产增收起到了非常重要的作用。然而这些工程已经运行近半个世纪，其特点是工程老化失修，岁修工程量大。第二个时期是 1985 年以后，农村改革开放初见成效，国家经济形势逐步好转，用于减灾防灾的农村水利工程投资逐年提高，其重点是对第一个时期工程的加固除险和新建农田水利工程。到 1990 年，随着经济改革向纵深发展，农村改革包括土地承包制度的推行和深化，水利工程建设和管理也出现了新的问题，直接影响了农业的增产增收。同时也面临着挑战，即农业科学技术的发展和农机、农药、化肥等大量投入，影响粮食增产增收的主要因素从水利抗灾投入以及传统的土、肥（农家肥)、种等手段变得多样化,增产效益的分摊更加分散。尽管如此,但从历史上减少粮食减产情况来看,水旱灾害是一个主要的因素,这也是我国历来重视水利减灾的主要原因。

1949 年至改革开放以前,中国农业基本上还是靠天吃饭,农业产量受水旱灾害影响很大,比如最严重的 1959—1961 年,全国大面积水灾或旱灾,使农业总产值下降了14%、12%、14.5%。而 1952—1959 年由水旱灾害造成全国粮食损失每年平均达37.95 亿千克,占粮食总产量的 2.1%;1960—1966 年达到 61.23 亿千克,占粮食总产量的 3.5%;1970—1979 年达到 66.27 亿千克,占粮食总产量的 2.4%。改革开放初期,1979—1988 年,国家基本建设投资全面实行"拨改贷",水利投资一度出现负增长,水利发展受到严重制约。水旱灾害造成全国粮食损失每年平均达 159.2 亿千克,占粮食总产量的 4%。如统计资料表明,仅"六五"期间,全国就净减农田灌溉面积 98.5 万公顷。我国农田灌溉面积减少的原因很多,其中水利投资大量减少是其主要原因之一。有资料表明,"一五"至"五五"期间,水利基建投资在全国基建投资中所占的比重保持在 4%—8%,"六五"时期只占全国基建投资额的 2.7%,在"七五"时期头 3 年继续减少到占全国基建投资额的 1.9%。水利投资总额"六五"时期较"五五"时期减少20%,"七五"时期也较"五五"时期减少 20%。由于"六五""七五"时期投资锐减的潜在影响,直到 1989 年全国粮食产量在徘徊 4 年之后才恢复到 1984 年的水平(4 000亿千克以上),但灌溉面积到 1990 年仍比 1980 年减少 46.6 万公顷(见图 3)。

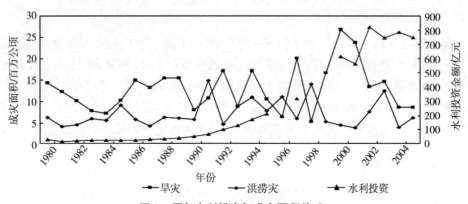

图3　历年水利投资与成灾面积关系
(资料来源:各年《中国水利统计年鉴》。)

可以看出,水旱灾害造成的粮食损失的趋势有增无减,而且灾害程度和水利减灾投入多寡呈相关关系。改革开放初期,为弥补投入不足,水利部门大胆探索,改变过去主要依靠国家投资的单一模式,积极开拓新的资金渠道。到 1989 年后,水利投资大幅增长,特别是随后(1991 年开始)国家实行农村劳动积累工和义务工的"两工"制度等,"两工"制度实施顺利,有效缓解了水利投资不足的紧张状况,为水利基建资金的多渠道筹集打下坚实的基础。在 1991 年江淮大水之后,各级政府对水利的投资得到恢复性增长,如具有标志性的长江三峡工程、黄河小浪底小程等。

1998 年长江流域大洪水后,中央实行积极的财政政策,通过发行国债的办法,大幅度增加对农村水利基础建设项目的投入。2002 年国务院出台《水利工程管理体制改革实施意见》,要求公益性水利工程的管理人员基本支出经费和维修养护经费纳入各级财政预算。表明水利的公益性质和基础地位及其保障作用为全社会所共识。2005 年国务院出台《关于建立农田水利建设新机制的意见》,表明随着社会主义市场经济体制的不断深入,我国水利发展的体制机制已发生了重大转变,水利减灾投入已由 1980 年以前单一的财政预算内拨款,逐渐转变为财政拨款、基金、贷款、集资、外资等多种形式,初步形成了多元化、多层次、多渠道的水利投资新格局,促进水利良性发展的体制机制正在逐步建立和形成。从中央水利财政投入来看,改革开放的 1978 年,水利行政事业投入规模为 10 084 万元;1988 年达到 24 025 万元,10 年增长了 1.38 倍;1989 年开始,投资又大幅增加;1998 年达到 95 245 万元,10 年增长了 2.96 倍;2008 年达 376 075 万元,10 年增长 2.95 倍;2008 年投入是 1978 年的 37 倍多,为农业增长后劲打下了坚实的基础。

从上面分析还可以看出,尽管水旱灾害发生程度与粮食增产及农业收入有很大关系,但凡是水利基础投入增加的时期,都是农业收成相对稳定的时期。

(三)农业承灾系统模型确立及其水利措施的减灾效果排序

为了有效降低旱涝灾害造成的农业经济损失,必须了解作为灾害承受体的承灾能力状况。因此,笔者选择农村人均纯收入、有效灌溉面积、除涝面积、堤防长度和水库容量、盐碱耕地改良、水土保持等共 7 项指标反映全国对旱涝灾害的抵抗能力。由于旱涝灾害的影响和破坏是一个复杂的系统,所以笔者采用灰色关联分析方法分析承灾指标的大小,找出抵御旱涝灾害的重要因子,从而为计量模型提供变量依据。

1. 确定分析序列

灰色关联分析首先在对所研究问题定性分析的基础上,确定比较序列(评价对象 m 个) $X_i = \{X_i(k) \mid i = 1, 2, 3 \cdots m\}$ 和参考序列(评价标准 n 个) $X_0 = \{X_0(k) \mid k = 1, 2, 3 \cdots n\}$,$m+1$ 个数据序列矩阵如下,(具体取值时 $m = 16, n = 7$)。

$$\begin{bmatrix} X_0(1) & X_0(2) & X_0(3) & \cdots & X_0(n) \\ X_1(1) & X_1(2) & X_1(3) & \cdots & X_1(n) \\ X_2(1) & X_2(2) & X_2(3) & \cdots & X_2(n) \\ \vdots & \vdots & \vdots & \vdots & \vdots \\ X_m(1) & X_m(2) & X_m(3) & \cdots & X_m(n) \end{bmatrix} \quad (1)$$

表 1　抗灾效果指标及标准化处理结果

年份/年	堤防 $r(1)$	有效灌溉 $r(2)$	除涝 $r(3)$	水库 $r(4)$	人均收入 $r(5)$	盐碱耕地改良面积 $r(6)$	水土流失治理面积 $r(7)$
参考序列	278 671 (100)	55 029.3 (100)	21 339.7 (100)	5 658.4 (100)	3 254.93 (100)	6 032 (100)	94 654.45 (100)
2005	277 450 (99.56)	55 029.3 (100)	21 339.7 (100)	5 623.8 (99.39)	3 254.93 (100)	6 032 (100)	94 654.45 (100)
2004	277 305 (99.51)	54 478.4 (99)	21 197.7 (99.33)	5 542.0 (97.94)	2 936.40 (90.21)	5 961.56 (98.83)	92 004.46 (97.2)
2003	278 671 (100)	54 014.2 (99.16)	21 139.0 (99.06)	5 658.4 (100)	2 622.24 (80.56)	5 864.59 (97.22)	89 713.61 (94.78)
2002	273 786 (98.25)	54 354.8 (98.77)	21 097.1 (98.86)	5 594.6 (98.87)	2 475.63 (76.06)	5 282.86 (87.58)	85 410.04 (90.23)
2001	273 401 (98.11)	54 249.4 (98.58)	21 021.1 (98.51)	5 281.3 (93.34)	2 366.40 (72.70)	5 750.59 (95.33)	81 539.37 (86.14)
2000	270 364 (97.02)	53 820.3 (97.80)	20 989.0 (98.36)	5 183.5 (91.61)	2 253.42 (69.23)	5 841.36 (96.84)	80 960.5 (85.53)
1998	257 331 (92.34)	52 295.6 (95.03)	20 680.7 (96.91)	4 924.2 (87.02)	2 161.98 (66.42)	5 596.8 (92.79)	76 601.25 (80.93)
1997	250 815 (90.00)	51 238.5 (93.11)	20 526.0 (96.19)	4 583.4 (81.00)	2 090.13 (64.21)	5 612.25 (93.04)	72 242 (76.32)
1996	248 243 (89.08)	50 381.4 (91.55)	20 279.0 (95.03)	4 571.4 (80.79)	1 926.07 (59.17)	5 513.15 (91.4)	69 321.26 (73.24)
1995	246 680 (88.52)	49 281.2 (89.55)	20 065.0 (94.03)	4 796.7 (84.77)	1 577.74 (48.47)	5 433.91 (90.08)	66 854.83 (70.63)

续表

年份/年	堤防 r(1)	有效灌溉 r(2)	除涝 r(3)	水库 r(4)	人均收入 r(5)	盐碱耕地改 良面积 r(6)	水土流失治 理面积 r(7)
1994	245 876 (88.23)	48 759.1 (88.61)	19 978.0 (93.62)	4 750.9 (83.96)	1 220.98 (37.51)	5 350.83 (88.71)	64 079.67 (67.7)
1993	242 246 (86.93)	48 727.9 (88.55)	19 883.3 (93.18)	4 716.6 (83.36)	921.62 (28.31)	5 304.62 (87.94)	61 252.82 (64.71)
1992	242 246 (86.93)	48 590.1 (88.30)	19 771.0 (92.65)	4 687.6 (82.84)	783.99 (24.09)	5 210.21 (86.38)	58 635.24 (61.95)
1991	237 746 (85.31)	47 822.1 (86.90)	19 580.0 (91.75)	4 247.8 (75.07)	708.55 (21.77)	5 110.09 (84.72)	55 837.89 (58.99)
1990	182 811 (65.60)	47 403.1 (86.14)	19 337.0 (90.62)	4 660.3 (82.36)	686.31 (21.09)	4 995.33 (82.81)	52 970.66 (55.96)
1989	216 979 (77.86)	44 917.2 (81.62)	19 229.0 (90.11)	4 617.3 (81.60)	686.31 (21.09)	4 883.33 (80.96)	52 153.83 (55.1)

注:上表中缺 1999 年数据,数据来源于 1989—2007 年《中国水利年鉴》。

2. 对变量序列数据进行标准化处理

选择各列指标中最大值作为参考序列见表 1。一般而言,不同的评价指标往往具有不同的量纲和量纲单位,为了消除量纲和量纲单位不同所带来的差别性,决策之前首先应将评价指标进行标准化处理。常用的方法有初值化、均值化和归一化等。笔者采用初值法进行标准化处理:

$$X'_i(k) = \frac{X_i(k)}{X_0(k)} \times 100\% \tag{2}$$

根据式(2)对数据(表 1)进行标准化处理,结果如表 1 括号中的数据所示。

3. 求差序列、最大值、最小值

(1)差序列

$$\Delta_{0i}(k) = |X'_0(k) - X'_i(k)| \tag{3}$$

其中,$i = 1,2,3\cdots,m$;$k = 1,2,3\cdots,n$。根据式(3)计算差序列。

(2)绝对差值正中最大数和最小数即为最大差 M 和最小差 m:

$$M = \max_i \max_k \Delta_{0i}(k)$$
$$m = \min_i \min_k \Delta_{0i}(k)$$

(4)

从表1中数据标准化的结果确定最大差 $M = 100 - 21.09 = 78.91$,最小差 $m = 100 - 100 = 0$。

4. 计算灰色关联系数

$$\delta_{0i}(k) = \frac{m + \rho M}{\Delta_{0i}(k) + \rho M}$$

(5)

ρ 为分辨系数,在 $(0,1]$ 内取值,得关联系数矩阵(根据灰色理论创始人邓聚龙教授的研究 ρ 一般取 0.5 效果较好,所以笔者令 $\rho = 0.5$)。

$$\begin{bmatrix} \delta_{01}(1) & \delta_{01}(2) & \delta_{01}(3) & \cdots & \delta_{01}(n) \\ \delta_{02}(1) & \delta_{02}(2) & \delta_{02}(3) & \cdots & \delta_{02}(n) \\ \delta_{03}(1) & \delta_{03}(2) & \delta_{03}(3) & \cdots & \delta_{03}(n) \\ \vdots & \vdots & \vdots & \vdots & \vdots \\ \delta_{0m}(1) & \delta_{0m}(2) & \delta_{0m}(3) & \cdots & \delta_{0m}(n) \end{bmatrix}$$

(6)

5. 求各个指标关联度

$$r(k) = \frac{1}{N} \sum_{i=1}^{m} \delta_{0i}(k)$$

其中 $N = m$,计算得 $r(1) = 0.8264$;$r(2) = 0.8539$;$r(3) = 0.9027$;
$r(4) = 0.7816$;$r(5) = 0.5201$;$r(6) = 0.8238$;
$r(7) = 0.6610$。

从结果来看承灾能力的大小:除涝 > 有效灌溉 > 堤防长度 > 盐碱耕地改良面积 > 水库容量 > 水土流失治理面积 > 农民人均纯收入。

(四)结论与建议

通过上述对水旱灾害的特点、水利投入阶段以及抗灾效果排序分析,可以得出以下结论:

在影响农业增长的减灾的诸多影响变量中,其作用影响程度的大小次序分别为除涝、灌溉、堤防、水库。在承灾能力排列中,农民人均纯收入影响最小,说明我国在抗御水旱灾害中,以国家或政府为主导,家户对抗灾投入及减灾作用极其微弱。

根据以上结论,我们提出确保农业增长的对策和建议是:

(1)针对水旱灾未来发展的现实情况,要重点地区重点防御。水灾影响较严重的地区,主要分布在长江中下游平原、黄淮海平原、松花江流域、东南沿海地区等。这些地区应继续加大堤防建设,提高大江大河的防洪能力;针对低洼易涝地区,如珠江流域、长江中下游地区、淮河流域,要继续增加排涝工程投资力度,以发挥工程排洪除涝能力;旱灾影响较严重的西北地区、华北地区及其黄淮海平原、华南地区、西南地区,应继续提高水库蓄水能力和有效灌溉面积的建设与管理水平;西北、东北等区域对于水土保持、盐碱地改良工程的建设不能忽视。

(2)从减灾措施的绩效分析看出,重大的水旱灾害年份对农业产出的影响,其成灾率最多可达到30%以上;从结果来看承灾能力的大小依次是除涝、有效灌溉、堤防长度、盐碱耕地改良面积、水库容量、水土流失治理面积等,所以,要以此作为农村减灾投入结构的调整的参考依据,切实做好主要减灾措施的资金倾斜。

(3)加大对水旱灾害频发地区如西北、西南等贫困地区水利基础设施建设力度,尤其是有效灌溉面积、水库容量等减灾工程,对促使粮食持续稳定地增长,早日脱贫致富,实现地区"千年发展目标"具有特别重要的意义。

(摘编自谢永刚、周长生、党鹏:《中国水旱灾害特点及水利减灾措施效果排序研究》,载《自然灾害学报》2012年第4期。)

五、中国近 20 年水利减灾投入对种植业产值的贡献

（一）基本信息

目前的中国农村水利工程建设,大都是在以下两个时期大规模建设的,即1958年发展生产时期和1985年后改革开放经济形势好转时期。第一个时期属于"三边"工程,即边规划、边设计、边建设,这些工程对抗御自然灾害,解决温饱、促进农业增产增收起到了非常重要的作用。然而这些工程已经运行近半个世纪,其特点是工程老化失修,岁修工程量大。第二个时期是1985年以后,农村改革开放初见成效,国家经济形势逐步好转,用于减灾防灾的农村水利工程投资逐年提高,其重点是对第一个时期工程的加固除险和新建农田水利工程。到1990年,随着经济改革向纵深发展,农村改革包括土地承包制度的推行和深化,水利工程建设和管理也出现了新的问题,直接影响了农业的增产增收。同时也面临着挑战,即农业科学技术的发展和农机、农药、化肥等大量投入,影响粮食增产增收的主要因素从水利抗灾投入以及传统的土、肥（农家肥）、种等手段变得多样化,增产效益的分摊更加分散。尽管如此,但从历史上减少粮食减产情况来看,水旱灾害是一个主要的影响因素,这也是我国历来重视水利减灾的主要原因。

近些年来,随着对农业经济理论研究的不断深化,有关农业增长因素的经济分析的研究也越来越受到重视。林毅夫的《制度、技术与中国农业发展》一书,可算是对中国农业增长问题的经典研究,他在研究中运用了计量分析方法。随后其他文章大都按照林先生的思路进行发挥性的分析或探讨。林先生在书中对中国的农村改革与农业增长问题进行了计量模型分析,研究土地、资本、劳动、化肥等四种常规投入对农业产出的影响;但是,他选择的是以一个省为单位的虚拟变量,其他省与一个基准省比较,缺点是不能反映地理、气候、降水等因素对农业产值影响的差别(我国自然灾害特点具有很强的区域性)。他的结论是从生产队体制向家庭责任制转变,对农业增长具有正的显著效应,主要来自总要素生产力率的变化;而林毅夫在早年撰写的《西方农业发展基本理论述评》一文中,得出结论是,要真正提高农民的生产力,必须从改变限制农民选择的范围的外部条件入手,包括新的更有效率的机械设备、化肥、粮种等。他在《我国主要粮食作物单产潜力与增产前景》一文中,提出提高粮食单产的多种措施中,培育良种是主要途径,并引用"中国农业优先序研究"课题成果,认为在制约粮食单产潜力因素中,以干旱为主的不利气候条件约占6%。又在2001年发表的《增加农民收入需要农村基础设施的牢固》一文中,分析了我国1997年以来农民收入放慢的原因,

并得出结论：加快农村基础设施建设是一个直接改善农民生活质量、消除过剩生产能力、有利农村产业结构调整、增加农民收入的"一石数鸟"的政策。近10年来，有很多学者对农村经济及农业增长问题进行研究，如黄少安等人对中国1949—1978年的土地产权制度变化影响农业经济增长进行了实证分析，阐明了中国1949—1978年的这段时期，实行的产权制度的差别导致生产要素投入的不同，从而影响农业产出的变化。叶正伟等人对江苏省旱涝灾害对农业经济的影响及承灾系统进行分析，主要是采用灰色关联分析法对各个影响因素对农业产值的影响进行了粗略的排序，大小依次是水库容量、排涝、有效灌溉面积、堤防长度、人均收入，但对原因没有解释。王红林等人也以江苏省为例，研究了公共投资对农业发展的可持续性作用。谢永刚等人主要阐述了除传统因素对农业增产起到的主要作用外，水利减灾因素有不可替代的作用，并对各种水利减灾因素的作用进行了排序研究。

1998年度诺贝尔经济学奖获得者阿马蒂亚·森在《贫困与饥荒》中以南亚、中国等发展中国家水旱灾害的社会影响为切入点，运用交换权利理论分析了灾荒问题的成因及对策。得出结论：由旱灾、洪灾等自然灾害引起的农产品减产，导致的粮食供应较少不是引起饥荒的唯一因素，起决定作用的是由各种制度缺陷而导致的一些社会经济群体丧失了获得食品的"权利"。这一结论给我们一个启发，"权利"与减灾投入量、结构及其形成机制是有关联的。美国西维吉尼亚大学的Yasuhide教授关于灾害经济学的诸多理论成果以其创新性和实用性受到学术界的关注。他于2003年发表的研究报告"自然灾害的经济学：一个批评性的回顾"中，关于灾害对经济长期影响的分析不仅填补了灾害经济学在该课题上的研究空白，还对现实有很强的指导作用。他以新古典经济增长模型（索洛模型）为基本出发点，分析灾害发生以后经济增长的长期变动情况，以及在灾后的经济重建过程中，储蓄率、人均资本和技术进步率等变量将如何变化，进而如何影响灾后的经济增长。得出结论：灾害发生以后，影响其恢复速度的因素有两个：一是经济恢复活动中的资源配置状况，即被投入到经济重建的资源越多，储蓄率提高得越多，那么灾后经济恢复的进程也就越快；二是灾前经济中新旧资本的混合程度，如果经济中的新资本较多，也就是说固定资本经常被更新，那么当灾害发生以后，经济复苏的速度也较快。Yasuhide的结论告诉我们，农业减灾资金投入的重要作用。Noy在《发展经济学》杂志中发表文章，题为"灾害的宏观经济推理"，阐述了自然灾害对宏观经济有较系统的影响，特别是在发展中国家，小农经济更易受到打击；同时，公共制度常常影响灾害的发生。拥有较高的识字率、较好的机制、较高的人均收入和贸易开放程度，以及较高政府开支水平的国家能更好地抵御初始的灾害冲击和阻止其进一步向宏观经济的蔓延。

从现有的文献及研究成果来看，影响农业产出及农业增长的因素有很多，并用计量分析方法探讨各个因素的影响，即都是从劳动、资本、化肥、机械等因素分析，很少涉及水旱灾害这一因素以及减灾投入对农业增长的贡献。我们统计水旱灾害对粮食减产和农村经济损失的数据得知,农村减灾投入的年度变化对粮食产量及农村经济增长影响较大,根据灾害经济的"负负得正原理",减灾投入的绩效是非常显著的,甚至起到决定作用。近20年来,尽管我国水旱灾害发生的频率和程度不比以往减少与减小,但造成的粮食损失和对农村经济的影响,有持续下降的趋势,这些成就的取得无疑是中国农村基础设施的不断投入,对抗御水旱灾害、粮食增产和农民增收起到巨大作用。如何评价水旱灾害对农村社会经济的影响及水利设施投入对农业增长的贡献? 我们通过对这一时期的统计数据进行计量分析来说明。第一,农村减灾防灾投入的程度对农村经济的增长起到决定性作用,其他农业增长因素都是在减少灾害的基础上发挥作用;第二,在各种减灾措施中,分析哪种因素在不同阶段对农业增产贡献更加明显;第三,对近20年的水旱灾害的减灾措施对农业增长的绩效的影响进行考察和实证分析,为未来的减灾投入优化提供参考。

(二)主要因素对种植业产值影响的计量分析

1. 计量模型设定

笔者基于柯布－道格拉斯函数,分析各因素对种植产值影响,除了土地、劳动、机械化水平、化肥等传统因素,还增加了受灾面积(体现自然灾害对产值的影响);以及人为抗灾因素包括堤防长度、有效灌溉面积、除涝面积、水库容量等变量。

数据:包括我国从 1989—2005 年面板数据,观测次数为 402 次;时段划分时考虑尽量与国家"五年规划"吻合,同时又要考虑水利减灾工程发挥效果与投资建设年稍有滞后的特点。我们用普通最小二乘法进行评估。

模型设定:

$$\mathrm{Ln}A = \beta_0 + \beta_1 \ln Q + \beta_2 \ln W + \beta_3 \ln E + \beta_4 \ln R + \beta_5 \ln T + \beta_6 \ln Y + \beta_7 \ln U + \beta_8 \ln I + \beta_9 \ln O + D_1 + \beta_{10} D_2 + \beta_{11} D_3 + \beta_{12} D_4 + h + \varepsilon \tag{1}$$

式(1)中:A 表示种植业产值(按当年价格计算),单位为亿元;Q 表示总土地播种面积,单位为 10^3 公顷;W 表示施肥量(按折纯量计算),单位为 10^4 吨;E 表示农林牧渔劳动力,单位为万人;R 表示农用机械总动力,单位为 10^8 瓦;T 表示受灾面积,单位为 10^3 公顷;Y 表示堤防长度,单位为千米;U 表示有效灌溉面积,单位为 10^3 公顷;I 表示除涝面积,单位为 10^3 公顷;O 表示水库容量,单位为 10^8 立方米;区域虚拟变量用 D 表示。

其中,基准组包括 4 省(区)(黑龙江、吉林、辽宁、内蒙古);D_1 包含 6 省(市、区)(北京、天津、宁夏、河南、河北、山东);D_2 包含 4 省(安徽、江西、湖南、湖北);D_3 包含东南及其沿海 6 省（区）（江苏、浙江、福建、广东、广西、海南）；D_4 包含 10 省（区）（陕西、山西、甘肃、青海、四川、重庆、西藏、新疆、贵州、云南）；h 表示时间趋势（因为年份的差别，而对农业产值影响有差别），ε 为随机干扰项。

为了更充分体现土地要素与产出的关系以及水旱灾影响的受灾面积，土地变量的指标采用当年的总土地播种面积，而不采用耕地面积；为了体现江河防洪投入水平，用堤防长度变化作为防洪能力指标；为了反映灌溉投入水平，用水库库容量作为调蓄天然径流能力指标；为了反映因为地理位置、气象等区域的差别（变量对农业产值的影响有很大差别），增加区域虚拟变量，所以全国划分为 5 个区域组（尽量使灾害特征相近、地域相邻为一个组）；其中，基准组为东北，因为东北地区水旱灾害特点兼顾北方和南方的特征，更有灾害发生的代表性。

2. 检验分析

（1）说明

第一，把面板数据分成 4 个时间段。即表中模型 1、模型 2、模型 3、模型 4。检测上述 9 个解释变量的变化对种植业产值的影响。结果表明，种植业产值与总土地播种面积、施肥量、农林牧渔、劳动力、有效灌溉面积、除涝面积、水库容量等因素正相关；农业产值与受灾面积负相关。

第二，模型 1 第 1 列估计出现自相关，第 2 列用一阶自回归消除自相关。

第三，表 1 中 C 值表示在 9 个因素不变的情况下，其他因素（没有考虑）对农业产值的影响。如模型 1 中，C 值为 0.726 742，表明其他因素对农业产值影响是增加的；模型 3 中，C 值为 −0.199 857，表明其他因素对农业产值的影响无明显差别。

第四，对于表 1 中 $\ln Q$、$\ln W$、$\ln E$ 等的数字意义，如模型 1 中，除涝面积 $\ln I$ 为 0.030 687，这个数值小于有效灌溉面积 $\ln U$ 值 0.511 46，说明在 2002—2005 这个时间段上，从全国水平看，除涝面积（I）每增加 1 个百分点，农业产值增加 0.03%，而有效灌溉面积（U）值每增加 1 个百分点，农业产值增加 0.51%。D_2 的数值为负值，说明 D_2 这个组，由于区域（华南）的差别，比基准组（东北）的农业产值减少了。D_3 的数值是正值，说明 D_3 这个组，由于区域（东南沿海）的差别，比基准组的农业产值增加了。

表1　我国各阶段影响农业产值变量的回归系数估算及检验结果

变量	2002—2005 年		1997—2001 年	1993—1996 年	1989—1992 年
	模型 1		模型 2	模型 3	模型 4
常数 C	0.857 506	0.726 742	1.118 059	− 0.199 857	0.183 286
	(2.284 293)***	(2.305 417)***	(3.238 367)***	(− 0.398 200)	(0.349 134)
$\ln Q$	− 0.039 923	− 0.039 978	− 0.053 548	0.183 695	0.027 781
	(− 0.376 157)	(− 0.435 639)	(− 0.550 117)	(1.653 913)*	(0.262 854)
$\ln W$	0.567 372	0.535 643	0.488 792	0.426 962	0.524 144
	(7.882 056)***	(7.826 166)***	(6.767 097)***	(4.743 457)***	(5.138 941)***
$\ln E$	0.102 199	0.080 734	0.179 973	− 0.065 349	0.036 057
	(1.629 735)*	(1.654 215)*	(2.912 891)***	(− 0.994 804)	(0.482 037)
$\ln R$	− 0.103 158	− 0.181 922	0.015 089	0.076 989	0.037 569
	(− 1.554 527)**	(− 3.351 784)***	(0.351 465)	(0.954 800)	(0.372 934)
$\ln T$	− 0.033 148	− 0.037 159	− 0.084 219	− 0.015 753	− 0.021 891
	(− 1.428 545)	(− 2.223 187)***	(− 4.278 705)***	(− 0.571 334)	(− 0.932 081)
$\ln Y$	− 0.031 016	− 0.106 087	− 0.005 896	0.022 332	− 0.019 386
	(− 1.036 188)	(− 3.877 192)***	(− 0.341 666)	(0.574 644)	(− 0.500 096)
$\ln U$	0.323 677	0.511 46	0.239 070	0.125 954	0.194 798
	(4.838 467)***	(7.229 170)***	(3.871 897)***	(1.825 348)**	(3.008 146)***
$\ln I$	− 0.004 680	0.030 687	0.026 411	0.039 782	0.055 184
	(− 0.187 177)	(1.487 038)*	(1.093 802)	(1.084 357)	(1.284 569)
$\ln O$	0.181 673	0.188 122	0.101 991	0.109 875	0.043 543
	(5.263 480)***	(6.566 224)***	(3.477 664)***	(2.902 916)***	(1.089 116)
D_1	0.054 962	0.085 695	− 0.101 047	− 0.033 605	− 0.047 217
	(0.551 247)	(1.184 059)	(− 1.293 850)	(− 0.343 821)	(− 0.539 441)
D_2	− 0.252 082	− 0.175 532	− 0.282 998	− 0.054 839	− 0.119 199
	(− 3.522 682)***	(− 3.047 620)***	(− 4.537 387)***	(− 0.693 638)	(− 1.540 981)**
D_3	0.031 793	0.121 087	− 0.051 958	0.193 338	0.010 300
	(0.350 985)	(1.866 636)**	(− 0.644 433)	(2.053 833)***	(0.115 761)
D_4	− 0.042 860	0.036 296	− 0.059 417	0.077 343	− 0.008 881
	(− 0.425 009)	(0.448 971)	(− 0.665 239)	(0.670 247)	(− 0.075 849)
h	0.099 350	0.108 405	0.011 137	0.196 681	0.052 774
	(6.997 384)***	(11.93 832)***	(0.883 823)	(11.77 618)***	(3.205 174)***

续表

变量	2002—2005 年		1997—2001 年	1993—1996 年	1989—1992 年
	模型 1		模型 2	模型 3	模型 4
校正值	104	103	102	97	90
校正 R^2	0.97	0.97	0.96	0.96	0.95
F 统计量	240	260	177	150	120
自相关检验值	2.56	2.05	2.34	1.80	2.07

注:① *代表在 15% 水平上显著,**代表在 10% 水平上显著,***代表在 5% 水平上显著。②模型 2 不含 1999 年,缺除涝面积和水库容量。③模型 1 出现自相关,通过一阶自回归,消除自相关,所以有第 2 列。

(2)纵向分析

纵向分析,指表 1 中每列按变量项目,对比分析。

相关因素中,从模型 1(2002—2005 年)看出,由显著性因素影响程度大小依次为施肥量、有效灌溉面积、水库容量、农林牧渔劳动力、除涝面积、受灾面积、堤防长度、农用机械总动力。有效灌溉面积和水库容量居于第 2 和第 3 位,其作用明显,主要原因是 2002 年后旱灾程度比前两年略有所下降,但比历年平均情况要高,水库蓄水和灌溉发挥了巨大作用;此间水利投资处于历史最好时期,每年在 700—800 亿元之间,比 1998 年前增加一倍多。另外,D_2 代表华中南地区与基准组(东北地区)对比,表示在各种因素作用下,因区域差别华中南地区比基准组(东北地区)农业产值相对减少了 0.17 个百分点。D_3 代表东南沿海与基准组(东北地区)对比,表示在各种因素作用下,因区域差别,D_3 即东南及其沿海地区比基准组(东北地区)农业产值增加了 0.12 个百分点。时间趋势显著表明因时间差别农业产值有明显差别。2002—2005 年间,特别是 2003 年 D_2 区域的安徽、江西、湖南、湖北大旱,如 2003 年的江西、湖南绝产面积分别达到 350 万亩以上。

从模型 2(1997—2001 年,除 1999 年)看出,各因素对种植业产值的影响程度大小依次为施肥量、有效灌溉面积、农林牧渔劳动力、水库容量、受灾面积。其余解释变量均不显著。另外,D_2 代表的华中南地区与基准组(东北地区)对比,表示在各种因素作用下,因区域差别华南地区比东北地区农业产值减少了 0.28 个百分点。1997—2001 年,特别是 2000 年、2001 年,安徽、湖北大旱,如 2000 年安徽因旱绝收面积达到 56.5 万公顷,湖北达到 31.3 万公顷,2001 年安徽因旱绝收面积达到 34.7 万公顷,湖北达到 44.8 万公顷。因此,有效灌溉面积、水库容量、受灾面积等因素发挥的作用较为明显。

从模型 3（1993—1996 年）看出,其余解释变量均不显著,显著的因素影响程度大小依次为施肥量、总土地播种面积、有效灌溉面积、水库容量。D_3 代表东南沿海与基准组（东北地区）对比,表示在各种因素作用下,因区域差别东南沿海地区比东北地区农业产值增加了 0.19 个百分点。时间趋势显著表明因时间差别农业产值有明显差别。

（3）横向分析

横向分析,指表 1 中每行数据,按时间段顺序,对比分析。

①土地播种面积（Q）在 1993—1996 年这段时间显著。总土地播种面积每增加 1 个百分点,农业产值增加 0.183 695 个百分点;施肥量（W）的各时段都显著。但 2002—2005 年时段比 1997—2001 年、1993—1996 年的两个时段系数明显较大,说明随时间推移,化肥的贡献率逐渐变大;农林牧渔劳动力（E）,在 1997—2001 年时段比 2002—2005 年时段分别在 5% 水平上和 15% 水平上显著,但可信度较低;农用机械总动力（R）,只有在 2001—2005 年这个时段,R 值统计量在 5% 水平上显著。

②受灾面积（T）的数值说明,1997—2001 年和 2002—2005 年两个时段显著,2002—2005 年这段时间,表明受灾面积每增加 1 个百分点,农业产值减少了 0.04 百分点;1997—2001 年这段时间,受灾面积每增加 1 个百分点,农业产值减少了 0.08 个百分点。1997—2001 年这个时段比 2002—2005 年时段受灾面积对农业产值的影响要大。

③堤防长度（Y）,只有在 2002—2005 年时段显著,系数为 −0.106 087;水库容量（O）,2002—2005 年、1997—2001 年、1993—1996 年 3 个时段在 5% 的水平上显著,其中 2002—2005 年时段最为显著;有效灌溉面积（U）,各时段都显著,但 2002—2005 年、1997—2001 年、1989—1992 年时段在 5% 水平上显著,在 1993—1996 年时段在 10% 水平上显著,系数在 2002—2005 年时段最大,为 0.511 46;除涝面积（I）,在 2002—2005 年这个时段在 15% 水平上显著,主要原因是经历 1998 年松花江、长江等流域大洪水后,水利投资加大,特别是江河堤防和水库的消险加固建设力度达到历史最好时期,在此后的 2002—2005 年,堤防防洪能力和水库蓄滞洪、除涝等作用表现得越来越明显。

从表 1 的估计参数以及检验结果可以看出,模型 1 总体回归效果很理想,因为自相关检验值 D-W 尽管为 2.56,出现自相关,但是用一阶自回归予以消除,使之为 2.05;模型 2 和模型 3 的 D-W 值分别为 2.34 和 1.80,都在无自相关区域,通过 LM 检验无自相关;模型 4 的 D-W 值良好。从模型 1 至模型 4 的 F 检验值都在 1% 水平上显著。调整后的拟合优度 R^2 都大于或等于 95%。这表明模型中所选取的解释变量能够说明各个农业增产因素对农业产值的影响程度。

（三）我国各阶段影响种植业产值增长因素的贡献度及绩效分析

上述表1分析了各个农业增产因素对种植业产值的影响程度,表2主要是分析各个增长因素在不同阶段对种植业产值的贡献度及绩效。

表2　1989—2005年影响种植业产值增长因素的贡献度及绩效分析

解释变量		土地播种面积	化肥施用量	劳动数量	机械总动力	受灾面积	堤防长度	有效灌溉面积	除涝面积	水库容量
1989—1992年	估计系数	0.028	0.524	0.036	0.038	−0.022	0.195	−0.019	0.055	0.044
	解释变量变化	1.67	24.30	4.92	7.88	−17.40	11.64	8.17	2.82	2.81
	增长贡献/%	0.12	34.26	0.48	0.81	1.03	6.11	−0.42	0.42	0.33
	总增长	31.17(100)								
	注:解释变量变化根据1989年=100的指数计算得出。									
1993—1996年	估计系数	0.184	0.427	−0.065	0.077	−0.016	0.022	0.126	0.040	0.110
	解释变量变化	3.14	21.45	−10.61	22.54	−3.06	1.27	3.39	1.99	−3.11
	增长贡献/%	0.55	8.71	0.66	1.65	0.04	0.02	0.4	0.07	−0.33
	总增长	105.10(100)								
	注:解释变量变化根据1993年=100的指数计算得出。									
1997—2001年	估计系数	−0.054	0.489	0.180	0.015	−0.084	−0.006	0.239	0.026	0.026
	解释变量变化	1.13	6.80	0.06	31.70	25.73	9.01	5.90	2.41	15.23
	增长贡献/%	−1.4	76.08	0.23	10.8	−49.47	−1.23	32.25	1.4	35.56
	总增长	4.369 2(100)								
	注:解释变量变化根据1997年=100的指数计算得出。									
2002—2005年	估计系数	−0.040	0.536	0.081	−0.182	−0.037	−0.106	0.511	0.031	0.188
	解释变量变化	0.55	9.83	−6.30	18.14	−14.63	1.34	1.24	1.15	0.55
	增长贡献/%	0.05	12.23	−1.18	−7.66	1.26	−0.33	1.47	0.08	0.23
	总增长	43.11(100)								
	注:解释变量变化根据2002年=100的指数计算得出。									

注:与表1结合,无显著项的估计系数与解释变量变化相乘,参考价值不大。

表2中,估计系数见表1,1989—1992年的阶段,化肥的贡献度为34.26%,对种植业增长的贡献比较大。在1993—1996年,这一指标下降,而到1997—2001年又迅猛

增长到 76.08%。1989—1992 年的阶段,有效灌溉面积增长贡献为负值即 -0.42%,说明 1992 年比 1989 年有效灌溉面积对农业产值贡献相对减少了。而这一数值在 1997—2001 年增加到 32.25%。1993—1996 年,水库增长贡献为 -0.33%,表明 1996 年比 1993 年,贡献度下降 0.33%。

(四)结论与建议

1. 结论

通过上述对水旱灾害的农业增长影响的理论分析和计量检验,以及减灾因素绩效的分析,可以得出以下结论:

(1)在诸多影响农业增产的减灾因素中,水旱灾与其他影响因素相比,有本质的区别,因为水旱灾害的严重程度决定了农业减产甚至绝收的情况。这一项因素甚至导致其他因素的作用前功尽弃(如化肥等)。

(2)在影响农业增长的减灾因素中,除涝面积、有效灌溉面积、堤防长度、盐碱耕地改良面积、水库容量、水土流失治理面积、农民人均纯收入等变量中,除涝面积、有效灌溉面积、堤防长度、水库容量 4 项为主要影响变量。其作用影响程度的大小次序分别为水库容量、堤防长度、除涝面积、有效灌溉面积。在承灾能力排列中,农民人均纯收入影响最小,说明我国在抗御水旱灾害中,以国家或政府为主导,家户对抗灾投入及减灾作用极其微弱。

(3)通过模型检验分析,1987—1990 年间,1980—1984 年增加的水利基础建设发挥巨大作用,此时中国农业年增长速度达到 6.1%;在 1985—1986 年间,农业年增长速度为 4.1%,为历年最低,主要原因为 1985 年江淮大水,华北地区、西部省份干旱,导致粮食大幅度减产;1987—1990 年间,扣除物价上涨因素农民实际纯收入年均增长 6.7%,此间,尽管经历 1989 年的全国性干旱年份,全国因旱灾种植业绝收面积达到 2 936 万公顷,但有效灌溉面积和水库蓄水兴利发挥了巨大作用。1998 年农民人均纯收入下降了 8.4%,原因是长江流域、东北粮食主产区的松花江流域、嫩江流域发生大洪水,导致粮食减产或绝收。

2. 建议

根据以上结论,我们提出确保农业增长的对策和建议是:

(1)对于我国地理、气象等自然环境因素来说,随着人口的持续增加、社会经济的快速发展,农业增长与水旱灾害的矛盾还将日益加重和突出,所以,减轻水旱灾害造成的损失是谋求我国农业持续发展的一项紧迫任务。把加大水旱灾害防治力度,增加农业减灾投入,并把农村减灾规划纳入可持续农业发展规划中。

（2）继续加大水利减灾工程在农业增产保收的基础地位，加大投资力度。针对水旱灾现实情况，要重点地区重点防御。水灾影响较严重的地区，主要分布在长江中下游平原、黄淮海平原、松花江流域、东南沿海地区等；这些地区应继续加大堤防建设，提高大江大河的防洪能力；针对低洼易涝地区，继续增加排涝工程投资力度，以发挥工程排洪除涝能力；旱灾影响较严重的西北地区、华北地区及其黄淮海平原、华南地区、西南地区，应继续提高水库蓄水能力和有效灌溉面积的建设与管理水平；华北、西北、东北等区域对于水土保持、盐碱地改良工程的建设不能忽视。

（3）通过上述模型检验分析，施肥量在各时段都显著。这个结论表明：随着田间管理技术的不断增加，施肥量对种植业增产的作用越发明显，但化学肥料投入量的不断增加，会对农作物的质量产生负面影响。随着人们生活水平的不断提高，对绿色农产品的需求越来越高，这是一个值得注意的问题，所以，适当合理的减灾措施和用水效率提高，可以增加农作物产量并弥补这一缺欠。

（4）从减灾措施的绩效分析看出，重大的水旱灾害年份对农业产出的影响，其成灾率最多可达到30%以上；从结果来看承灾能力的大小依次是除涝面积、有效灌溉面积、堤防长度、盐碱耕地改良面积、水库容量、水土流失治理面积等，所以，要以此作为农村减灾投入结构的调整的参考依据，切实做好主要减灾措施的资金倾斜。

（5）从2011年起中央加大水利投入，一段时期内要加大对水旱灾害频发地区如西北、西南等贫困地区水利基础设施建设力度，尤其是有效灌溉面积、水库容量等减灾工程，对促使粮食持续稳定地增长，早日脱贫致富，实现地区千年发展目标具有特别重要的意义；加大对东北地区防洪除涝、水土保持等措施的投入，继续保持粮食稳产增产，为国家粮食安全起到保证作用。

（6）任何传统的农业增长因素的发挥，都是以农业减灾防灾效果为前提的，如果水旱灾害不能得到有效控制，农作物大量减产或绝收，导致其他传统农业增长因素的作用前功尽弃。所以，为保持现代农业可持续增产增收，要把农田灌溉制度、减灾防灾的优化投入制度、各种农业增长的因素综合管理制度结合在一起，以保证土地、化肥、农机、劳动力以及各种减灾措施功能的综合发挥。

（摘编自谢永刚、周长生、王建丽：《中国近20年水利减灾投入对种植业产值的贡献》，载《自然灾害学报》2013年第4期。）

第六编

洪水的控制、管理与经营：基于大庆地区防洪的研究案例

一、从控制洪水向管理洪水思路转变的理论与实践探索

(一)引言

目前有关滞洪区或洪泛区管理,处于领先地位的美国、英国等发达国家在研究或运用上,不仅局限在为了减少洪水带来的经济损失而实施的国家层面的控制目标,更重要的是探讨洪水的如何利用问题,尤其是在工业发达、生态脆弱地区的可资源化的洪水利用。从美国洪水管理经历及存在的问题来看,已经从过去的单一探讨洪水的成因、特性及其控制方法,更多地研究解决生态效益与经济效益之间的冲突,以及洪泛区管理的风险、资源利用和远景规划等。如《美国防洪减灾总报告及研究规划》《美国21世纪洪泛区管理》等成果注重讨论和调整洪水灾害与减灾行为、洪水控制与管理、防洪与经济、社会等诸多领域的相互影响关系。这些观点和思路对大庆地区防洪未来的洪水管理具有很大的启发意义:即仅靠工程措施不能完全确保洪水的安全,必须因地制宜地将工程与非工程措施结合,同时,遇到枯水年份,还要考虑洪水的存蓄及跨年度调度问题,研究洪水资源化的有效利用,尤其是如何可持续地利用洪水资源。

上述这些观点的启发和理念的转变以及要得到进一步付诸实施,也要得益于国家层面对防洪策略的转变。2011年中央一号文件明确提出2020年基本建成防洪抗旱减灾体系、基本建成水资源合理配置和高效利用体系、基本建成水资源保护和河湖健康保障体系等目标;其亮点是:立足国情水情变化,从战略和全局高度出发,明确了新时期的水利发展战略定位,强调水是生命之源、生产之要、生态之基;在水生态文明建设方面,强调要加大自然生态系统和环境保护力度,推进荒漠化、水土流失综合治理,扩大湖泊、湿地面积;在水利改革创新方面,强调要完善最严格的水资源管理制度,积极开展排污权、水权交易试点。这些目标的提出,都警示我们工作在基层水利防洪的管理部门必须对洪水问题进行深刻的思考:针对经济社会发展对防洪排涝、资源利用等提出的新要求,明确治水新思路,特别是对防洪工作重新做出战略性的调整。即防洪工作要实现"从控制洪水向管理洪水"的战略性转变,科学控制洪水、调蓄洪水、利用洪水,提高防御洪水灾害的能力,实现区域性人与自然和谐相处,保障石油生产和人民生命财产安全以及区域经济社会的可持续发展。

(二)大庆地区防洪工程特点及洪水调度存在的问题

大庆防洪工程体系于1994年建成,主要由排洪渠道和蓄滞洪区两大部分组成,二

十余年为排除大庆地区洪水,消除水患起到不可替代的作用,而且其防洪效益显著;同时,为排除油田生产污水、湿地供水等也发挥了巨大的社会及生态效益。但随着区域社会经济发展,油田开发和城市规模的不断扩张,工农业发展规模的扩大,基础设施的修建,以及人口、资源和生态环境矛盾的日益突出,出现大庆防洪工程如蓄滞洪区调蓄洪水的能力下降等问题;同时,洪水年份汛期调度运用的难度也面临着巨大的挑战。我们必须抓住防洪工程的特点及其存在的具体问题,才能更有效地寻找解决问题的最佳答案。

1. 滞洪区工程及其调度的特点

上下游串联的六大蓄滞洪区是大庆防洪的骨干工程,但就其功能特点与国内各大流域规划建设的蓄滞洪区意义不是完全相同,大庆防洪滞洪区的特点是:第一,滞洪区年年蓄水、排水,常年运行;第二,滞洪与补水相结合,即在汛期调蓄洪水,又在枯水时期为下游湿地补水,以维护自然生态环境需水;第三,排洪与排污相结合,不仅在汛期排除洪水,还要承担油田生产的污水(达标)排泄。这些特点与国家规定和划分的三类滞洪区明显不同,原因是:

第一,大庆防洪滞洪区工程在保障松花江、嫩江流域和区域整体防洪安全中的地位和作用十分突出,对大庆城市和石油生产设施极为重要。其作用与国家规定的第一类(重要滞洪区:运用概率较高)相似。

第二,大庆滞洪区不仅承担蓄、泄——闭流区内积水(包含明清截流沟、双阳河来水),也承担大庆油田污水储存、净化、排出的功能。不是临时滞留江河分泄而来的超额洪水,与滞洪区概念有所区别。

第三,而一般意义的滞洪区(国家规定的第二、第三类),只有在发生一定频率的洪水时,才启用,运用概率低。而大庆滞洪区常年启用,常年蓄水,常年放水,设置起调水位。由滞洪库区、排洪渠道组成的一种具有"上吞下吐"的能力,其容量对明清坡水、双阳河洪水及本地洪水起到削减洪峰,或短期阻滞洪水作用。历史上是洪水淹没和蓄洪的场所,由王花泡、北二十里泡、中内泡、老江身泡、库里泡等6个湖泊和排水渠道连接而成。与上述三类有所区别。

第四,目前,全国除少数蓄滞洪区外,大都没有分洪闸、退洪闸,主要靠人工爆破或自动分洪蓄水,不仅影响蓄滞洪区与人民生命财产的安全,而且会对区内居民心理造成恐慌。分洪蓄水后,农田荒芜,生产不能发展;而大庆滞洪区排水系统完善,洪水调度和管理较为规范,而且常年运行,属于综合防洪工程体系。

2. 滞洪区管理及其调度存在的问题

第一,大庆防洪工程效益区内,人与水争地的矛盾越来越突出,滞洪区水面被严重侵占的现象普遍存在。上下游串联的王花泡等六大滞洪区(不含青肯泡)工程归黑龙江省大庆地区防洪管理处管理，水面由当地乡镇管理，农民养鱼池侵占水面、围垦鱼池，蓄滞洪水量不断减少。经测量，六大滞洪区库面积 510.75 平方公里，鱼池面积 110.8 平方公里、耕地及其他占地 139.93 平方公里，被侵占面积占总面积的 48.95%，接近一半。给未来的滞洪区调度提出巨大的挑战。

第二，滞洪区调度难度逐年加大，协调各方利益关系任务繁重。按照防洪工程规划设计，大庆地区防洪调度原则的七条中，其中两条：一是尽可能早泄多泄；二是在安全运行的前提下，充分利用雨洪资源，建立生态环境，保护湿地。而目前的实际调度状况是：汛前超过起调水位的水量尽量不泄水或少泄，因为泄多了地方乡镇养鱼水面减少，矛盾冲突加大；若水量泄少了，汛期来水集中，淹了滞洪区周边的庄稼，农民也会上访；还存在要给湿地补水留有余地等问题。

第三，近年来，随着区域社会经济快速发展，油田开发和城市规模的不断扩张，基础设施的修建，滞洪区土地利用问题的矛盾突出，如安肇新河沿线农民侵占河道、乱挖水塘(坑)。由于历史原因(涉及补偿、政府公告等)工程占地等确权问题没有彻底解决，这些现实问题给滞洪区管理和调度带来了困难。

第四，随着大庆市城市发展定位的调整，"百湖"之城建设和生态保护问题成为市民心目中的大事，保证湿地用水成为新常态，给滞洪区调度带来了无形的压力。特别是汛前滞洪区水位要降至起调水位，若汛期雨水小，湿地补水就会缺乏；尤其是枯水年份，泡沼水量锐减，生态需水严重，生物多样性资源面临危机，政府部门需要向湿地补水，缓解生态环境用水问题，防洪管理处利用排水渠道向湿地供水，但供水成本没有得到补偿，如何能够可持续地利用洪水资源，是我们不能回避的问题。

第五，实现蓄水兴利的有利条件日趋成熟，迫使我们必须考虑兴利调度问题。首先，王花泡水库按原设计承担蓄泄的双阳河南支来水的 9 300 万立方米，双阳河水库建设封闭了双阳河南支，使得王花泡有了一定富余库容；随着工业和城市污水增多，日排水量约 4.5 万立方米处理过的污水进入北二十里泡，可利用的水资源量增加。

大庆地区防洪工程体系规划建设是由国家水利部门、地方政府和油田生产管理部门共同出资修建，其目的是为了维护流域全局安全和保护油田安全生产，是一种社会公益性行为。防洪工程建设的占地以及洪水造成的一定损失是局部地区做出的一种牺牲，付出这种牺牲或代价这主要取决于明显的减灾效益。因此，作为防洪工程的国家管理部门即大庆防洪管理处也有责任积极为区内居民创造良好的生存空间和发展环境，针对蓄滞洪区存在的问题及其特点展开讨论和研究，并依据《中华人民共和国水法》《中华人民共和国防洪法》《关于加强蓄滞洪区建设与管理的若干意见》等有关法律法规，以统筹兼顾防洪保安与改善民生的理念，促进区内社会经济发展的思路，从全局和战略的高度，对蓄滞洪区的建设做出有效管理。同时大庆防洪管理处也应根据蓄滞洪区的特点制定适宜的管理措施和采用不同的建设模式与标准，加强蓄滞洪区洪水管理，完善相关法规、政策、制度。

(三)洪水管理的方式、内容探讨

为了破解大庆地区洪水问题,还要紧紧抓住大庆防洪工程的特点,改变以往"单一地排除洪水"的理念向"管理洪水"转变,逐渐过渡到"经营洪水"理念,最大限度地保障安全的前提下,充分地利用洪水,使其为城乡水资源有效配置、水生态环境建设、油田生产和城市生活供水等服务。目前,根据大庆地区经济发展和石油生产所面临的形势,大庆滞洪区必须实施在控制洪水的基础上管理洪水,并且面临四大挑战:一是流域防洪形势发生了显著变化,受自然因素和人类活动影响,流域内产汇流条件和水沙情势发生变化,造成洪水量级和特性产生了一定改变。二是部分蓄滞洪区内的过量开发利用或泥沙淤积等,使洪水蓄泄情势发生了一定变化,同等量级洪水的洪水位抬高。三是经济社会状况发生了深刻变化。随着经济社会的发展,特别是改革开放30多年来,大庆地区经济发展迅速,财富积累很快,需要现有的综合防洪能力与经济社会发展的需要已不完全相适应,需要适度调整,注重从单一控制洪水向管理洪水转变。四是蓄滞洪区综合治理和开发保护有了更高要求,特别是党的十八大以来,强化发挥蓄滞洪区在改善居民生产、生活等方面的作用,同时也要重视发挥蓄滞洪区在水资源利用、生态环境保护、生态文明建设等方面的综合功能。为了战胜这四大挑战并争取主动,首先必须进行洪水管理的方式转变。

1. 洪水管理的方式

以往控制或排除洪水,注重对防洪工程的管理,注重工程的质量管理、标准管理和安全管理;实施从控制洪水向管理洪水转变,首先要从方式上进行从微观向宏观、从工程向非工程、从局部向全局的转变。

(1)加强滞洪区土地利用管理

大庆各个串联滞洪区,每个都有农业耕作或从事渔业活动,滞洪区内养鱼池面积越来越大。但每到汛期调度,常会出现一个"保上或保下"的问题。多滞少泄,对上游耕地造成淹没;少滞多泄,又对渔业经营者或下游造成不应有的损失。两者矛盾,最好的思路就是权衡利益,二者兼顾。如何调节这一矛盾呢? 由于国家兴建滞洪区其本身就是一项牺牲局部、保全整体的防洪工程措施,因此,加强滞洪区土地和水面管理,制定滞洪区水土资源利用规划和相应的法律法规建设是重中之重。

(2)滞洪区功能的重新定位

滞洪区工程,一般不考虑渔业和灌溉功能,但随着社会经济发展,滞洪区工程标准的提高,在保证滞洪能力的前提下,适当提高起调水位,增加越冬库容,兼顾渔业和灌溉,对发挥工程现有效益,将大有好处。若把串联的六大滞洪区视为相互串联的梯级水库群,并设置防洪安全与兴利的特征水位,则是发挥工程防洪效益、处理防洪与兴利矛盾的一个关键举措。作为大庆地区防洪工程，有别于一般的滞洪区，它重点承担保护油田生产、居民安全的重要任务。随着上、下游流域水利设施变动状况及人类活动（如兴建双阳河流域水利工程，城市开发占地、种地和养鱼侵占水面等）对自然径流的影响，进而影响滞洪区的调度，因此，大庆滞洪区的防洪功能要得到相应的调整。但这种功能的调整，同样要把工程安全放在首位，同时需要防洪管理部门、地方政府、受益企事业及居民的共同努力，要有科学的依据，本着科学的态度，慎重而又留有余地。

（3）防洪与兴利的联合调度

大庆地区洪水调度过程中，水文测报系统及监测手段是否科学、准确，直接影响防洪工程效益发挥的好坏。目前随着气象预报的水平和精度的逐渐提高，加之水文测报系统的不断完善，采用分期洪水调度。洪水分期的划分原则，既要考虑工程设计中不同季节对防洪安全和分期蓄水的要求，又要使分期基本符合暴雨和洪水的季节性变化及成因特点。这需要得益于精准的洪水"量"的管理。如有人提出：由于滞洪区面积大，形如"盘底"，以往"水位观测的微小误差对推求入库流量影响较大"，建议改进水位、泄量观测设施，建立永久性观测点等以力求减少风浪影响，提高读数精度等。根据滞洪区上游侵占水面的情况，重新核实水位与容量、水位与面积关系曲线，力求减少误差。考虑采用库水位与入库流量、洪量、降水实况、预报和泄洪情况相结合的方法，以做出对洪水频率的判定，为争取主动，力求能尽早初步判断洪水的频率标准，进而指导汛期洪水调度。

2. 洪水管理的主要内容

笔者强调的洪水管理，主要是针对大庆地区洪水特征而进行的风险管理、洪水资源化管理和经营管理。根据大庆地区水资源状况及工农业、生态等需水特征，水资源的利用必须坚持可持续利用的原则。

（1）洪水风险管理

大庆地区的治水思路可以尝试洪水风险管理模式，即在深入细致地把握各水系洪水风险特性与演变趋向的基础上，因地制宜，将工程与非工程措施有机地结合起来，以非工程措施来推动更加有利于全局与长远利益的工程措施，辅以风险分担与风险补偿政策，形成与洪水共存的治水方略。

从防御洪水向管理洪水转变，就是要增强系统观念和风险意识。从试图完全消除洪水灾害，从"排水入江海"转变为"适度承受风险"。在实践探索中，大庆防洪工程管理中，采用网格化管理，对不同洪水淹没范围内的社会、经济指标充分调查和了解，不同地区采用不同的洪水损失率评估损失，制定洪水损失评估网格图，做到精细化的风险管理。

（2）洪水资源化管理

近十几年来，一些国家通过对洪水灾害的分析，反思防治洪水的策略和措施，逐步形成了一种新的治水文化,即洪水资源化管理。我国也确定了洪水管理中的治水新思路。"工程水利向资源水利转变,传统水利向现代水利转变,向可持续发展水利转变,以水资源可持续利用支撑国民经济可持续发展。"同时,对水库防洪调度和安全度汛提出了新的要求,在水库洪水调度中,水库安全至关重要。在确保水库安全的情况下,应正确把握水库安全度汛与水资源合理利用的关系,正确处理防洪与兴利的关系,正确处理风险与效益的关系。洪水本身是一种自然现象,是否造成灾害除了洪水的自然属性外,在很大程度上还取决于人类活动的强度与方式。也就是说,并不是所有的洪水都会造成灾害,当洪水的量级还未超过一定的临界值时,它就是一种资源,通过一系列措施,洪水可以转化为水资源。因此,大庆地区对待洪水的思路将由控制洪水向管理洪水转变,将洪水资源有效利用,因势利导,因地制宜,趋利避害,化害为利,既满足发展的需求,又保障可持续的发展。

大庆地区洪水资源化管理的一个重要内容是选择正确的洪水资源化的有效途径,即如何把资源化的洪水合理有效地配置到各用水户中。大庆地区滞洪区可利用洪水主要包括农业用水、工业用水、生态环境用水和发展多种经营用水等。就拿农田灌溉用水为例,调查中发现,大庆防洪工程排水河道沿途的肇州、肇源等地,又利用排水河道洪水灌溉的便利性,由于目前工程、水质、管理等条件的制约而难以利用。但只要加强管理和部分工程的改进,完全可以实现。另外,洪水资源化利用来灌溉农田是改良土壤的一项有益措施。特别是大庆地区,用洪水灌溉农田有利于粮食增产,洪水所携带的泥沙可以使土壤变得更加肥沃,同时可以防止或减弱土壤的盐碱化以增加粮食产量。但是,在用洪水进行农田灌溉时,必须做好前期的调查工作,在实施过程中禁止大水漫灌以防形成更严重的土壤盐碱化。对于生态环境用水,大庆防洪工程管理处近年持续为北二十里泡湿地补水,使得湿地生态环境系统的功能得到很好的发挥,但在明晰水权等问题上还要继续研究和探索。

(3)资源化洪水的经营管理

大庆防洪工程管理处于2012年立项研究"大庆地区洪水综合利用的管理模式"课题,研究报告中提出"经营洪水"的概念。经营洪水是指在洪水资源化以后,运用经济学的原理和方法,对资源化洪水进行筹划和管理。这种筹划和管理分为两个部分:一是把资源化的洪水合理调配到不同用水部门;二是把资源化洪水产生的巨大经济效益合理分配到利益相关的各方(如供水者、用水者、管理者、存在冲突的不同单位等),以此来调动各方积极性,在最大程度上利用洪水资源满足人类生产、生活的需要。在此基础上,刘森、王建丽等人的文章《从控制洪水向管理洪水转变的经济学思考》进一步明确了洪水经营的方式和内容。

大庆地区资源化洪水利用,实践上已经探索多年,主要是利用防洪工程给龙凤湿地供水,恢复城区周边湿地景观和生物多样性。如何能可持续地进行下去,使得洪水资源得到有效配置,资源化的洪水产权明晰问题至关重要,而且必须解决。否则,资源化的洪水被无限制地无偿使用,没有所有权的"公地悲剧"必将发生。这严重损害了洪水资源化过程中供水方的利益,打击了他们的积极性,也使得一些利益无关者从中投机获得"公地"利益。洪水资源化利用过程中的洪水资源如何避免"公地悲剧",如何合理分配水权是我们面临的主要问题之一,研究报告中针对大庆防洪工程供水的水权问题进行了深入探讨。

(四)洪水管理与经营模式梳理

为了顺利实现大庆地区洪水安全及水资源可持续利用。几年来,大庆地区防洪工程管理处不断从理论上研究和实践探索,提出大庆防洪要从过去的控制洪水向管理洪水过度,逐步提升到经营洪水,实现控制洪水、管理洪水、经营洪水三大模式相结合的综合管理模式。这个模式的核心思想是以减轻洪水灾害为宗旨;在此前提下,防洪调度要考虑排除洪水与兴利相结合,尽可能地实现洪水的资源化利用;并使得这种水资源利用达到可持续性,要经营洪水,做到水权明晰、生态供水补偿以及激励各利益相关者的正的外部性行为。上述三大模式由五个具体模式组成,其主要内容包括:

第一,洪水风险控制管理与洪水保险相结合模式。大庆防洪工程保护区内,有计划有步骤地开展对洪水风险控制管理,根据滞洪区防洪能力变化,制定滞洪区管理的相应非工程措施,确定在不同洪水频率下保护范围内的不同财产损失率和经济损失的评估方法;汲取国内外洪水保险的经验和教训,适时开展洪水保险制度的试点。

第二,洪水资源化的兴利与雨、洪、污综合调控模式。可以尝试六个串联滞洪区联合调度,采用水库防洪兴利调度方式,设置兴利水位。探讨洪水资源化的有效途径,结合生态环境用水、农业用水、工业用水,对雨水、工矿企业排放的污水,特别是对青肯泡污水库等水源,加大净化和处理力度,使得各种可利用的水资源综合调控和运用。

第三,生态环境补水与生态补偿统一调度的常态化模式。根据大庆地区泡沼众多,但地处盐碱地,生态环境脆弱的情况,利用排水河道逐步增加湿地补水。加强生态补偿基础工作的研究,评估利益相关者的权责及其相关的用水指标、标准、价格等,使得生态环境补水与生态补偿统一调度成为常态化。

第四,水权交易模式。建立的水权分配模型将资源化的洪水定量分配到工业、农业和生态三大用水户中。用水户根据需水情况,可以通过水权交易来进行水权流转,如将多余的生态水权交易给经济用水,以实现洪水资源的最优配置。

第五,利益相关者风险共担模式。利益相关者包括政府、供水单位、用水户等。当滞洪区水量不足或发生水污染事件时,水资源的供给量不能满足各用水户的需求时,就会出现风险。供给量不足可能是由当年降雨量的减少或污染,也可能是由水资源配置效率低下等原因造成的。未来可以探讨建立风险基金以弥补上述风险存在时带来的损失。

（五）结语

从控制洪水向管理洪水的思路转变以及在操作层面上过度，在我国仍处在初级阶段，还需经历一个理论深化和实践探索的过程。尤其是像大庆地区防洪工程的功能的多样化，使得其管理极具复杂性和挑战性；要想进一步深入探索洪水管理及洪水综合利用模式的不断提高和完善，还需上级行政主管部门和业务部门的指导与帮助，并在确保防洪安全的前提下，从控制洪水向管理洪水过度和深化，并逐步跃升到经营洪水，充分发挥上述五大模式的效能，最大限度地减少洪水损失和风险，实现洪水资源化利用以达到水资源的有效利用和优化配置，为确保大庆地区人民群众生命财产安全以及农业发展、油田生产和生态环境建设做出努力。

（摘编自闫成璞、刘群义、谢永刚：《基于大庆防洪工程的管理洪水的理论与实践探索》，载《黑龙江水利科技》2016 年第 4 期。）

二、洪水资源化管理及其有效利用途径

（一）洪水资源化的背景和理论基础

我国水资源短缺，人均水资源占有量只有 2 200 立方米，是世界人均的 1/4。按人均水资源量算，我国位列世界各国的第 121 位，是世界上最为贫水的国家之一。而我国极不均衡的水资源时空分布，使水资源短缺态势更为严峻：南方相对丰富，北方极度匮乏。随着人口的增加和经济高速发展，我国特别是北方地区水资源利用量与污水排放量不断增加，更加剧了水资源短缺的矛盾，导致大范围的纯资源性严重缺水，农业干旱，城市水荒，人畜饮水困难频繁发生，对粮食安全、经济发展和人口健康构成巨大威胁；出现湿地大面积消失，生态单一化，浅层地下水濒临枯竭，地面沉陷土地荒漠化等生态环境极度恶化的严峻局面。干旱缺水已成为社会可持续发展的主要制约因素和瓶颈问题。

为应对日趋严重的干旱缺水、水环境污染、水生态恶化、水土流失等问题，水利部以"人与自然和谐"的理念为出发点，提出了由"控制洪水"转向"管理洪水"，由"单一抗旱"转向"全面抗旱"，提高水资源利用效率，严格管理排污权，建设节水防污型社会；采取综合措施，依靠自然的自我修复能力，治理水土流失的治水新思路。我国有 2/3 的地表径流属于洪水，如将其中的一部分洪水转化为可利用的水资源，则能在很大程度上缓解我国水多、水少、水脏等水安全问题。水利部将洪水资源化列为 2003 年重点调研课题。

洪水本身是一种自然现象，是否造成灾害除了洪水的自然属性外，在很大程度上还取决于人类活动的强度与方式。也就是说，并不是所有的洪水都会造成灾害，当洪水的量级还未超过一定的临界值时，它就是一种资源，通过一系列措施，洪水可以转化为水资源。因此，人类治水活动的成败，关键是如何顺应自然，遵循规律，因势利导，因地制宜，趋利避害，化害为利。这样既满足发展的需求，又保障可持续的发展。

1. 洪水资源化的概念及内涵

（1）洪水资源化的概念

在对"洪水资源化"概念的界定上，目前还未达成明确的共识。从功能分析角度，曹永强（2004）认为洪水资源化是指在一定的区域经济发展状况及水文特征条件下，以水资源利用的可持续发展为前提，以现有水利为基础，通过现代化的水文气象预报和科学管理调度等手段，在保证水库及下游河道安全的条件下，在生态环境允许的情况下,利用水库、湖泊、蓄滞洪区、地下水回补等工程措施调蓄洪水,减少洪水入海量,以提高洪水资源的利用率。王忠静和郭书英(2003)以及赵飞等人(2006)则认为,洪水资源化,是指在不成灾的情况下,尽量利用山区水保工程、水库、拦河闸坝、自然洼地、人工湖泊、地下水库等蓄水工程拦蓄洪水,以及延长洪水在河道、蓄滞洪区等的滞留时间,恢复河流及湖泊、洼地的水面景观,改善人类居住环境,最大可能补充地下水。向立云和魏智敏(2005)则指出,洪水资源化指综合系统地运用工程措施和政策、规范、经济、管理、技术、调度等非工程措施,将常规排泄入海或泛滥的洪水在安全、经济可行和社会公平的前提下部分转化储存为可资利用的内陆水。我国国家防汛办公室课题调研组专家认为:"洪水资源化就是按照新时期治水思路和理论,全过程、全方位、多角度地转变入海为安的思想,统筹防洪与兴利,综合运用系统论、风险管理、信息技术等现代理论方法、科技手段和利用工程措施,实施有效洪水管理,对洪水进行合理配置,进而努力增加水资源的有效供给。"

(2)洪水资源化的内涵

洪水资源化的内容是广泛的,从洪水资源化的对象、可能风险、经济利益和生态效应四个层次来看,其内涵如下:

①洪水资源化的对象,是那些在现有工程常规运用和规范调度情况下排泄入海或泛滥的洪(涝)水,包括工程防洪标准内和超标准的河道洪水,防洪工程常规调度所不能蓄留的洪水,以及河道泛滥洪水和内涝水等,是对洪水常规运动或存在状态的改变。

②由于洪水具有利害两重性,在洪水资源化过程中,往往会伴随着利益和风险的再分配。因此,在洪水资源化进程中,应注重对洪水的自然、社会、经济、生态、环境特性的分析,开展利益和风险的评价,使利益受损者获得相应的补偿,开发并充分利用先进的预测技术、预报技术、洪水调度技术,制定科学的洪水资源化预案。

③从经济利益上来看,洪水资源化必须遵循安全、经济可行和社会公平的原则。洪水资源化的目的是获取整体上更大的利益,必须避免盲目强调洪水利益而忽视工程、生命、经济和社会风险的行为。对在洪水资源化过程中利益受损者以充分的补偿,避免引发社会问题。权衡利弊,确保利益大于成本(包括投入和损失)是洪水资源化的基本前提。

④在生态效应方面,洪水资源不仅是可供生产、生活所用的水资源,而且是生态环境资源,应避免将洪水资源化按传统的思维片面地理解为仅是缓解生产、生活缺水的手段,应将其作为流域可持续发展的重要途径之一。发挥其恢复地下水位、修复湿地和维持河道基流的生态环境功能,推进人与自然和谐模式的形成。

2. 国内外推行"洪水资源化"的进展

（1）国外研究进展

国外对洪水资源化利用的工作十分重视。在澳大利亚，由于气候干燥，河流稀少且变化不稳，地下水超采也比较严重，地下水回灌的研究及应用受到了重视。昆士兰地区人工回灌工程运行良好，效益也相当显著；摩洛哥为保证首都地区的供水要求，利用注水井将洪水注入地下以回灌地下水，已获得成功。美国也大量建造渗滤田，用于补充地下水或在暴雨洪水时起汇集和调节雨水的作用。日本在 20 世纪 60—90 年代就建立起了较高标准的防洪工程体系，但近来认识到此举既不安全也不经济，防洪观念转变为以一定防洪标准下的"风险选择"策略，即采取了雨洪就地消化的洪水资源化措施。随着国内外洪水资源化利用的广泛应用，其技术及理论也将日趋成熟。

（2）国内研究与应用进展

洪水资源利用的重要性已经引起国内广泛的关注。近年来国内在洪水资源化方面已经有了很多实践，主要有：①充分利用汛期洪水进行流域水量的配置；如海河水利委员会委托中国水利水电科学院进行流域内洪水资源化的理论研究，并已列入水利部"948"计划。②利用汛期发生洪水的时机从干流引水。③跨流域配置洪水资源。④加强管理调度，调蓄洪水，丰水枯用。江西省赣州市福寿沟在这方面做了一些实践，福寿沟综合集成了城市污水排放、雨水疏导、河湖调剂、池沼串联、空气湿度调节等功能为一体，甚至形成了池塘养鱼、淤泥作为有机肥料用来种菜的生态环保循环链。

（二）洪水资源化的途径

1. 洪水资源化的国内先进经验

洪水资源化，是洪水管理的重要内容之一，应考虑的问题包括了"资源化"的目的与实现的手段。洪水资源化，不是最大限度地满足局部地区的部分人的利益，而应当是服务于整体的、有利于长远的可持续发展的要求。如果仅是满足局部地区对水资源的需求，则可能使其他地区陷入更为难以克服的困境；如果仅是最大限度地满足人类发展的需求，则难以避免导致生态环境的破坏。因此，水库拦洪虽然是实现洪水资源化的重要手段，但是，洪水资源化不能简单理解为让水库拦蓄更多的水，因为这样的思路仍然仅以满足部分人的需求为导向，有可能继续加剧区域间的矛盾与生态环境的危机，为反对建水库的人提供更充分的论据。

从追求人与自然和谐的目标出发，洪水资源化的另一有效途径是做好滩区、行蓄洪区，以及农田的文章。比如对蓄滞洪区合理进行分区管理，如果一般中小洪水也引洪蓄水，部分修复与洪水相适应的生态环境，则将有利于维持蓄滞洪区的分滞洪功能，减轻分洪损失与国家补偿负担，并形成蓄滞洪区自身适宜的发展模式。海河流域"96·8"洪水过程中，部分蓄滞洪区与农田受淹后地下水得到明显回补，农业反而丰收的事实，证明关键不在于如何确保不淹，而在于如何有效控制受淹的范围、水深与淹没历时，减少淹没损失与不利的影响，同时促使地下水得到较多的回补，产生滞水、冲淤、冲污、洗碱、淋盐和改善生态环境的综合效益。2003年黄河秋汛洪水调度的成功，不仅在于干流8大水库增蓄水量173亿立方米，而且在于通过"四库联调""清浑对接"，成功输送1.207亿吨泥沙入海，部分恢复了河道的过流能力，充分发挥了洪水的资源化作用。

显然，洪水资源化的实现，要与洪水的风险管理结合起来，做到风险分担，利益共享。所谓"风险分担"，是相对于"确保安全"而言的。无论是将洪水全部拦蓄起来，确保"供水安全"，还是处处严防死守，确保"防洪安全"，都不利于洪水资源化的实现。水少时，该放的水要放下来；水多时，该淹的地要淹得起。对由此而难以避免的损失，可通过"风险分担"的模式使其降低到可承受的限度之内。所谓"利益共享"，是相对于"不顾他人或生态系统的治水需求"而言的。尤其在今天，水资源短缺、水环境恶化日趋严重，洪水资源化利用，是缓解这一矛盾的必不可少的途径。但任何局部区域或部门在治水中如果一味追求自身利益最大化，都可能危及他人或以牺牲生态环境为代价。只有通过洪水的风险管理，按照风险分担、利益共享的原则统筹江河流域上下游、左右岸、干支流、城乡间基于洪水风险的利害关系，洪水的资源化才能达到保障可持续发展、协调人与自然关系的目的。

洪水资源的转化形式有两种：蓄于地表和补于地下。基于此，归纳起来，洪水资源化途径主要包括：①在保证安全的前提下，适当调整已达标水库的汛限水位，或多蓄洪水，或放水于下游河道；②利用洪水前峰，清洗污染河道，改善水环境；③完善和建设洪水利用工程体系，有控制地引洪水于田间（包括蓄滞洪区）、湿地或回补地下水，或蓄洪于湿地和蓄滞洪区；④利用超标准洪水发生时蓄滞洪区滞洪的机遇，有意识地延长洪水在适合于下渗回补地下水蓄滞洪区内的滞留时间，回补地下水；⑤建设或完善流域间、水系间水流沟通系统，综合利用水库、河网、渠系、湿地和蓄滞洪区，调洪互济，蓄洪或回补地下水；⑥建设和完善城市雨洪利用体系，兼收防洪、治涝和雨洪资源化等多项功效。通过工程和非工程措施两种途径，洪水资源能实现洪水时间、空间上的重新分配，从而使水害向水利倾斜，最终取得较满意的收益。

（1）洪水资源化的工程途径

随着社会经济的发展，尤其伴随工业化、城市化的进程，人类社会的用水量与用水保证率需求都显著提高。加大调蓄洪水的能力，以丰补枯，就成了各地追求的目标，人们开始意识到"洪水也是资源"。在这种朴素认识与利益需求的支配下，各种工程措施就可能成为区域之间争夺"洪水资源"的手段。

工程途径指通过水利工程和水保工程，将尽可能多的洪水拦蓄起来，延长洪水在陆地的时间,使之赢得更多机会被人们利用或补充地下水。洪水资源化的工程途径主要是通过解决洪水的"蓄、滞"问题来提高洪水资源的可开发性。目前在实践中常采用的途径有以下几种:

①利用各种蓄水工程存蓄洪水:对现有的有安全隐患的工程进行除险加固,充分扩大和挖掘蓄水工程的蓄水能力。

②对河道进行综合治理,用洪水传送河道和水库中的泥沙。利用洪水将水库和河道中的泥沙输送入海或输送至农田,是减少下游河道淤积、确保河床不抬高的重要措施。将洪水用作输沙用水时,应综合考虑调水调沙与洪水输沙的运用,把调水调沙库容和一定的防洪库容结合起来,以最优的流量和方式输送泥沙,提高输沙率并节约输沙用水。因此,根据平衡输沙原理,利用水库调节库容水量进行冲刷和携带河库底的淤泥,对水沙进行控制和调节,使不适应的水沙过程尽可能协调,以便于输送泥沙减轻下游河道淤积,甚至达到冲刷或不淤的效果,实现下游河床不抬高目标的科学举措。

③利用地下水回灌工程,引洪回灌补充地下水。

④建设城市雨洪工程、集雨工程建设,提高城市防洪能力。

⑤利用调水工程,进行跨地区、跨流域调水。

⑥改善农村雨洪资源化建设,从水量和水质两方面解决困扰农民的饮水问题。

(2)洪水资源化的非工程途径

非工程途径是指在现有工程的基础上,通过科学规划和合理调度,最大限度地拦蓄洪水资源,延长其在陆地的时间,及时满足经济社会和生态环境的需水要求,补充回灌地下水。在非工程途径上实现洪水资源化,要应用先进科学技术,提高预报精度,延长预见期。在调度上,完善调度方案和运作规程,加强调度的科学性。洪水资源化的非工程措施包含了水利工程调度与管理的大多数措施,主要的措施如下:

①水库合理调整汛限水位,实现分期洪水调度。挖掘流域内洪水资源潜力,充分利用现有的水利工程,实现库群水资源的联合优化调度。在汛期洪水量多的时候进行优化调配,强化实时调度。以水库接力方式进行梯级补水调度,是实现洪水资源化的又一重要途径。建设或完善流域间、水系间水流沟通系统,综合利用水库、河网、渠系、湿地和蓄滞洪区,调洪互济、蓄洪或回补地下水。科学调度内水,积极引入外水,加强现有水资源管理,努力开辟新的水源,制定跨流域的应急水资源调度方案,是实现洪水资源优化配置的又一良好途径。

②利用洪水预报,实现水库实时预报调度。

③利用蓄滞洪区主动分洪,恢复湿地。利用洪水输送水库和河道中的泥沙与污染物,将洪水作为调沙用水和驱污用水。在洪水发生时,还可以利用洪水冲刷河道污染物。由于洪水的冲刷与稀释自净作用,受洪水影响的水系,水质普遍会得到明显改善,洪水的环境效益显著。其有效地保护了湿地,改善了生态环境。由此可知,为了达到人与自然的和谐相处,利用洪水资源有效地改善生态环境,引用汛期的洪水对流域湿

地等进行生态应急补水,是遏制生态环境恶化、恢复和重建生态的重要手段。将汛期洪水用于补源和灌溉,如可以弥补湿地水源不足和地下水源不足等;同时还可以引洪水灌溉。洪水资源的另一有效利用途径就是对蓄滞洪区进行合理的分区管理,对于中小洪水可分洪蓄水,达到部分修复与洪水相适应的生态环境、维持蓄滞洪区的分滞洪功能、补充地下水源的目的。

　　洪水资源化的工程和非工程措施是相辅相成的,在实际工作中常联合运用。这样,洪水资源的可开发性大大提高。

　　(摘编自谢永刚、闫成璞等:黑龙江省水利科技研究项目《大庆地区洪水综合利用的管理模式研究》,2016 年 8 月。)

三、大庆防洪保护区域内的洪水保险探索

洪水保险是对洪水灾害引起的经济损失所采取的一种由社会或集体进行经济赔偿的办法。它是为配合滞洪区管理，限制区域内不合理开发，减少洪灾的社会影响，对居住在洪泛区的居民、企业、事业等实行的一种保险制度。它属于防洪非工程措施之一。一般有自愿保险和强制保险两种形式，后者更有利于限制洪泛区的不合理开发。凡参加洪水保险者，按规定保险费率定期向保险公司交纳保险费。保险公司将保险金集中起来，建立保险基金。当投保单位或个人的财产遭受洪水淹没损失后，保险机构按保险条例进行赔偿。

我国通过多年的探索，已有试点或正在酝酿之中的洪水保险模式，主要包括通用型保险（包括一般企业财产、家庭财产、农村种植业等）、定向性保险（指淮河流域一段河流，漫堤行洪保险试点）、集资型保险（受益区拿出一部分经费，为损失区作为保险费，一般由地方财政负担）、强制性全国洪水保险（酝酿之中）等四种模式。美国是实行洪水保险较早的国家之一，美国的洪水保险是一种国家与私营保险公司相互补充、承保费用和贷款利率相连带的一种模式。这一模式的最大特点是，保证了保险公司不会因为巨大灾害的发生而受到灭顶之灾，同时通过经济手段来约束社区和居民参加洪水保险计划，虽然表面上是自愿的，但其实质却是强制性的，并有法律作为保障。大庆地区是我国北方经济发达地区，是最大石油生产基地，目前已具备洪水保险的基础条件。以下是国外三种保险模式，期望能从中有所借鉴。

（一）国外三种保险模式的经验借鉴

1. 经济连带模式

美国是采用洪水保险经济连带模式的典型国家，经济连带模式洪水保险的主要特点：①洪水保险由国家设专职机构专项管理，即大的洪灾一旦发生，受灾区域内赔付对象占投保群体的比重很大，在局部区域发展业务、资本有限的私营保险公司往往难以承受。只有国家才有力量在全国推行强制性洪水保险，在更大的范围里调剂使用保险经费。同时，作为国家财政补贴的非营利性的国家洪水保险计划，也必须是由国家专项管理的。②洪水保险是加强洪泛区管理的重要手段，并具有强制性。由于美国将改善洪泛区土地管理和利用、采取防洪减灾措施作为社区参加洪水保险计划的先决条件，再将社区参加全国洪水保险计划作为社区中个人参加洪水保险的先决条件，这就对地方政府形成了双重的压力——不加强洪泛区管理，就失去联邦政府的救灾援助，

同时也可能失去选民的支持,从而促使地方政府加强洪泛区管理,使洪水保险计划达到分担联邦政府救灾费用负担和减轻洪灾损失的双重目的。因此,所谓强制性洪水保险,首先是针对地方政府而言的;而对洪泛区中的个人、家庭和企业来说,强制性并不是强迫参加洪水保险,而是义务与权利的约定。③洪水保险有法可依,并经历了逐渐完善的过程。从1956年通过《联邦洪水保险法》开始,联邦洪水保险法规和制度不断在进行调整。1968年国会通过了《全国洪水保险法》,1969年依法制定出《国家洪水保险计划》。1973年12月,美国国会通过《洪水灾害防御法》进一步将洪水保险计划由自愿性改为强制性。随后管理体制根据实践中出现的问题不断改进完善。④国家洪水保险的对象与额度是严格限定的。美国国家洪水保险对象仅限于居民和小型企业,主要为有墙有顶的建筑及内部财产,但不包括完全在水上的建筑与地下建筑。房产的最高赔付不超过25万美元,室内财产对居民不超过6万美元,对小型企业不超过30万美元。不保的对象还包括:天然气和液体的储蓄罐、动物、鸟、鱼、飞机、码头、田里的庄稼、灌木、土地、牲畜、道路、露天的机器设备、机动车及地下室里的财产等。可见美国的国家洪水保险并不搞大包大揽,仅满足维持洪灾之后社会安定的基本需要。美国水利工程与公共设施均不在国家洪水保险计划范围内,一旦遭洪水毁坏,前者由政府负责修复,后者由有关市政部门负责修复。超出国家洪水保险范围之外的财产如果有更高的保险要求,也可向私营保险公司投保。

2. 灾害共济模式

日本的洪水保险是典型的灾害共济模式。日本是个多灾的国家,经常遭受洪涝、风雹等自然灾害的袭击,给农业、林业、渔业造成的损失很大。农业灾害共济制度是日本对自然灾害采取的不同于一般商业保险的社会保险制度,是一种包括洪水保险在内的综合性保险,承保方式是强制保险,辅之以自愿保险。承保对象主要为农业。保险经营目标是贯彻国家政策,执行补偿法,不以赢利为目的。

3. 相互保险模式

法国、荷兰等一些农业发达国家,为了减轻包括洪水灾害在内的自然灾害对农业所造成的损失,政府采取鼓励政策实行农作物综合保险制度,组成了各种形式的互助合作组织,采用自愿的承保方式。通过建立中央、地区、基层等相互连带体系,并成立专门互助保险机构,负责包括洪水保险在内的各类农业保险。基层叫互保协会,每个村庄都有这一组织,由各村选举有声望的人组成互保协会董事会,并成立专门的理赔委员会负责勘探定损和提出赔款建议,由互保协会处理赔款。参加保险的灾民还可以领取受灾后的灾害无息贷款或救济。

(二)国内洪水保险的实践案例

淮河流域是我国行蓄洪区使用最频繁的地区。为了使淮河流域低标准行蓄洪区能及时有效分洪,使区内群众的经济损失得到有效补偿,有利于生活、生产的及时恢复,水利部、财政部、民政部、中国人民保险公司和安徽省人民政府于1986—1988年、1992—1996年分两个阶段在安徽省开展了洪水保险试点工作。蓄洪区开展洪水保险的主要经验和教训:

(1)通过试点,对运用保险方式补偿蓄洪损失进行了有效实践,为在全国推行洪水保险制度积累了经验。

(2)在蓄洪区开办保险,使农民的行洪损失得到部分赔偿,对保障蓄洪区的及时有效运用,减少矛盾具有重要意义。

(3)洪水保险业务的开办使农民加深了对保险的理解,增强了风险意识。

(4)对保险认识不足。1988年第一阶段试点结束后,水利部、财政部、民政部和中国人民保险公司计划继续在安徽省淮河流域扩大试点。但保险操作不规范、没有充分考虑保险公司的利益、保险范围偏小和保险种类偏少、没有长期坚持并不断创新,使得洪水保险没有积累足够的经验和教训。

(三)大庆地区开展洪水保险的基本思路

1. 非营利性与政策性兼有的强制保险

洪水保险是针对可能受洪水威胁的人群、政府和其他参与部门共同分担洪水风险的保险模式。水灾是一发一大片,因此洪水保险只能是政策性、非营利性的保险形式。如果没有国家的鼓励和扶持,群众与地方政府对参加一般商业性洪水保险的积极性不高;而一旦发生大水,保险公司又面临着巨额赔付,因此,对于承办洪水保险,商业保险公司一般没有这个能力单独将洪水保险开展起来。

根据大庆地区的社会经济发展状况,可以试点开展防洪保险工作。因为,大庆防洪工程有专门的机构管理,油田和企业从历史洪水的教训中认识到大庆防洪的重要性,同时,油田企业及职工经济收入水平较高。作为建立洪水保险的首要步骤,应着手建立政策性洪水保险经营机构,地方行业保险公司应使洪水保险纳入政策性保险业务范围,通过政策性保险机构的专项保险基金和特殊保险方式加以解决,商业保险公司则主要是补充。

在具体的经营模式上,应在明确洪水保险政策性定位基础上,实施商业化运作。为此,应由政府出资建立洪水保险基金,并设立专门的账户,委托一家或几家实力强、经营情况好的保险公司代为管理和经营该项基金,以保证基金的保值增值。受托的保险公司还要承担洪水保单的出售业务。洪水保险基金可采取诸如政府拨款、由受益区政府调拨资金、组织全国各地进行经济援助及出售洪水保单等方式筹集。政府在其中起监管作用,对保险基金的运营范围加以限制以确保保险基金的安全。当发生特大洪水灾害,所筹集洪水保险基金满足不了理赔要求时,再由政府财政按照一定规则拨款给予补贴。

2.为洪水保险制定必需的法律依据

洪水保险作为一个特殊的险种,目前尚缺乏法律的支持。《中华人民共和国防洪法》在提到洪水保险时,也只有"国家鼓励、扶持开展洪水保险"这样一句话,但究竟如何鼓励、扶持,没有具体的条文。因此,国家应在已出台《中华人民共和国防洪法》的基础上,着手研究制定"洪水保险条例",重点阐明洪水保险为强制性保险、国家对洪水保险给予政策扶持、实行商业化经营等特征;国家将建立中央与省(自治区、直辖市)两级洪水保险基金,由国家委托一家或几家实力强、经营情况好的保险公司代为管理和经营,专门用于洪灾损失的赔付。从而使洪水保险的开发和运用有法可依。在这样的大环境下,地市级防洪保险可根据当地实际情况,制定相应的政策法规。

3.编制洪水风险图

洪水风险图是实施洪水保险计划的基础依据,不仅用于确定参加的对象,而且用于判断风险的大小以确定保险的费率。组织专家深入调查各流域的灾害频率和程度、经济发展水平、居民保险意识等现状,编制流域洪水风险图,建立与大庆目前经济发展水平相适应的经济指标体系,并在此基础上制定各个河流、水系、排水渠道、社区等不同的保险费率。

4.建立健全洪涝灾害风险评价与核灾体制

为了保证洪水保险的公平合理以及科学性,建立健全洪涝灾害风险评价与核灾体制非常重要,这也是洪水保险制度推行的基础。在洪水损失发生后,投保人向保险公司报告灾情,要求理赔;保险人接到通知后应即派人核查灾情。可见,使得投保人和保险人都认可的风险评价体系和核灾机制是至关重要的。

(四)滞洪区洪水管理的相关政策调整

1.制定洪水管理政策及其原则

由于洪水管理事业是典型的公共产品,市场机制对此基本上是无能为力和无效率的,因此需通过制定公共政策,由政府进行资源配置,实施防洪事业的建设和正常运转。与其他公共政策一样,做好洪水管理也需要全社会共同努力,因此,制定洪水管理政策包括这些政策的调整也要遵循效率原则和公平原则,否则,难以管理好洪水,利用好洪水。

（1）效率原则

大庆防洪工程是为了减轻洪水灾害风险而由中央政府、油田企业、地方政府等多方面集资兴建的,这些投入主要来源于社会公共资源,不仅仅是保护自然利益,更重要的是保护处于洪水风险威胁的社区居民、周边百姓。而生活在风险区内的居民或农民都期望国家防洪投入多,而使自身的风险程度降到最低;作为担负防洪减灾主要责任的水利管理部门,在争取国家更多投入的基础上,尽力平衡风险区内的各方面的利益,总目标是在全局或整体上减轻洪水风险。然而,争取投入的国家资金对于地方来说是竞争性资源,因此,更多的资源投入可能导致全局的经济的发展出现如下情况:①社会在多种目标并存的情况下,可能导致防洪投入不足,加大洪水风险程度,应当使用于防洪的社会资源过多地被用于其他建设领域。其表现是:在洪水低发期,经济增长较快;在洪水高发期,特别是遇大洪水发生时,经济发展将受到较严重的影响。②防洪投入过度,防洪标准很高,防洪建设过多占用其他领域建设的社会资源,加之防洪规划没有及时跟上,也导致建设质量和水平不高,还促使地方总体经济发展速度受到影响。③防洪投入适当,用于防洪与用于其他领域的社会资源分配较为合理,防洪工程的建设与国民经济发展相适应、相协调,虽然伴随着大洪水的发生,经济发展受到一定的影响,但从社会经济发展的总进程看,仍能持续、平稳上升。可见,不同的防洪减灾投入或不同的洪水风险程度对应着不同的国民经济发展模式。以保障国民经济发展为衡量标准,有效率的资源配置应该是第三种情况。

（2）公平原则

在国家未介入防洪建设,各区域自发保护的情况下,区域间存在不同的洪水风险程度,防洪投入是否公平的问题并不突出。一旦防洪成为政府行为,而国家的防洪投入取之于纳税人的时候,便出现了公平性问题,如效益公平、区域公平、纳税公平等。就纳税公平来说,一方面,通常纳税额高的地区也是经济相对发达的地区,受保护程度相应也较高,防洪投入也就高;另一方面,防洪投入中还包括取之于无洪水灾害风险的纳税人的部分,而造成洪水风险区向非洪水风险区的税务转移,这是防洪的外部性之一,也是有些国家推行洪水保险计划的诱因之一。

另外,国家为重点和经济发达地区提供较高的安全保障,导致洪水风险向下游转移时,通常要辅之以补偿政策。这就体现了公平性原则。而对于一个地区而言,这些原则也是防洪政策调整必须遵守的。

2. 洪水管理政策制定的思路与目标

针对大庆地区防洪减灾存在的主要问题和面临的严峻形势,必须以全面、协调、可

持续的科学发展观为指导,及时调整防洪减灾战略,由控制洪水向管理洪水转变。其总体思路应该是:

①根据大庆地区国民经济可持续发展的要求,尤其是建设社会主义新农村要求,结合地区水文、经济、自然条件与生态环境特点,全面考虑洪灾分布和对经济社会的影响,按区域统一管理理念,结合行政区域管理,进行防洪区和风险区划分,确定防洪范围和重点保护对象。地方政府、企业要配合大庆地区防洪工程管理处做好洪水管理工作。

②统筹安排防洪减灾、水资源可持续利用和生态建设与环境保护,确定区域洪水防御目标与任务。

③根据区域洪水特点与防洪实际,按照综合治理要求,从控制洪水向管理洪水转变,逐步过渡到利用洪水、经营洪水。在尊重自然规律,给洪水以出路的同时,规范人类自身活动,主动规避洪水风险,充分考虑已建防洪工程效益的发挥,确定减少和规避风险的防洪措施与管理手段,选择合适时机,开展洪水保险工作。

④在安全、技术、经济综合比较分析的基础上,确定防洪保护区的防洪标准和治理措施以及兴利调度等。

总体目标是:

①建立符合区域水情特点又与经济社会发展相适应的防洪安全体系,坚持以人为本,保障人民生命财产安全第一。

②提高调控风险的能力建设,实现滞洪区安全与兴利综合调度相结合,水资源利用可持续、调蓄洪水又安全。

③协调防洪减灾与水资源开发利用和生态环境保护的关系,开发利用水资源应服从防洪总体安排,防治洪水应与水资源开发利用和生态建设、环境保护紧密结合,使综合经济效益最大。

④积极探索,配套建设防洪减灾非工程措施。防洪减灾非工程措施可分为规划措施和应急措施,前者包括洪水预报、洪泛区开发管理、洪水保险、流域管理和决策等,后者包括洪水应急计划、洪水警报、抗洪、撤离和紧急援助与救济等。与工程措施相结合,非工程措施具有潜在的增强效应。如洪水风险是基于对洪泛平原的开发和管理而兴起的,在防洪减灾中主要体现为风险分析和风险管理,并通过风险管理达到协调人与洪水关系、避免和减轻洪灾损失的目的。基于洪水风险的非工程措施,其重要实践就是编制洪水风险图和推行洪水保险制度。

⑤健全法律保障体系,加强执法监督管理。健全的法律是现代防洪安全体系建设和维护的重要保障。法律保障体系建设必须遵循经济规律,符合自然规律和法律自身运行规律。国家已颁布了《中华人民共和国水法》《中华人民共和国防洪法》《中华人民共和国河道管理条例》《中华人民共和国防汛条例》《水库大坝安全管理条例》等法律。大庆结合地方实际,解决滞洪区管辖范围没有土地所有权,滞洪区防洪范围没有

政府公告、挤占行洪或排水渠道,管理区域内清障缺乏力度等问题。这些问题的解决,在防洪立法方面需建立"大庆滞洪区管理条例""大庆滞洪区管理政府公告""湿地补水及生态补偿办法""防洪利益相关者协调条例"等等。

⑥改革创新,建立防洪减灾投资保障机制。防洪减灾作为社会公益事业,对社会的安定和经济发展影响特别大,理应成为公共财政支持的重点。国外防洪减灾的实践也证明,稳定的投入是防洪减灾事业发展的重要保障。目前大庆防洪减灾投入不是特别充足,结构也不合理,已经成为防洪减灾的重大制约因素。必须调整政府财政预算支出结构,加大公共财政对防洪减灾事业的投资比例。同时,借助行政事业费并吸纳社会资金,共助防洪减灾事业发展。

(摘编自谢永刚、闫成璞等:黑龙江省水利科技研究项目《大庆地区洪水综合利用的管理模式研究》,2016 年 8 月。)

四、洪水经营模式的探索

（一）生态环境补水补偿的常态化模式

近年来,不论是国家层面还是地方政府以及民众对环境保护问题日益关注,人们逐步开始认识到享受优良的环境服务是需要付出一定的经济代价的,同时,生态环境补偿机制的建立是提供持续环境服务的关键所在,对于补偿机制的建立与完善,我国还有很长的路子要走,还需付出艰辛的努力。如2001年扎龙湿地因为"渴水"发生了大火灾,造成巨大的经济损失,在此背景下黑龙江省政府对供水单位进行150万元的经济补偿,使扎龙湿地的补水工作得以恢复。但由于利益相关者各方的利益没有得到很好的平衡,2003年扎龙湿地的补水工作又陷入了僵局。目前从国内外洪水管理的经验看,恢复和重建湿地是资源化洪水补给生态环境的典型模式,具有运作成本低、可操作性强的特点。以龙凤湿地补水为例进行生态环境补水补偿模式的探讨,我们不仅要进行生态补偿,更要将生态补偿作为一种常态化的模式。

就龙凤湿地来说,我们具体要做好以下三方面的工作:第一,要识别出主要的利益相关者(包括受益者和服务提供者),并能可靠计量相关的成本和收益;第二,要选择适当的手段来平衡相关者的利益,即确定补偿标准,同时制定成本分摊的具体办法;第三,要实事求是、因地制宜地,以经营洪水的理念为基调,探讨切实可行的洪水资源化利用和补水补偿的常态化模式。

1.利益相关者的确定

补偿的利益相关者主要有两个主体,即生态环境的保护者和破坏者。保护者为改善生态环境付出成本理应得到补偿,破坏者或者是生态环境的使用者因环境而获得收益理应付出成本。就龙凤湿地来说,供水单位即"大庆地区防洪工程管理处"是生态环境的保护者。政府、龙凤湿地本身以及湿地范围内的渔民、苇民都是生态环境的使用者或受益者。

（1）大庆地区防洪工程管理处

大庆地区防洪工程管理处组建于1991年11月,主要任务是确保工程安全运行,使人民生产和生活不受洪涝灾害的威胁。但近年来随着洪水兴利观念的深入人心,该处承担起利用防洪工程向生态环境补水的重任。龙凤湿地补给的主要供水方是防洪工程管理处,每年的补给成本达数百万,持续的补水及环境投资使该处承担一定的运行和管理成本,理应得到补偿。但另一方面,水利工程的垄断特征使防洪工程占有了初始的供水权,因此大庆地区防洪工程管理处受偿的同时也应付出一定的代价,例如在制定供水水价时应采取渐进的方式与市场接轨,确保水价在各用水户的承受范围之内。

(2)政府

政府在生态环境和湿地的供水补偿中是一个非常重要的角色,良好的生态环境是典型的公共物品,它的提供本质上是政府的职责,但现在龙凤湿地的补水成本全部由供水单位进行承担,这显然是不合理的。政府应该对龙凤湿地的生态环境保护工作进行激励,从经济上给予补偿。财政部门应该适当拨出预算来支持湿地的补给工作;水利部门可以通过减免水资源费用等降低湿地补给成本;环境保护部门应该将一部分环境治理经费补偿到洪水资源化利用中,因为洪水补给地下水等措施缓解了一系列的生态环境问题。各部门应该权责清晰,共同为湿地环境的改善出力。

(3)渔民、苇民

渔业和苇业的发展离不开水,资源化洪水对湿地的补给改善了鱼塘和苇塘的水环境,利用市场价值法对渔业和苇业的经济效益评估结果表明:因水位抬升而带来较高的经济效益。因此受益农户作为湿地补水的直接受益者,承担部分补水成本是合情合理的。大多数农户对交纳水资源使用费是持积极态度的,尽管他们没有专业系统的湿地补给和水权的知识,但是通过比较有水无水的经济收益的差别,他们认识到水对其生产经营的重要性,所以大部分人表示愿意在自己经济允许的范围内交费。

(4)龙凤湿地自然保护区管理中心

可以说龙凤湿地本身是湿地补给最大的受益者。渔民和苇民在湿地不补水的情况下也许还有别的出路,但湿地只能面临枯竭的命运。有了供水单位的补给,湿地才能保持其生物多样性,管理单位才能开发利用旅游资源,吸引游人,并获得旅游收入等经济效益。所以,作为受益方,龙凤湿地自然保护区管理中心也应该从自己的收入中拿出一部分来进行供水成本的补偿。

2. 补偿标准的确定

生态环境补偿标准确定必须满足两个条件:一是生态保护者付出的成本能够准确计量;二是生态受益者得到的效益能够可靠计量。就龙凤湿地来说,大庆地区防洪工程管理处是湿地供水单位(即生态环境的保护者),每年负责执行对湿地的补水任务,我们可以通过其财务报告来评估其成本。而效益则比较难计量,因为生态环境改善同时带来了经济效益、社会效益和生态效益,精确计算这些效益值存在困难我们只能进行大致的评估。对生态环境保护者而言,他们希望得到的补偿价格大于其成本从而获得更大的激励去保护环境;对受益者而言,他们希望付出的补偿成本小于其得到的收益而获得利润。补偿标准只有同时满足这两个条件才是可行的。根据生态经济、产权等理论,应坚持以下原则:

第一，应实行市场经济的原则，由受益者付费。政府、供水单位等的投入对生态系统维护产生经济效益后，由受益者提供对投入的补偿，是这种投入成为有源之水，有利于洪水资源的可持续利用。

第二，调整自然保护区产业结构，保护区管理中心应对湿地进行适度经营，要确保自然景区内的人口在环境承载力范围之内。

第三，剩余的缺口，可由黑龙江省政府和大庆地区政府联合解决。

第四，以湿地资源为生产原料的企业，如相关的渔业和苇业等产业应承担部分成本。

就当前情况而言，以上政策要逐步实施，在洪水资源化利用的经济效益尚未形成期间，可由政府或环境公益组织提供资金来源。

3. 补偿分摊

（1）谁来为生态环境用水埋单

按照《大庆市城市绿地系统规划（2014—2020）》中的目标，合理进行湿地补水、配水，有效遏制天然湿地的萎缩和丧失，启动自然保护区核心区的退耕还湿和生态移民；加强以湿地水污染防治为中心的湿地污染控制和治理，使湿地水质按其利用途径分别达到生态用水、工农业用水和生活用水标准。为了完成此目标，市区周边湿地如龙凤湿地，靠安肇新河防洪工程解决生态用水是可以做到的，但由于工程输水存在费用问题，目前这笔费用全部由大庆地区防洪工程管理处来支付，长久来看这是不现实的，必须对该处的供水成本进行补偿，那么究竟由谁来进行补偿呢？结合现阶段的实际特点，我们提出建议：政府应作为补偿的主体，当然也包括湿地周边的渔民、苇民和湿地管理处自身。这个建议尽管涉及的前期成本较大，而且讨价还价的成本很高，均衡各方面的利益难度也很大，但毕竟是解决问题的良策。

（2）具体补偿分摊及办法

"庇古手段"和"科斯手段"是我们常用的补偿分摊办法。科斯手段对产权界定有严格的要求，只有在产权明晰的条件下，利益相关者才能进行市场交易以降低交易成本实现资源的合理配置。采用科斯手段进行补偿时，政府并不参与其中而是由私人交易来使得外部成本内部化，目前采用科斯手段有一定的难度。所以我们采用征收税、费，补贴等庇古手段来实现补偿。根据龙凤湿地的具体情况，我们主要采用收取供水水费的方法。对不同的利益主体会采取不同的补偿形式，主要形式有以下两种：

第一，向渔民、苇民征收生态补偿费。收费是以交换为基础的收入形式，是对政府所提供的特定公共设施的使用者按照一定标准收取的费用，采用专款专用的原则，用于本身业务支出的需要。渔民、苇民是湿地资源的利用者和受益者。对渔民、苇民来说，湿地有水没水，其收入有明显的差别，所以在供水年份收取在其经济承受范围内的生态补偿费具有现实可行性。

第二,向湿地征收生态补偿费。龙凤湿地自然保护区管理中心负责湿地的维护及管理湿地的旅游收益。龙凤湿地旅游的持续发展,水是一个关键的因素,有了水湿地才会活起来,才能吸引更多的游客,获得更大的收益,也就是说供水单位的水源补给是取得旅游收益的关键关节。湿地游客的增加是基于湿地补水带来的环境改善,虽然目前龙凤湿地的门票实行免费政策,但保护区内有湿地放生活动等创收项目,每年带来的经济收益是相当可观的,从这部分收入中拿出一定比例对供水单位进行补偿是合理可行的。

(二)水权交易模式

1.关于资源化洪水的水权交易

如前论述中,建立的水权分配模型将资源化的洪水定量分配到工业、农业和生态三大用水户中,生态所占比重最大,其次为工业,农业所占比重最小。但水权的初始分配结果并不是固定的,可以通过水权交易来进行水权流转。水权交易是指不同用水户在市场上进行洪水资源使用权的买卖活动,如遇到丰水年份,湿地水位较高生态环境需水量减少,可以将多余的生态水权交易给经济用水,以实现洪水资源的最优配置。

2.水权交易市场的建设原则

(1)坚持配置流向合理的原则

在经营洪水阶段,虽然洪水资源由一种资源水变为商品水,但其仍然不同于一般的商品。因此在以市场机制对该资源进行调节配置时应该建立一个公平合理的用水优先次序,而不是简单地追求经济利益。这种用水次序的建立有利于衡量与调整水权交易的合理性,从而达到效益与需求的双赢,实现洪水资源的优化配置。

(2)坚持可持续发展的原则

在建设洪水资源交易市场的过程中,各行业应该在国家有关方针政策的指导下结合自身实际情况因地制宜地开展水权交易工作。坚持循序渐进、可持续发展的原则,逐步形成具有自身特色的水市场,滚动发展、不断壮大,并与时俱进逐步形成一种可持续发展的良性市场运行机制,达到洪水资源的优化配置。

3.水权交易市场的构建

首先,必须有法律基础。要在法律上确定洪水资源化利用后的商品属性及洪水使用权的可交易性,保证洪水资源化以后可以以一种商品的身份出现在交易市场上。

其次,应依法建立一个科学合理的水权体系。对水的使用权进行公平合理的初始分配,将所有权与使用权等相关权力实际分离,对涉及水使用的各种权利进行明确界定,以保证水权可以合理合法地按市场运行机制进行交易与转让。

最后,应建立一套合理的水价体系。经济水权和生态水权应形成两套水价体系,将资源化的洪水利用到工农业生产时的水价可以参照已有的水价制定模式。而生态环境用水不同于一般用水,制定水价时要充分发挥政府和市场的作用以形成一个合理的水价体系。政府主要通过对水价的补贴来发挥作用,补贴形式有两种:成本补贴和价格补贴。常见的成本补贴手段主要有减免水资源费用、减免税收等。例如,政府可以通过减免水资源费用降低水价,降低湿地补给的成本。价格补贴的手段则体现在直接对用水户的转移支付和福利价格补贴。市场经济的特点决定一个供水单位可能既是水的生产者又是水的消费者,这样就必须在买入价和卖出价之间确定一个合理的供水利润的调整方式。合理的水价体系应统筹考虑用水者和水开发单位的利益,综合采用成本补贴、价格补贴、供水利润调整等方式,充分发挥政府和市场的作用。合理水价体系的建立还应有一个适当的调剂机制:资源化洪水供给量因气候等因素的影响,会出现年际的不均衡性,因此应适当引入丰枯季节差价缓解枯水期水资源紧缺的矛盾。

(三)利益相关者风险共担模式

1.风险识别

利益相关者包括政府、供水单位、用水户等。

(1)短缺风险

水资源的供给量不能满足各用水户的需求时,就会出现短缺风险。供给量不足可能是由当年降雨量的减少也可能是由水资源配置效率低下等原因造成的。短缺风险普遍存在,如笔者对大庆地区可资源化水量进行了水权分配,1亿立方米的水有2 227.12万立方米分配到农业,3 097.31万立方米分配到工业中,4 675.57万立方米分配到生态环境用水,如遇枯水年,供给量在此标准以下,就会出现短缺风险。工业发达地区用水基数较大,水资源短缺风险发生的概率较大,如大庆市既是以工业主导的城市又是生态脆弱地区,工业用水和生态用水的基数都较大,应重视短缺风险,提前制定风险应对策略。

(2)污染风险

大庆地区是我国石油工业重要生产基地,工业废水、生活污水等的排放会污染环境,甚至在汛期污水排放会污染洪水,导致洪水资源化利用过程中出现污染风险。被污染的洪水尚可用于工业生产,但是用于农田灌溉、渔业生产和生态环境补给就会产生很大的风险。污染的洪水会导致农业减产、鱼类死亡和生态环境的进一步破坏。如果想继续利用洪水资源,就必须通过技术手段对洪水资源进行净化处理,以避免由负的外部性导致的污染增加洪水资源化利用的成本。

（3）灾害风险

洪水资源化利用过程中，会使用串联滞洪区等工程措施蓄积洪水以备使用。如果遇到丰水年降雨量大，而蓄滞洪区调度存在问题，没有足够库容腾出容纳洪水就会造成灾害现象，即我们所提到的灾害风险。此时的洪水不再是可以利用的资源水、商品水，而是一种灾害水，会给人民生产和生活带来损失。

2. 风险的非工程措施应对

洪水管理中，非工程措施具有不可替代性，如洪水保险、建立的预警系统等。其中建立风险基金就是应对短缺风险、污染风险和灾害风险的有效手段之一，能有效弥补因各种风险带来的经济损失，洪水资源化利用风险基金是指由政府、供水单位和用水户各出资一定比例形成应对风险的储备基金。

（1）建立风险基金的意义

洪水资源化利用风险基金的建立有利于实现洪水资源的可持续利用，更好地满足区域经济社会的可持续发展，该风险基金的征收对实现洪水资源的可持续利用有重大意义。在一定范围内针对一定的用水对象征收洪水资源风险基金，一方面是对供水单位防洪工程维护和运营的必要资金补充，另一方面也有助于风险区各用水户安全度过洪水资源的风险期。

（2）风险基金的征收

洪水资源化利用风险基金总的征收原则是"谁受益，谁出资，多收益，多出资"，基于这一原则，该风险基金的征收范围应是使用洪水资源的各用水户。但因为洪水资源化利用是建立在防洪工程建设的基础之上的，其面临很多风险同时也反过来影响防洪工程的安全，因此政府和供水单位在风险基金的征收中必然要承担一定的责任和义务。

面对不同的风险，政府、供水单位和用水户在洪水资源化利用风险基金中承担的比例会有所不同。短缺风险发生时，供水单位、用水户和政府应平均分摊基金份额，因为短缺风险的出现多是自然降水量的原因，没有谁应该是风险的主要承担者，平均出资是较好的方案；污染风险发生时，按照"谁污染、谁治理"的原则，污染源的制造者，即用水户应承担较大比例的份额，其次是政府应承担一定比例的基金投入，保证洪水资源的可持续利用；灾害风险发生时，政府承担的比例较大，因为减灾救灾是国家应该提供的公共服务，政府有义务保障人民的财产不受损失，在不受灾的前提下保证洪水资源化利用的顺利进行。

（摘编自谢永刚、闫成璞等：黑龙江省水利科技研究项目《大庆地区洪水综合利用的管理模式研究》，2016 年 8 月。）

第七编

水灾过后的经济恢复:灾后
重建的经验借鉴和"中国模式"

一、防灾减灾与灾后经济恢复的"中国模式"及其演进分析

(一)"中国模式"研究的理论与现实意义

近些年来,我国重大自然灾害呈现频次多发、灾情严重的特点,人们在应对大灾难取得一定成果后,不断反思"防灾减灾与灾后经济恢复的中国模式"(以下简称"中国模式")问题,特别是具有中国特点的模式。这既是对减灾方法论的探讨,更有助于把解决减灾事务的方法总结归纳到理论高度,对今后科学地防灾减灾并以最小的成本达到事半功倍的效果意义重大;同时也为国际社会提供中国经验。

这里提到的"中国模式",其基础是中华民族与自然灾害做斗争的历史、经验或是减灾文化的延续性,这种延续性不是每个国家都具备的。因而研究中国减灾模式的实践意义在于为现实提供经验、为未来提供指南;其理论意义在于能够适时地为抗灾行为提供新鲜知识,促进学界对减灾文明的自觉认知,还可促进减灾防灾理论和国际话语体系的形成。还要特别地指出,任何模式,都有其缺点和不足,具有中国特色的防灾减灾和灾后经济恢复的中国模式,其内容也是不断丰富、发展和完善的。

(二)"中国模式"内涵及其演进分析

防灾减灾的模式具有微观层面和宏观层面两种。我国民间和具有地方特色的微观层面的"模式",如生产度荒、民间自救等,它具有地方性、灵活性、时效性、可操作性强等特点,集中反映了人民群众在与自然灾害抗争中的智慧和伟大力量,它可根据不同灾种、不同程度、不同地域而有不同的特点,与宏观层面的减灾模式是相辅相成的互补关系和相互促进的,因此也是多种多样的。笔者论及的"中国模式",是指国家层面的减灾策略,属于宏观的模式,具有方向性、原则性、指导性、普遍性的特征。主要包括治水模式、仓储模式等形式。这些模式的特点是国家主导性强、规模巨大、延续性强、全民参与、举国体制等。

1.治水模式

自然、地理条件及没有规律的季风等原因,导致我国在降雨特点上体现年内和年际间分布极其不均,从而引起江河水量变化无常,加上地形、地势的变化幅度大,形成河流上游水土流失致使下游河道淤塞,甚至河水泛滥,进而造成水旱灾害频繁发生,导

致农业生产常常遭受严重破坏;同时,我国又是一个人口众多的农业大国,如果不采取措施,自然灾害就会引发"生存危机"乃至"社会危机"。这些综合因素也决定了我国的减灾防灾措施和管理制度的复杂性与掌控的难度。历史的经验教训表明,从夏朝到汉唐乃至现代,治水都是历朝历代中央政府的一件大事,它的成功与失败,关系到国计民生稳定与否、关系到国家的兴衰。历史上几次大的农民起义,如"明末奇灾"导致的李自成起义、咸丰元年黄河大决口和咸丰六年苏浙皖八省大旱导致的太平天国农民运动,都与水旱灾害密切相关,正如郭沫若先生在《甲申三百年祭》中分析明末农民起义时说:"所谓流寇是以旱灾为近因而发生的,在崇祯元年间便已崛起了。"

实际上,大兴治水活动、兴修水利,是社会生产力的一个重要组成部分,又是促进社会发展的一个重要因素;同时,水利事业的发展又受着生产关系和上层建筑的制约。中国历朝历代凡事有作为的执政集团都把兴修水利、治水除害作为发展生产、维护社会稳定的大事来抓。历史上关于治水活动的记录,不论是民间流传还是正史记载都非常多。如《中国水利史稿》转引并记载:共工氏"壅防百川"、"鲧障洪水"、禹"凿龙门,辟伊阙";在春秋战国时期《后汉书·王景传》记载楚国孙叔敖"决期思之水,而灌雩娄之野"、秦李冰"凿离碓,辟沫水之害",修建都江堰,使得"水旱从人,不知饥馑,时无荒年,天下谓之天府也";自汉、唐、宋、元、明、清各代,而有影响的大中型水利工程修建或治水活动不胜枚举,如郑国渠、芍陂、灵渠、京杭大运河、江汉堤防、黄河大堤建设等。特别是新中国成立后,全面整治黄河大堤、导淮工程和长江堤防,建设新安江水库、丹江口水库、三门峡水电站、小浪底水库、葛洲坝水利枢纽、三峡大坝等等。

历史时期,伴随着治水活动的开展,治水思想也是非常活跃的。如王景治河辨、贾让三策、王安石农田水利策、畿辅水利营田论等,使得治水模式不断丰富和完善。冀朝鼎先生在研究中国水利事业对农业经济的贡献时,把历史上的"基本经济区"的形成看作与水利事业的发展密切相关,认为"治水具有国家经济职能"。马克思在谈及东方问题时也强调:"节省用水和共同用水是基本的要求,这种要求,……就迫切需要中央集权的政府来干预。因此亚洲的一切政府都不能不执行一种经济职能,即举办公共工程的职能。"实际上这种经济职能是保持国家正常运转和消除危难的利器。时间长了,经验多了,模式自然形成。中国的农业发展经验表明:农业与水利关系密切,为了应对洪水或干旱对农业的冲击,政府必然把水利作为头等大事来抓;而水利工程涉及河流的上下游、左右岸,还需要各个利益相关者积极配合和共同协作才能完成。另外,治水的组织和工作方式对以国家为主导治水的管理者的作用具有决定性影响,由政府管理的大型水利工程和航运、灌溉等综合利用工程如黄河堤防工程、京杭大运河工程等,成为国家为确保经济系统正常运行的必要手段。

纵观中国治水业绩,治水模式的特点可概括为:历史久远、组织性强、突出工程性、倡导全民参与。关于突出工程性这一点,需要进一步说明。美国学者戴维·艾伦·佩兹在2011年出版了一部专著《工程国家:民国时期(1927—1937)的淮河治理及国家建设》，他的这部书通过对中国近两千年的水利发展史进行初步的考察，指出：长期以来，取得这样的"成功"（指政府管理河道能力）的结果是不断地修建新的水利设施（比如更多、更高的堤坝）。实际上，水灾对政府来说也是一个契机，通过调动各方面力量，一致抗灾，充分显示中央政府具有管理国家的能力。美国学者珀金斯在《中国农业的发展（1368—1968 年）》研究中，对国家主导的水利工程的规模进行了统计分析，结果表明，在 14 世纪明朝统治下，重新的统一和政治的稳定使华中产米省份定居的人口稠密起来，结果是水利工程激增。对于水利工程的规模，冀朝鼎按每世纪进行了统计，发现唐代以后，各朝代全国水利工程数由以前的 20 余项猛增到 250—3 200 多项不等，特别是明清两代，分别达到 2 270、3 234 项；从水利工程的空间分布来看，比如在 18 世纪，当我国人口从不到 2 亿增到 4 亿的时候，的确到处都在积极地进行水利活动。在历史时期，为了重视水利或江河防汛事务，保证治水成效，政府往往委派行政一把手主管或直接监督。如元代中统元年，"凡河渠之利，委本处正官一员，以时浚治，或民力不足者，提举河渠官相其轻重，官为导之"。

历史上封建统治阶级的治水模式与现代治水模式有着不同的内涵。封建社会的中国，治水活动开展的时间、地点与轻重缓急往往是各个利益集团争论的焦点。如宋元时代太湖地区的围垦和蓄水灌溉矛盾、明代为"保漕运"放弃黄河治理、清代洞庭湖的圩垸兴修与废田还湖之争等。而现代治水模式体现的是"举国体制、统筹兼顾、小局利益服从大局利益、科学治水与团结治水相结合"。

新中国成立以来，尤其是 20 世纪 50 年代，展开了轰轰烈烈的淮河、海河、黄河、长江等大江大河大湖的治理，还在各流域的上中游水土流失区域开展了水土保持工程建设，包括大型灌区的农田水利配套工程建设。重点工程如长江荆江分洪、三门峡水利枢纽等一批重要水利设施相继兴建，掀起了新中国第一次水利建设高潮。1958 年至 1975 年，在"水利是农业的命脉"的治水思想引导下，广泛开展全国范围内的农田水利基本建设，加强加固了农村水利的基础。改革开放后，党中央、国务院高度重视水利建设，进一步明确了水利的基础地位，对水利的投入大幅度增加，江河治理和开发步伐明显加快，长江三峡、黄河小浪底、治淮等一大批防洪、发电、供水、灌溉工程开工兴建，水利建设呈现出加快发展的良好态势。特别是 1998 年长江流域、松花江流域等地发生大洪水后，国家决定进一步加快大江大河大湖治理步伐。长江干堤加固、黄河下游标准化堤防、松花江干流整治等工程全面展开，还重点建设了南水北调工程及嫩江尼尔基水利枢纽、百色水利枢纽等一大批重点水利工程。以中央政府主导的大型减灾防灾工程的建设实施表明，全国统一协调安排水利资金，可以统筹全局，又突出重点，还向薄弱地区倾斜，其规模效益显著。总之，这些都充分展现了治水模式的核心内容，这一模式代代相传、延续至今，并将成为未来防灾减灾和灾后重建的主导与方向。

2. 仓储模式

仓储模式亦为中国防灾救灾模式的重要组成部分，可谓"第二大模式"。中国历史上,灾荒年份造成粮食歉收,导致饥馑、民众流徙、抢米、暴乱等一系列的连锁反应,这一切都足以对社会的固有秩序产生冲击,造成社会动荡不安与混乱;而灾区救灾工作的成败,粮食仓储和籴粜能力是关键因素之一。积谷仓储,以防备水旱灾年发生,或在灾后对民众进行救济,不论在古代还是现代,对减灾救荒都起到了非常重要的作用。早在《礼记·王制》中记载:"国无九年之蓄,曰不足;无六年之蓄,曰急;无三年之蓄,曰国非其国也。"也就是说,没有三年之度荒的物资储备,遇大灾将会出现亡国的大动乱。历史上最著名的、全国性的、官民都直接参与的仓储积谷形式就是通过常平仓和义仓等形式及其管理来实施的。

常平仓创于西汉宣帝五凤四年(前54年),由大司农中丞耿寿昌首倡。《汉书·食货志》载:(因为它)"以谷贱时增其价而籴以利农,谷贵时减价而粜",故名常平仓。常平仓作为储粮备荒的一种最基本的仓储形式,其作用在著名的《盐铁论》中有大量的论述,如"山东被灾,齐、赵大饥,赖均输之畜,仓廪之积……所以赈困乏而备水旱之灾也"。由于积谷备灾制度创新的效果较好,因而常平仓一直为后代所沿袭。而义仓正式创于隋朝开皇五年(585年),根据工部尚书长孙子的建议,朝廷令各州军民共立义仓。收获之日,按贫富量力交纳粟麦,在最基层的社会仓窖存贮,由社司掌管。遇灾歉饥馑,发此仓谷充赈。唐朝义仓发展规模巨大,仓谷来自按亩纳税,每亩二升,粟、麦、稻均可。仓谷贮存于州县仓库,以备荒年。宋及以后各代,用于备荒的仓储,在常平仓、义仓的基础上又有所发展,如惠民仓、广惠仓、社仓、和籴仓、预备仓等,把粮库建立在县、乡(镇)或村。宋乾道四年(1168年),朱熹在家乡建宁府崇安建立社仓,"为社仓制度建立之始",其后为历代效仿,明洪武至宣德年间,"乡村辅辏之处,市籴储之,以备岁荒赈济"。仓储粮的来源有官出(即由官府直接出资收贮)、民集、脏惩等。

在清代,全国自各省、府、州、县,都建有常平仓,城镇设立义仓,乡村设立社仓。如"乾隆三十年至三十一年(1765—1766年)从各省奏报现存谷数分析,直隶、山东、河南、四川、福建、陕西、广东等省的仓储量也十分可观,这些地区都是灾害比较严重的地方"。由于仓储粮食充分,抗御重大灾害的能力会大大提高,因此,与咸丰、光绪年间比较,乾隆年间关于大水、大旱造成流离失所、饿殍载道的记载很少。可见"仓储模式"在大大发挥作用。如在1743—1744年的大旱中,直隶总督方观承在救灾中最擅长仓储工作。他在救灾中的非凡表现,还赢得了皇帝的赞许。他最大成就是在直隶(今河北一带)省内创建了星罗棋布的"义仓"网。著名中国问题研究学者魏丕信研究了从乾隆初年的直隶省的救荒活动和康乾盛世发达的常平仓系统,认为清代君主官僚制在应对自然灾害时表现出来的强大、有效的动员能力,主要是因为当时的中国经济发展水平在世界领先的,并视中国为福利国家。实际上,清代盛世时期的救灾不论从当朝统治者的思想或是行动方法上,都不亚于前朝,这也是被后人把这一段时期的直隶救灾称为"方观承模式"的主要原因。

历史上作为备荒措施的仓储制度,本身存在一些不完善之处,而在实施过程中又发生诸多流弊。诸如灾年借贷，至期难还，仓本亏空；弄虚作假，谎报仓储虚数；挪作他用，甚至监守自盗，侵吞仓粮等等，不一而足，大大减弱了仓储制度的防灾备荒功能和作用。

新中国成立后，1954 年中共中央在《关于粮食征购工作的指示》中，明确表示国家必须储备一定数量的粮食来应对灾荒等意外事件，当年储粮达到 11.5 亿公斤；1955年开始，逐步建立了粮食储备制度，仓储数量和规模不断扩大；到 1990 年粮食储备制度基本完备，在各省、市、县（镇）建立了各级粮食仓储库，特别是专项储备制度的建立，标志着新中国现代粮食仓储规模和体系已经形成。在 1991 年江淮流域大水、1998年长江和松花江流域大洪水、2008 年汶川大地震等特大灾害中，能够持续稳定地为灾区提供充足的粮食，对灾区粮食供应和社会稳定起到了不可替代的功效。

我国的仓储制度历史悠久，具有分布面广、层次清晰、规模巨大的特点，其全民参与和全民受益，构成了防灾减灾的举国体制的重要支撑部分，这一模式目前仍在不断发展、壮大和完善中。

3. 以工代赈模式

前面所述的仓储模式，是"以点带面"的救灾功能，在正常年份的仓库建设、粮食积储，民众无不受益、无不参与；而治水模式则是以修建大型防洪或灌溉工程为核心内容的，都需要大量的劳动力并且以健全的投工投劳制度为前提。而劳动力是依附于土地制度和社会经济组织的，所以，"土地制度的革命，就为大规模地动员强制劳动力创造了条件"。加之古代中国的劳苦大众吃饭问题是头等大事，"以工代赈"的制度创新，以实物形式对灾民或贫困地区进行减灾设施建设，既解决了投工投劳问题，也解决了吃饭问题。《管子·度地》记载："常以秋岁末之时，阅其民，案家人，比地，定什伍口数，别男女大小。其不为用者，辄免之；有锢病不可作者，疾之；可省作者，半事之。并行以定甲士当被兵之数，上其都"，强调治河队伍要从百姓中抽调，并按其个人情形定工。根据史料，"工赈"是从单纯的救济衍变而来的。北宋时期熙宁年间，王安石所立"农田水利法"中，规定国家采用补助或以奖代补的方式鼓励民办水利的行为都是带有以工代赈性质的。宋范仲淹曾提出："荒歉之岁，日以五升，召民为役，因而赈济。"这里提到的"召民为役"，即为以工代赈的形式。《宋史·河渠志五》中也有"三月庚戌，发京东常平米，募饥民修水利"的记述。到明代，赈灾济贫的措施已具相当规模。清代也把"以工代赈"作为重要的赈济措施，而且在管理制度建设上有了明显的提高和完善，如乾隆朝工赈制度规定，官府承担修筑民堤民埝费的一半，佣工者可参加工赈，提高工赈人员的佣金，工赈工程须有一定的规格、范围及规模。主要采取兴修及疏浚水利、修筑城墙及水陆通道、仓库、学堂等措施。工赈的实施增强了灾民自力更生的能力及自救意识，发挥了救灾及增强社会基础设施的双重功效，减少了社会动荡的因素。在灾荒期间或灾后重建中，为达既赈济灾民、又让灾民自主自救，同时完成社会公共工程建设的目的,根据各灾区的具体情况,或由官府出面,举办诸如修建城池、疏浚河渠等。

1949 年中华人民共和国成立后,尤其在 1978 年改革开放以来,中国政府在缓解贫困和扶贫减灾等战略上发生了重大转变,由单纯的财政补贴转向生产力要素的投入,改以前的灾后救济为灾前预防,改济灾为扶贫,变被动为主动,开展了大规模的以工代赈扶贫工作。于 1984 年我国在计划委员会系统成立了专门机构,从中央、省、市一直到县都有负责管理以工代赈工作的部门,使我国的"以工代赈"走向了规范化、实效化、长期化。以工代赈资金主要用于边远山区和贫困地区的基本农田、小型水利、乡村道路、人畜饮水、小流域治理等基础设施建设。1984 年至 1993 年间,仅"中央政府对以工代赈项目的投资以实物折合人民币达 300 多亿元",主要支持农田水利和小型水利设施建设。从 1998 年大水以后,全国水利减灾工程投入明显加大,同时也进一步加大了以工代赈的投资规模,每年从财政预算内和国债中安排资金,在基本农田、人畜饮水、小流域治理、人畜饮水等方面,帮助受灾地区和贫困地区强化基础设施建设。而这些工程的投工投劳,主要通过以工代赈方式解决。2005 年 12 月国家发展和改革委员会,出台国家以工代赈管理办法,进一步明确:以工代赈,是政府投资建设基础设施工程,受赈济者参加工程建设获得劳务报酬,以此取代直接救济的一种扶持政策。特别是为农村灾区恢复起到及时雨的作用,如在 1998 年大洪水、汶川大地震、舟曲泥石流灾害等发生后,国家结合灾后重建安排以工代赈投入,建设基础设施工程,灾民参加以工代赈工程建设,获得劳务报酬,直接增加收入。对灾区社会稳定和生产生活的恢复起到非常重要的作用。

实践表明,以工代赈模式是一个适合我国国情并独具特色的好模式,特别适合广大农村扶贫减灾需要,而且是经过历史验证和长期实践证明了的。其特点是由国家或政府主导实施,由贫困地区或灾区百姓参与灾后重建或经济恢复的基础设施建设,特别是受益区群众参与建设和管理。但随着社会经济的不断发展,以工代赈模式还需要不断创新和不断完善。

4."对口援建"模式

对口援建是一种减灾救灾和灾后经济恢复的行之有效的办法,它是具有中国特色的一项重要救灾政策,通过对口援建,对促进灾区与非灾区以及发达地域与民族地区平衡发展贡献巨大。对口援建一般由中央政府统一组织实施,萌芽于 20 世纪 50 年代,当时中央政府依靠计划经济体制对各种资源进行全国性调配的帮扶措施;1979 年中央发文件中明确要求组织内地省、市,实施对口支援边境地区和少数民族地区,这是对口援建政策正式被提出和确定下来的开始;在随后的重大自然灾害的灾后重建中经常采用。经过 30 多年的发展,"对口援建"模式逐渐成熟,从一种暂时性的政策演化为一种半常规化的制度,范围和领域也不断向纵深发展,从单纯的经济上援助转向人才、教育、干部等多领域的援建。如在2008年的汶川大地震发生后,国务院办公厅下发了《汶川地震灾后恢复重建对口支援方案》的通知,要求举全国之力帮助灾区恢复重建,"对口援建"模式被应用到四川等地的灾后重建中,在灾区实现经济全面恢复起到了决定性的作用。

在灾害救援和灾区重建中,对口援建模式的本质是社会主义制度优越性的体现,是社会主义政治制度下中央政府从宏观方面协调地方政府之间关系的一种有效的管理制度,通过实践证明,效果显著而且具有不可替代性,尽管还"存在一些法律法规的不健全问题"。对口援建模式的操作其特点是:各级政府或"领导小组"是相互联动的;其理论基础是区域经济协调发展;前提是承认地方政府是单独的利益主体,而且是各地方政府间人力资源、财物资源、知识和能力等资源的横向转移或合理优化配置。如2008年汶川特大地震发生后,国家民政部发出《关于请有关省级民政部门向灾区紧急提供救灾物资的通知》,在全国发动和组织开展对口支援捐赠活动,非灾区省份通过对口支援和社会捐赠等形式大力进行援助和调运物资。随后,又下发《关于对口支援四川汶川特大地震灾区的紧急通知》,进一步把支援任务扩大到21个省市,援建过程小到包括支援帐篷、衣被等救灾物资,大到协助灾区恢复重建,提供经济合作、技术指导等。具体援建分配是北京支援什邡市、上海支援都江堰市,等等,形成一对一帮扶对象;未承担对口支援任务的贵州、宁夏等地区接收的捐赠款物重点用于支持陕西灾区灾民生活安排和恢复重建。据统计,灾害发生后大约一年的时间,中央人民政府及各部委办颁布《汶川地震灾后恢复重建对口支援方案》《关于对口支援四川汶川特大地震灾区的紧急通知》等相关文件666件,其中对口援建的相关文件要求按照"一省帮一重灾县"原则,充分考虑支援方经济能力和受援方灾情程度,合理配置力量,建立灾后恢复重建对口支援机制。根据这一方案,北京、上海、山东、广东等19个省市分别对口支援四川省18个重灾县(市)和甘肃、陕西严重受灾的县(市)。对口援建涉及全国23个省,从资金到人力,从技术到管理,几乎涉及各个领域。中央选择的19个援建单位与中央政府保持高度一致,这是中国特色社会主义制度集中力量办大事的体现,是地方利益服从全局利益的体现。

从发达国家经验来看,跨区域救灾协作机制有助于集中力量共同应对灾难,但真正实施起来受到一些法律法规的制约,而且即使实施,但实效期较短;从我国的经验来看,由于我国中央对地方控制力较强,对口援建是作为一项中央强制性政策下放到地方的,灾区是中央政府直接扶持援助的对象,而其他地方政府的援助实质上是对中央号召的一种响应或是一种行政制度安排,实效性很强。笔者认为:"对口援建"的中国模式,还要在实践中不断丰富和完善,还要建立一种激励机制,使其能够积极促使地方政府之间主动结成帮扶对子,使其每一方都受益;同时建立互帮互助机制或扶持机制,并能够长期达成互助认可而且积极维持的协议,引导对口支援由"政治动员式或行政命令式"向"制度激励性"转变、由"政策引导化"或强制实施化向"法律规范化"转变,变短期援助行为为"长效合作机制"。

(三)"中国模式"的特征及其创新与发展路径

根据上述对历史上中国各个阶段防灾减灾及灾后经济恢复的主要做法的梳理,不难发现:举国体制是支撑"中国模式"的主要构架,其特征及其创新与发展路径可概括如下:

第一,每一次重大自然灾害如洪水、干旱、地震等,抗灾救灾工作的成功,都是以国家机器处于高度的有备状态为前提的;中央政府根据灾害的轻重缓急采取的救灾办法是有区别的。如对待洪水与干旱不同,干旱救灾以地方为主,参与主体是农民群众,灾害的影响主要是粮食的减产,中央政府通过拨款抗旱和粮食救济等方式缓解灾情影响,整个过程是循序渐进的,灾民对旱灾的恐惧感较低;而对待洪水、地震等,灾民对灾害的恐惧感极高,救灾的整个过程的反应是快速的,救灾主体为军队和武警部队或专业救援队伍。为了保证减灾救灾的实效,政府往往任命主要行政长官主抓。随着社会经济的发展和财富的快速积累,减灾投入持续加大的同时,未来的减灾活动是把历史经验融入现代科技中,用科技引领救灾和灾区重建工作。

第二,不仅是治水模式,仓储、以工代赈以及对口援建模式,都是全国性的开展活动;并为历朝历代传承、效仿、丰富和完善,其运行基础是中央政府指导下的举国体制,"举国体制既是一种工作机制,更是一种政治实力"。其中的治水模式则是在全国统一部署、中央和地方共同运作来完成的,尤其是重大治水减灾工程;而仓储模式则是在灾害发生前就积谷备荒,而且在全国各地建立粮仓,在灾害发生后,开仓救济;同时也激发并活跃了民间救荒思想,从而产生了多种救荒方法,成为上述救灾模式的补充。这一点历朝历代各不相同、有所侧重。如明代徐光启对救灾救荒活动非常投入和专心研究,其著作以《农政全书》《甘薯疏》《农遗杂疏》等为代表,其中,《农政全书》又堪称经典,主要包括农政思想和农业技术两大方面,而农政思想约占全书一半以上的篇幅。主要表现在:第一,用垦荒和开发水利的方法来力图发展北方的农业生产;第二,备荒、救荒等荒政思想。他把朱橚的《救荒本草》和王磐的《野菜谱》录入《农政全书》介绍给人们,书中的可食植物应作为灾荒时粮食代用品,实际上是民间"仓储"的延伸。而明代又一重要的减灾专家钟化民,在其专著《赈豫纪略》中的救荒思想,不仅要拯救灾荒中的饥民的性命,最重要的是"要帮助灾民进一步恢复生产",作为治水模式和以工代赈模式的扩展和补充。清代直隶(今河北一带)总督方观承因致力于农业发展和预防灾害的成就而闻名于当朝,在直隶主管治水事务,前后奏上治河方略数十疏,并著书《赈纪》《直隶河渠水利书》等,并通过多年经营,在直隶省内创建了星罗棋布的"义仓"网。著名中国问题研究学者魏丕信研究了从乾隆初年的直隶省的救荒活动和康乾盛世发达的仓储系统,通过对粮食调运量与赈济发放量统计分析认为:1743年的饥荒,直隶省的河间等 16 各州县,粮食的调运量占赈济量的 98%。这表明不论是前期的从仓储直接赈济还是后期的粮食调运赈济,力度是非常大的。同时,他还通过大量的文献资料,考察了赈灾官员的政绩行为;这些官员大都尽力摆脱繁杂的日常行政事务而投入救灾。有的杰出官员如钟化民,"热诚、品望、节俭、以身作则",这是保证救灾成效的关键所在。由此可见,未来的"中国模式"在实际运行过程中,各级官员的"用心"和勤政非常重要,否则,救灾时效就会大打折扣。

第三,笔者所言的治水、仓储、以工代赈和对口援建等救灾模式,构成了"中国模式"的核心组成部分,它们都是通过"举国体制"而发挥作用。首先,通过举国体制,全民参与治水,促进了生产力水平大大提高。我国自原始氏族社会开始,经历了近两千年的漫长的石器、蚌器、木器等时代,以此作为生产工具并与其相适应的水利活动同样也经历了漫长的历史阶段。如在石器时代的阶段中,人们只是在一定范围内修筑一些堤防、开挖小型的沟洫、塘坝,开发灌溉事业;青铜时代,为以后的铁器出现奠定了基础,进而推进了小型水利工程的发展;铁器工具出现以后,生产力水平提升到一个新的高度,出现了一定规模的大型水利设施,如都江堰、郑国渠等,黄河下游大规模的堤防工程和航运工程建设也由于铁制工具的产生而展开。著名的邗沟、鸿沟沟通长江、黄河、淮河等大水系,灵渠沟通长江与珠江水系,京杭大运河沟通了黄、淮、江、海、湖等五大水系。正如恩格斯所言:"铁使更大面积的农田耕作,开垦广阔的森林地区,成为可能:它给手工业工人提供了一种其坚固和锐利非石头或当时所知道的其他金属所能抵挡的工具。"据《宋史·食货志》记载,公元 1070 年至 1076 年间的六年,"各地兴修的水利工程就达到 10 793 处,灌溉田地 361 178 顷",灌溉事业的发展,又促进了水利科学技术的发展,如北宋时期出现了木笼盒石板护岸技术、埽工技术、堵口技术、圩田技术等,不仅为农田灌溉、防洪、航运做出了贡献,对当时的防洪减灾技术、生产工具的发展起到了非常重要的作用。其次,举国体制带动治水事业的发展,进而促进政治稳定、经济发展。我国治水的历史也反映了整个社会发展的历史,或者说治水模式就是整个社会经济发展模式的一个缩影。其表现是:治水作为社会生产力发展的一部分,直接作用于社会和经济生活的各个角落,常常引起社会的变革。正像司马迁在他著名的《史记·河渠书》中对郑国渠评价道:"渠就,用注填淤之水,溉泽卤之地四万余顷,收皆亩一钟,于是关中为沃野,无凶年,秦以富强,卒并诸侯。"这里,司马迁把秦完成统一大业归功于大型水利工程,尽管可能有些片面,但足以反映当时秦国社会对治水活动的重视和其发挥的无可替代的作用。张景平等在研究近代水利的国家介入问题中所描述的:"凭借着国家的政治力量,20 世纪 40 年代讨赖河流域的水利建设展现出新气象。"新中国成立以后,大型水利的建设使得全国范围内的减灾工程体系全面形成,防灾抗灾能力大大提高,这是古代中国所不及的。未来的大规模治水减灾活动,还要充分调动社会各方面力量,在中央人民政府的统一领导下,团结治水、科学治水。

第四,举国体制救灾有利于减灾防灾的法律法规不断完善。通过治水模式、仓储模式等的实施,我国有关减灾防灾的法律建设也得到发展,如汉武帝发布兴修水利令、唐代的水利法令《水部式》、宋代王安石主持出台的《农田利害条约》等等。新中国成立后,仅与水利减灾相关的法律法规多达几十项之多,但从内容上,还要不断充实和完善,"进一步完善发展思路,转变发展模式"。适应市场经济条件下的减灾实践的需要。

(摘编自谢永刚:《防灾减灾与灾后经济恢复的"中国模式"及其演进分析》,载《求是学刊》2017 年第 5 期。)

二、重灾救援与灾后重建的"中国模式"探讨

(一)引言

自人类诞生以来,灾害问题就一直伴随着人类的发展而存在,灾害的历史和人类的历史一样久远,并将始终伴随人类。自人类社会进入工业经济时代以后,随着人类活动范围的扩大和生产力水平的提高,人类对自然环境的干预和破坏愈加严重,加之人口的恶性膨胀、财富资本的高度集中以及生态环境的严重恶化,导致了世界范围内灾害的加剧。据资料显示,与25年前相比,自然灾害发生的频次和严重程度有增无减,频次增加了3.2倍,年死亡人数和受灾人数分别增加了5.2倍和6.9倍,而年均直接经济损失增加了30倍。在一些受灾严重的国家,近10%的国内生产总值因灾损失。

我国是世界上自然灾害最严重的少数几个国家之一,灾害种类多,发生频率高,成灾范围大。统计结果表明,我国20世纪90年代自然灾害直接经济损失每年都在1 000亿元以上。进入21世纪以后,自然灾害的损失有明显增加的趋势,仅2008年的汶川地震造成的直接经济损失就高达8 451亿元。2010年4月的玉树大地震以及2010年8月的舟曲泥石流重大灾害损失同样惨重。

面对越来越严重的自然灾害,灾后救灾方式及其效果如何,也成为世人瞩目的热点问题。因此,研究总结具有中国特色的"中国模式",可以为我国在未来重大自然灾害发生后短时间内实现经济恢复提供理论支持,同时,也可为国际社会提供灾后重建的"中国经验"。

(二)研究现状

有关灾后重建及经济恢复问题的研究,始于20世纪40年代,其成果可归纳为以下几个方面:

马克思和恩格斯提出了灾害和社会发展逆动关系理论。他们认为灾害的发生和发展有其社会制度因素,并通过对东方社会结构和历史条件、生产力与生产关系矛盾运动的特殊性质进行了整体考察,形成了亚细亚生产方式理论。这一理论对我们进一步研究中国的救灾模式十分重要。法国魏丕信也是研究中国经济史的著名学者,他在《18世纪中国的官僚制度与荒政》一书中指出:在保护国民免受或减少自然灾害侵袭的活动中,那些救灾制度和程序仍代表着一种有效的政府行为模式———这是一种值

得认真研究的模式。

我国著名经济学家于光远 20 世纪 80 年代初期在"全国第一届灾害经济学术会议"上呼吁,对减灾防灾的措施要有实事求是的估量,对减灾防灾成本和效益也要进行计算,这个思想对后来灾后重建问题的思考产生了很大的影响。郑功成在他的《灾害经济学》一书中阐述了灾害对宏观经济的影响及灾后经济恢复问题,他的成果为以后的灾害经济研究提供了基本框架。2004 年孙绍骋的《中国救灾制度研究》一书总结了中国救灾措施、制度在不同历史时期的基本情况,阐述了中国救灾制度的演变,考察了中国救灾制度的研究情况,对现行救灾制度的各个环节:救灾方针、救灾法律制度、救灾主体、救灾信息流动、资金流动等做了深入的分析和说明,并提出了一些对策等。2005 年,康沛竹的《中国共产党执政以来防灾救灾的思想与实践》主要介绍灾情、新中国成立以来的若干重大灾害及抗灾斗争、灾害对社会发展的影响、新中国成立以来救灾减灾机制等内容。高建国在汶川地震后,编写了《应对巨灾的举国体制》一书,主要强调我国采用"举全国之力"的救灾模式。

(三)"中国模式"的主要内容

汶川地震已经过去四年了,在这四年里,灾后恢复重建工作取得举世瞩目成果,充分彰显中国社会主义制度的优越性。总结我国当今在重大自然灾害后,经济恢复及重建过程中的"中国模式",其主要内涵包括:中国独创的"对口援建";发展减灾产业;坚持国家救灾主导,国家救济与社会各方面捐助相结合;"以工代赈"等就业支持政策;人民军队支援等。这些内容都体现了"中国模式"的特征:

1. 对口援建

对口援建是具有中国政治制度特色的一项重要政策,在促进民族地区平衡发展中贡献巨大。对口援建萌芽于 20 世纪 50 年代,当时中央政府依靠计划经济体制对各种资源进行全国性调配,采取帮扶措施;1979 年中央下发文件中明确要求组织内地省、市,实施对口支援边境地区和少数民族地区,这是对口支援政策正式被提出和确定下来的开始;在汶川地震发生后,国务院办公厅下发了《汶川地震灾后恢复重建对口支援方案》的通知,要求举全国之力帮助灾区恢复重建,对口支援被应用到四川等地的灾后重建中,实现经济全面恢复。经过 30 年的发展,对口支援逐渐成熟,从一种暂时性的政策演化为一种半常规化的制度,范围和领域也不断向纵深发展,从单纯的经济援助转向人才、教育、干部等多领域的援建。

对口援建的本质是社会主义制度优越性的体现,是中央政府在税收政策之外的一种单向辅助型的财政转移支付模式,是各地方政府间人、财、物、知识、能力等资源的横向转移支付。

汶川地震发生后,5月16日,民政部发出《关于请有关省级民政部门向灾区紧急提供救灾物资的通知》,在全国发动和组织开展对口支援捐赠活动,非灾区省份通过对口支援和社会捐赠等形式大力进行援助,协调11个省区市,向四川、甘肃灾区支援和调运100万床被子与100万件衣物。5月22日,民政部下发《关于对口支援四川汶川特大地震灾区的紧急通知》,进一步把支援任务扩大到21个省市,援建过程小到包括支援帐篷、衣被等救灾物资,大到协助灾区恢复重建,提供经济合作、技术指导等。2008年6月18日,经国务院同意,颁布《汶川地震灾后恢复重建对口支援方案》,要求按照"一省帮一重灾县"原则,充分考虑支援方经济能力和受援方灾情程度,合理配置力量,建立灾后恢复重建对口支援机制。对口援建涉及23个省,从资金到人力,从技术到管理,几乎涉及各个领域。中央选择的19个援建单位与中央政府保持高度一致,这是中国特色社会主义制度集中力量办大事的体现,是地方利益服从全局利益的体现。

2. 激励公众力量的"全民参与"

公众是指除政府以外的组织和个人。自2000年以来,我国灾后重建除了政府主导,公众积极参与成为一大亮点。因此,"中国模式"有一个很重要的组成部分就是全民参与。从1978年开始,我国减灾救灾活动就呈现出一个新特点,即以国家主导救灾为主,辅以社会团体救济。实践证明,这种救灾方式是十分有效的。特别是在心理援助的过程中,志愿者等民间组织是作为主要参与者的。

对于国家主导救灾,我国古已有之,而社会救济的引入则是近现代才开始的。我国对于社会救济的全方位弘扬,在抵御1991年华东特大水灾中表现最为突出。水灾发生后,全社会都对灾民的困难情况、灾区的恢复重建等情况十分关注,向受灾地区捐款捐物成为全体公民的慈善意识和自觉行为。《汶川地震灾后恢复重建总体规划》确定了1万亿元的灾后重建资金需求,中央财政按30%左右的比例建立中央地震灾后恢复重建基金,其余大部分由对口援建资金以及地方政府财政资金构成,民间救济资金不涉入其中。据不完全统计,汶川地震捐款总数为590.43亿元,创史上最高,几乎每一个中国人都捐款帮助灾区。《时代》周刊形容汶川地震后中国人的善举说:"震后千百万的中国人排起长队,捐出钱、食品和衣物;数万人请了假,离开他们的家人冲到灾区帮助他们的同胞;交通无比拥挤,政府不得不封锁道路让一些志愿者回去;几天之内,中国的私人企业捐出的资金超过10亿美元,而且还在增长。在这次人道主义危机中,一种新的自我意识觉醒了,人们认识到了中国人的同情心和慷慨精神。整个民族突然间意识到,在20年的经济繁荣中,他们改变了多少,以及一些改变是如何朝好的方向发展的。"

经过"十一五"时期的建设,我国防灾减灾社会动员能力和社会资源整合能力明显增强。社会各界踊跃奉献爱心,积极投身抢险救援、生命救治、生活救助和恢复重建,海内外和衷共济,形成了合力防灾减灾的良好氛围。

3. 长期扶贫政策与短期救灾项目相结合

应对重大自然灾害,国家在灾后重建过程中,将长期的扶贫政策与当下的救灾应急项目有机结合,以有限的资金投入发挥最大的综合效益。汶川大地震后,在灾区各县国家扶贫资金与减灾项目挂钩,弥补单项投资不足的不利影响,对基础设施特别是生命线工程的迅速恢复起到了关键作用。在针对灾区农业生产恢复上,采用中央惠农政策与扶贫减灾相结合模式。如2011年江西省旱涝极端天气给粮食生产带来不利影响,进贤等县却实现了大灾之年夺丰收。灾情发生后,中央和省市下达给各县的救灾资金,以及用于种粮农民粮食直补资金和种粮农民农资综合补贴资金,这些资金的及时组织兑现,调动了广大农民种粮积极性,克服了灾年农业生产资料价格上涨对农业生产的不利影响,有效解决了农民粮食生产投入不足的问题,对促进粮食增产和农民增收发挥了重要作用。

4. 调整产业结构与发展减灾产业挂钩

为了缓解减灾投入不足的问题,尤其是汶川、玉树地震之后,政府认识到必须改革传统的减灾模式,建立适应我国社会主义市场经济发展需要的减灾体制,推动减灾社会化和产业化。依此调整产业布局,并适当地向减灾产业投入更多的资金和政策支持,防灾减灾产业将成为中国未来10年技术发展和资金投入的重要领域。

减灾产业不同于其他行业,它不应完全是纯市场行为,受政府政策影响和制约较多,一般这类企业应在政府扶植下发展,毕竟无灾少灾年份还是占大部分的。因此,在发展安全减灾产业化的同时应注意:安全减灾产业作为新兴产业,它的发展需要政府扶持,要鼓励一流企业发展安全防灾产品并使之产业化、规模化。安全减灾产业在世界上被视为高科技产业,应合理布局产业结构。虽然减灾产业不是纯市场行为,但在市场经济条件下,也应将这种公益行为在一定限度下逐步变为适当有偿服务。政府还要完善安全减灾产品的市场监督约束机制,优先采用高新技术和最佳实用技术,保证发展长期有效,避免重复建设。

四川广元灾区开展的"减灾与园林化农业可持续发展"项目起到了示范作用,其主体分为改变农业结构、兴修微型水利工程、改善农民生活条件与交通条件等。如四川金同投资开发有限公司投入巨资支持减灾,它与广元减灾中心、宏阳减灾实业有限公司合作,开展了救灾物资生产与医疗救援器械生产,率先推动了减灾产业化。

5. 以工代赈与项目运作互补

灾后重建中大规模建设资金的进入,意味着灾区将形成大量新的就业机会,但灾区农民普遍文化素质不高,就业适应能力不强,必须实施有针对性的就业支持政策。

通过加强定向定人的技能培训,全方位提供就业辅导,显著提高其就地就业的基本能力。

"以工代赈"从历史角度来看,在我国减灾救灾史上实属源远流长,从封建时代开始,以工代赈就是主要的减灾救灾方法,我国已有上千年的历史,对农村减灾防灾工程的建设起到了不可替代的作用。

"以工代赈"模式具有"多重红利"效应,实施以工代赈可以同时达到三个目标:第一,赈灾救济功能。通过组织赈济对象参加工程建设,使赈济对象得到必要的收入和最基本的生活保障,达到赈济的目的。第二,在政策实施地区形成一批公共工程和基础设施,如中小型灌溉和供水工程、河道整治、农田水利、农村公路、基本农田建设、植树造林,以及城镇绿化和道路维护、普通房屋建筑等。这些行业多是以劳务投入为主的基础性、公益性工程,且对当地经济社会的发展长期发挥作用。第三,可在一定程度上缓解灾区就业压力和农村劳动力剩余问题,形成保证灾区社会稳定的长效机制。汶川大地震后的基础设施建设和生产恢复运用了以工代赈和"项目模式"相结合的办法这一新模式,使得农民在减灾工程建设中得到实惠,又在新经济形势下克服了项目模式管建不管修的缺点,取得了良好效果。

6. 人民军队的支援

在历次重大灾害面前,军队都是减灾救灾的主力。如唐山大地震、1998 年大洪水、汶川大地震、舟曲泥石流灾害等。在救灾抢险中,人民军队不畏艰难险阻,训练有素,使救灾达到事半功倍的效果。

汶川地震后,军队迅速启动应急预案,紧急调集兵力支援灾区。解放军和武警部队,向汶川挺进,增援灾区。玉树地震当日,武警青海总队出动 3 000 多名官兵前往玉树灾区救援,并运用汶川的经验,投入大量直升机参与救援,保证了物资输送和救援效果。

军队参与救灾减灾,能在最大限度上减少人员伤亡,保证救灾效果。值得一提的是:我国军队参与救灾也不是孤立的行动,是在中央政府、灾区政府的指导、配合下,在政府部门的专家团队业务指导下展开救援,而且部队领导直接参与救灾方案的制定和决策。

(四)"中国模式"的自我完善

每一种制度都不是完美的,灾后快速恢复经济的"中国模式"也需要自我修复和完善。

1. 完善信息透明制度,防止腐败问题发生

人们常说:"信息公开是最好的防腐剂。"除了客观公正地披露灾情外,按照《中华

人民共和国政府信息公开条例》的规定,救灾款物的信息披露制度是我国现阶段建设的重点,把公开透明原则贯穿于救灾款物管理,主动公开救灾款物的来源、数量、种类和去向,自觉接受社会各界和新闻媒体的监督。救灾捐赠信息公开、透明是提升公众对救灾募捐的信任度,提高救灾捐赠水平的重要工具和手段。当前,社会公众已不仅仅满足于救灾捐赠款物不被贪污、浪费、挪用等基本要求,还希望能更多地参与和了解捐赠款物的使用、发放等流程。

我国应着重从以下三个方面提高信息公开度:首先,政府要加强救灾捐赠信息公开的立法,使救灾捐赠信息公开做到有法可依,并确保政策的有效执行。其次,积极发挥政府在信息披露中的积极作用。最后,建立完善的救灾捐赠信息披露体系。政府、各募捐受赠机构要建立健全捐赠登记统计、信息披露等制度,做到捐赠全过程"阳光操作"。

2. 完善减灾防灾保险制度

要根据地域特点不同,首先推行不同的灾害保险制度和类型,如防洪保险,富裕地区要大力发展,中等富裕地区宜将政府救济与保险相结合,而贫困地区还是应该以政府救助为主,逐步过渡,建立需求层次不同、标准有别的社会救助保障体制。其次要完善保险类别,开发新险种,加大保险额度。最后,在农村地区推广小额保险业务,增大保险的覆盖面,保证全民共同受益。

3. 发展"家庭救灾体系"

在我国,组成社会的基本单元是"家庭"。家庭是社会最为活跃的细胞,通过家庭,个人和社会得以联系在一起,家庭稳定是整个社会稳定的基础,尤其表现在自然灾害发生时。灾害发生的时候,能够在第一时间相互照顾的是家庭成员;灾害发生后,个人之间的相互救济也是以家庭成员为主,因此发展"家庭救灾模式"是十分必要的。

经验表明:重大自然灾害发生,自救互救是灾后减少人员伤亡最及时、最有效的方法。所以,应向群众普及个人家庭应急自救的知识,形成防灾教育常规化,积极编写制定有关个人及家庭应急自救的各种指南及宣传材料,帮助家庭储备灾害应急包、应急箱、应急食品和药品,定期举行防护技能训练和演示,组织有关专家开展论坛,向人民群众宣传普及安全防护知识,增强应急避险和自救互救能力。还应注意的是教育对象要全面,对于偏远地区的村民、农民工、老年人等,也应通过广播电视、网络、报刊、教育训练基地等平台,遍及山区、街道社区等偏远地区,广泛开展全民式的防灾教育。

虽然家庭自救作用不可忽视,但是家庭抗灾能力毕竟有限,因此在发展家庭自救的同时,也要着力于建设社会救济和家庭自救的双层减灾体系。

(摘编自谢永刚、李岳芹:《重灾救援与灾后重建的"中国模式"探讨》,载《中国井冈山干部学院学报》2012 年第 5 期。)

三、灾后重建经济理论及其借鉴意义

美国西维吉尼亚大学的学者 Yasuhide Okuyama 教授关于灾害经济学的诸多理论成果以其创新性和实用性受到学术界的关注。他于 2003 年发表的研究报告"Economics of Natural Disasters：A Critical Review"中关于灾害对经济长期影响的分析不仅填补了灾害经济学在该课题上的研究空白，还对现实有很强的指导作用。他以新古典经济增长模型索洛模型为基本出发点，分析灾害发生以后经济增长的长期变动情况，以及在灾后的经济重建过程中，储蓄率、人均资本和技术进步率等变量将如何变化，进而如何影响灾后的经济增长。

（一）Yasuhide Okuyama 理论概述

1. 索洛模型概述

Yasuhide Okuyama 的理论，以索洛模型为分析框架。索洛增长理论的基本假定包括：①社会储蓄函数 $S = sY$（式中，s 是作为参数的储蓄率，S 为社会储蓄函数，Y 为总产出）；②劳动力按一个不变的比率增长；③生产的规模报酬不变。

索洛模型的核心是其新古典生产函数，在上述三个假定之下，如果暂时不考虑技术进步，则有：

$$Y = F(K, L) \tag{1}$$

式中：Y 为总产出；K 为资本存量水平；L 劳动量水平。在此，我们将生产函数（1）式以人均的形式表示为：

$$y = f(k) \tag{2}$$

在这里，$y = Y/L$，$k = K/L$，分别为人均产量和人均资本。在一个只包括家庭部门和企业部门的简单经济中，如果已知社会储蓄率为 s，资本存量为 δ，劳动力增长率为 n。那么，人均资本的变化可以表示如下：

$$\dot{k} = sf(k) - (n + \delta)k \tag{3}$$

式（3）是新古典经济增长模型的基本方程。式中 $\dot{k} = dk/dt$。这一基本方程说明，人均资本的增加是由人均储蓄量与在考虑资本损耗和劳动力增长时为保持人均资本不变所要求的投资量的差值所决定的。我们称 $(n + \delta)$ 为资本的广化；人均储蓄超过 $(n + \delta)k$ 的部分则导致了人均资本 k 的上升，即 $\dot{k} > 0$ 被称为资本的深化。而当人均储蓄恰好和资本广化保持一致时，人均资本的变化为 0，不存在资本深化，此时，经济处于稳态之中。

在新古典增长模型中,所谓稳态指的是一种长期均衡状态。在稳态时,人均资本达到均衡值并维持水平不变,在忽略了技术变化的条件下,人均产量也达到稳态。根据上述定义,要实现稳态,就有 $\dot{k} = 0$。因此,新古典增长理论中的稳态条件是:

$$sf(k^*) = (n + \delta)k^* \tag{4}$$

新古典增长模型的稳态可以用图形来分析(见图1)。图1中的 $sf(k)$ 线为人均储蓄曲线,$sf(k)$ 线与 $(n + \delta)k$ 线的交点 A 为经济增长的稳态,这时人均资本 k^*,人均产量为 y^*。

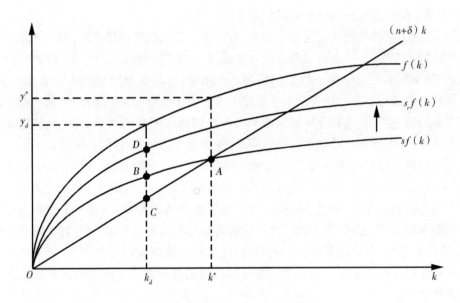

图1　灾害对经济增长稳态的影响

2. 无技术进步条件下的灾后经济变动情况

通过对索洛模型的稳态分析,Yasuhide Okuyama 假设在发生灾害之前经济是处于一种稳定状态,即处于图1中 A 点。在这一点是人均资本和人均产量保持稳定的水平,人均资本 k 和人均产量 y 的增长率为零,而总资本增长率 $\Delta K/K$(总产量的增长率 $\Delta Y/Y$)水平由外生的变量——人口增长率 n 来决定(不存在技术进步的条件下)。

那么当发生严重灾害的时候,经济增长的稳定状态将发生什么变化呢? 为了使分析更具有显著性,Yasuhide Okuyama 假定灾害发生时,资本的损失非常严重,但是没有人员的伤亡,这样劳动力数量并没有发生变化,即人均资本水平将减少,假定人均资本水平减少到 $k_d < k^*$。新的较低的人均资本水平 k_d 决定社会的人均产量也相应地减少到 y_d。这样,由于受灾害造成的损坏以及人均资本水平减少的影响,灾后的经济将不

再处于稳态均衡状态。由图 1 可知,由人均资本水平 k_d 对应于 $sf(k)$ 曲线与 $(n+\delta)k$ 曲线的点分别为 B 点和 C 点,B 点在 C 点之上意味着人均储蓄大于资本广化,存在着资本深化,即 $\dot{k} > 0$。也就是说在这种状况下,每个工人占有的资本存量 $\dot{k}$ 开始上升,直到 $\dot{k}$ 重新变为零,人均资本重新收敛于 k^*。

由此可知,在灾害发生以后,经济将加速增长,最终人均资本将由 k_d 点移动到 k^* 点,恢复经济增长的稳定状态,并且回到了灾害发生前的经济水平。这个过程就是灾害后的重建恢复过程。

以上 Yasuhide Okuyama 考察了在其他变量没有发生变化,只有资本损失的情况下,经济是如何自动恢复到初始稳定状态下的。

但是,现实中的情况要比这复杂得多,由于灾害造成的破坏性作用,为了恢复经济社会生活的正常运转,势必要求政府或企业通过一些手段和政策的变化(例如政府购买等方式)来影响产出中用于投资的份额。也就是说,与没有灾害的正常情况相比,灾害恢复时期将有更多的投资被用于重建工作。由于投资的来源是储蓄,面对着灾后投资需求的急速扩大,也就意味着储蓄率将不再维持在原有的水平上,而是将提高到新的水平上,从而满足日益增大的投资需求,促进资本形成,加速经济恢复。

这个过程可以通过图 1 来表示,储蓄率的提高把人均储蓄曲线 $sf(k)$ 向上移动到了 $s_r f(k)$ 的位置。这时,由灾后的人均资本水平 k_d 决定的人均储蓄由 B 点上移到了 D 点。按照正常的情况下,储蓄率的提高会使经济实现新的均衡,达到一个更高的稳定的人均资本的水平。但是由于此时投资份额的加大是由灾后重建所引致的,具有暂时性、阶段性的特点,所以随着经济不断的恢复,投资的热度也将逐渐降低,储蓄率将逐步回到初始的正常的水平 s 上,最终,经济也会回到由储蓄率 s 决定的最初的稳态均衡状态 A 点。

接下来,Yasuhide Okuyama 又借助人均资本增长率 g_k 的变动情况,更直观地让我们观察到上述的变化趋势(见图 2)。

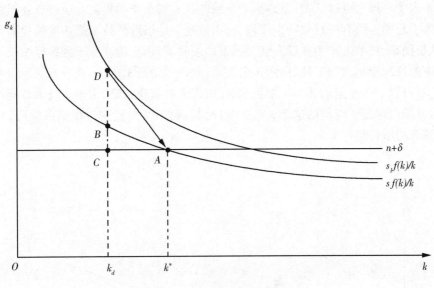

图2　索洛模型的动态模型

首先在式(3)的两边同时除以人均资本存量 k 得到人均资本增长率 g_k

$$g_k = \dot{k}/k = sf(k)/k - (n + \delta) \tag{5}$$

按照前面的假设,灾害发生后人均资本存量减少到了 k_d 水平,离开了稳态的均衡水平 k^*,这时 $sf(k)/k$ 曲线位于 $n+\delta$ 线的上方,k 的增长率为正,大小为 BC 的垂直距离。但是考虑到灾后投资量加大将导致储蓄率提高到 s_r 水平,由此决定的人均资本存量的增长率将提高到更高的水平,即 DC 的垂直距离,也就是说人均资本将以更快的速度增加。随着重建活动的进行,资本存量的不断增加,g_k 将逐步下降,储蓄率也将回到初始的水平 s 上。最后,资本存量由 k_d 恢复到均衡水平 k^*,人均资本增长率也减少到0。整个重建过程可以用图中的 D 点到 A 点来表示。但是,这个结论却可能被技术进步所打破。下面,Yasuhide Okuyama 进一步分析存在技术进步情况下的灾后经济变动情况。

3. 技术进步条件下的灾后经济变动情况

Yasuhide Okuyama 认为在灾害发生后,相对于较新的固定资产,旧的、落后的固定资产更容易在灾害中被损坏,因为旧的、落后的固定资产结构更加脆弱,易损性更强。而在灾害后的重建活动中,这些被损坏的旧的固定资产则被更新或置换成为新的固定资产,这样,新的固定资产应用到生产中以后,就可以运用新的技术,提高技术水平。

如果假定整个经济中的技术水平是一种综合性的技术水平,即由新旧资本混合决定的技术水平。那么可以认为,重建活动导致的技术进步率的提高是通过更新损坏的旧的资本引起的。但有一点要特别强调,即由重建活动引致的技术进步率的提高是暂时的,从长期看,技术进步率在没有其他因素的刺激下,仍会沿着原来的路径增长。技术进步率的这种变化,我们可以用图 3 来表示,$A(t)$ 表示技术水平,在没有其他因素的干扰下,$A(t)$ 以一个稳定的速率 x 增长,而在灾害后的重建时期,由于受技术替换的影响,$A(t)$ 开始以略高于以前的速率 $x_r(x_r > x)$ 增长,而当整个重建过程结束以后,$A(t)$ 又回到原有的增长路径上。

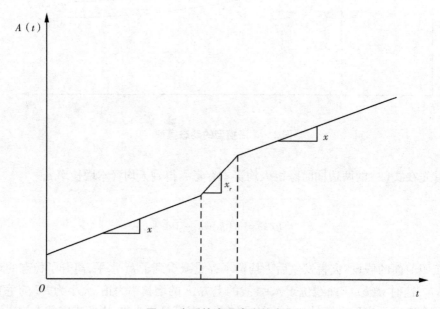

图 3   灾后技术进步率的变化

Yasuhide Okuyama 这里继续引用索洛的经济增长模型来分析技术进步条件下的灾后经济变动情况。索洛模型假定技术进步是外生的,就是说把技术进步当成一个单独的过程,那么就需要定量地描述这个过程,把外生的技术进步引入增长模式。一般来讲,引入技术进步的方式有 3 种,分别是希克斯中性技术进步、索洛中性技术进步和哈德罗中性技术进步。Yasuhide Okuyama 这里探讨技术进步的影响时,采用的是哈罗德中性的技术进步。

哈罗德中性技术进步采取的生产函数形式如下:

$$Y = F[K, L \cdot A(t)] \qquad (6)$$

运用与前面模式同样的推导,可得到基本方程为:

$$\dot{k} = sf[k,A(t)] - (n+\delta)k \tag{7}$$

在哈罗德中性假设下，技术进步体现在劳动力效率上，其作用相当于扩张了现有劳动力存量，因此这种生产函数也称为劳动扩张型生产函数，其中令 $L = L \cdot A(t)$ 称为有效劳动量。这样，可以用有效劳动来重新表示索洛的基本方程和动态方程，$\hat{k}$ 表示每单位有效劳动的资本数量：

$$\hat{k} = K/\hat{L} = K/[L \cdot A(t)] = k/A(t) \tag{8}$$

则每单位有效劳动的产出数量：

$$\hat{y} = Y/\hat{L} = Y/[L \cdot A(t)]$$

即

$$\hat{y} = F(\hat{k},1) = f(\hat{k}) \tag{9}$$

从而，索洛基本方程变为：

$$\dot{\hat{k}} = sf(\hat{k}) - (x+n+\sigma)\hat{k} \tag{10}$$

而索洛的动态方程，即 $\hat{k}$ 的增长率可以表示为：

$$g_k = \dot{\hat{k}}/\hat{k} = sf(\hat{k})/\hat{k} - (x+n+\delta) \tag{11}$$

因为 $\hat{k}$ 的稳定状态增长率为零，$\hat{k}$ 的稳定状态为 $\hat{k}^*$ 并满足条件：

$$s \cdot f(\hat{k}^*) = (x+n+\delta)\hat{k}^* \tag{12}$$

如之前讨论的结果，在没有技术进步的情况下，经济在遭受灾害打击之后，一部分资本被破坏或被毁掉。这样，每单位有效劳动的资本数量由稳定状态 $\hat{k}^*$（图4中表示

为 kh^*）变为受损后的水平 k_d（图 4 中表示为 kh_d）。此时，如果没有资源被特殊地分配到重建过程，经济恢复的速度（每单位有效劳动的资本数量 k 的增长率）为 B 和 C 之间的距离。为了加快复苏的速度，储蓄率可被提高到能使更多的资源用于资本积累的水平。因此，如前一部分所分析，k 的增长率提高到一个更高的水平（D 和 C 之间的距离，且 $CD > BC$）。

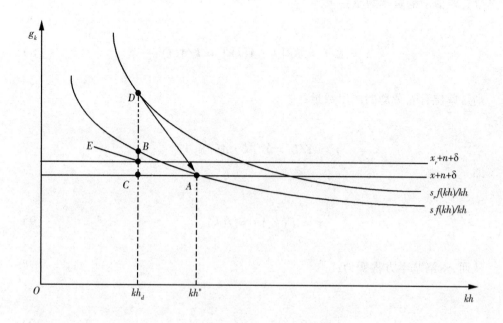

图 4 技术进步下的动态模型

到此为止，就是没有技术进步情况下的灾后人均资本变动情况，不过，如果假定在经济复苏过程中，技术替换可以提高技术进步率。这样，在动态模型中，这种提高可以体现在 $x + n + \delta$ 曲线上移到 $x_1 + n + \delta$ 位置。进而，k 的增长率变成 D 与 E 之间的距离，而不是 D 与 C 之间的距离。这里因为技术进步的快速增长，导致了有效劳动的更快增长。因此，k 的增长率较没有技术进步情况下要稍微小些，即 $ED < CD$。

最后，Yasuhide Okuyama 到两个结论：①在灾害的重建过程中，投入重建的资源越多（储蓄率提高的幅度越大）经济恢复的速度越快，并且最终会恢复到灾害前的稳定状态；②一个社会的技术进步率越高，或者说经济中固定资产更新速度越快，灾后经济恢复的速度越快。在没有灾害的正常情况下，如果经济的各个部门固定资产更新较慢，那么发生灾害以后，大量设备将被更新，导致技术进步率激增，即有效劳动的更快增长，结果反而会延缓经济复苏。

（二）借鉴意义与启示

1.增加救灾资金投入渠道，提高灾后恢复与重建能力

如 Yasuhide Okuyama 分析所示，能否充分获得恢复与重建资源，是决定灾害重建效率的关键性问题。世界银行 2002 年出版的研究报告曾指出，如果一个国家在应对各种突发性灾难时仅有一些相对微小的年度预算分配，而没有寻求长期发展的各种筹资手段，可能并不是成本有效的选择。尤其是对于灾难多发的国家，应该考虑各种可能的工具来应对各种极端的灾难事件的发生，并做出相应的防灾减灾准备及资金安排。因此，我们有必要集结财政、金融、保险以及国内外融资等多方资金，形成一种政府、市场以及其他利益相关者共同参与的风险责任分担机制，建立可持续的高效的灾害管理综合保障机制。

（1）建立专项救灾基金

即将每年财政收入提取一定比例作为专项救灾基金，作为传统救灾方式的很好补充。有别于民间救助的时滞性和政府拨款的预算限额，当重大自然灾害发生时，政府财政专项救灾基金可以在灾害发生时第一时间动用，为挽救人民群众生命财产安全赢得最宝贵的时间，同时又能保证在救灾需要时能获得足额的资金。

（2）逐步完善灾害保险制度

灾害保险、再保险是通过收取一定的保险费建立起来的一种有偿救灾手段，是当今世界非常重要的灾害救济方式。通过政策优惠鼓励商业保险、再保险的发展，开发新险种（如合作保险储蓄金制、巨灾债券制、商业保险产品制以及指数保险制等）扩大承保范围，使得中国的保险业能在合理分担政府财政保障责任的同时壮大行业自身的发展空间。

（3）开发其他灾害金融产品

除灾害保险以外，开发多样灾害金融产品并提供灾害金融优惠政策也是补充灾害资金投入的重要途径。包括鼓励政府及私人金融机构提供优惠的救灾救助贷款政策，为灾区群众和企业单位提供无息或低息贷款；充分运用国内外资本市场的融资渠道，发行一些与灾难相关的中长期债券来转移风险。

（4）个人和社会团体的捐助也是防灾救灾重要资金渠道

社会捐赠已成为我国救灾资金的重要来源。在汶川大地震的抗震救灾过程中，民间捐赠的作用更为突出。根据 2008 年民政事业发展统计公报显示：目前，全国已建立了 3 万个经常性捐助工作站（点）和慈善超市，初步形成了社会捐助网络，全年各级民政部门共接收捐赠款 470.7 亿元，接收捐赠衣被 4.9 亿件，其他物资折款 16 亿元，共有 2 383 万人次受益。除此之外，我们还应该加强与国际援助组织的合作关系，积极

吸收来自国内外企业、非政府组织、个人和国际组织的赞助和捐助，增加防灾救灾资金。

2. 加强灾害防御工程，提高社会经济系统的承灾能力

Yasuhide Okuyama 第 2 个结论强调社会经济系统的承灾能力问题。一个社会承灾能力越弱，灾后物质损失就越大，而物质在灾后的大量更新则会延缓经济复苏。提高易损性承灾体承灾能力的过程便成为减灾的重要途径。具体来说，我们可以通过加强安全设备，加速固定资产的更新换代，研发防灾技术等方式来提高社会经济系统的承灾能力，减少灾后经济损失，相对地加快经济复苏速度。

（1）加强安全建设

要保护和修缮现有防灾工程，尽量做到工程配套，充分发挥各种防灾兴利工程的防灾效益；根据国家的需要与可能，有计划地兴建一批必要的骨干防灾工程，增加有形抗灾能力；不断改善居住环境和条件，对严重灾泛区，尤其是大、中城市的生活生产工程实施加固，凡新建工程、建筑物都要按防灾的要求修建。特别关注现有住房的防震加固和城市生命线系统抵御灾害能力的提高。

（2）研发防灾技术

提高工程抗灾设计施工水平，引入新方法、新工艺、新材料，推广应用防灾减灾新技术，用高科技手段，增强抵御自然灾害和人为灾害的能力。

（三）结论

灾害发生以后，随着重建的刺激作用，经济增长一般都可以恢复到灾前的正常水平，而影响其恢复速度的因素有两个：①经济恢复活动中的资源配置状况，即被投入经济重建的资源越多，储蓄率提高得越多，那么灾后经济恢复的进程也就越快；②灾前经济中新旧资本的混合程度，灾害发生以前的正常情况下，如果经济中的新资本较多，也就是说固定资本经常被更新，那么当灾害发生以后，经济复苏的速度也较快。也就是说，一个社会的技术进步率越高，灾后经济恢复的速度越快。

（摘编自谢永刚、张佳丹、周长生：《西方灾后重建经济理论及其借鉴意义》，载《灾害学》2009 年第 4 期。）

四、中国农业减灾资金应急投入的风险问题及建议

中国农村地域广大,频繁的自然灾害是束缚农村经济发展的主要因素。近些年来,尽管国家对农村减灾防灾投入力度加大,使抗灾能力加强,但随着农村经济总量的日益增加,自然灾害对人类生产和生活的破坏作用及经济损失有逐渐加重的趋势。每当自然灾害发生,大量的农村受灾人口等待救济,有限的减灾防灾经费显得力不从心。如何才能发挥其更大的效益,减少投入费用的风险,使防灾经费和救济费用及时、合理、有效率地重点下摆到位,是非常重要的问题。

(一)统计分析方法

笔者采用 EViews 3.1 计量经济学分析软件分析处理 1983—2004 年(21 年)的受灾面积和救济费情况。首先,救济费与总受灾面积建立相关方程,分析显著水平;其次,将救济费同时与旱灾面积、洪灾面积建立相关方程,分析其显著水平。为了能更准确地说明救济金的投入与受灾面积的关系情况,又采用了 Excel 软件和 Matlab 编程处理数据,建立线性回归方程。最后,将三种软件处理的结果进行比较,分析救济费的支付与受灾面积的影响程度的大小。

(二)数据情况

此处涉及的有关数据来自 1980—2004 年的《国家统计年鉴》和《中国农村统计年鉴》,反映灾情主要以农业总受灾面积(水、旱、冰雹、霜冻等)和水、旱灾受灾面积指标为主(1995 年以前重庆包含在四川省内),面板数据详见表 1、表 2、表 3。

表 1 1983—1994 年受灾面积情况

单位:万亩

地区	1983—1989 年			1990—1994 年		
	受灾面积总数	干旱受灾面积	洪涝受灾面积	受灾面积总数	干旱受灾面积	洪涝受灾面积
北京	104. 428 6	9. 714 286	60. 428 57	81.2	45.6	13.8
天津	150.714 3	20. 714 29	86. 428 57	105.3	60.9	12.3
河北	2 446.571	264	1 760.143	2 048.7	1 148.5	276.3
山西	1 449.857	122.857 1	1 117.143	1 496.6	1 151.3	164.9
内蒙古	1 995.286	271	1 423.571	1 645.1	914.6	462.1
辽宁	1 318.286	560.142 9	670.142 9	993.2	366.6	370.1
吉林	1 687	884.714 3	626.714 3	1 350.5	436.1	630.9
黑龙江	2 141.286	1 281.714	660.714 3	2 209	856.1	1 071.4
上海	2.571 429	0	0	12.2	3.9	5.9
江苏	1 301.571	480.428 6	545.285 7	2 163.5	722.3	1 174.5
浙江	468.428 6	263.714 3	87.714 29	900.2	247.6	489.5
安徽	1 483.714	671.857 1	428.714 3	2 810.4	1 068.4	1 462.1
福建	325.142 9	177.285 7	105	594.7	105.2	366.8
江西	810.857 1	295.428 6	434.714 3	1 062	323.2	572.4
山东	2 478.286	227	1 907.429	2 574.3	1 386	805.2
河南	2 570.286	503	1 884.143	2 654.3	1 853.6	471.5
湖北	1361.286	494.285 7	687.714 3	1 798.2	731.9	733
湖南	1 846.571	460	1 216.857	2 136.6	884	1 067
广东	846.857 1	457.142 9	260.285 7	1 294.9	352.8	633.1
广西	845.857 1	215	516.714 3	3 445.5	794.9	458.8
海南	38.142 86	21.285 71	16.857 14	143.4	55.2	46.6
重庆	0	0	0	0	0	0
四川	1 667.714	500.285 7	831.142 9	2 837.6	1 583.7	806.5
贵州	698.571 4	101.285 7	465.714 3	1 001.4	500	279.9

续表

地区	1983—1989 年			1990—1994 年		
	受灾面积总数	干旱受灾面积	洪涝受灾面积	受灾面积总数	干旱受灾面积	洪涝受灾面积
云南	670. 428 6	130. 571 4	345. 142 9	731	317	245.5
西藏	34	0. 714 2 86	24. 428 57	31.7	13.3	12.4
陕西	1 363	345. 857 1	818. 428 6	1 924.9	1 334.6	371.5
甘肃	715. 714 3	139. 571 4	409. 714 3	1 080.5	702.4	152.6
青海	84. 428 57	8. 714 2 86	13. 857 14	160.7	75.4	9.1
宁夏	131	21. 428 57	55. 857 14	272.7	152.4	20.2
新疆	173. 142 9	35. 571 43	82. 285 71	252.1	148	25.4

表2 1995—2004 年受灾面积情况

单位:万亩

地区	1995—1999 年			2000—2004 年		
	受灾面积总数	干旱受灾面积	洪涝受灾面积	受灾面积总数	干旱受灾面积	洪涝受灾面积
北京	91.8	60	12.6	87.03	71.1	1.8
天津	135	82.8	35.4	165.9	148.8	1.5
河北	2 477.7	1 536.9	476.1	2 510.7	1 940.1	108
山西	1 969.5	1 452	198.6	1 549.2	1 233.9	105.3
内蒙古	2 414.4	1 552.8	462.3	3 082.8	2 517.3	196.5
辽宁	1 330.8	829.8	412.5	1 906.5	1622.1	90.3
吉林	1 549.2	939.6	428.4	2 189.7	1 900.2	93.9
黑龙江	1 929.3	1 030.2	618	3 570.3	2 505.3	456.3
上海	45	0	18.3	8.7	0	19.2
江苏	1 482	364.8	293.1	1 485.9	624.9	570.9
浙江	747.6	100.2	370.8	517.2	177.6	126.9
安徽	1 996.2	637.5	959.7	2 333.7	1 291.5	768
福建	564.3	47.4	211.2	500.1	227.4	122.1

续表

地区	1995—1999 年			2000—2004 年		
	受灾面积总数	干旱受灾面积	洪涝受灾面积	受灾面积总数	干旱受灾面积	洪涝受灾面积
江西	1 541.1	106.8	1 212.3	1 184.1	634.2	381.9
山东	1 998.6	1 237.2	530.4	2 925.6	1 893.3	509.1
河南	2 412.3	1 530.9	373.8	2 842.2	1 169.4	1 202.1
湖北	2 386.2	602.1	1 534.5	2 551.5	1 281.3	898.2
湖南	2 175.6	387.6	1 580.1	1 788.9	703.2	869.1
广东	838.2	142.5	377.1	879.3	326.7	175.8
广西	1 075.2	320.1	562.8	1 309.2	519.9	473.1
海南	196.8	70.2	21.6	222	47.1	67.8
重庆	1 203	534	380	951.6	453.3	402.3
四川	1 586.4	620.4	751.5	1 819.8	1 014.9	655.8
贵州	285	849.9	186.6	411.3	785.1	298.5
云南	978	377.7	357.9	948	354.6	286.8
西藏	49.11	6.9	15	17.1	3.6	12
陕西	1 835.7	1 454.4	255.9	1 640.7	1 085.4	280.5
甘肃	1 384.5	1 101.6	84	1 572.6	1 122	137.1
青海	198.9	119.4	30	271.2	215.1	23.4
宁夏	228.6	169.2	34.2	388.5	231.6	32.7
新疆	527.4	129.6	88.5	670.35	390	78.9

表3 1983—2004 年救济金投入情况

单位:万元

地区	救济费				地区	救济费			
	1983—1989 年	1990—1994 年	1995—1999 年	2000—2004 年		1983—1989 年	1990—1994 年	1995—1999 年	2000—2004 年
全国总计	1 074 161	1 060 192	167 531.4	94 479.11	河南	67 527.33	33 791.2	7 580.08	8 675.714
北京	3 662.72	3 883	589.08	354.285 7	湖北	47 424.86	90 275.8	5 277.58	3 856.5
天津	3 790.16	2 974.8	306.42	277.914 3	湖南	32 095.82	38 310.6	7 366.92	4 733.557
河北	52 668.26	46 233.4	6 598.66	4 284.814	广东	26 419.68	27 107.6	4 913.74	4 166.4
山西	39 698.16	25 781	3 279.06	2 418.857	广西	24 760.98	34 007.4	7 608.22	3 214.971
内蒙古	42 181.94	32 629.6	3 973.82	2 997.029	海南	10 839.72	5 818.2	1 274.38	395.128 6
辽宁	35 872.38	25 899.8	3 653.12	3 703.171	重庆	26 348.46	29 793	0	0
吉林	29 097.01	57 244	4 708.84	3 533.414	四川	44 531.52	43 604.8	9 268.26	5 529.371
黑龙江	34 094.12	59 411.2	5 038.6	3 815.171	贵州	38 620.86	32 362	5 406.82	4 495.943
上海	430.4	47.2	34.22	68.485 71	云南	81 370.17	52 567	20 306.8	7 215.729
江苏	35 348.21	29 142.6	11 308.44	3 113.214	西藏	15 934.06	10 463.6	1 349.14	634.071 4
浙江	22 914.56	25 154.8	4 346.86	2 316.686	陕西	44 555.16	26 930.2	4 488.06	3 143.443
安徽	47 987.26	38 259	21 625.5	5 619.071	甘肃	43 154.64	27 903.8	5 666.58	4 505.586
福建	32 450.45	31 965	4 211.82	1 761.114	青海	20 172.78	12 212.2	810.56	673
江西	34 903.2	51 299.4	5 768.24	2 838.471	宁夏	16 870.04	7 146.8	937.14	1 001.014
山东	40 163.21	28 170.8	8 217.62	4 135.629	新疆	64 667.16	58 531.4	1 616.82	1 001.414

(三)EViews 计算分析结果

根据表1、表2和表3提供的1983—2004 年的数据,以各地区救济费(y)作为被解释变量,以各地区的受灾面积(x)作为解释变量,通过 EViews 3.1 计量软件对数据进行处理,来考察救济费的支付在多大程度上受受灾面积的影响。

计算中,所有数据均为实际值,所有零值和负值都被剔出。为避免异方差,我们将变量取对数,这样做也便于得出救济费对受灾面积的反应程度。计算步骤如下:

（1）建立总受灾面积与救济金的相关关系方程

表 4   EViews 3.1 计量软件对数据进行处理结果表

变量	系数	标准差	t 检验统计量	t 多态性	F 检验统计量	F 多态性	一致性 R	调整后一致性 R
C	4.296 686	0.244 428	17.578 51	0.000 0	334.711 8	0	0.584 8	0.583 926
$\ln x$	0.666 544	0.036 433	18.295 13					

$$\ln y = 4.297 + 0.667 \ln x$$

$$(17.579)^* \ (18.295)^*$$

$$R^2 = 0.342 \quad F = 334.712 \quad N = 646$$

（2）建立洪涝灾害受灾面积、干旱灾害受灾面积与救济费的相关关系方程

同理利用 EViews 3.1 计量软件采用最小一致性检验的方法，输入样本数据选取总量为 682，681 为接受的样本数据量，1 为拒绝的样本数据量，建立总受灾面积与救济金的相关关系方程。

表 5   EViews 3.1 计量软件对数据进行处理

变量	系数	标准差	t 检验统计量	t 多态性	F 检验统计量	F 多态性	一致性 R	调整后一致性 R
C	6.643	2 065.557	28.545	0.000 3				
$\ln x_1$	0.173	1.785 103	4.896	0.001 1	54.814	0.000	0.402 49	0.401 465
$\ln x_2$	0.247	2.602 650	7.601	0.000 0				

$$\ln y = 6.643 + 0.173 \ln x_1 + 0.247 \ln x_2$$

$$(28.545)^* \ (4.896)^* \ (7.601)^*$$

$$R^2 = 0.162 \quad F = 54.814 \quad N = 681$$

（四）Excel 计算分析

Excel 电子表格工具中数据分析功能能够直接建立相关关系的回归方程，应用十分简便和快捷。建立回归方程步骤如下：

（1）建立总受灾面积与救济金的线性回归方程

根据表 1、表 2 和表 3 提供的 1983—2004 年的数据，以各地区救济费作为因变量，

以各地区的总受灾面积作为自变量。

表 6　回归统计表

变量	系数	标准差	F 检验 统计量	F 重要 程度	一致性	调整后 一致性 R	R 标准差
截距	11 045.11	2 852.988					
x	5.383 995	1.839 238	8.569 064	0.004 103	0.260 198	0.244 544 4	18 263.36

F 临界值计算：当显著水平 $\alpha = 0.05$ 时，在单元格中输入公式

$F_\alpha = FINV(0.05, 1, 118)$ 得 $F_{0.05}(1, 118) = 3.921\ 478$。

回归方程为：$y = 11\ 045.11 + 5.383\ 995x$

$$R^2 = 0.067\ 703$$

显著性检验：$F = 8.569\ 064 > F_{0.05}(1, 118) = 3.921\ 478$，回归方程显著。

（2）建立洪涝灾害受灾面积、干旱灾害受灾面积与救济费的二元线性相关关系方程

根据表 1、表 2 和表 3 提供的 1983—2004 年的数据，以各地区救济费作为因变量，以各地区的洪灾受灾面积和旱灾受灾面积为自变量 X_1 和 X_2。

表 7　回归统计表

变量	系数	标准差	F 检验 统计量	F 重要 程度	一致性	调整后 一致性 R	R 标准差
截距	10 529.33	2 533.633					
x_1	$-3.145\ 6$	2.691 391	17.433 55	2.36×10^{-7}	0.229 59	0.216 42	16 672.96
x_2	20.774 41	3.519 844					

F 临界值计算：当显著水平 $\alpha = 0.05$ 时，在单元格中输入公式

$F_\alpha = FINV(0.05, 2, 117)$ 得 $F_{0.05}(2, 117) = 3.073\ 763$。

回归方程为：

$$y = 10\ 529.33 + 3.145\ 6x_1 + 20.774\ 41x_2$$

$$R^2 = 0.022\ 959$$

显著性检验：$F = 17.433\ 5 + F_{0.05}(2, 117) = 3.073\ 763$，回归方程显著。

（五）Matlab 回归分析处理数据

应用数学编程软件对总的受灾面积和救济金；洪涝受灾面积、干旱受灾面积和救济金的对应数据处理分别建立回归方程。同理也是编程建立，地区救济费作为因变量，以各地区的总受灾面积作为自变量的一元线性回归方程和一个以洪涝灾害受灾面积、干旱灾害受灾面积与救济费的二元线性回归方程。结果如下：

$$y = 11\ 045 + 5.384x$$
$$R^2 = 0.260\ 2$$

式中：y 表示救济金，x 表示总的受灾面积，R 表示相关系数。

$$y = 10\ 699.56 + 3.121\ 6x_1 + 20.858\ 5x_2$$
$$R^2 = 0.235\ 1$$

式中：y 表示救济金，x_1 表示洪涝受灾面积，x_2 表示干旱受灾面积，R 表示相关系数。

（六）结果比较分析

三种软件的分析结果如下：

表8　不同相关系数比较

方法数值	总受灾面积与救济金的一元回归方程相关系数	洪涝、干旱受灾面积与救济金的二元回归方程相关系数
EViews	0.585	0.402
Excel	0.261	0.151 5
Matlab	0.510 1	0.484 9

用三种方法处理数据得出的相关系数来说，受灾面积与救济金均为正相关，符合实际情况。但是，从相关系数的趋势来看当增加变量时（系数从一元变到了二元），相关系数变小，救济金的投入影响程度较总的受灾面积而言有所下降。这说明除了受灾面积这类因素对救济费的支付具有一定的影响外，还应该有其他因素在显著地影响着

救济费的支付,比如,各地区农民的人均收入,各地区受灾后的减产情况,等等;同时,也说明了预算和资金投入政策只依赖于受灾面积一个指标就做出投入数值大小的决策存在风险。

（七）结论

笔者应用3种计算方法对受灾面积和减灾救济金建立了回归方程,重点分析了灾情程度与救济费用的相关关系,对预算和资金投入倾斜政策提出反思:

（1）灾情严重的地区,灾害救济费用投入较低;而灾情较轻的地区救济费用反而很高。这反映灾害救济费用投入带有很大的随机性。

（2）受农业灾情影响很大的地区同时又是贫困地区,特别是农民家庭经济比较脆弱的地区相对较发达地区,灾害救济费用投入力度明显不足。

只考虑受灾面积一个指标来确定减灾投入是远远不够的,必须加强灾情评估体系和灾害损失的方法研究。因为农业自然灾害带有很大的随机性,每次灾害涉及的范围和受灾的程度都各不相同,农业中的灾害损失虽然说与受灾面积有密切关系,但是,种植作物的种类、耕地的亩产量、各地区农民的人均收入,以及各地区受灾后的减产情况等等也是决定受灾程度的因素。可以说灾害损失评估是一项复杂、耗时的工作,传统方法往往需要动员大量的人力、物力进行现场调查,同时还存在着基层在灾情上报中虚报灾、多报灾等情况,受灾程度在某种程度上受人为因素影响很大。因此,完全以灾害损失程度为依据的农业减灾投入的救济费存在一定风险,必须要建立一整套灾情勘查、上报、评估的有效制度安排。只有这样才能真正使我国的农业实现科学合理的减灾、避免投资的风险,使有限的救济费用发挥最大效益,加快农业在灾后的恢复工作。

（摘编自谢永刚、王宝华、付强:《中国农业减灾资金应急投入的风险问题及建议》,载《自然灾害学报》2007年第3期。）

第八编

治水的政治经济学：
制度创新、政策与建议

一、治水的政治经济学考量

2020年6月份以来,长江、淮河、鄱阳湖等大江大湖发生洪水,农村大量农田被淹、城市排水不畅导致积水内涝严重,人民群众生命财产遭受严重损失。人们提到最多的问题是:国家历来都很重视治水减灾工作,尤其是1998年大水以来,年年投入大量资金防范和治理水灾,为什么今年水灾还是这么严重? 洪水发生的根本原因是什么? 水灾能否得到根治? 如何才能走出"水灾—治理—水灾"这个怪圈? 的确,这些都是很难回答的问题,因为水灾产生的原因极其复杂,不仅有其自然的因素,还有人类社会本身的因素;而从水灾防范和治理角度来说,有工程的措施,也有非工程的措施,还包括经济、政策、管理制度等方面因素。但有一点是确定的,历史的经验和教训也证明了这一点,即自中华人民共和国成立以来,我国历届政府都非常重视治水减灾工作,为确保人民群众生命和财产的安全,洪水必须年年防范、年年治理。2020年7月17日习近平总书记主持中共中央政治局常务委员会会议,在研究部署防汛救灾工作中强调指出,防汛救灾关系人民生命财产安全,关系粮食安全、经济安全、社会安全、国家安全。显然,治水减灾工作不仅人民群众需要;对于中央人民政府来说,也把它作为一项关系国计民生的大事来抓,还提升到关系国家"五大安全"的重要位置。从另一个侧面反映了治水工作的复杂性、持久性、全面性,其产生的原因及治理对策等一系列问题在任何一定历史阶段上,都是主要的研究课题并面临着巨大挑战。同时,对于在中央政府领导下我国治水减灾的全局统筹和举国体制而言,治水活动不能脱离社会经济实际情况,要抓住重点、合理安排、分步实施,治水也有其政治经济学的考量。

(一)洪水发生的主要原因是什么

随着经济社会的快速发展,人类对自然的干预越来越大,引发洪水的原因也变得越来越复杂。可归纳为以下三个主要方面:(1)水文、气象原因以及极端气候变化加剧与全球气候变暖是洪水发生的直接原因。要充分认识到洪水是常见的自然现象,有人类生活的地方就有可能发生水灾。消除水灾也不是一朝一夕的事情,也不是花钱越多就能完全避免。人类抗洪的历史实践表明,到目前为止,人类还没有完全认识洪水发生的规律,其发生地点、时间和规模仅有部分可以预测,完全控制洪水是不可能的,洪水危害超出人的防御能力的概率始终存在。一切非工程措施也只能配合防洪工程发挥作用,人类所能尽的一切努力只不过是采取措施尽最大可能地减少洪水造成的经济损失。因此,理智的选择是一边治理洪水,一边学会如何控制洪水、管理洪水和经营洪水。(2)随着人口、资源和环境的矛盾越发突出,人们对天然河湖水系的利用和干预越来越大。不论是城市还是乡村的居民，靠近河流定居，为了给生产生活、休闲娱乐等用水提供方便，农村出现了过度围湖造田、城市工厂和园区建设以及开发商圈地依水建造别墅等现象，致使河湖滩地被侵占，河道行洪能力、湖泊的蓄洪能力和分洪作用大大下降。这是导致城区排水不畅，出现"看海"现象的一个诱因。当然，我们的城市尤其是老城区由于历史原因，排水管网的改造扩建滞后也是一个重要因素。（3）随着我国经济快速发展，物质财富积累速度逐渐加快，与过去同等量级的洪水相比，灾害损失总值也呈逐渐加大的趋势。这是由社会防灾能力、经济增长速度以及自然灾变等综合因素决定的。基于以上主要原因，我们的治水方法选择不仅要考虑工程、技术、管理方面，还要从政治、经济等方面综合考量。基于政治经济学的思考能为我们治水活动提供理论的支撑和指导。

（二）什么是治水的政治经济学考量

首先，马克思主义政治经济学认为："最能促进生产的是能使一切社会成员尽可能全面地发展、保持和施展自己能力的那种分配方式。"如果忽略合理规划，强行"与水争地"，就不可能形式"协调""绿色""共享"的发展理念。1998 年大水的经验教训告诫我们：人与水过分争地带来的后果和代价是惨重的。西汉贾让提出的治水"三策"，其上策的主导思想就是人不能与水争地，主张"……立国居民，疆理土地，必遗川泽之分"，这样才能使洪水"左右游波，宽缓而不迫"。这种治水思想当时能占上风就是权衡经济利益与政治稳定的结果。其次，政府积极主动领导治水是为了人民，也是为了更好地治国。我国是一个水患灾难频发而且严重的国家，在历史上，修筑堤防、兴水除患从来都是一个重大的政治和经济问题，国家最高行政领导或亲自参与指挥治水活动的事例不胜枚举。国外也有学者通过对中国水利史研究认为："国家直接领导和参与治水，不仅成为中国的政治传统，而且创造了中国式的治水文明。"尽管这种观点的正确性有待于进一步深入研究，但由于水患与广大人民群众的生活息息相关，因而，治水为人民自然就成为政府官员和老百姓的一种共识。1991 年、1998 年以及 2020 年的流域性大洪水中，党和政府领导抗洪的事实都说明，国家直接领导和参与治水，百万雄师集结在大江两岸，是把治水作为谋求人民福利的手段。国人的最大化目标就是"风调雨顺、安居乐业、国库充盈、社会稳定"。所以，"治水既为人民也为治国"，这也是一个合乎多方利益最大化的选择。再次，在治水过程中，要适时做出公平与效率的权衡，以便适当调整治水的思路，激励各个利益相关者的积极向好的行为。多年来我国在抗洪抢险过程中始终坚持"局部利益服从全局利益"的原则。在地方政府处理"局部与全部"的问题上，也要坚持"保大弃小"。这一点，在处理抗洪抢险事务上，不仅是行动的口号，也是治水行为的准则。而当牺牲各自所管辖范围即"局部"（如为了保下游中心城市而舍弃本地或启用本地的滞洪区）时，并不像想象的那么简单，从政治经济学意义上来讲还是公平与效率权衡的问题,即期望做到"既保大也不弃小",整体和局部的各自利益都能给予充分考虑。2020年长江洪水通过干支流水库群的优化调度得以成功,使得沿岸滞洪区没有启用,减少了区内人口和财产淹没和转移带来的损失,这是一次成功的调度。倘若洪水造成错峰困难,需要开辟洪水第二通道临时启用滞洪区,牺牲部分百姓的农田或房屋,在很短时间内解决洪水对下游大中城市的压力,从一定意义上讲是很有效率的;但这样做难求公平,在补偿机制没有建立或不够完善的情况下,局部的利益无法保证。所以,我们要根据社会发展的不同阶段,完善治水各项制度安排,尤其是适当地调整治水思路。

(三)如何运用好马克思主义政治经济学理论调整治水的思路,以适应新时代治水需要

治水既然涉及方方面面的关系和利益,因而也是一个公共选择和公共决策的过程,为使这个过程不发生偏离,要在治水实践中践行"创新、协调、绿色、开放、共享的发展理念"的理论,适时调整思路以适应新时代的治水需求至关重要。调整治水思路,必须处理好以下三个问题:一是重大防洪工程标准的确定问题。目前,我国大部分江河堤防的工程标准偏低,但是否是大堤修得越高越牢固越好呢? 这是一个值得研究的重大课题,实质也涉及一个国家的战略选择问题。要做到"以防为主、防重于抢"就必须适当提高主要防洪工程的标准,而这个标准的制定还受国家经济实力的制约。同时,防洪工程又牵涉到人身安全及重大财产安全,所以,防洪标准的制定不单纯是一个经济问题,也是政治问题,它应根据经济社会发展水平和总体实力综合确定。因此,水利工程的标准不仅仅是由工程技术人员决定的,政治家、经济学家、环境学家等都应参与制定。当然,大家遵守的一致性原则是不能违背科学,这一点,工程师群体的话语权要得到足够的重视。二是关于治标与治本的问题。洪水灾害在防治过程中,治标与治本是矛盾的两个方面;不论是治标还是治本,都是必要的,二者并不对立,需要有机结合,实施标本兼治。三是治水思路的选择问题。历史上中国素以治水闻名于世界,治水文化从古到今历代传颂。历代地方官员领导治水的成功与否,也是考察官员政绩的重要砝码。在治水方略和治水思路的选择上都存在"疏"与"堵"、"天人合一"与"征服自然"的较量和争论,它们代表了对待自然的两种不同原则:一个是顺应水的自然本性,巧用自然地理环境、因势利导,建"堰"引流疏导,同样能达到引水灌溉、防洪之目的;另一个是面对来势迅猛河流横刀立"坝",即"征服自然"。纵览中国历史上的治水"晴雨表",古代在技术条件限制下,则崇尚前者居多;在近代以来,随着材料科学与工程技术的发展,尤其是钢筋混凝土的广泛应用,后者居多。前者以建"堰"疏导的成功范例是都江堰水利工程,它运行两千多年久而不衰,惠而不费。都江堰的治水思路,即减少与水流的直接对抗和对泥沙网开一面,因为不与水流正面交锋,就会降低对工程强度的要求,进而节约大量的工程成本,泥沙淤积等问题则通过不断完善的"岁修"

制度加以解决。进而显现了人与自然关系的和谐,反映了一种兼顾上下游、左右岸,即资源共享的理念,这与以"堵"建"坝"形成鲜明的对比。这里明确的一个观点是,我们并不反对在大江大河上修筑固定的拦河大坝、水电站等大型水利工程,因为在有些地区,人民生产生活用水、用电可能是在众多发展目标中的当务之急,大量投资建设大型水电工程,当然成为不得已的选择,而且这些大型水利工程对区域经济发展发挥着不可替代的作用。但社会发展到今天,人们的生活水平和质量都有了极大的提高,而且随着新能源的开发和应用,以及对生态文明理念认识的提高,就不一定是大坝建得越多越好、堤防修得越高越安全;防洪、避洪、用洪相结合的生产方式可能是一种合理的选择。马克思主义政治经济学理论也时刻提醒我们,要善于从"经济运动形式内部发现未来的、能够消除这些弊病的、新的生产组织和交换组织的因素"。随着未来科学技术的提高,可替代资源的开发成本降低,传统意义上的依靠钢筋混凝土堆砌的重力型水电站和水坝开发建设的步子可适当放缓;其规划和设计时应全面综合考虑和统筹生态环境、长远的综合效益、可替代资源开发等要素,或许类似都江堰的具有综合性、生态环保、顺应自然等特点的水利工程越来越适合新时代的国情。

(四)治水决策是为了更好地控制灾害以保护人民群众生命安全并使财产损失降到最低,也是在危难时刻调节好人与人的利益关系

马克思主义政治经济学中指出:"现在开始显露出来的社会弊病是现存生产方式的必然结果",从这个意义上理解,治水的政治经济学所面对的不仅是"物"(自然的洪水),也包含着"人与人之间的关系,社会生产关系"。因为洪水灾害不仅有其自然的属性,也有其社会的属性。即在不同历史时期,人类生产方式对自然、对洪水有其不同的影响,如现代以来全球温室气体排放加大,导致全球气候变化和极端灾害性天气加剧。新中国成立以来70年的治水实践证明,在治水行动中,政府难于决策的制约因素以及抗洪救灾的有关制度安排,主要受"治水成本的分摊和洪水灾害损失的补偿"、灾民的救济等问题困扰。所以,强化治水决策过程中多方参与下的"民主政治协商"或许是解决上述问题的良方,也有利于促进和实现效率、公平。《中华人民共和国防汛条例》中明确规定"以防为主,全力抢险"。"防"靠的是百姓,"抢"靠的是人民子弟兵和百姓。如果在抗洪抢险过程中老百姓的利益得不到保障,他们参与治水积极性就会受到挫伤。从另一个方面讲,利益补偿的目标既可以保障灾民利益,又能给灾民营造一个积极参加抗洪救灾和重建家园的激励。所以,治水过程中的决策,要充分考虑"人与人之间的利益关系",包括政府与百姓、上游与下游、河流左岸与右岸、各个相邻行政区划之间。利益关系捋顺了,决策中的博弈方少了,治水决策实施的成本也就降低了。总之,治水体制和机制的不断完善,不仅提高百姓参与治水的积极性,也能够激励各地方政府科学合理地、积极主动地解决城市规划不够合理、城市周边的河湖蓄洪能力下降、地下排水管网标准低以及蓄滞洪区建设和管理等一系列问题;也有助于改

进治水思路,通盘考虑河流上下游和左右岸的问题。总之,在治水决策过程中,调节好各个相关者的利益关系是一个不容忽视的问题。

二、洪水灾害的社会因素应给予充分重视

洪水灾害的自然属性是人们不断关注和继续研究的问题,而其社会属性往往被人们所忽视。随着社会经济的不断发展,人口、资源及环境等问题越来越突出,社会因素对洪水灾害的影响也越来越大。因此,对洪水灾害的社会因素应给予高度重视。

(一)防灾工程的长远规划应先于经济发展规划

我国的防灾工程标准仍然很低,没有真正达到与经济发展水平同步提高的程度。特别是与发达国家相比,还有很大差距。如以控制性工程的水库为例,美国本土河流的年径流量为 1.7 万亿立方米,已建水库库容达 1 万亿立方米,占年径流总量的 60%;而我国河流的年径流量约 2.7 万亿立方米,已建水库库容约 0.5 万亿立方米,占年径流总量的 19%。从 1949 年以来我国历年水利投资情况分析来看,经过了几个波动时期,从 1956 年到 1990 年始终在几个亿至 40 亿之间徘徊,与我国的国内生产总值直线上升增长的趋势不协调。另外,1991 年太湖流域洪水不及 1954 年大,而灾害损失远大于 1954 年;1988 年长江、松花江大水,经济损失 100 多亿元,而 1998 年长江、松花江大水,经济损失达 2 500 多亿元,灾害损失增长了近 30 倍。可见,尽管两个年份的洪水有所差别,但提醒我们,防灾减灾不仅要注意控制灾害的自然变异,而且必须针对其社会原因采取相应措施。

(二)社会进步和发展导致新的致灾因素,制定政策应有足够的考虑

解决人口与资源矛盾问题时要考虑给洪水留有余地。历史事实表明,重大水灾都能使人口减少,环境破坏。然而,在人口猛增时期,又是人类盲目活动如围垦河湖、砍伐森林、破坏生态环境最严重的时期,从而使人类社会与灾害的关系沿着一条恶性循环的方向发展。人类的活动成了一个洪水灾害变化的"雨雪分寸"和"晴雨表"。在我国古代有一个著名的治河方略"贾让三策",其上策的主导思想就是"人不能与水争地",反映了人与自然和谐相处的关系。不然,重大水灾对人类社会的影响将会越来越大,损失会越来越多。

经济持续增长前提下的产业布局要适应防洪抗灾的需要。首先可耕地扩张的后果,不仅侵占了用于放牧或长满林木的土地,自然吸水器的植被尽行被毁;而且排干沼泽地,围垦过度,排水受堵,导致水灾频繁。同时工矿企业的发展,不能认真研究水环境条件,盲目进行产业布局,在河滩地和低洼地盖工厂、设仓库或堆沙、建住房等。如

江苏省水文水资源勘测局的分析,长江南京和镇江站 100 年一遇与 50 年一遇高水位相比,分别高 0.38 米、0.24 米,即同样的堤防标准,若原来能防御 100 年一遇洪水的话,现在只能防御 50 年一遇洪水。江苏省水利勘测设计院分析原因为"近岸水域和滩地(工矿企业)阻水设施的影响"。

(三)水灾损失增加的趋势说明社会因素的影响比重在明显提高

水灾损失有明显增加的趋势,其重要的原因之一是社会因素的影响比重在明显提高。综合以往零散的研究成果,可从中发现社会因素对水灾的影响所占份额是可以用数量来表达的。目前有学者通过对北宋鉴湖围垦的研究得出结论:

"围垦前后的各 100 年中,围垦后比围垦前鉴湖地区的水灾和旱灾分别增加 4 倍和 11 倍。"对洞庭湖萎缩的研究得出结论:"人类围垦是自然淤积的 3 倍,1951 年—1978 年的 28 年中,人为因素使洞庭湖淤积达 88 亿立方米。"而这 88 亿立方米的洪水,相当于水深半米,淹没近 20 000 平方公里的土地,差不多是北京、上海两大直辖市的面积总和。一项来自美国的调查表明:随着城市的发展,城镇数量和规模在迅速增加,对加重水旱灾害起着不可忽视的作用。"不透水地面增加 2 倍,洪水流量增加 2倍。"事实表明,人类社会对自然界的干预不仅仅遍布城市和乡村,而且延伸到湿地和原始森林,而且其强度也大大超过以往。

(四)减灾行动中对合理制度和策略的呼唤往往比技术和措施更迫切

1960 年以来,以美国为代表的发达国家,开始从经济利益考虑减灾政策的调整。但所采用的控制和减轻洪水灾害的措施效果并不明显。如到 20 世纪 70 年代末,《美国防洪减灾总报告》指出,在此之前 60 年间用于救灾和防洪的投资达数百亿元,但洪水灾害一直是呈上升趋势,表明防洪工程和减灾措施并没有达到预期的目标。那时起,他们已经认识到,必须实施减灾社会化建设的新策略。目前经过十几年的探索,美国已完成从联邦政府分解到州、社区和个人的改革历程,居民已从减灾行为中切身感到防洪减灾行为和政策制定的重要性,这对我们是一个有益的启示。印度中央政府最近也充分认识到,为减轻水灾使数以万计的农民家庭无力维持日常生计而带来的苦难,政府必须"以作战般的紧迫感",建立全社会永久性的防洪机制。这一认识上的突破,使现有的灾难为防御未来洪水提供了新的思路和策略。

我国近来对某些流域的水资源统一调配和实施政府水价管理,有效地进行水资源的调控。水务局的成立,将城市供水、排水、污水处理、防汛等统管,大大地使减灾行动方便灵活、实效大增。

（五）关于对防洪、抢险与避洪的认识

（1）防洪标准的确定,是受国家和地方经济实力制约的。它不仅是单纯的经济问题,同时涉及国家的战略重点安排及社会安定、人的安定,因此也是一个政治问题,它需要有社会科学家参与,水利工程师制定,最后由政府决策来确定。所以,对江河堤防标准的确定要慎之又慎,它是多学科综合的产物。

同时,也要认识到堤防作为防御江河洪水泛滥成灾的有效手段,它不是万能的,并不是标准越高越好,它必须与其他措施相结合。如美国1861年采纳陆军工程兵团Humphreys先生提出"堤防万能"的防御洪水战略,被国会采纳,一直在未来50年中,这一战略防御洪水措施始终是占据主要地位,而且在防洪中所起的作用是相当巨大的。直到1927年密西西比河下游特大洪水发生,才冲破了"堤防万能"的神话,于1928年防洪法结束"堤防万能"策略,这一认识上的转变,使得后来的国家洪水保险法、灾害救济法、洪泛区管理及河滩保护特别法等很快得以在全国普遍实施。

（2）抗洪抢险是减灾行动中不可缺少的重要一环,但我们也要充分认识到"人定胜天"是有一定限度的。要正确理解"严防死守"与"堤防决口"的关系。这个问题对我们在关键时刻的决策科学与否是非常重要的。因为受社会与经济条件和决策经验等因素约束,加高加固千里长堤是很难在短时内完成以及非人力可以扭转。实际上,大多数的水灾都是不可避免的自然现象,其发生地点、时间和规模仅有部分可以预测,人类所能尽的一切努力只不过是采取措施减少洪水造成的损失。1998年大水,嫩江大堤6处决口,说明了这一点。同时,在另一处——哈尔滨市的严防死守的胜利,也说明了人定胜天。

（3）古老的避洪方法似乎是被动逃脱,但从另一方面讲则仍是争取主动。而且不论社会怎样进步,避洪的选择都无法回避。各代治河专家都寻求江河治本之策,实际上江河本无治本之策。避开洪水在一定客观条件下也是"防"的一种形式。另一种方式是:客观环境促使我们避不能及的情况下,就要顺应洪水。例如"泰国与南亚布拉马普特拉河流域的部分地区的大部分人住在船上,种植浮稻,捕捞鱼类",因地制宜地顺应自然,这说明人类与洪水的关系是完全可以既分既合的。

（摘编自谢永刚:《洪水灾害的社会因素应给予高度重视》,载《水利天地》2001年第6期。）

三、市场配置水资源使交易成本降低

2000年岁末，浙江省东阳市和义乌市有偿转让用水权的事件，打破了行政手段垄断水权再分配的传统，标志着我国水权市场的正式诞生，并从实践上证明了市场机制是水资源有效配置的手段。

义乌因地理位置的制约，不能与东阳一样共享一江之水。若要获取部分水资源使用权，义乌在基于行政手段的共有水权制度下可以有两种选择，要求东阳向下游放水或请求上级安排横锦水库到义乌的调水工程。但是，第一种选择完全靠上级行政协调阶段性、无偿性的调水，既不可靠也不长久，况且河道提水主要供农业灌溉，而义乌主要面临的是城市供水问题；第二种依靠行政协调的方式往往耗神费力，周期较长，特别是调出方缺少利益补偿，难达成一致。对义乌来说，买水的收益远大于要水的成本，买水的成本是失去上级微不足道的财政补贴，收益则是及时解决了制约城市发展的瓶颈问题。而对东阳来说，指令划拨境内水资源对自身几乎没有收益，卖水则可以盘活水利资产，收益丰厚。

所以，我国的水权制度的变迁的深层动因正是在当前市场经济内部和外部力量共同作用下，行政配水的成本在增加，而引入市场机制，清晰界定产权的收益在提高。

市场配置水资源能够有效解决"体制失效"问题。

诺斯说："有效率的经济组织是经济增长的关键，有效率组织的产生，需要在制度上做出安排和确立产权，以便对人的经济活动造成一种激励效应，根据对交易成本大小的权衡使私人收益接近社会收益。"政府采取措施确立有效率的水权制度，最重要的内容就是通过水权转让达到资源利用效率最大化。东阳和义乌的实践体现了诱致性制度变迁的特征，但就全国而言，由于各利益群体获利的不均衡性，诱致性制度变迁往往阻力很大。这就需要中央政府领导进行强制性水权制度变迁，政府在规则的制定和修改过程中应着重考虑水资源的合理配置，及其自身存在的问题，进行有效的管理体制改革，解决"体制失效"问题，通过政策扶持等有效措施来降低水资源产权制度变迁的运行成本。

人们选择任何一种经济手段的衡量标准之一就是依据交易费用大小来决定和选择，凡是能够大大降低交易成本，减少交易冲突与摩擦的经济手段必然会给交易双方带来福利的改善，因而这种经济手段必然也是人们的最佳选择。由于交易成本的可变性，引入市场机制在配置水资源和降低交易费用方面有着相对优势，主要体现为两种变化形式。

第一，引入竞争和建立水市场机制，降低交易费用。首先，引入竞争机制，使其与供求机制相互作用形成水资源的竞争性价格，减少交易双方为市场机制运行所支付的费用。虽然交易双方会因为讨价还价、谈判签约、履行合同而发生一定的费用,但通过水资源供求竞争形成的市场均衡价格把供需双方联系在一起,同时满足双方的利益要求,从而保证了双方的利益最大化,降低了交易成本。尤其是竞争性水资源均衡价格可以确保交易双方公平、公开、公正交易,减少交易行为中的机会主义倾向。其次,引入市场机制,可以实现最充分、最有效的市场竞争。竞争越充分,市场信息透明度越高,就越有利于降低水资源产权的排他性界定成本,从而提高水资源的交易和配置效率。例如,黄河目前采用省际断面水量监测,降低了区域水权界定的成本。

第二,改变交易形式和交易制度,从而降低交易费用。首先,在市场机制中,交易行为的发生往往以交易者的独立平等地位为前提,从而实现利益主体和行为主体的统一。水权制度改革,使得水权交易双方的利益最大化有了制度保证,并使交易者的利益要求和满足利益要求的行为结合起来,不需要支付更高的交易费用。其次,强有力的制度保障。对水资源产权的界定和维护及水资源相关政策的出台,为水市场的形成提供强有力的制度安排,这一套制度和规则可以确保水权交易双方追求自身利益的同时,尽量不损害他人的利益,防止"损人利己"的行为倾向,从而使得交易费用得以最小化。

从东阳和义乌的水权交易可以看出,通过水权转让的"拟市场"机制,交换双方的利益同时增加,一个地区总用水量通过市场机制得到强有力的约束,使地区内各区域之间、各部门之间用水得到优化。因此,主动引进市场机制并建立有效的交易方式和交易制度,是水权制度改革的必然。

水权制度变革得以顺利进行的前提是这一制度运行的收益比之交易成本相对增加了。而且,选择产权明晰的水权制度安排,实现产值最大化的产权制度也具备了两种功能,即增加制度运行的收益和降低制度运行的交易成本。

总之,对正处于转轨阶段的中国而言,选择能够有效克服水资源传统体制弊端、减少交易成本、实现外部成本内在化的高效率水权制度是十分科学的。

(摘编自谢永刚:《市场配置水资源使交易成本降低》,载《中国水利报》2005 年 3 月 12 日。)

四、关于《"十四五"期间加快松花江干流七座梯级航电枢纽规划和立项,打造千里绿色生态长廊,促进流域经济社会高质量发展》的建议

　　松花江是我国七大江河之一,松花江干流(简称"松干")全长共 939 千米。从哈尔滨市运送货物可直达下游佳木斯市以及俄罗斯远东最大城市哈巴罗夫斯克。历史上松花江对于货物运输、重大装备水路运输、边境贸易等发挥重大作用。但近 20 年来,随着松花江上游嫩江(北源)尼尔基水利枢纽及松花江(南源)哈达山水利枢纽的建成,"松干"来水量日益减少,使其航道航运条件逐渐恶化,通航水运效率下降;同时也造成沿江城市居民生活用水和农业灌溉用水以及生态环境用水紧张。按国家有关部门关于"松花江流域综合规划和相关报告"等文件要求,"松花江干流拟采取局部河段梯级与航道渠化相结合方案",规划建设"涝洲、大顶子山、洪太、通河、依兰、民主、康家围子、悦来等八座梯级航电枢纽工程(以下简称'松干梯级'),渠化航道里程约597 千米"。1997 年开始建设"松干"大顶子山航电枢纽工程,2008 年建成并投入使用以来,哈尔滨至大顶子山河段的航运条件有所改善的同时,沿江水环境以及旅游、发电、渔业等其他综合效益得到发挥。但由于规划八座、只建一座,大顶子山航电枢纽以下河段的河道条件没有改善,出现枯水、水量减少的年份增加,甚至出现河道水生态萎缩现象,沿江两岸地下水位下降也十分明显,整个流域潜在的生态问题已经显现。鉴于上述背景及存在的问题,加快推进松花江干流规划的"未建七座梯级枢纽工程"建设工作是非常必要的。

(一)松花江干流梯级航电枢纽工程建设的必要性

　　首先,"松干梯级"是龙江经济建设的关键环节。国家实施"一带一路"倡议以来,黑龙江省力推"中蒙俄经济走廊"实施建设发展规划,明确提出了"以哈尔滨港和佳木斯港为枢纽,……建设黑龙江、松花江、乌苏里江等重要水路运输通道及江海联运通道"。"松干梯级"建设则是打通江海联运的必要手段。同时,省委、省政府为了贯彻十八大、十九大以来的会议精神,提出以生态文明为核心理念的"两大平原现代农业综合配套改革试验项目"的实施和推进,对松花江流域水资源综合开发提出了新的要求,也为"松干"航电梯级枢纽工程建设和综合开发带来了新的发展机遇。通过实施梯级开发,结合局部航道治理措施,可解决 29 处浅滩碍航问题,实现 928 千米航道全部达到三级航道通航标准的目标。届时松花江将形成一条干支相连、通江达海的黄金水道,通航保证率将由现状的 70% 提高到 95% 以上,将明显提升松花江沿岸十几处港

口和码头的吞吐量和运输能力。尤其是能够承担煤炭、木材、粮食、建材等大宗货物运输任务。

第二,"松干梯级"是全面合理开发利用松花江水资源的重要保障措施。1994 年国务院批准《松花江、辽河流域水资源综合开发利用规划》,其核心是优化配置、统筹安排流域水资源。经有关部门测算,如果松花江干流实现局部渠化或连续渠化后,将形成蓄水库容 107 亿立方米,过境水资源利用率由现在的 38% 提高到 90%。只有"松干梯级",才能留住更多的过境水资源。可见,"松干"航电梯级枢纽工程是充分利用和有效配置松花江干流水资源与实现全流域水资源能够科学、合理开发的重要保证措施。

第三,"松干梯级"为流域内粮食增产增加后劲。以"松干梯级"的洪太梯级为例,工程建成后将形成正常蓄水位下的库容 7.4 亿立方米,能为库区沿岸优质高效农业发展提供有力支撑,即可增加灌溉面积,同时可将沿江部分旱田改为水田耕种,改善农产品种植结构,提高农业产值,促进优质高效农业又好又快发展。如果八个梯级全面建成,按上述提及的水量,相当于建设约 50 多个蓄水量为 1 亿立方米的大型水库,其有效库容量大约可灌溉 100 万亩良田,可节省取水工程投资约 170 亿元。

第四,"松干梯级"建成可增加清洁能源供应进而改善全流域的能源结构。"松干梯级"全面建成后,可使得松花江流域清洁能源供应得到有力提升,能源结构得到改善和优化。以拟建的木兰(洪太)梯级为例,水电站装机设计容量为 70 兆瓦,到 2025 年水平年多年平均发电量 2.96 亿度。假如八个航电枢纽梯级多年平均发电量平均都达到这个水平,整个"松干梯级"可达到多年平均发电量 26.6 亿度,其发电效益可观;同时,可以增加清洁能源供应,对保障能源安全、改善环境和实现经济社会的可持续发展起到积极作用。经测算,可年节省标煤 110 万吨,减少二氧化碳排放量 200 万吨,年均碳减排收益约 2 千万元。

第五,"松干梯级"对旅游业的发展将产生极大的促进作用。松花江流域自然风光优美,黑土文化厚重,自然和人文旅游资源都十分丰富;加之物产富饶,旅游特色鲜明。松干梯级的建成必将带动旅游业提档升级并作为国民经济重要支柱产业。2008 年大顶子山枢纽建成运行后,哈尔滨河段形成了"一岛三湖"和金河湾湿地、呼兰河口湿地、白鱼泡湿地和大顶子山湿地等八个湿地旅游景点,松花江河口湿地以及沿江风光带旅游应运而生,有力地促进了流域内旅游业的发展。2020 年 6 月初从市区到大顶子山水利枢纽之间 70 多公里的滨水大道观光休闲的人非常多。随着另外七座松干梯级的逐渐建成,借助两岸山、水、林、田等自然风光,从涝州到哈尔滨、巴彦、木兰、通河、依兰、佳木斯、同江等千里生态景观长廊,将形成"人在水中、水在景中、景在画中"的湖光风景线。同时,沿江土地资源价值将大幅提升,寸土寸金,对于流域经济协调发展将产生积极的促进作用。

第六,"松干梯级"能够保障沿江城市和工农业供水及改善生态环境的需要。"松干梯级"建成后可抬高沿江水位,从根本上改变区段内的用水条件,增加枯水期和枯水年份的城市供水和灌溉用水量,节省取水费用,提高供水保证率,保证工农业供水安全,满足城市和工农业供水需要。枢纽工程建成蓄水后,形成八个库区,可新增水域面积1 100多平方公里,对改善流域水环境、调节区域气候、保护植被、涵养水土、防止水土流失等起到不可替代的作用;同时对"松干"防洪及跨年度水量调节作用显著;也是实现松花江流域生态修复的最佳途径。

(二)建议

一是建议今、明两年积极主动开展立项、融资、建设筹备等工作,抓住当前国家基础设施补短板这个重大机遇,把"松干梯级"枢纽工程作为立省项目,既解决了当期的发展的"瓶颈"问题,又可为龙江经济社会持续发展增强后劲。

二是已建成的"大顶子山航电枢纽"工程,为其他七座"松干梯级"建设积累了丰富的设计、施工以及融资等方面的经验,为未来工程建设奠定了基础。拟建七座梯级枢纽总投资约580亿元,建议采用中央、地方投资和社会融资等多渠道资金筹措模式,筹集包括国家各部门组成的资本金,如交通运输部门的补助资金、水利部门的防洪及供水工程建设资金、地方政府配套资金及申请专项建设基金等。

三是"松干梯级"是一个巨大而复杂的系统工程,其目标定位是解决松花江干流顺畅通航和实现水运可持续发展的关键性工程;也是松花江流域水资源综合开发、合理利用、优化配置的重要手段和组成部分。因此,必须以生态文明建设为中心的科学开发的理念,使工程成为"航电结合、以电促航",进而改善电力系统结构,发展绿色能源,构建和谐社会的有力工程;同时,也是改善沿江城镇供水和灌区取水条件、改善自然和生态环境的民心工程。

四是要科学合理安排"松干梯级"建设的先后顺序,前期准备成熟一个建设一个。鉴于工程淹没补偿资金较大,可加快研究淹没区域台田、台地及景观台地等建设的技术可行性以及相关政策和制度创新,以充分利用国土资源而且尽量减少和降低补偿费用。

五是要用开阔、开放的视野看待和审视"松干梯级"对区域经济发展的重要作用。洪太、通河、依兰、悦来等八座枢纽工程全部建成后,"松干"全河段的跨年度调节水资源的能力大大提高,届时航运、交通、电力、防洪、渔业、农业、生态、旅游、贸易等综合经济效益得到充分发挥;尤其是形成了"千里松干经济长廊",对促进"中蒙俄经济走廊"及"龙江陆海丝绸之路"的建设起到了不可代替的作用,也实现了国家关于《松花江和辽河水系航运规划》的主要目标:即结合松辽运河沟通松辽两大水系,形成纵贯东北四省区南北,将营口、沈阳、铁岭、郑家屯、哈尔滨、佳木斯等众多县镇,以及俄罗斯的伯力、共青城等连在一起。南可经营口出海,北可经俄罗斯境内的黑龙江下游出海,形成连接日本、韩国、朝鲜、蒙古的环形东北亚国际水道。对繁荣沿岸及东北地区经济,促进沿线贫困地区脱贫,加强沿边地区与内地联系,增进民族团结将起到重大推动作用。

（摘编自谢永刚为黑龙江省发展与改革委员会"十四五规划项目征集"而提交的建议,2020 年 5 月。）

五、关于"河长制"的治水制度创新

2016 年 12 月,中共中央办公厅、国务院办公厅印发了《关于全面推行河长制的意见》,并发出通知,要求各地区各部门结合实际认真贯彻落实。目前各级政府正在谋划成立"河长办公室",专门负责管理、指导并全面推进河长制。到 2018 年,全国河湖长人数已经达到 96 多万人。可见,这种制度变迁是自下而上的诱致性制度变迁与强制性制度变迁的结合和互动,既符合党和国家的意愿也符合基层政府及人民群众积极参与的愿望。

"河长制",即由各级党政主要负责人担任"河长",负责辖区内河流的水环境及其污染治理、水资源分配和利用以及防汛抗旱、河湖生态修复和保护等诸多河事。目的是全面建立省、市、县、乡四级河长体系,并建立健全河湖管理保护监督考核和责任追究制度,强化问责,实行生态环境损害责任终身追究制。河长制的特点是:一改过去"部门负责、多龙治水"的局面,转向"首长负责、部门共治"。"河长"不是目前行政序列中的官职或级别,而是由党政主要负责人依法担任"河长",负责督办河流综合治理,并以制度化、规范化逐步形成完善的体制机制。

我国治水、管水的历史悠久而且经验丰富,古代虽然没有明确的"河长制",但以行政主要官员主管河务,并实行问责和监督的事例很多。虽然从治理河务的任务、职责等方面古代与现代各有所侧重,但古代的河长、河千总、河主、渠长等都蕴含着当今"河长制"的雏形。那么,过去的"河长制"及其演进是怎样的? 有哪些经验教训值得汲取? 推行河长制还要克服哪些体制和机制等方面的阻碍因素?

对于河务的管理,各代大都设立中央管理机构,如唐代设立的水部、元代设立的都水监,掌管全国水政,下设分监、漕运使司、"河道总督"等。这套体制相当于现在的水利部,下设黄河水利委员会、太湖流域管理局等流域机构。早在舜时,就令"伯禹作司空"专门负责掌管全国水利;秦汉中央设有"都水长丞、水衡都尉"等。这些中央直属的机构的官员级别有三品到五品不等,如派工部尚书、侍郎、监察御史出任水利总督、总河、少监、水衡官等。而地方政府系列的各州县的主要官员协同中央机构管理河务,如元泰定年间,县官兼任知河防事;随后有沿河的府、州、县由通判、主簿、同知等主管河防事务,县内河务事宜大都由知县任"管河千总""管河县丞""河渠使""管河主簿",下设渠长、闸官等。这种由地方政府主要官员负责担当的职务及其职责就相当于"河长"。清代前期河务管理官员的设置更为详细,沿运河设置的同知、州判、县丞等负责河防、河运等管理;同时下设有主簿、闸官,负责管理下一层级的把总、闸夫、浅夫、坝夫等。而后三种大致为乡镇以下的河道管理和维修管理人员。

行政长官主管河务,实行"河长制",有利于挖掘治水人才和激励地方官员为民造福的积极性和创造性,治水成效也会大大彰显。如《史记·河渠书》中记载的地方行政长官担任治水头领而且业绩辉煌者很多,如"蜀守冰凿离碓,辟沫水之害,穿二江成都之中";"西门豹引漳水溉邺,以富魏之河内"。李冰为太守,西门豹为县令,都是在"一龙治水"机制下实现的。他们实际上就是"河长"。在古代,对于重大水利工程项目,皇帝有时也会亲自拍板,委派熟知水利的官员到地方主持治水活动。如西汉时大司农郑当时建议开凿关中漕渠,"引渭穿渠起长安,并南山下,至河三百余里,……天子以为然,令齐人水工徐伯表,悉发卒数万人穿漕渠,三岁而通。通,以漕,大便利。其后漕稍多,而渠下之民颇得以溉田矣"。地方主要官员作为"河长",治水有功者会受到奖励,并为其树碑立传。如唐代著名文学家刘禹锡为纪念陕西高陵县县令刘仁师治河有功而撰写的碑文"泾水之逶迤,溉我公兮及我私。水无心兮人多僻,……墨绶蕊兮刘君来。能爱人兮恤其隐,心既公兮言既尽",反映了当时的刘仁师作为"河长"治理泾水、白渠有功,得到百姓爱戴。《宋史·河渠志》记载:王安石任宰相,亲自参加汴河泥沙治理,"请令怀信、公义同议增损,乃别制浚川杷。……水当随杷改趋直河,苟置数千杷,则诸河浅淀,皆非所患,岁可省开浚之费几百千万"。结果就连皇帝也称赞其"果尔,甚善"。明代景泰四年(1453年),都御史徐有贞奉旨负责治理山东大沙湾河决;在1991年河南省出土的《敕修河道功完之碑》中记载:皇帝下诏书,"咨尔有贞,惟河决于今七年,……转漕道阻,国计是虞,朕甚忧之。兹以命尔,尔其往治"。成书于明弘治九年(1496年)的《漕河图志》中记录了为纪念徐有贞治河的成功,特立"治水功成题名碑",碑文曰:"有贞虽不敏也,乃所愿则上法大禹,下取仲章而为之,不敢不尽其力。"可以看出,"河长制"的核心是"责任制"。

河长制也是一把双刃剑,不仅对治水、管水、分配用水有功人员给予奖励,还要对治水不利的官员给予惩罚。如我国第一部水利法规唐代《水部式》对节约用水有明确要求:"诸渠长,及门斗长,至浇田之时,专知节水多少,其州县每年各差一官,检校,长官及都水官司,时加巡察。若用水得所,田畴丰殖,及用水不平,并虚弃水利者,年终录为功过,附考。"金泰和二年(1202年)颁布《河防令》,十一条规定"六月一日至八月终"为黄河涨水月,沿河州县主要官员"必须轮流守防"。否则,出现问题要负全责。责任明确后,层层有落实,分工明确。明代潘季驯总理河道时,对于管理河流防汛,首创"四防二守法",其中"二守",即官守、民守。官守,即设置管河官。如"管河官一人不能周巡两岸,须添委一协守职官分岸巡督"。明万历年间,沁河流域修建广济渠、永利渠,建成后,由知县为"河主",负总责管理水道的工程,包括防汛、用水管理、闸坝管理等,下级为"渠长""堰长"等。清光绪八年(1882年),新疆维吾尔族中"全县之渠归大阿訇管理",大阿訇相当于地方行政长官,担任"河长"来管理河流及支流水系的灌溉、防汛、水资源利用等事宜,同时对管理河务的下级督办不力人员进行监督和惩罚。

为避免"河长"离任,造成河务管理政策多变,特建立规范化、制度化的长效机制。如陈宏谋所著《饬修渠道以广水利疏》中记载:乾隆二十年(1755年),为完善甘肃分水制度时规定，"平时如何分力合作，及至需水，如何按日分灌，或设水老、渠长，专司其事之处，务令公同定议，永远遵行"。其"永远遵行"为后来者提供了制度约束。

历史上的"河长制"也有一些经验教训值得借鉴。地方主要行政官员出任"河长"，由于专业所限，河长可能不懂治河，包括水资源的利用和管理，存在盲目指挥的潜在漏洞。如元代至大三年（1310 年）十一月，河北河南两道廉访都有人批评地方"河长"不懂治河。《元史·河渠志》载："水监之官，既非精选，知河之利害者，百无一二。虽每年累驿而至，名为巡河，徒应故事。问地形之高下，则懵不知；访水利之利病，则非所习。既无实才，又不经练。乃或妄兴事端，劳民动众，阻逆水性，翻为后患。"为了避免这些问题，朝廷规定地方各州县所设的"河渠使"，要配合中央政府设立的机构如都水监、都水分监、提举河渠等管理河务。其都水监、都水分监就相当于现在的流域机构及其下属业务单位。但"河长"的优势是十分明显的，如解决人水争地、资源综合利用、治理污染等，这些棘手问题不仅是社会、经济问题，有时也是政治问题，"河长"出面便于解决，绝非某一行政部门所能完全做到的。

目前，河长制将在全国范围内推行和逐步实施，笔者进行了调研，为了顺利推进河长制，如下问题应予以关注：（1）还要加强对于河长制所涉及的社会、经济、法律等层面的综合研究以及各部门体制和机制方面协同创新研究。（2）根据我国历史上河务管理的教训和当前探索推行河长制的典型经验，都表明河长制的办法具有地域的局限性和河流大小及其功能的局限性，各地要根据实际情况因地制宜地开展和推行河长制。（3）治水活动是一项极其复杂的社会活动，按照河长制实施的几个典型地区看，其核心内容是责任制的落实，河长制的功能不是万能的，也具有局限性；需要多部门联动共治，也需要有合作机制作为保障的，而合作机制的建立需要长期多方利益博弈的过程，要考虑其成本或代价。（4）河长制是在生态文明理念下的水务管理制度的创新，理应大力提倡。历史的经验也表明：对于大江大河的管理涉及水利、电力、航运等多部门和上下游的各级政府部门，有些地方"河长"发挥其职能而用于协调的体制机制在现行法律框架内还需要逐步建立和完善；建议推行河长制过程中，根据实际情况可在中小河流流经的县、乡两级率先开展推行和探索河长制，重点解决乡村的水环境等问题，成熟之后逐渐向上一级河流推广。（5）河长制工作的开展，各级行政"一把手"起到的作用至关重要，特别是在治水这件事上，"听从上级指挥"是我国百姓或人民群众的美德，这也是顺利实施河长制的一个有利因素。尽管如此，还要加强官方和民间、河长与河务管理人员、河务管理人员与民间百姓的沟通，包括相互之间的传统文化、民间习俗、生活习惯的学习和理解，也应强化好意识形态的经济功能的作用。

（摘编自谢永刚：《河长制》，载《黑龙江水利》2017 年第 4 期。）

第九编

治水的经验、教训和反思

一、新中国成立 70 年治水的成就、方针及思想演进

新中国成立以前,由于水利工程年久失修,江河湖堤溃决、洪水泛滥给农业生产和人民生命财产造成极大危害。治水减灾措施只是停留在修修补补,治水决策往往仅限于权衡各方面的利益关系。1949 年 10 月 1 日,中华人民共和国宣告成立,标志着新中国治水事业将出现一个崭新的历史时期。到 2019 年,中国共产党领导下的 70 年治水活动,取得了举世瞩目的辉煌成就,这些成就是在党和人民政府坚持马克思主义原则,实事求是,以人民利益为中心并在治水实践中不断调整治水方针和策略,尤其是根据人民的需要不断完善中取得的。

(一)新中国成立初期以确保防洪安全为主要目标的治水方针、策略与思想初步形成

1949 年 10 月至 1952 年末是国民经济恢复时期。中央人民政府把水利作为经济恢复工作的两个重点之一,并把大江大河治理尤其是解决防洪安全,保证人民生命财产安全放在首位。1950 年夏季,河南、安徽、淮北等地连降大雨,淮河流域洪灾泛滥。毛泽东主席在批复淮北灾情报告时,提出"一定要把淮河修好"。1951 年人民政府就组织在淮河及其支流上修建石漫滩、板桥、白沙等大型水库。

从 1950 年 11 月—1951 年 7 月,在不到一年的时间里,治淮第一期工程完成,人民政府用于治淮的经费超过了国民政府导淮 20 多年所用的经费,完成了堤防 2 191 公里,疏浚河道 861 公里,湖泊洼地蓄洪工程 12 处,大小闸坝涵洞 92 座。同时,党和人民政府一直把长江防洪问题放在重要地位来抓。

1950 年成立了长江水利委员会,专门负责治理长江的任务,并首先把长江最险段荆江大堤和分洪作为重点来治理。毛泽东为荆江分洪工程题词:"为广大人民的利益,争取荆江分洪工程的胜利。"工程于 1952 年 4 月开工,到 1953 年 4 月,一、二期工程结束,"共完成土、石方 2 000 多万立方米,18 万民工参加"。荆江分洪工程规模之大、参加人数之多和完成时间之快,是我国水利工程建设史上少有的。随后荆江分洪工程经受住了 1954 年长江特大洪水的考验,毛泽东主席欣然题词:"庆祝武汉人民战胜了一九五四年的洪水,还要准备战胜今后可能发生的同样严重的洪水。"这体现了共产党人治理洪水、消除水害的坚定信心。在第一步重点解决淮河、长江水患问题后,开始了黄河的治理工作。1951 年开始建设黄河北金堤滞洪区、长垣溢流堰、人民胜利渠等;1952 年 10 月,毛泽东主席到开封、郑州、新乡等地视察黄河,指示"要把黄河的事情办好"。

为了进一步增加农业生产后劲,除了重点工程外,全国各地也加快了农田水利建

设。其中较大的农田灌溉工程如陕西省整理扩充泾、渭、洛等灌渠工程,以及苏北灌溉总渠和东北的东辽河、盘山、查哈阳、前郭旗等四大灌区。

在治水方针和策略上,根据我国水灾特点和基本国情,在毛泽东主席关于淮河、长江、黄河的治理方针的引导下,水利部提出"防止水患,兴修水利,以达到大量发展生产的目的"。这标志着新中国治水思想的初步形成。全国水利工作的思路也是非常明确的,"各项水利事业必须统筹规划,相互配合,统一领导,统一水政,在一个水系上,上下游,本与支,尤应统筹兼顾,照顾全局"。在这一治水方针和原则的基础上,在治淮实践过程中,周恩来提出"蓄泄兼筹、标本兼治"的治水思想,这一思想对新中国成立初期的大江大河治理工作影响至深。如荆江分洪工程的决策,也是体现了"蓄泄兼筹,以泄为主"的思想,同时注重长江与洞庭湖水量相互调节的联系,兼容"湘鄂并重,江湖两利"的策略。在海河流域,1951—1953年修建的官厅水库,1953年开挖的独流减河,也是按照"蓄泄兼筹"这个核心思想规划设计和施工的。通过1949—1952年的水利建设实践,已经积累了大量的治水经验,并结合我们的国情,在1952年末适时地调整水利工作的方向:"由局部的转向流域的规划,由临时性的转向永久性的工程,由消极的除害转向积极的兴利。"这一方向的调整和转变,加快了黄河、长江等大江大河的流域规划和治理的前期准备工作;同时,为大型重点控制性工程的上马兴建奠定了基础。

(二)"一五"计划时期(1953—1957年)以黄河治理为重点,带动全国范围内农田水利建设的全面展开

"一五"计划实施的目标主要是国民经济的快速增长并奠定我国的工业化初步基础。在其实施期间,农业、水利工作的基础地位并没有弱化。在1952年毛泽东主席视察黄河并作出指示后,党和人民政府加快了对黄河治理的综合规划和论证工作,并把黄河治理计划列入"一五"计划以及苏联援助的156个重点项目中。1955年7月30日,第一届全国人民代表大会第二次会议通过了《关于根治黄河水害和开发黄河水利的综合规划的决议》,随后,三门峡水利枢纽成为第一期重点工程,于1957年4月13日建设开工,经过3年的努力奋战,工程于1960年9月竣工并开始蓄水,成为当时我国修建的"规模最大、技术最复杂、机械化水平最高的水利水电工程"。

根治黄河水害的另一个成就就是黄土高原全面开展的水土保持工作。1952年12月,发出的《中央人民政府政务院关于发动群众继续开展防旱、抗旱运动并大力推行水土保持工作的指示》,强调"水土保持工作是一种长期的改造自然的工作。由于各河治本和山区生产的需要,水土保持工作,目前已属刻不容缓"。随后,黄河流域开展了大面积的水土保持工作,据统计,截至1957年底,黄河流域完成初步控制面积7.88万平方公里,其中甘肃省已初步控制面积3.4万平方公里。进行水土保持后,结合灌溉、增施肥料、改进农业技术等措施,增产效果非常显著。

为了解决人民群众吃饭和经济发展的当务之急,人民政府要把恢复和发展农业生产力提到非常重要的地位,决定在"农业方面,要水利与农业生产并重,水利要配合农业"。随着"一五"计划的制定和实施,水利部在1953年12月召开全国水利会议,李葆华副部长在会议总结报告中提出治水方针及目标:今后水利建设,应根据国家在过渡时期的总路线,在各级党政统一领导下,按照各地具体情况定出具体的要求和可行的步骤,使水利建设为国家工业化与农业的社会主义改造服务,并逐步地战胜水旱灾害,为农业增产特别是粮食和棉花的增产服务,求得每年灾害有所减轻。仅1956年,全国各地展开大规模的兴修水利的运动中,一年的成绩十分喜人,正如时任国务院副总理邓子恢在1957年全国水利会议上指出的那样:据统计,我国过去几千年来所做的水利灌溉工程只能灌溉农田4亿亩左右,而去年一年就增加灌溉面积1.2亿多亩。可见,农田灌溉事业的发展速度前所未有(见表1)。

表1　1949—1957年全国灌溉面积增长情况表

项目			1949年	1952年	1953年	1954年	1955年	1956年	1957年
单产/(斤·亩⁻¹)			141.8	183.3	—	—	—	—	204.1
实有灌溉面积/万亩	其中		23 893	31 737.4	33 376	34 833.7	36 940.8	48 375.8	51 541
		增加	—	4 017	1 802	1 602.5	2 226	11 869.5	4 308.6
		改善	—	11 217	5 788	3 702	4 575	6 815	4 087
灌溉面积占耕地面积的百分比/%			16.3	19.7	20.5	21.3	22.3	28.8	30.7
农业人口人均的有效灌溉面积/亩			—	0.65	0.67	0.69	0.71	0.92	0.95

资料来源:根据《农业统计工作手册》编写。

随着大江大河治理和农田水利、水土保持事业的初见成效,治水方针于1955年有所转变和调整。开始由工程建设转向注重全流域规划和农田水利工程效益的发挥上。1955年1月,全国水利会议提出:今后必须积极从流域规划入手,采取治标治本结合、防洪排涝并重的方针,继续治理为害严重的河流;同时积极兴办农田水利,以逐渐减免各种水旱灾害,保证农业生产的增长。

1957年8月召开的全国水利会议总结了第一个五年计划期间水利工作的成就和经验,同时也针对1952年以来的治水方针进行了适时调整。根据我国农田水利条件的有利特点,必须切实贯彻执行小型为主,中型为辅,必要和可能的条件下兴修大型工程的水利建设方针。明确今后一定时期内水利建设的具体策略是:要在现有的基础上,接受成功的经验和失败的教训,既要避免冒进,又要防止保守,积极稳步地继续前进。对于开展多年的水土保持工作,要不断总结经验,适时调整治理方针。如1957年12月召开的全国第二次水土保持会议的总结报告中,确定今后的水土保持方针是预防与治理兼顾;治理与养护并重;实行全面规划、因地制宜、集中治理、连续治理、综合治理、坡沟兼治、治坡为主。这个方针比1955年10月召开的全国水土保持工作会议上提出的"因地制宜,重视群众创造性,总结群众经验;重视科学、重视理论;重点试办,逐步推广"更加具体化和可操作性强。对于重点工程建设上,"一五"期间,一大批大型防洪、蓄水、排水、水力发电等骨干水利工程相继开工和竣工,如黄河三门峡水库开工建设;河北官厅水库、河南南湾水库、山东打渔张引黄闸、安徽佛子岭水库、江苏淮河三河闸、汉江下游杜家台分洪工程、吉林丰满水电站恢复改建工程、新疆乌拉泊水电站等工程竣工。这些重点骨干工程,就像散落在大江南北的明珠一样,发挥着防洪、灌溉、发电等巨大效益。

（三）1958—1960年及经济调整时期（1961—1965）的治水方针和政策调整及水利建设成就

"一五"计划后,国家难以拿出大块资金用于大规模水利建设,尤其缺少农田水利建设的资金,必须充分发挥群众的力量。1957年全国水利会议上邓子恢副总理强调:"我们要争取多做一些民办公助的工程。依靠合作社的力量,并由国家给予技术上和资金贷款上的帮助,这是今后农田水利发展的方向。"1957年9月24日发布《中共中央、国务院关于今冬明春大规模地开展兴修农田水利和积肥运动的决定》,此后,开始了1957年秋冬和1958年春、1958年秋冬和1959年春、1959年秋冬和1960年春的三个水利年度大会战。1959年、1960年全国各地纷纷掀起水利建设的高潮,如1959年冬和1960年春,仅湖南全省有600万劳动大军、30多万干部走上水利工地,……一个冬春,新建水库3万多座;共完成土石方11亿立方米,相当于过去十年治水完成土石方总和的一半。1958—1960年黑龙江省共修建大中型水库35座,小型水库259座,新修和整修江河堤防1100公里,完成土方2.2亿立方米,使用劳力8200个工日。1958—1960年吉林省开工建设65座大中型水库,初步建成25座。对于全国性的重点工程,1958年开始,相继开工建设了湖北丹江口水利枢纽、海河流域的十三陵水库、怀柔水库、密云水库等工程。这些工程至今运行近60年,仍在发挥着巨大经济效益。

在治水方针上,还是非常重视来源于基层的经验。1957年12月河南省委在郑州召开沙颍河治理工作会议,在总结济源等县治山治水经验后,会议提出"以蓄为主、小型为主、社办为主"的"三主"治水方针。此后,并由山区推广到平原。1958年3月21日《人民日报》发表《蓄水为主、小型为主、社办为主》的社论,水利建设的"三主"方针由此在全国推行开来。在"三主"方针的指引下,小型水利工程建设在全国各地掀起了高潮。这主要体现在各地治水结合当地实际,注重自下而上的诱制性制度变迁,并取得很好的成果。

1961—1965 年间重点水利工程建设成绩斐然。1961 年黄河干流上第一座盐锅峡水电站并网发电;最大规模的电力排灌站江都第一抽水站开工兴建,汾河干流唯一一座大型水库汾河水库主体工程竣工;1964 年 12 月经国务院批准丹江口水利枢纽工程复工;1965 年 4 月,为解决香港、九龙用水困难而建设的东江—深圳供水工程、河南红旗渠、内蒙古三盛公水利枢纽工程相继建成并通水。此间的治水方针不同于 1958—1960 年间,治水特点是反对个别地方由于盲目冒进、不切实际地搞了一些水利工程而存在的一些问题,尤其是"片面强调小型工程、蓄水工程和群众自办的作用,忽略甚至否定小型与大型、蓄水与排水、群众自办与国家指导的辩证关系,在水利建设中规模过大,留下了许多半拉子工程,许多工程质量很差,留下许多后遗症"。包括缺乏前期的充分论证和准备,"边勘测、边设计、边施工",违反水利工程建设的自身规律的做法;在思想上要消除一些不切实际和口号带来的负面影响。通过总结经验和汲取教训,1961 年及以后的几年里,水利建设出现平稳发展,没有大起大落。1961 年 12 月 18日,中共中央批转水电部党组《关于当前水利工作的报告》,指出,"当前的情况是:成就很大,问题很多,潜力很大"(见表 2)。1962 年 11 月,农业部在北京召开全国农业会议,对水利建设的"三主"方针作了相应调整,正式提出水利建设的新"三主"方针,即"小型为主、配套为主、群众为主"。随后,在全国水利会议上印发《水利工作的基本总结与今后的方针任务》的总结报告,分析近三年各地水利建设出现的问题,作为对新"三主"方针的补充,提出水利工作的近期方针,即"巩固提高,加强管理,积极配套,重点兴建,并为进一步发展创造条件"。这个方针可以说是在不断纠正问题和总结经验教训的同时,对治水规律的认识不断加深和提高的结果。

表 2　1957—1960 年灌溉面积发展进度表

项目	1949 年	1957 年	1960 年
灌溉面积/亿亩	2.4	4.5	10
有效灌溉面积/亿亩	—	3.0	6.7
机电排灌设备能力/万马力[①]	9	56	600
大型水库(含水电站)/座	5	21	226

资料来源:①1 马力 =735 瓦,②表中数据根据《关于当前水利工作的报告》整理得到。

(四)1965—1978 年以治水为中心的山水林田综合治理

1965 年 8 月召开的全国水利会议上,确定"三五"计划期间水利方针主要是:大搞小型,全面配套,狠抓管理,扩大稳产高产田,促进农业现代化。即简称大、小、全、管、好的"三五"工作方针。此间水利建设主要以增加粮食生产为目标,重点是小型农田水利工程的建设。1970 年 8 月 25 日,国务院组织召开北方地区农业会议,正式提出"要大搞农田基本建设",要求各地在"第四个五年计划"内,"要通过改土和兴修水利,……水利建设要以'小型为主、配套为主、社队自办为主'的方针。治水要与改土、治碱相结合"。在此形势下,全国各地再次掀起了以治水改土为中心的山水林田综合治理的高潮。同时也陆续投资建成了一批大中型骨干工程,如灌溉排水工程包括江都排灌站工程、湖北引丹江口灌溉工程、陕西宝鸡引渭上塬工程、都江堰扩建工程、湖南韶山灌区工程、安徽淠史杭灌区工程等;完善和续建以前开工未完成的重点大项目,包括丹江口水利枢纽的配套工程建设。1965 年开始,先后展开了海河流域的全面治理和规划,建设了黑龙港排涝工程、子牙新河工程及大清河治理工程。1973 年 11 月 17 日《人民日报》报道:"十年来,海河流域内的广大人民在国家统一的规划下,发扬愚公移山的革命精神,对洪、涝、旱、碱等灾害进行全面治理。……修筑防洪大堤 4 300 多公里,还开挖、疏浚 270 多条支流河道和 15 万条沟渠,在河渠上新建 6 万多座桥、闸、涵洞。……同时,还扩建和新建了一批水库,使海河流域的大中型水库达到 80 多座,小型水库 1 500 多座,万亩以上灌区 271 处。"不仅仅是大河流域的治水全面开展,以县为行政单位的治水活动也是各具特色,如河北省平山县因地制宜地兴修小型水库、塘坝、盘山渠等,引水上山,蓄水浇田。

综上,从 1949 到 1978 年底,近 30 多年的水利建设,"全国整修、新修了 16.5 万公里的堤防、圩垸,保护面积达到 4.8 亿亩,并开挖了许多排洪、排涝河道。建成了水库 8.45 万座;修建万亩以上的灌区 5 200 多处,……全国水电装机,由解放初期的 16.3 万千瓦发展到 1 648 万千瓦"。"兴建这些工程的国家总投资,包括基本建设和农田水利等各种事业经费 763 亿元;社队自筹及劳动积累估计约 580 亿元。"这些成绩的取得,与 30 年来治水方针和策略的正确选择以及在实践中不断纠偏和调整、完善是分不开的。

（五）40 年的沧桑巨变：改革开放后（1979—2019 年）的治水思路调整和水利决策更加科学化与民主化

改革开放 40 年,中国水利建设取得了辉煌伟大成就的同时,水利发展的思路逐步调整,治水思想更加富于理论性、实践性和时代性的特点。

第一,由工程水利向效益水利的转变。1979 年初,中共中央制定了"调整、改革、整顿、提高"的八字方针,全国各地水利部门调整水利建设方针,逐渐将水利工作的重点从注重工程建设转向注重抓工程管理和经济效益。治水思路的这一转变,标志着从传统水利向现代水利转变的重要开始。1980 年 9 月全国水利厅局长会议上不失时机地提出:拟将过去提的"小型为主,配套为主,社队自办为主,加强管理,狠抓实效"改为"搞好续建配套,加强经营管理,狠抓工程实效;抓紧基础工作,提高科学水平,为今后发展做准备"。1981 年 5 月召开全国水利管理会议,这是新中国成立以来国家层面首次召开的针对"水利管理"方面的专门会议,并提出了水利事业的新方针:即"把水利工作的重点转移到管理上来,要把加强管理贯彻到各个方面,首先要加强对现有工程的管理"。这是根据新中国成立以来 30 多年水利建设的巨大规模和基本情况提出来的。

1986 年中央一号文件对水利工作提出要求:"继续加强江河治理,改善农田水利,对已有工程进行维修、更新改造和配套。要有计划地改造中低产田。建立必要的劳动积累制度,完善互助互利、协作兴办农田建设的办法。"面对此间水旱灾害呈现逐渐增加的趋势,"水利基础设施的地位和作用日益被全社会所认识,水利投入开始恢复性增加,大江大河的治理步伐明显加快"。1989 年 10 月,发布了《国务院关于大力开展农田水利基本建设的决定》,重申"水利是农业的命脉",要求各级政府的主要领导负责,将农田水利基本建设列入农村的中心工作。此后,全国各地陆续开始增加水利投入,农田水利工程实行"以奖代补",各省(市)大都开展农田水利竞赛,如黑龙江省的"黑龙杯"、河南省的"红旗渠精神杯"等竞赛活动。各地根据实际情况,针对水利工程短板或薄弱环节展开;同时,注重效益的发挥,取得的效果非常显著。

第二,国家水利资金集中使用,抓住重点,上马一批大项目。1991 年夏季淮河流域大水,国务院于 9 月中旬决定治理淮河、太湖。1991 年冬,豫、皖、苏、鲁四省行动起来,掀起新中国成立以来第二次治淮新高潮。同时,各省除了重点治理本省所在的大江大河外,本省的水利工程建设也没有放松,如江苏省在以往各个历史时期,水利建设呈现直线式增长。江苏省各个五年计划中的水利建设成绩(见表 3)。表 3 表明:"一五"期间,水利投资较少,但水利投资占整个基建投资的比例是最高的;"八五"期间,水利投资较相对其他五年计划较多,但水利投资占整个基建投资的比例是很低的。1994 年 9 月,经过前期充分论证、规划和设计的精心准备,黄河小浪底工程开工,2002年 12 月,工程全面完成并通过水利部的顺利验收,总投资 347.24 亿元。它的经济效益和社会效益在黄河水利工程史上是少有的;而它的技术复杂程度也是世界水利建设史上空前的。2002 年 12 月,长江三峡工程开工,2003 年 6 月 1 日,三峡工程成功下闸蓄水,这标志着世界最大水利工程开始发挥防洪、发电、改善内河航运的作用;2002 年12 月 27 日,南水北调工程举行开工典礼,2008 年 10 月 3 日,北京居民喝上了南水北调工程调来的长江流域的水。南水北调是一个具有综合效益的工程,按照经济规律建立工程管理体制、调水管理体制和运营机制,合理配置生活用水、生产用水和生态用水,兼顾了经济效益、社会效益和生态效益。为加快中小河流治理,从 2009 年试点项目开始,到 2015 年投资超过 2 000 亿元,开工建设 5 000 多条河流上的 9 000 多个治理项目。这些标志性工程的建设,都是解决历史欠账,其特点是围绕民生水利而展开的。

表3 江苏省各阶段水利投资占总基建投资的比例

时期	水利投资/亿元	总基建投资/亿元	水利投资占总基建投资的比例/%
第1个五年计划	3.23	9.79	32.99
第2个五年计划	6.34	41.18	15.40
1963—1965年	2.17	12.16	17.85
第3个五年计划	3.51	19.40	18.09
第4个五年计划	5.94	46.07	12.89
第5个五年计划	7.52	91.16	8.25
第6个五年计划	2.03	142.64	1.42
第7个五年计划	3.37	391.31	0.86
第8个五年计划	22.50	1 096.98	2.05

资料来源：根据《跨世纪的中国水利》中数据整理。

第三，树立"资源水利"的理念，强化城市供水功能、建立节水型社会。1998年印发了《中共中央、国务院关于灾后重建、整治江湖、兴修水里的若干意见》，提出了"封山育林、退耕还林，平垸行洪、退田还湖，以工代赈、移民建镇、加固干堤、疏浚河道"的32字方针。随后，在大江大河上建设一批骨干工程加强控制洪水的能力，还注重河流上游的生态和植被保护，向已经出现环境脆弱的地区生态补水。2000年5月从大西海子水库第一次向塔里木河下游生态补水、2001年7月嫩江向扎龙湿地首次生态补水、2002年7月从黑河首次向居延海调水、2004年6月引察（察尔森水库）济向（向海湿地）生态补水、2006年开始石羊河流域调水入民勤县沙漠，恢复绿洲。同时，陆续开工建设一批控制性工程，如淮河临淮岗枢纽工程、百色水利枢纽、引江济太、太湖流域治理一期工程、黄河小浪底水库至入海口堤防加固（包括滩区、滞洪区建设）、南水北调穿黄工程、嫩江尼尔基水利枢纽等。在治水方针和策略的转变和调整上，比以往发生了明显的变化。1997年9月24日—27日，全国水利工作会议在内蒙古呼和浩特市召开。会议指出，面向21世纪，水利有三大战略任务：一是强化政府职能，加强水资源的统一管理，促进可持续发展；二是加强水利基础设施建设，使水利与国民经济协调发展；三是推进水利产业化，实现水利良性运行。2003年1月，全国水利厅局长会议指出，坚持全面规划、统筹兼顾、标本兼治、综合治理的原则，实行兴利除害结合，开源节流并重，防洪抗旱并举，对水资源进行合理开发、高效利用、优化配置、全面节约、有效保护和综合治理。

2011年《中共中央、国务院关于加快水利改革发展的决定》提出："水利是现代农业建设不可或缺的首要条件，是经济社会发展不可替代的基础支撑，是生态环境改善不可分割的系统,具有很强的公益性、基础性、战略性。加快水利改革发展,不仅事关农业农村发展,而且事关经济社会发展全局;不仅关系到防洪安全、供水安全、粮食安全,而且关系到经济安全、生态安全、国家安全。"并确定了未来十年的水利发展目标。2012年1月12日,发出了《国务院关于实行最严格水资源管理制度的意见》,指出了实行最严格水资源管理制度的主要目标,即:确立水资源开发利用控制红线,确立用水效率控制红线,确立水功能区限制纳污红线。

第四,生态文明理念下的新时代治水思路。2012年党的十八大召开,水利建设放在生态文明建设的突出位置。在水利改革创新方面,强调要完善最严格的水资源管理制度,深化资源性产品价格和税费改革,建立资源有偿使用制度和生态补偿制度,积极开展排污权、水权交易试点。这一系列重要论述和重大部署,进一步完善了我国新时期治水方略,深化了水利工作内涵,拓展了水利发展空间。2014年中央财经领导小组第五次会议提出:要用系统论的思想方法看问题,生态系统是一个有机生命躯体,应该统筹治水和治山、治水和治林、治水和治田等,为新时代治水指明了方向。2015年,出台了《中共中央　国务院关于加快推进生态文明建设的意见》,指出:在水资源利用方面,要推行市场化机制。同时要健全生态保护补偿机制。可见,水被定位为生态文明建设不可或缺的自然因素,而管好水,又是生态文明建设的主要手段之一。2016年12月,中共中央办公厅、国务院办公厅印发了《关于全面推行河长制的意见》,并发出通知,要求各地区各部门结合实际认真贯彻落实。"河长制",即由各级党政主要负责人担任"河长",负责辖区内河流的水环境及其污染治理、水资源分配和利用等方面诸多河事。2012年以来尽管强调生态文明理念下的水利发展思路,但对重点工程的建设并没有弱化。2015年3月,"十三五"计划落实重点水利项目达172项,总投资超过1万亿。如江西峡江水利枢纽、黄河下游防洪治理工程、南水北调东中线一期工程、引黄入冀补淀工程等;在保障防洪、供水、粮食、生态等安全方面提供强有力支撑。可见,中国水利改革发展从水灾害防御开始,逐步走到解决水资源、水环境和水生态问题的阶段;并随着治水的矛盾发生变化而不断调整、改革治水的方针和策略。

2019年中央一号文件《中共中央　国务院关于坚持农业农村优先发展做好"三农"工作的若干意见》中,多处强调水利工作并指出方向,如进一步加强农田水利建设,推进大中型灌区续建配套节水改造与现代化建设。水利投资连年持续加强,"十三五"期间达到较高的增幅,如图1所示。总之,中国水利改革发展从水灾害防御开始,走到了解决水环境水生态问题的阶段,发展到今天水利工程已经具备一定规模并形成强大的体系,洪涝、干旱等自然灾害的防御能力得到极大的提升。

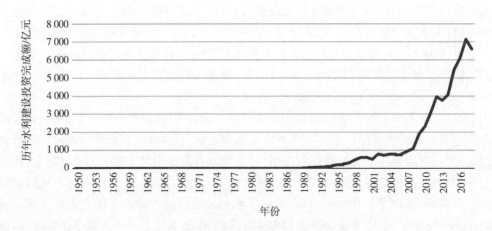

图1 全国历年水利建设投资完成情况
（资料来源：各年《中国水利统计年鉴》。）

第五，加大少数民族地区的水利建设，促进民族地区经济大发展和民族大团结。1949年新疆灌溉面积为1 682万亩，粮食产量不过8.5亿公斤；到1994年，新疆灌溉面积增加到5 767万亩，粮食产量为64亿公斤；……仅在1950—1954年生产建设兵团除了修建一些骨干水利工程外，就修建独立引、输水渠道115条，修建永久性建筑物800多座，增加灌溉面积200多万亩（见表4）。到1957年，内蒙古有效灌溉面积为80.33万公顷，是新中国成立前的2.8倍。截止到2009年，内蒙古境内的主要江河已修筑地方有5 750公里，保护人口942.37万人，保护耕地150.321万公顷，为沿河地区经济与社会发展及人民生命财产安全提供了有效保障，……总灌溉面积达到358.84万公顷。1957—1964年，建成了黄河流域的三盛公水利枢纽、西辽河流域的红山、莫力庙等一批大型水库。1976—2000年，相继兴建了河套总干渠、万家寨水利枢纽、察尔森水库等工程。特别是"十五"计划期间，加快了农村牧区人畜饮水"380"工程，建成各类水源11 710处，解决了440多万人、820万头牲畜饮水困难问题。到2008年，建成饮水工程的供水能力达到29 255.9万立方米，解决农牧区850.14万人饮水问题。

表4 新疆水利建设贡献表

项目	水库数量 /座	渠道长度 /万公里	灌溉面积 /万公顷	粮食总产量 /万吨	投资/亿元
1949年前	3	3	106.67	85	—
1978年	378	19.7	259.93(有效)	370	14.9
1998年	477	31.62	424.52	830	81.17
2008年	450	35.14	473.33	—	425

资料来源:根据《水利辉煌60年》中数据整理。

广西,国民经济恢复时期(1950—1952)灌溉面积为30.8万公顷;新建水库"一五"计划时期(1953—1957)中型9座、小型1 006座,1958—1965年期间新建大、中型189座;灌溉面积49万公顷。到2009年,宁夏建成万亩以上灌区24处,发展灌溉面积50万公顷,改良盐碱地14.4万公顷;粮食总产量从1958年的9.75亿公斤提高到2008年的32.9亿公斤。到2018年,粮食总产量达到39亿公斤,水利做出了巨大的贡献。

(六)新中国70年治水的成就、方针策略及思想梳理

从新中国成立至今,70年水利建设的成就辉煌如下。截至2011年的统计数据表明:31个省(自治区、直辖市)各类水利工程中,共有10万立方米及以上的水库97 985座(其中兴利库容4 699.01亿立方米、防洪库容1 778.01亿立方米)、堤防总长度413 713公里、水电站46 696座、水闸工程268 370座、泵站工程424 293处、农村供水工程5 887.1万处、塘坝和窖池工程221 400个。以水库为例,在新中国成立以前建成的水库仅有348座,总库容271.63亿立方米;仅到20世纪50年代末,水库23 071座,总库容达到643.86亿立方米,分别比新中国成立前增加了98%和57.8%;1950—1960年,其规模特点是多为中小型水库;1960—1970年,其规模特点是多以发电为主的大中型综合利用水库;1970—1980年,其规模特点是多以农业灌溉和水力发电为主的中小水库;2000—2011年,其规模特点是多以发电、防洪为主的大型综合利用水库。水库数量在20世纪50—70年代增长很快,达到26.5%以上;总库容在20世纪六七十年代增长幅度较大,说明大型控制性水库工程建设增加。这些水库的功能已涵盖防洪、发电、灌溉、供水、航运和养殖等六大功能。"十二五"到"十三五"期间(2011—2020年)中,全国水利投资约4.23万亿元,平均每年达到4 000亿元,超过以往任何时期。这些水利工程建设的辉煌成就,不仅确保了沿江城市与广大农村人民群众的生命

财产安全,也为粮食增产增收和生产生活用水等提供了有力保障(见表5、表6)。

由于70年水利成就显著,因洪灾导致的房屋倒塌以及洪灾损失率变化,都呈明显的下降趋势。

表5　全国不同年代水库和规模(1—5级)以上江河堤防建设情况统计表

建设年代	1949年以前	20世纪50年代	20世纪60年代	20世纪70年代	20世纪80年代	20世纪90年代	2000—2011
水库数量/座	348	23 071	22 252	32 652	7 438	5 482	6 742
占全国比例/%	0.4	23.5	22.7	33.3	7.6	5.6	6.9
总库容/亿立方米	271.63	643.86	1 717.39	1 311.29	625.65	960.52	3 793.43
占全国比例/%	2.9	6.9	18.4	14.1	6.7	10.3	40.7
地方长度/千米	12 580	43 138	36 734	52 313	22 348	33 464	74 955

资料来源:根据《水利工程基本情况普查报告》中数据整理。

表6　1949—2011年水利建设成果表

年份	水库		新建堤防/公里	水电站		水闸/座	泵站/处
	数量/座	总库容/亿立方米		数量/座	装机容量/万千瓦		
1949年以前	348	271.63	12 580	13	140.3	505	56
20世纪50年代	23 071	643.86	43 138	99	67.9	4 926	972
20世纪60年代	22 252	1 717.39	36 734	409	706	11 975	8 465
20世纪70年代	32 652	1 311.29	52 313	2 100	1 139.4	22 651	22 640
20世纪80年代	7 438	625.65	22 348	2 823	1 453.6	14 360	15 742
20世纪90年代	5 482	960.52	33 463	3 553	3 023.5	16 380	14 049
2000—2011年	6 742	3 793.43	74 955	13 182	26 147.4	26 225	27 046
合计	97 985	9 323.77	275 531	22 179	32 728.1	97 022	88 970

资料来源:根据《水利工程基本情况普查报告》中数据整理而成。

国家从人民的利益出发,不断总结经验和汲取教训,使得治水方针和策略适时得到调整和充实。在治水方针与策略形成过程中,总结经验和汲取教训在党和政府的决策层面达成了共识。每一次治水方针和策略的调整,其特点是始终贯穿一个主线,即从基本国情和不同经济发展阶段的实情出发,这才使得水利从单一工程建设,成功过渡到资源水利、民生水利、生态水利。

以节水优先,重点治理农村水系,全面提高和完善资源水利、生态水利、民生水利,逐步向智慧水利的方向发展,是未来一段时期治水方针和策略选择的趋向。在治水活动中,以农田水利建设为例,只重建设不重管理,灌溉用水得不到有效并利用,水利工程效益就得不到充分发挥;再如以往曾发生农民过度打井增加灌溉水源,导致地下水严重下降,造成水环境恶化问题引发社会关注。历史的经验也表明,打井作为增加灌溉面积的有效补充办法是可取的,但要适度,否则,就会带来生态灾难。因此,汲取历史的经验和教训的同时,还要从国情、省情、地情出发,探索水利建设和管理的体制机制创新。在未来,以农村扶贫减灾为切入点,全面实现振兴乡村经济,建立节水型社会是必然趋势。节水是打开水资源短缺、农田面源污染和农村水系水生态损害这"三把锁"的钥匙,要想使这把"钥匙"在未来灵活好用,要选择以不断提高和完善资源水利、生态水利、民生水利,并逐步跃升到智慧水利的治水方针和策略趋向。在此方针和策略的引导下,对农田水利工程建设、维修、量测水等智能化管理,节约水资源,从根本上解决中小型农田水利工程年久失修的突出问题,杜绝输水管路跑冒滴漏以及过度开发地下水造成的水环境问题等,通过改善水环境,修复水生态功能,进而创造有利于增产、增收、高效的农业生产条件,以惠及民生,为乡村振兴助力。

(摘编自谢永刚:《新中国70年治水的成就、方针、策略演变及未来取向》,载《当代经济研究》,2019年第9期。)

二、1998 年嫩江、松花江流域特大洪水后的反思

（一）大江大河堤防建设标准的确定要适合社会政治经济条件

嫩江、松花江干流堤防在黑龙江省境内总长 1 899 千米,达到百年一遇标准的仅 26 千米,50 年一遇标准的仅 80 千米,20 年一遇标准的 693 千米,20 年以下标准的 1 100千米。嫩江干流堤防面临 1998 年大洪水突出地表现了如下特点:一是高水位持续时间长,导致堤防滑坡现象大增;二是江道两岸多丘陵且支流多,使堤防形成众多不连贯的堤段,山丘与堤防衔接处多发险情;三是堤防标准低,决口多。按《松花江流域规划》选定的防洪标准,到 2000 年,嫩江干流堤防达到 50 年一遇,松花江干流堤防大于 50 年一遇,哈尔滨市城防大于 100 年一遇,齐齐哈尔市为 100 年一遇,大庆市大于 100 年一遇,佳木斯市大于 50 年一遇。而现在的堤防标准都低于规划的标准。大水过后,沿江各地都下决心表示要大上土方工程,重新规划建设更高标准的堤防。根据沿岸地区经济发展和现有实力,到 2010 年实现堤防达到"规划"标准,借 1998 年大水的契机,是可以实现的。如果超过这个标准,将会受到国家和地方经济实力的制约。因为,防洪标准的制定不仅是单纯的经济问题,它涉及国家的战略重点安排及社会安定、人的安全,它需要有社会科学家参与、水利工程师制定,最后由政府决策来确定。所以,大江大河堤防标准的确定要慎之又慎。

（二）减少嫩江、松花江洪水灾害,加大人为控制手段是关键

修建控制性工程,增加调解天然径流的能力,是减少水灾害和利用水资源的重要手段。按照《松花江流域规划》要求,嫩江干流建设尼尔基水库、松花江干流建设大顶子山等七座水利枢纽,是减少流域洪水灾害和实现水资源调控的有效途径。

(1)嫩江干流上修建尼尔基水库,规划已有十多年,现在修建条件成熟,应尽早走下图纸,上马兴建。1998 年洪水中齐齐哈尔市所辖嫩江干流堤防有 4 处决口,大庆市有 2 处决口,其主要原因就是因为嫩江上游没有控制性工程。尼尔基水库防洪的主要作用是重点保护齐齐哈尔、大庆、滨州、齐平铁路干线和为嫩江干流洪水错峰并减轻哈尔滨市的防洪压力。

(2)抓紧北水南调工程的规划实施。作为北水南调工程的水源工程之一的尼尔基水库的兴建,为北水南调工程开辟了广阔的前景。"北水南调"即将嫩江、松花江多余水量(利用率不到 30％)南调用水紧张的辽河(利用率超过 80％),也称"松辽运河"

工程。早在1683年(清康熙二十二年),就拟开辟辽河至松花江直抵瑷珲水陆联运线;在光绪三十二年(1906年),正式提出开凿松辽运河;民国初期曾调查松辽运河,1917—1919年孙中山先生在建国大纲中有精辟的论述;1955年开始研究松辽运河。这项具有战略思考的工程,不仅是东北地区经济社会发展、充分利用水资源的需要,而且对嫩江防洪也有重大的现实意义。工程引水可削减洪峰500米^3/秒,且把嫩江汛期洪水的部分破坏性能量转换为可利用的有效资源。

(3)着手研究规划开辟嫩江滞洪区。滞洪区削减洪峰比临时决口的功效成倍地增长,损失也会降低很多。因此,滞洪区的应用,对提高下游防洪标准有显著的作用,它的应用水平的提高有助于区域经济长远发展;其在防洪工程系统中的作用也是不可替代的。大庆地区靠嫩江东岸,地势东北高、西南低,总地形坡降为1/5 000,自然沟泡星罗棋布,多达170多处,可蓄水多达10亿立方米,大部分是盐碱地和沼泽,是规划建设标准滞洪区的最佳选择地。

(三)加强科技防汛的指导力度,避免人为盲目性带来的负效应

(1)水文、气象、通信等基础设施建设的完善是科技防汛的前提。据大兴安岭、齐齐哈尔等地的水文气象部门反映,去年嫩江上游广大的山区降暴雨或大暴雨的次数特别多,可惜因没有测点或测点分布少而得不到准确的资料。1998年7月齐齐哈尔市境内的雅鲁河、绰尔河水暴涨,洪水滔滔而下,下游有"措手不及"之感,就是因为水文监测点少或设备落后,降水信息无法及时准确地传达到水文中心站。因此,加强雨量监测点的建设和进行的自动测报系统技术革新,能及时、准确无误地提供汛情资料,才能有防汛指挥的正确决策。

(2)逐步形成并建立一套切实可行的防汛指挥专家系统。防汛指挥就像战争年代在战场上指挥打仗一样,面对滔滔无羁的洪水,能稳住阵脚,指挥群体的临战经验和对堤防工程的掌握程度尤其重要。防汛指挥专家系统,是集有防汛专业知识和防汛经验的专家与有快速反应功能的计算机为一体的防汛决策支持系统,它能够快速为决策人提供准确的防洪工程的现状和有关数据,便于迅速决策;同时,使我们决策水平更科学、更合理、更能提前有准备并争取主动。研究建立防汛专家指挥系统,有助于水利工程师的技术分析为领导的正确决策服务。

(四)研究制定适合国情的非工程防洪措施是今后防汛的战略重点

非工程防洪措施是在肯定防洪工程的前提下,根据一定条件,采用其他方法尽可能地减轻洪灾损失。随着社会经济的增长,面对洪灾对社会的严重影响,单靠硬性的防洪工程是不行的。目前,我国对非工程措施的利用很少或实际操作很难,主要是这

些措施的制定或推行的方法不是来自我国防洪过程的实践,而是从国外引进和学来的,如防洪保险等,在我国现阶段经济尚不发达、法制仍不完善的条件下,难以运行。但这并不等于我国不能利用,相反,21世纪的防洪措施的重点恰是从工程措施向非工程措施转变,这是社会和科学发展的必然趋势;而且呼唤着我们水利、社会、农业等各方面的专家认真调查研究,制定出具体而且针对性较强且适合中国国情的非工程防洪措施。我们要加强对嫩江、松花江行洪区规划建设和管理,包括规划和调整行洪区的农业经济发展目标,使之与行洪区建设和管理相适合。

(五)人与水、森林过分争地,大自然的洪患增多、灾害加大

(1)嫩江上游山林和植被破坏严重。1998年嫩江洪水70%以上来自嫩江右岸内蒙古支流,近年来由于嫩江上游滥砍滥伐,草地破坏严重,造成水土流失和土壤涵养水量能力下降、汇流速度加大,遇到一定强度的降雨,必然产生较大洪峰,使下游防洪能力本来有限的堤防难以承受,造成洪灾在所难免。由此可见,在嫩江、松花江流域抓紧实行天然林保护工程是当务之急。

(2)与水争地,后患无穷。在我国古代一个著名的治河方略"贾让三策",其上策的主导思想就是"人不能与水争地",反映了人与自然相处的和谐关系。目前,松花江、嫩江的沿江一些乡镇在河道内盲目围垦种地,高稞作物、林带林立,城镇开发侵占河道,有些乡镇小工厂建在行洪区内,居民点建在行水线上。这必然导致洪水下泄不畅,壅高破堤。

与水争地的另一表现是有计划地人为设障,加重了洪水灾害。人为在天然河道内设障碍物,突出表现就是同流量的洪水,水位加高、灾害加大以及洪水下泄缓慢。河道清障是涉及面广、难度大而且复杂的工作,今后还应加大执法力度。

(六)现行救灾体制要改革完善

1998年松嫩大水过后,安置灾民和重建家园是一个难度很大的区域性系统工程,所需的资金是巨额的,特别是我国东北地区灾后人民面临防冻过冬,要求重建家园所需的时间问题十分突出。

(1)急需建立农村救灾合作保险体系。1998年的特大洪水也暴露了老百姓的保险意识的淡薄。从黑龙江省的保险情况看,经济损失与保险不成比例,在这次大水中保险赔偿损失是杯水车薪。农村救灾合作保险体系实质是利用国民收入再分配的手段,调节丰收和遭灾地区的收入差距,调节同一地区丰和歉年景的经济平衡,以丰补歉,以富补穷,使国家和农民共同承担灾害风险,使减灾与扶贫结合起来。这一点,我国有成熟的经验和教训。如1981年与松花江相临流域的辽宁南部发生了洪水,有的国有和集体企业及个人参加了保险并得到赔偿。

（2）建立和完善灾后粮食供应体系。大水冲走了家园，灾民缺粮比缺什么都重要。1998 年的松嫩大水，仅黑龙江省经贸厅向抢险救灾的部队调运食品就达 350 万吨（不包括灾民），数量相当大。可见，救济部门效率再高、社会动员能力再强，靠临时调运也难解大量灾民的燃眉之急。所以建立和完善灾后粮食供应体系是救灾工作的关键一环。清代的乡村"社仓"和镇上的"义仓"，为当时备荒起到了不可替代的作用，值得我们借鉴。有些粮库建设选址应考虑洪灾不受淹的同时，还要考虑洪灾发生后便于救济灾民。

（3）有关部门要着手制定"洪水淹没村屯重建规范"。从这次大灾看出，农村受淹村屯的重建工作缺少可参照的依据。一般来说，被淹没村屯不应该原地重建，要充分考虑既防洪水灾害又要防内涝灾害的需要。至少要在以下三方面给予明确：一是要依据《中华人民共和国防洪法》规定，河道管理范围内水毁的房屋、村屯、乡镇要外迁重建，对居住在河道行洪区的居民点、企事业单位，也要有计划有组织地外迁；二是应尽量避开低洼易涝地带、砂基砂坝堤防容易造成渗水致涝的地带；三是充分考虑水利工程管理的长远规划，凡是行、蓄、滞洪区的防洪工程管理的范围，不能进行住房复建。肇源县灾区的异地安置为我们灾后家园重建提供了良好经验。1997 年，嫩江大堤决口，大庆市肇源县肇源农场的几个村屯被洪水淹没，黑龙江省农垦总局全面考虑，将部分受灾户迁到千里之外的三江平原的农场，并为灾民准备好了新居和生活用品，有较好的条件在那里安居乐业。肇源农场土地贫瘠，洪旱灾害经常发生，而三江平原地广人稀，土地肥沃，开发潜力大，生存条件优越。这个典型值得推广。

（七）防洪、抗洪救灾应逐步树立以下几种科学的观念

（1）"人定胜天"是有一定限度的。1998 年嫩江 8 月 14 日 8 时，江桥站水位为142.37 米，超历史最高洪水位 1.61 米。哈尔滨站 8 月 22 日 12 时出现洪峰水位120.89 米，超 1957 年历史最高洪水位 0.84 米，为 150 年一遇。这样大的洪水，显然大大超出现有堤坝的防洪标准，使其上游的大庆 8 月 14 日嫩江拉海堤和胖头泡堤先后决口；因哈尔滨市为重中之重，用只防 100 年一遇的洪水标准工程防 150 年一遇的洪水，严防死守是最后的选择。因为受社会与经济条件和决策经验等因素的约束，加高加固千里长堤是很难在短时间内完成以及非人力可以扭转。实际上我们都清楚地认识到，大多数的水灾都是不可避免的自然现象，其发生地点、时间和规模仅有部分可以预测；完全控制洪水是不可能的，一个防洪工程的设计标准被一次大洪水所超过的机会始终存在，一切非工程措施也只能配合防洪工程发挥作用，人类所能尽的一切努力只不过是采取措施减少洪水造成的损失，这次嫩江大堤六处决口，说明了这一点；同时，在另一处——哈尔滨市的严防死守的胜利，也说明了人确胜了天。这两方面我们

治水经济问题研究

都应看到。

（2）古老的避洪方法似乎是被动逃脱，但从另一方面讲则仍是争取主动。各代治河家都寻求江河治本之策，实际上，江河本无治本之策。不要认为一说避洪，就是逃跑。人类实践事实已证明，随着人类改造自然的成功，社会物质财富的增长，大灾害发生的可能性就越发增大，灾害也越重。避开洪水在一定的客观条件下也是"防"的一种形式。避免洪水带来灭顶之灾的另一种方式是：客观环境促使我们避不能及的条件下就要顺应洪水。人类与洪水的关系是完全可以既分既合的。

（3）抗洪抢险有时也要讲求效益。抗洪抢险除人的生命之外，也要算一笔经济账。险情处理使用的物料，没必要成倍地增长和投入，安全系数的确定要合理，避免抢险中人力、物力的大量浪费。有些抗洪抢险过后战场上木杆横七竖八、袋子横躺竖卧、险工不清理；特别是堤防闸门和穿堤构造物出险情抢险后，堆积物清除工作量很大，我们必须科学合理地及时进行，清除物料要妥善管理以待备用。另外，临时抢险的险工处理，如果土石方工程量很大，应与有计划的岁修工程计划相衔接，避免重复浪费。

（摘编自谢永刚：《对 1998 年嫩江、松花江流域特大洪水的反思》，载《中国科技论坛》1999 年第 2 期。）

· 358 ·

三、沙兰镇突发性洪水灾害损失评估及其反思

我国是世界上受自然灾害影响严重的国家之一,尤其是洪水灾害对国民经济和人民生命财产造成了极大的损失。笔者以 2005 年 6 月 10 日黑龙江省宁安市沙兰镇的突发性洪水灾害为具体案例,对其造成的损失进行评估并反思,以期引起学术界对灾害损失评估理论的深入研究和社会对防御与抵抗突发性自然灾害的重视。

(一)灾区概况及损失评估

1. 灾区概况

沙兰镇在历史上就是有名的驿站,又称"沙兰站"。由于沙兰镇地势低洼,有"沙兰坑"之说,全镇共有 18 个行政村,26 个自然屯,5 891 户,22 048 口人,土地面积为 2 045平方千米,耕地面积为 1.09 万公顷。2004 年农业总收入为 13 225 万元,人均纯收入为 3 468 元。穿镇而过的沙兰河在镇以上流域面积仅有 115 平方千米,其中和盛水库以上山区面积为 45 平方千米,植被良好,覆盖率达 95% 以上。水库以下为丘陵,和盛水库至沙兰镇间河道平均比降为 6‰,落差 84 米,该区域植被很差,覆盖率为 30%。

2. 暴雨洪水过程

2005 年 6 月 10 日 12 时 50 分,沙兰镇西北上游突降特大暴雨,暴雨汇集成洪水,沿沙兰河迅速冲往下游的沙兰镇。洪水于 14 时 15 分到达沙兰镇,暴涨出槽,短时间内形成高水头,洪水漫过田地,进入村庄,使得周围的鸡蛋石、和盛等 7 个村屯同时受灾。这次降雨持续了 2 小时 10 分钟,经水文部门分析测算,沙兰河流域内平均降雨量为 120 毫米,降雨量最高的王家村达到 200 毫米,汇集洪峰流量为 850 米^3/秒,洪水总量为 900 万立方米。由于降雨强度大,历时短,雨量集中,雨洪很快成灾。

(二)灾害损失评估

通过调查,此次突发性洪水灾害的损失大致包括以下几个方面。

1. 直接经济损失

在此次突发性洪水灾害中,倒塌房屋 324 间,损坏房屋 1 152 间;大牲畜、畜禽损

失 268 万元，财产损失 4 678 万元，受灾农田 0.57 万公顷，其中绝产 0.1 万公顷，五成以下收成的 0.21 万公顷，总计需毁种、补种农田 0.31 万公顷；损毁的水利工程设施价值为 1 572 万元，损毁的通信设施价值为 150 万元，损毁的供电设施价值为 453 万元，财产损失总计 2 亿元左右。

灾害发生后，需要进行善后救助，在这一过程中，仍然有许多相关费用的投入，同样也应计入灾害的直接损失以公式的形式可以表达为：灾害事故造成的相关费用损失＝紧急抢救费用＋现场清理费用＋环境保护费用＋灾民补偿费用＋其他相关费用（如灾后事故处理过程中相关人员的交通费用、调查费用、招待费用等）。

根据有关部门的统计资料，沙兰镇突发性洪水灾害发生后，牡丹江市和宁安市联合编组出动指挥车 100 余辆，机动车 50 余台，重型机械 10 台。驻军、武警、森警、公安干警和预备役官兵 1 500 余人连夜投入抢险救灾工作。国家财政投资 900 多万元重新异地修建镇中心小学，中央及省、市拨款及社会各界捐款捐物共计 5 000 余万，用于沙兰镇灾后重建工作。

2. 自然资源的损失

自然资源包括土地、水源、木材及各种动植物资源等是人类社会财富的极为重要的组成部分，它一方面是可供直接使用的物质财富，另一方面是可供人类进行深度加工并使其价值增值的财富，它同时也是各类自然灾害的危害对象，从而自然灾害引起的自然资源的损失间接制约了人类经济发展。

此次洪水灾害除了冲毁田地，造成直接的经济损失外，还造成洪水所到之处，土地肥力降低甚至完全损毁，要继续进行生产，必须为土地肥力恢复进行投入，因此，在评估此次沙兰镇突发性洪水灾害损失时，土地资源的损失也应计算在内，即：土地资源损失＝恢复该块土地原状的恢复费用或重置相同的土地的重置费用。此外，由于新整的土地或恢复的土地肥力需要时间以及土地恢复过程中，土地肥力不够而导致今后几年内该地耕种的农作物产量减产、减收，也应计入间接损失。

（三）灾害的反思

既然突发性洪水灾害是影响经济发展的一个重要因素，政府、城乡居民家庭就需要考虑相应的对策，尽可能地避免或减少灾害事故的发生及其造成的损失。为了使沙兰的悲剧不再重演，笔者认为至少有以下六个方面的教训值得吸取。

1. 健全法制，完善公众参与制度，遏制人类生产生活中的不当经济行为

灾害与人类的关系是相互影响的，灾害的发生必然给人类带来严重的损失，然而，人类的存在及其经济行为也在改变着地球系统的纯自然性质，赋予它以社会性和经济

性,从而加剧了灾害发生的频度和强度。从某种意义上说,当代越来越多的自然灾害是由人为因素引起的。因此,我们要避免或者减少灾害的发生,首先应遏制人类自身在生产生活中的不当经济行为。

沙兰镇突发性洪水灾害的发生也并非完全是纯自然因素作用的结果。从沙兰镇所处的地理环境看并非易淹易旱之地,经调查发现:当地村民随意把和盛水库至沙兰镇之间的 70 平方千米的丘陵区开垦成了坡耕地,而且由于受到经济利益的驱动,当地村民忽视农作物种植结构的合理性,致使 6 月份时庄稼还未长起来,地表植被稀少,加之耕地多为顺山垄,暴雨汇流快,泥沙含量高,加重了这次洪灾;同时,在城镇建设过程中,侵占河道,挤占行洪区,使得行洪断面变小、水位壅高。

目前,我国处于人口继续增长和经济快速发展的阶段,粮食需求压力与城镇建设的土地需求压力依然很大,也正因为如此,我们的发展行为需要更加审慎,要全力避免不当的家庭经济行为,尤其要坚决制止少数人为牟取暴利而转嫁风险、以邻为壑的行为。这需要进一步健全法制,完善公众参与的制度。

2. 扶贫减灾开发项目与贫困家庭的脱贫致富相结合,全面增强灾害风险意识

灾害是导致家庭贫困的一个原因,甚至是主要原因,然而,家庭贫困也会使人们的灾害风险意识淡薄。收入水平越高,家庭越富裕,家庭的承受能力就越强,自我保障或转嫁风险的可能性就越大,其灾害的损失能够通过"转移型"补偿的途径获得补偿,从而可以将自身损失降低到最低限度;反之,收入水平越低,家庭越贫穷,经济承受能力与灾后自我恢复能力可能越弱,需要付出经济代价的风险转嫁等措施可能被疏忽。因此,在贫穷人面前,讲环境建设、物资储备、增强风险意识,完全是浮于形式。

沙兰镇之所以会出现村民把丘陵区开垦成坡耕地并随意种植农作物、城镇建设挤占河道和行洪区,是因为他们经济能力有限,只注重经济利益甚至近期利益,而忽视了防洪、抗洪的重要性,在平时的生产生活中没有环境保护和基础设施建设以防洪的意识。而且,目前农村的土地整理、低产田改造、水利项目建设和减灾防灾基础设施建设基本上是由专业队伍承包进行,村民无法参与实际的防洪建设,从而他们无法体会到防洪建设的重要性,更重要的是他们看不到能从中获得什么实际利益。这也决定了村民的防洪意识淡薄。究其原因,根源是物质财富的匮乏使他们没有多余的精力和能力去预防可能发生的灾害事故。

对于富裕家庭,进行教育、宣传是可以增强他们的灾害风险意识的,而对于贫困家庭和地区,尤其是广大贫困的农村家庭和地区,把扶贫减灾开发项目与家庭脱贫致富结合起来才是根本的解决之策。

3. 地区建设应遵循科学规划、科学建设及防灾、减灾规划和建设先于经济规划和建设的原则

个别小城镇的建设仍然处于无序的状态,在城镇规划、建设时,往往忽视防灾和减

灾环节。当灾害发生时,缺乏防灾的考虑,造成了许多无谓的损失。在城镇规划、建设时,政府应充分考虑当地实际,除了考虑经济因素外,还应把灾害作为一项重要因素考虑在内。对于弱势群体集中的建筑,一定要尽力回避高风险区。有条件的,应尽可能迁出高风险区;没有条件迁出高风险区的,应设法将建筑地基垫高。对于幼儿园、小学、医院、养老院等灾害自救能力较弱的群体,其建筑物要以合适的方式回避高风险的问题。

4.建立有效的预警机制,建立严密的群防群治体系

目前,我国大多数地区依靠地面雨量站与水文站的监测信息进行洪水预报。但在部分地区尤其是偏远山村,这些雨量站与水文站的监测并没有完全覆盖。我们建议要增强水患意识,利用农村人口村落密度高、群众熟悉当地暴雨山洪特性的特点,建立严密的群防群治体系结合政府制定的有效的预警机制,在各级政府的防汛预案中以制度的形式,明确上游村庄在遭受特大暴雨时的报警义务,并规定下游村镇汛期的值班责任,及时向高风险区域特别是灾害弱势群体发出警报,避免或者减少损失是完全有可能的。

5.重视民间救灾、乡村组织和成员间互救、个人自保的作用

由于突发性山洪暴涨暴落,而生命在水中丧失只是几分钟的事情,靠政府组织救援无论在时间上还是条件上都有较大难度,所以在这样突如其来的灾难面前,正确及时的民间救灾、乡村组织和成员间互救、个人自保就显得尤为重要。特别是当发生突发性灾害时,这是最直接、最及时、最方便、最可靠、最有效的方式,应引起重视。

在突如其来的灾难面前,能否就近动员一切可能动员的力量,迅速地展开有组织的救援,并且首先想到去救援那些缺乏灾害自救能力的弱者,帮助他们脱离险境,是有效减少伤亡的重要举措。另外,加强防灾训练是一项亟待规范化的工作,社会应采取各种措施,对个人尤其是缺乏灾害自救能力的弱者进行灾害自救的教育和培训,重视民间救灾中乡村组织和成员间互救、个人自保的作用。

6.建立科学的救灾制度和灾后补偿机制,并注意救灾的效率和效益

在灾害发生后,政府需要组织救灾和对受灾严重的家庭进行救助。其中,政府往往通过灾后补偿的方式对受灾严重的家庭进行救助。然而,在救灾过程中,往往会出现救灾物资和人力资源浪费的问题。在灾后补偿的过程中,政府和家庭之间往往在补偿金额上出现矛盾。这就要求我们制定科学的救灾制度和灾后补偿机制,使救灾活动兼顾效率和效益。因此,在灾害发生后,为了减少损失,我们必须在对当地洪水风险和实际情况的科学评价基础上,从救灾效益和救灾效率两方面考虑,建立科学的救灾制度和灾后补偿机制。这样,才能达到最大可能地减少受灾地区遭受损失的目的。

（四）结语

我国幅员辽阔,虽然几乎每年都会有多起严重的突发性洪水灾害发生,但是对于任意一条小河流来说,遭遇特大暴雨山洪的概率又可能是微乎其微。通过对沙兰镇突发性洪水灾害损失的评估和反思,笔者认为,我们不能以为过去没有发生过的灾害事件,今天就不可能发生。洪水灾害一旦发生,对受灾地区乃至整个国家造成的损失是极其严重的。因此,各地干部、群众一定要树立起防御灾害的风险意识,制定出可操作的预警机制,组织必要的防灾训练,增强个人自保互救的能力,使缺乏灾害自救能力的弱者得到更多的关注与保护,制止加重风险与转嫁风险的不当经济行为。尽管人类没有能力完全消除自然灾害,但是完全有能力减少灾害的发生。

（摘编自谢永刚、王茜:《沙兰镇突发性洪水灾害损失评估及其反思》,载《灾害学》2006 年第 2 期。）

四、历史上运河受黄河水沙影响及其防御工程技术特点

中国历史上沟通黄淮海之间的运河,大都与黄河相接,不可避免地受黄河水沙的影响,因而运河工程的建设具有突出的防沙特点。著名的鸿沟工程开凿于魏惠王九年(前361年),它北接黄河,南与淮河的几条支流相连。为调节水量,控制泥沙淤积,先把黄河水引入圃田泽,以圃田泽作为运河的天然水柜和沉沙池。东汉王景"十里立一水门,令更相洄注",在汴渠建设上采用多水口引水的措施,以适应黄河河势及主流变化的特点。隋唐运河建设抓住黄河易淤的特点,也曾采用过开引河、挖减水河减沙分洪入运的方法。北宋以后,在防止运河淤积方面技术水平又有提高,并总结了一整套控制水量和防治泥沙的经验。

(一)北宋汴渠引黄济运技术及特点

北宋建都开封,汴京四渠构成了向京师运输的水上交通网。汴河上接黄河,下连淮河,是江淮粮米、百货北运的主要通道。由于黄河水情随季节变化大,含沙量大,主槽变动大,冰凌压力大等特点,给汴河航运带来一系列复杂的问题。为保证汴渠通畅,宋人采取了许多措施,积累了许多有益的治理经验。

1. 汴口水量控制和冰凌防治

汴渠引黄河水通运。但黄河河势多变,如何保证汴口引水,是至关重要的。据《宋史·河渠志》称:"汴水每年口地有拟开、次拟开、拟备开之名凡四五处。"看来这是采用多选备用口门的办法以适应黄河河势变化的需要。黄河水量一年四季变化很大,怎样有控制地引用,也是一个问题。宋人的方法是"每岁自春及冬,常于河口均调水势,止深六尺,以通行重载为准"。不设闸,以人工控制汴口的宽窄,节制流量。当黄河水涨时,把汴口塞小,以减少黄河入汴的水量;黄河水枯时,将汴口拓宽,以增加黄河入汴的水量。如果黄河水位过低,或盛涨之后滩面伸延,河水不能直接入汴,就开挖引河,把河水引入汴口。

黄河入冬后流冰较多,进入汴河后,对河堤及船只威胁甚大。为阻止冰凌入汴,最初采取入冬闭塞汴口的办法,即所谓"汴渠旧制有闭口,十月则舟不行"之说。熙宁六年(1073年),王安石主张不闭汴口,在汴口处建立木筏拦黄河浮冰。虽起一定作用,但效果不够理想。后又造浮筏破冰。"浮筏"实质是原始的破冰船,此法耗人力较多。

2. 汴河泥沙处理

汴河泥沙处理,主要采取疏浚、木岸狭河、清汴三项措施。

（1）疏浚。关于汴渠的淤积状况，王安石曾说："自建都以来，漕运不可一日不通，专恃河水灌汴，诸水不得复入汴，此所以积沙渐高也。"可见是相当严重的。当时采用过人工清淤的方法，效果较好，只是耗费人力太多。在熙宁十年（1077 年）范子渊试用了"浚川耙"，其结果说法不一，有人说有成效，有人说不见成效。使用浚川耙是利用机械将河底泥沙搅起，再借水力冲向下游，难免冲此淤彼。

（2）木岸狭河。嘉祐元年（1056 年）"自京至泗州置汴河木岸"。嘉祐六年（1061 年）自汴口下至应天府再一次造木岸狭河，限 60 步宽，"扼束水势令深驶"。即采用木桩、木板为岸束狭河身，加大水流速度，从而使泥沙更多地被带走。实质是采用狭河工程来束水冲沙。

（3）清汴。因黄河水浑而洛水清，于是元丰元年（1078 年）"于汜水镇北门导洛水入淤汴，为清汴通漕，以省开闭汴口功费"。改用洛水入汴。主要工程是自任村沙谷口至汴口开河 50 里，引伊、洛水入汴，每 20 里用刍楗置一束水，以节湍急水势；引河取水深一丈以通漕运。在此同时引古索河，注入 36 陂塘，蓄以备缺水时济运；又自沧水关北开河 550 步入黄河，上下置闸节制，使黄、汴通舟，在洛河旧口置水肚，以便伊、洛水暴涨时闭洪泄入黄河；若古索河暴涨，则从魏楼、荥泽、孔固三斗门宣泄入黄河，保 36 陂塘不泛溢为害。可见清汴工程虽是改变运河水源的问题，但在水源储备、洪水处理上采用了统一规划，在工程建设上运用了置闸、修建水柜等技术措施，综合地反映了较高的治水水平。清汴工程实施后，通航期大为延长，航道淤积的速度也大为减缓。

3.水力学知识的进步

（1）水流挟沙能力的初步认识。木岸狭河工程，是在流量一定的条件下，采用木板束狭河身，缩小过水断面，增大流速，加大水流冲刷的力量，使泥沙更多地被冲走，以达减少泥沙淤积的目的的工程。在认识上已触及水流挟沙能力与流速的关系问题。从水动力学角度分析，水流的挟沙力 S 与速度 V 的三次方成正比。束狭河身后，河道断面趋向窄深，在流量不变的条件下，流速必然加大，从而加大挟沙力，挟带泥沙流向下游。这反映宋人在水力学原理方面已有一些理解。

（2）流量概念的初步产生。清汴工程以洛水为主要水源，以汜水、索水为辅助水源。工程规划中指出："积其广深，得二千一百三十六尺，视今汴流尚赢九百七十四尺。"如果洛、汜、索三河正常水位时入汴处的断面分别为 $S_洛$、$S_汜$、$S_索$，$S_汴$ 为汴渠保证通航时的过水断面，按照规划中指出的关系则有 $S_洛 + S_汜 + S_索 > S_汴$，即三河断面面积之和大于汴河断面面积。尽管三河流速各不相同，但引三河之水入汴渠通漕还是颇有富余的。说明当时人们对流量、断面面积、流速三者的关系已有了一定的认识。

（二）金元时期运河改建

金元两代，黄河屡决，洪水泛滥威胁运河，泥沙淤积运道常使漕运不畅。金元时期国家的政治中心都在北方,金时战乱频繁,尚无力顾及漕运,到了元代,统治者为使运河避开水沙灾害,能够直接与政治中心相连接,着力改建了漕运路线。

金明昌五年(1194 年)"河决阳武故堤,灌封丘而东"黄河南徙夺泗入淮,打破了唐宋运河的旧格局。此后,南来漕粮自淮扬运河入淮水,再入黄河,逆黄河经徐州到中滦(今开封北黄河北岸),转陆运到淇门,再入卫河经临清北上。这条路线在黄河上行运太长,风浪大而险,且常遇搁浅,还要经过一段陆运,十分不便。元世祖至元十九年(1282 年)冬,开济州河,辟安山—济州—徐州运线,南来船由徐州入运,避开徐州以上的黄河,漕运较前安全很多。到至元二十六年(1289 年),会通河建成,漕船可从徐州入济州河经安山、临清直抵京师,从南到北只有淮安至徐州段借黄河运行,除仍有淤浅、冲决之患以外,其余可谓通畅,而且航程比绕道淇门缩短了 1 000 多公里。

(三)明清避黄通漕及清口泥沙处理

明代漕运自隆庆元年(1567 年)开南阳新河后,徐州以上航道受黄河冲淤次数减少。徐州以下至清口段仍走黄河,直到清初才基本脱离。但清代运河还有两大难题:一是在清口与黄、淮、运交汇处,由于黄河不断淤高,堵塞淮水下泄,妨碍航行;二是会通河水源缺乏,加上浙河水源不足,全靠济宁以南微山湖作为水柜调节。有时湖水不足仍免不了引黄河水接济。为避免黄河决泛害及漕运,明清两代采取了不少措施。

1. 避黄通漕

明嘉靖初年,黄河于曹县、单县、成武一带决口,沛县以北一片汪洋,运河被淹,漕运受阻。于是在昭阳湖东凿开南阳新河,由南阳南 78 里至王家水口,由宋家集折东,又南经夏镇 57 里至留城接留城河共 141 里,其上建闸 8 座,月河 6 处,坝 12 道,堤 300 多里,另有支河、减水闸等,使行水路线移向高处,南阳至留城间航运条件得到改善。但留城以下仍受黄河泛滥和泥沙淤塞的威胁,遂于万历二十一年(1593 年)和万历二十八年(1600 年)分别挖韩庄中心沟 40 里和凿良城、台庄,开潮河,又合丞、沂河东南至邳州直河口,避黄河之险。

清代漕运曾一度经骆马湖。骆马湖与黄河相互灌注,河水大则入湖淤浅运道;湖水大则分水入黄河,又使通济河口门因泥沙淤塞不通。康熙十九年(1680 年),总河靳辅开皂河 40 里,以原有河口与董口之间的皂河通黄河,由皂河口开河接栅河。后皂口又淤,向东再开支河至张庄,使潮河来水至张庄入黄河,即张庄支河。康熙三十五年(1696 年),"于遥缕二堤之内,再挑中河一道,上接张庄运口,并骆马湖之清水,下历桃(源)、清(河)、山(阳)、安(东),入平望河,以达于海"。即所谓中运河。中运河开通以后,运河除与黄河交叉之外,航道完全与黄河脱离。

2. 清江浦运河

清江浦运河在黄河南岸,是永乐十三年(1415年)为避开黄河夺淮段的险滩以及泥沙淤积航道由陈瑄主持开凿的。它起自淮安城西管家湖,西行至淮河边上的鸭陈口入黄。在开凿此河的同时还修建了四座水闸,防止黄河泥沙淤积运口。清江浦运河开凿后成为运河长期穿淮的主要通道,避免了南来船只在黄河夺淮段逆水行运。

3. 清口泥沙治理

清口,原为泗水入淮河口,古称泗口。金明昌五年(1194年)黄河南徙夺淮入海,黄淮二水于清口交汇,清口转而指淮河入黄河之口。明清两代清口成为黄淮运三河长期交汇之处,"治河,导淮,济运三策,群萃于淮安清口一隅"。清口之与明清漕运,堪称是一处重要的关键。

清口泥沙淤塞,黄水倒灌,淮水不能入黄,洪泽湖湖水壅溢生患,影响漕运。明潘季驯采取蓄清刷黄之法大修高家堰大堤,拦蓄淮水,使其尽出清口,冲刷黄河淤沙。此法在一定程度上减慢了清口淤积,延缓了河床淤积速度,在一个时期内起到了积极的作用。后来杨一魁改用分黄导淮之法也收到了一定的效果。清康熙时靳辅采取的方法是开清口及烂泥浅引河,引淮刷黄,增筑高家堰堤岸等。需要指出的是,所有这些办法都是从局部着手的,均未能从根本上解决黄河清口一带的淤积问题。

清咸丰五年(1855年)铜瓦厢决口,黄河北徙,使长期南夺淮河入海的局面归于终结。黄河东北在张秋镇横穿运河,继续使运河受害,只是受害地点有所改变。好在近代铁路的修筑,海运的发展,使漕运的地位逐渐下降,黄河与运河的矛盾渐渐变得不那么突出,也不那么重要了。

(摘编自谢永刚:《历史上运河受黄河水沙影响及其防御工程技术特点》,载《人民黄河》1995年第10期。)

五、古代北京作为首都时期的水旱灾害赈济措施探讨

古代北京作为首都,主要有元明清三代,每遇水旱灾害发生,京都地区的赈灾往往比其他地方更受到重视,赈灾的措施也比京外埠严密细致。以下侧重对元明清时期首都北京地区的主要赈灾措施进行探讨。

(一)元代

元代,首都(大都)北京地区的水旱灾害频繁,如泰安二年(1325年),"六月,通州三河县大雨,水深丈余",至正十八年(1358年),"七月,京师大水",天历二年(1329年),"六月,亢旱为灾"。据统计,元代自世祖至元八年(1271年)到元代灭亡的近百年中,在北京地区大约有50多年发生水灾,20多年发生旱灾。

元代对大都地区的水旱灾害的救济措施,可归纳为以下主要方法:

1. 蠲免租税

元代,大都地区农民负担的租税主要有税粮、科差和俸钞三种。税粮包括按人口征收的丁税和按地亩征收的地税,科差包括按户等征收的丝料和包银,俸钞则是按户等征收的银钱。《元史·食货志四》"赈恤"中记载:"救荒之政,莫大于赈恤。元赈恤之名有二:曰蠲免者,免其差税,即《周官·大司徒》所谓薄征者也;曰赈贷者,给以米粟,即《周官·大司徒》所谓散利者也。然蠲免有以恩免者,有以灾免者;赈贷有以鳏寡孤独而赈者,有以水旱疫疬而赈者,有以京师人物繁凑而每岁赈粜者。"这段话中的"以灾免者"和"以水旱疫疬而赈者",就是指元朝政府在救灾中首先考虑的措施。如元世祖至元二十五年(1288年)"七月,霸州、漷州霖雨害稼,免其今年田租";成宗大德六年(1302年),"大都、平滦被灾尤甚,免其差税三年"等。在元代,蠲免租税对减轻京师地的灾民负担起到重要作用。

2. 无偿赈济

无偿赈济是在大的水旱灾荒时对衣食无着落的农民采取的救急措施。如元世祖至元二十三年(1286年)因大都路所属良乡等县旱饥:"免今年租,给粮三月",这里所说的"给粮三月",即发粮赈济灾民。又如元仁宗延祐元年(1314年)"七月,武清县浑河堤决,淹没民田,发廪赈之"。元泰定帝泰定三年(1326年)"正月,大都路属县饥,赈粮六万石"。笔者根据《畿辅通志·恤政》粗略统计,元代北京地区近70年的水旱灾年中,有37年靠设于路、府的常平仓、义仓等进行大面积的赈济灾民活动。以下是

元代至元年间北京地区的赈济统计表,表现出元代初期对灾后赈济的重视(见表1)。

表1 至元年间北京地区的赈济统计表

年份	赈济原因和范围	年份	赈济原因和范围
至元八年(1271年)	赈北京饥	二十二年(1285年)	赈粜京师饥民
至元九年(1272年)	赈大都路饥	二十三年(1286年)	赈粜大都贫民
至元十二年(1275年)	以免代赈北京本年丝银	二十四年(1287年)	以免代赈大都银钞
至元十三年(1276年)	以免代赈大都本年丝银	二十六年(1289年)	赈粜大都饥民
至元十四年(1277年)	赈粜大都贫民	二十七年(1290年)	以免代赈大都税租
至元十八年(1281年)	以免代赈北京税租	二十八年(1291年)	以免代赈大都税、赈粜饥民
至元二十年(1283年)	赈粜大都饥民	二十九年(1292年)	发通州粟赈

3. 有偿赈粜

即在灾荒之年官出粟,以平价或低价出售灾民,使灾民渡过难关。这种方法与无偿赈济相结合,对元代首都地区稳定起到非常重要作用。如元世祖至元二十三年(1286年)大都地区干旱严重;六月涿、漷、檀、顺、蓟五州大水,九月淫雨,连连被灾,造成饥荒。十二月,"发官米低其价粜贫民"。至元二十五年(1288年)"二月,京师水,发官米,下其价粜贫民"。元泰定二年(1325年)夏季,房山、檀州、涿州、霸州等地大水,年底大都地区发生饥荒,"十一月,京师饥,赈粜米四十万石"。元世祖至元二十二年(1285年),元政府在大都南城(即旧金中都城)设米铺3所,遣官史主持其事,自京仓中调拨所贮海运米,减其价以粜之。白米每石价钱减钞五两,南粳米每石减钞三两。此后这一制度固定下来,每遇灾年或每年青黄不接之季节,出粟赈京师贫民。如至元二十七年(1290年)旱饥"二月,赈新附民居昌平者。四月,又以钞二千五百锭赈昌平"。又至元二十八年(1291年),"五月,赈昌平等站饥民"。成宗元贞二年(1296年)七月,大兴等县大水,损田稼数千顷;十月壬寅,元政府"发米十万石赈粜京师"。

4. 发红帖粮和给牛

发红帖粮属于更严密的赈粜方法,目的是避免粜米时京城豪强嗜利之徒乘机套购粜米,使赤贫灾民得不到实惠,元朝廷令有司检核大都赈灾户口数目,每户发给"半印号簿文帖",其上各书姓名、口数,称为"红帖"。凭此帖买的粮即为"红帖粮",每月发售一次,大口配额3斗,小口1斗5升。红帖粮价较一般赈粜粮价更为低廉。"红帖粮"价比照赈粜之价减三分之一,与赈粜米同时发售。

给牛也是有目的地对贫乏或赤贫灾民提供灾中恢复生产的方法,如延祐三年(1316年),七月,水没民田庐,救阿速卫户贫乏者给牛种。又在至顺元年(1333年)二月,宣忠扈卫斡罗思屯田,给牛、种、农具。发红帖粮和给牛都是针对贫乏或赤贫灾民有效度过水旱灾年而制定的。

(二)明朝

明朝276年中,北京地区发生水灾的年份为116年,约占明朝总数的42%,即平均约2.5年一次水灾,发生旱灾的年份为160个,约占明朝总数的58%,即平均为3年2旱。而且明代的灾情很重,如洪武十五年(1382年),"北平府大水伤稼,士卒不能自养,命都司给米赈之"。万历三十九年(1611年)"都城内外暴涨,损官民庐舍"。关于旱灾,成化八年(1472年)"四月,京畿自二月至是月不雨,大风竟日,运河水涸"。崇祯元年(1628年)顺天府至六月仍旱,赤地千里。明代主要赈灾措施有:

1."祷雨""祈晴"

明代水旱灾害表现的最大特点是连续大旱和连续大涝,如崇祯十五年(1642年)前后的大旱灾等,人们对天灾还是无能为力的条件下,便把自然灾害视作上天对人类的惩戒或警示,因而在预防灾害方面,首先是把大量的精力放在敬天拜地、求神保佑这方面,希望以自己的虔诚感动神灵不再降灾施祸。在史料中常见到遇久旱无雨或阴雨连绵时有关政府官员"祷雨""祈晴"之类的片断。如宣德七年(1432年),"三月甲申,以久不雨,遣顺天府官祈祷";正统十三年(1448年),"五月辛丑,以久旱,遣太师、英国公张辅等祭告在京寺观",成化十年(1474年)礼部大臣奏:"今秋少雨,至冬无雪,乞命大臣祭告天地、社稷、山川之神";成化十三年(1477年)"六月壬子,……顺天府官以天久雨妨农,奏乞祈晴";正德七年(1512年),"闰五月己卯,命顺天府祷雨",等等。

这种对天祈祷可分为5个层次,最高一个是皇帝亲自祷告,如嘉靖二十一年(1542年),"上以久旱躬祷雨于太素殿……"。其次是派遣德高望重的王公、遗老到各处寺庙祷告;再次是礼部率官祷告。再其次,是命灾害所在地官员祈祷。最后一个是老百姓自发祈祷。除了拜神祷告,还要斋戒修省,对上天作自我检讨。如弘治六年(1493年),"上以京师及河南、山东等处久不雨,斋戒三日";正德八年(1513年),"以今春少雨,……令文武群臣修省";万历五年(1577年),"上以久旱,率百官修省,斋三日",等等。

祈祷和斋戒,都只能是表达人们的一种祛灾祈佑的心愿,而对抗灾不可能产生什么实际效用。

2. 安抚流民

明代,非常重视山东、陕西、河南等地流入北京地区及当地的灾民的安抚。如永乐元年(1403 年)正月庚辰北平布政司奏:"诸郡流民复业者凡十三万六百余户。上命户部令有司加意绥抚,勿重扰之。"宣德三年(1428 年)至宣德五年(1430 年)北京旱,(宣德五年九月戊申)兵部尚书张本曰:"闻各处细民……以致贫困,流移外境。既招复业,蠲负租、免更徭以优恤之。"宣德五年(1430 年)十月,巡抚河南工部侍郎许廓奏:"各处逃民,久不复业……宜令有司取堪:凡居五年之上而户有三丁者,取一丁;不及三丁,令朋合一丁,编定班次,轮流赴京充杂役,每半年一更。"从上两段引文可看出,外地流民有计划地"轮流赴京充杂役",说明京师地区对安抚流民是非常重视的,对首都地区的稳定起到重要作用。

3. 蠲免赋税

明代水旱灾荒频仍,政府对蠲免赋税也很重视。如洪武十二年(1379 年)免北平税粮。诏曰:"民之休息长养,惟君主之。至于水旱灾伤,虽出于天,而亦作民父母之责也。近者,广平所属郡邑,天久不雨,致民艰于树艺,衣食不给。朕为天下主,凡吾民有不得其所者,皆朕之责。其北平今年夏税秋粮。悉行蠲免,以苏民力。"永乐十年(1412 年),"以水灾蠲北京所属郡县租粮",仅永乐 22 年间京师地区的蠲免有 7 年(见表 2)。

表 2　永乐 22 年间京师地区的蠲免年份表

年份	蠲免内容
永乐六年(1408 年)	免除北京永乐五年以前逋赋,罢北京不急之务,以解民困。
永乐七年(1409 年)	十二月,良乡等处田租一年。
永乐十年(1412 年)	三月,免北京大水灾租税。
永乐十二年(1414 年)	八月丙午,蠲北京州县租。
永乐十四年(1416 年)	免北京永乐十二年逋租,发粟赈之。
永乐二十年(1422 年)	七月,皇太子免被灾各郡县水灾税粮。
永乐二十一年(1423 年)	八月,皇太子免两京等州县水灾田租。

资料来源:此表根据《畿辅通志》第 180 卷统计。

嘉靖七年(1528 年)"以水灾免顺天府及所属卫所秋粮、马草、屯田子粒有差",嘉靖三十五年(1556 年),"以水灾缓征顺天等府积欠马价银"。蠲免的内容十分丰富,以夏税、秋粮为主,兼及课钞、物料(银、朱砂、铁等)、饷银、土贡、徭役等等。蠲免的具体办法是:勘灾情定等级,分别予以部分减免或全免。所谓蠲免"有差",即所免份额不等。其标准,"洪武时,勘灾既实,尽与蠲免。弘治中,始定全灾免七分(成),自九分灾以下递减。又止免存留,不及起运,后遂为永制云"。这就是常见的明前期多为田租全免,而后期多为"免税粮子粒有差"之类记载的原因。按照明朝惯例,如果水旱灾害发生较轻时,蠲免也就无从谈起,只有大的局部水旱灾害、大面积灾伤严重或直隶周边地区灾害较重,引起大批灾民流入京师地区并对当地带来压力,才对当地居民予以蠲免。如规定"凡灾三分以下税粮不免,三分以上递减(免)之"。蠲免税赋的变通之法有停征、缓征税粮和以税粮米麦折豆、折钞、折土特产等交纳。如:成化九年(1473年)"诏停征顺天府诸州县成化七年粮草并八年绢纱棉花,逋欠在民者,俟今岁秋成征之,以连年水旱故也"。成化十一年(1475年)"诏顺天等府州县岁欠税粮秋成输纳。时水旱相仍,频年逋欠"。

4.无偿赈济和有偿赈贷

无偿赈济,即官府无偿发给灾民钱、粮。如《荒政要揽》记载,永乐九年(1411年)七月,户部言:"赈北京临城县饥民三百余户,纳粮三千七百石有奇。"弘治六年(1493年)"以顺天府大兴、宛平二县旱灾,命发预备仓赈之,下户二月,稍优者一月,大口各给粮三斗,小口半之";"成化八年十二月,赈京师饥民"。正德十三年(1518年)"发通州大运仓粮三万石并河西务钞关船料银于顺天所属州县赈济";万历十五年(1587年)六月底,因"是时京师灾荒叠见。六月间风雨陡作,冰雹横击,大雨如注,官民墙屋所在倾颓,人口被溺被压,颠连困苦,至不忍见闻",故"上命顺天府细查被害贫民,每户量给银五钱、米一石,压伤男女每名口给银七钱、米七斗";关于无偿赈给注粮的标准,前后有一个变化;"明初,大口六斗,小口三斗,五岁以下不与。永乐以后,减其数"。依此标准看,像上述万历十五年中"压伤男女每名口给银七钱、米七斗"的赈济数额,可算是超标的了,这说明当年的灾情确实十分严重。

有偿赈贷,即政府借给灾民口粮,要求灾后算入赋税中偿还,一般为无息借贷。如万历二十七年(1599年)"以畿辅灾,发天津、德州、临清仓共三十万石,以十万石赈贷,而以二十万石平粜";弘治二年(1489年),顺义"大水,民饥,发粟平粜";嘉靖五年(1526年):"诏官粜太仓米十万赈济京师饥民"。

5.赈粥

在京城各大寺庙观宇前设立粥铺,无偿提供饥民、流民以一碗粥食。如万历十五年(1587年)灾害迭起,饥民无数拥集京城,明神宗亲自过问在京城各寺观煮粥赈济之事,并传旨"五城赈济贫民,难以限定人数。今后不拘多寡,但有就食者便与"。

6.设收容所安置难民

如正统四年(1439 年),京师大水,"上以京畿前有大水坏屋溺人,命……择京城内外高爽之地及各厂房以居官吏军民之无屋者";万历十五年(1587 年),神宗皇帝除了要求煮粥飨民之外,还让官府"再于各煮粥处所赁空房两月,安插就食之人。将各草场放剩陈草,每名给十五斤铺垫"。

明朝政府对于自然灾害发生后的解救、抚恤灾民事是十分重视的,在这方面有许多经验可以汲取。但从具体实例上来看,无论是蠲免赋税还是赈济灾民,都呈现出前期多而后期少的趋向,如洪武至正统年间,免税粮及赈济事例明显多于明后期,且份额也大。这反映出明政府,财力由强到衰,政治统治由松到紧的过程。

(三)清代

在清代 295 年中,水旱灾害最为突出,这两种天灾差不多每年一次。据统计有 129 个年份发生水灾,平均 2 年一次;161 个年份发生旱灾,平均约 1.5 年一次。如顺治十年(1653 年)礼部奏言:"淫雨不止,房屋倾塌,田禾淹没,请行顺王府祈晴。"光绪元年(1875 年),四月,京师大旱。光绪二年(1876 年),"粮价昂贵,贫民觅食维艰"。清代对赈济全国各地人迷荒极为重视,而对赈济京畿重地的灾荒更是用心舍力。康熙五十五年(1716 年),京畿大旱,帝谕大学士嵩祝:"念京城人民辐辏,就食者多,且太平日久,人口滋生多至数倍。……今值大旱之际,若再不亟为筹划,为群臣者所理何事乎?"乾隆十一年(1746 年)亦有谕旨:"访求民瘼,乃为政第一要务。"以康熙、乾隆二帝为代表的清代统治者所奉行的这种为政之道,足以说明清政府对赈灾济贫的高度重视。

清代的灾赈主要形式可概括为赈、抚、蠲、贷、缓、养等。

1.赈

包括煮赈,正赈、加赈等。

(1)煮赈

煮赈是指由政府设立馆、厂、所,煮粥发给灾民充饥,以解决嗷嗷待哺的灾民和流离觅食的散处灾民的应急赈恤救灾的措施。如乾隆年间设立粥厂,散粥救济"极贫者"。若仓谷充裕,还筹划"散谷"来保障"次贫者"的口粮。"准谷之多少以算户,视口之众寡以贷谷,有田者来年还仓,或宽期二年,均免收息金;无田者则不用偿还。""极贫、次贫户既皆已得饱,一州邑之中各仓并举,数州邑之中同时并举,继之以官赈,而民宜无外出者矣。贫民安而富户乃可保。"乾隆二十六年(1761 年)至乾隆二十九年(1764 年)直隶连续三年都有一些州县发生严重荒歉,这期间义仓所属粥厂动用及凑拨赈粮等谷达五万八千九百余石之多。顺治九年（1652年），于京师五城每城设一饭厂，每日每厂给米二石，做饭银一两，煮粥以赈贫民，从十月起开赈，至来年三月终停赈，煮赈期半年。康熙二十九年（1690年）二月，以四方流民渐集，无以遍赡。故增京师饭厂，每城各一，以满汉部官各一人日董其事。道光三年（1823年）六月，北京地区大水，七月十九日（乙酉），谕："惟近城觅食贫民，人数众多，仍恐未能周给……即于卢沟桥黄村、东坝、清河四处分设粥厂，照五城煮赈之例，发京仓米石。……所有四乡灾民即由该处就近领赈，无令纷纷进城。"同年十二月乙巳，道光皇帝又谕："京内五城地面，均设饭厂煮赈。"城外普济堂（在广安门外）、功德林（在德门外）亦均设饭厂，近京饥民可资糊口。所有卢沟桥、东坝、清河三处饭厂，著毋庸复设。其采育、黄村、庞各庄三处距京较远，著仍开厂煮赈。至宛平南乡被水较重，著于榆维添设一厂。光绪九年（1883年）十月二十四日文硕奏："……大兴县领粥民数自数百名至千余名，有时或愈二千名不等。"光绪十六年（1890年）北京又遭特大水灾。"亿万灾黎号呼待救。"六月十三日，"著照所请，先于六门外添设粥厂，并于孙河、定福庄、采育镇、黄村、庞各庄、卢沟桥六处一律添设，加恩赏给京仓米一万五千石"。

清代后期，水旱灾害增多加重，进京觅食的外地饥民日众。一些官僚士绅也资筹建一些粥玟，起到辅助政府赈济灾民的作用。这种私人营办的粥厂，实际上属于公助民办，钱米不足时也向政府奏请赏赐。如雍正元年（1723年），直隶、山东、河南流民就食京师，乃令五城御史查询口数，量给盘费，送回本籍。每口每程给银六分。老病不能所走加给三分为脚力费。并委官护送，地方官逐程出具收结，转送至原籍。中途患病者，令地方官留养医治，病愈再行转送流民之始。总之，清代在京城内外和公私办的煮粥厂多达49处。

（2）正赈、加赈

正赈指的是由政府向灾民发放粮食和钱财。正赈是在地方遇到严重灾害时政府采取的应急性的先行救灾措施，而加赈则是后来根据灾情轻重和灾民贫穷差别而采取的补缺补遗性的和格外照顾性的赈灾措施。如《石渠余记》卷一记载：雍正七年（1729年）决定，"地方凡遇水旱，即行抚恤，先赈一月；七八分极贫，加两月，次贫加一月，九分十分，以次递加一月。谓之加赈"。另外，如果赈期已满，而皇帝颁旨格外加因展延赈期者，亦属加赈范畴，"凡加赈，则正赈时遗漏贫民，并先可糊口，而后力不能支者，亦得增入"。

从直隶一代的常平仓建设规模可看出，清代常平仓的规模是可观的。乾隆十二年（1747年）直隶常平仓额为二百一十五万余石。正常年景大体上都保持在三百万石上下，歉收年份就少一些。如乾隆四十七年（1782年）为二百三十四万石；丰收年份的乾隆二十八年（1763年）为四百五十一万余石。有不足时还截留漕米充赈，如雍正元年（1723年）"直隶旱灾，发仓谷及截流漕米充赈，其耕种无资者，诏辑复业"。以下表3是北京地区各种仓的分布情况。

表3　清代北京地区各种仓的分布情况表

县份项目	大兴	宛平	通州	三河	昌平	顺义	密云	怀柔	房山	合计
仓数	7	9	21	7	16	5	16	7	6	94
仓额	20 095	20 058	15 769	8 000	16 000	12 000	12 000	12 000	14 000	129 922

资料来源:根据《畿辅通志》第130卷统计,仓额为"石",斗、升不计。

2. 急抚

所谓急抚,即在光绪十六年(1890年),北京地区发生特大水灾,六月初九日李鸿章奏(摘):"永定河两岸,上下数百里间一片汪洋,有平地水深二丈余,庐舍民田尽成泽国。"首先对受灾严重的地区的民户下手,散放急抚户口,第一批急赈,可对缓解灾民和稳定社会起到重要作用。以下统计了光绪十六年北京大水急抚放过情况(见表4)。

表4　光绪十六年(1890年)北京大水急抚放过统计表

州县	被灾村庄数/个	急抚放过户数/户	急抚放过口数/人
大兴	256	11 285	67 835
宛平	136	6 836	33 005
通州	340	21 380	91 300
良乡	106	5 538	40 304
房山	150	—	—
顺义	236	14 843	—
密云	27	0	0
平谷	5	0	0
怀柔	48	1 397	4 154
昌平	缺	—	—
延庆	缺	—	—
合计	1 304	61 279	236 598

资料来源:根据《清代海河滦河洪涝档案史料》统计。

3. 灾贷

灾贷即指水旱灾年发生,官方暂借给灾民的口粮、种子、钱物等。乾隆十年(1745

年),"赈贷直隶、昌平、密云、延庆、怀柔等四十八州县卫厅旱灾军民"。又如嘉庆二十五年(1820年)正月,"加赈直隶、大兴、宛平、通州等十七州县上年被水灾民并贷子种口粮"。

4. 灾蠲

灾蠲即免灾民应交纳的赋税,以减轻灾民灾年负担。灾蠲是清代抗灾自救的重要方法。如康熙五十五年(1716年)北京地区大旱,"……延庆等州县康熙五十六年地丁银二十六万四千三百三十六两零,米豆高粮二万一千六百四十六石零,草九万四千九百五十束零,俱通行蠲免"。雍正十三年(1735年)九月,"诏免天下田租,并免雍正十二年以前逋租,除大兴、宛平、良乡等州县次年租"。顺治年间还规定:"被灾八分至十分,免十之三;五分至七分,免二;四分免一。"嘉庆二年(1797年)良乡等处遭受水灾的州县,蠲免钱粮十分之一;嘉庆六年(1801年)永定河水涨,将大兴、宛平当年钱粮全部蠲免。嘉庆六年(1801年),"永定河涨,大兴、宛平二县村庄多被淹浸,蠲免本年应征钱粮"。

5. 缓征

遇较大水旱灾年延期征收灾民的赋税时间。有利于灾区民力的复苏,缓解灾民困难重重的局面。如《畿辅通志·恤政》记载:乾隆三十七年(1772年),"直隶上年秋雨过多,将宛平等二十四州县被灾蠲剩及毗连灾地处所应行缓征"。又嘉庆二年(1797年),"直隶水灾,良乡等八州县本年应征民地蠲剩钱粮分作二年带征"。同治十三年(1874年),"展缓直隶通州……宛平、良乡、涿州、顺义、怀柔……四十八县被水地方春征额赋,并展缓房山……二十州县节年民欠粮租"。道光四年(1824年),在上年大水过后,民困不能缓解,"展缓直隶所属州县节年旧欠粮租,并缓征顺天府属通州、三河、武清、良乡、房山、昌平、顺义、怀柔等九州县被水歉收额赋"。据不完全统计,清代北京地区水旱灾年实行缓征年有120余年,差不多每2年一次,即每遇灾年都有不同程度的缓征。

6. 建养济院

清代北京地区共发生129个水灾年,其中大水灾年达35年。洪水毁坏了房屋,粮食被冲走,迫使灾民背井离乡,常常涌入京城及附近地区。为了使灾民有栖身之地,清政府建立很多养济院,额养孤贫,对当时维护京城社会稳定起到重要作用。从嘉庆十三年(1808年)所设养济院收容人数,就可看出清代对安辑流民的重视程度(见表5)。

表5　嘉庆十三年(1808年)北京地区所设养济院收容人数统计表

项目	大兴宛平	良乡	通州	昌平	三河	顺义	密云	怀柔	房山	平谷
人数/人	906	25	77	17	5	32	6	14	2	20

资料来源:根据《畿辅通志》第180卷统计。

综上所述,元明清三代对北京地区的赈灾非常重视,措施和方法也很多,而且根据不同时期、不同灾情及轻重缓急,所采取的救灾措施也有不同的变化。元代以蠲免、赈济为主,明代以蠲免、安抚流民为主,清代则较全面细致,往往更重视灾后的应急措施。

(摘编自谢永刚、薄明霞:《古代北京作为首都时期的水旱灾害赈济措施探讨》,载《农业考古》2001年第1期。)

六、历史上的灾情统计制度及其借鉴

由于地理、气象等因素,中国自古以来都是洪水灾害频发的地区。而中国又是一个人口大国,以农业为立国之本。因此,减灾救灾及其荒政就成为历代政府工作的重中之重。从古至今,政府管理部门都有重视荒政的传统,目的是在对灾荒进行及时申报和检查,不断形成了报灾、核灾、检灾等一系列的制度。自秦形成九卿和尚书制度第一次有了各衙门较为明确的分工后,经汉魏时期的发展,至两宋时期趋于成熟,并在明清时期不断完善。它的发展历程,集中反映出历代政府在赈灾救荒方面的制度化进程,显示出中国古代社会在小农经济安全运行方面所做的不懈努力和有益尝试。以下笔者介绍张文的《中国古代报灾检灾制度述论》、张扬的《清代赈灾法律制度探析》等研究成果,对报灾、勘灾等制度进行了梳理,目的是为现在的灾害统计制度的建立和完善提供历史经验。

(一)先秦时期的灾害统计制度

早在先秦时期,我国的报灾损免制度就已初步建立。据湖北云梦《睡虎地秦简》的"田律"、郑玄《周礼·地官司稼》注,秦、汉已有关于灾情报告的规定;其后经过汉魏南北朝时期的发展,至两宋时期趋于成熟,并最终完善于明清时期。春秋战国时期,报灾方面未有明确记载,但已有报穷制度。《管子·入国》:记载当时有"通穷"之制:"所谓通穷者,凡国、都皆有通穷,若有穷夫妇无居处,穷宾客绝粮食,居其乡党以闻者有赏,不以闻者有罚。"由此来看,上文提到的这种"通穷"制度,主要是针对当地社会及家庭成员中的贫困人口而言的,但导致这种贫困人口处境艰难的原因则包括水灾导致的饥荒,因此,"通穷"制度,也带有报告灾荒的内容。张文在其文中描述:《晏子春秋》中记载,齐景公时,连日霖雨成灾,"公饮酒日夜相继,晏子请发粟于民,三请不见许,遂分家粟于氓,徒行见公。曰:'怀宝乡有数十,饥氓里有数家,百姓老弱,冻寒不得短褐,饥馁不得糟糠,里穷而无告,无乐有君矣!……请奉齐国之粟米……委之百姓"。从这段史料来看,晏子对这些情况的了解,不外乎通过对连日霖雨成灾后的情况报告而得之,即报灾制度。另外,还记载:晏子乃命仓官出巡百姓人家,凡"家有布缕之本而乏食者,使有终月之委;绝本之家,使有期年之食。……三日吏告毕,上贫氓万七千家,用粟九十七万钟"。所以,要了解哪家是"有布缕之本而乏食者",哪家属于"绝本之家",不通过报告灾情、查验灾情和受灾程度,各家的情况是无法得知的。这一过程当属检灾制度的雏形。

关于对灾情程度的进一步全面了解,必须通过行政报灾和检灾,才能具有可实施性。如检灾行政中,首先要确定受灾程度,以作为对民户减免赋税和赈济的依据。先秦时期对灾荒程度的界定多为描述性的,如凶、歉、饥、荒等,是以五谷失收情况而定的。但据《管子·八观》记载:"其稼亡三之一者,命曰小凶;小凶三年而大凶,大凶则众有大遗苞矣。"即庄稼损失三四成以内为小凶,连续三年小凶为大凶。这大概相当于现在所说的农田受灾三成、七成等。《管子·枢言》介绍:"一日不食比岁歉,三日不食比岁饥,五日不食比岁荒,七日不食无国土,十日不食无畴类,尽死矣。"据此看来,先秦时期检灾方面已经有了初步的数量化标准。《管子·大匡篇》:"赋禄以粟,案田而税,……上年什取三,中年什取二,下年什取一,岁饥不税,岁饥弛而税。"所谓上中下三等年成,是指庄稼丰收的三种程度;根据这三种程度,制定出相应的收取租税或救济的标准。

(二)汉魏时期的灾害统计制度

汉代时期,随着灾害救济办法的普遍施行,前期的报灾、检灾工作在先秦的基础上有了进一步发展,已初步形成制度化和统计灾情的量化。如汉成帝时,检灾方面开始有了具体的"分数"标准,《汉书》卷十《成帝纪》载:成帝建始元年(前32年),诏令"郡国被灾什四以上,毋收田租"。据此推测,汉代的数量化检灾,当确立于元帝和成帝之间的时间。成帝以后,检灾及据此而来的蠲免租税大都有明确的"分数"。《汉书》卷十一《哀帝纪》:"河南颍川郡水出,流杀人民,坏败庐舍。……其令水所伤县邑及他郡国灾害什四以上……。"这里的"灾害什四以上",就是灾害等级,是一个定量的描述。汉代不仅要求成灾上报,对前期降雨也要上报:"自立春,至立夏,尽立秋,郡国上雨泽。"

魏晋南北朝时期,灾害统计和检灾方面较之汉代的数量化标准没有大的改进和进步,而且记载的文献不多见。但《北齐书》卷八《后主纪》载:后主天统五年(569年),"诏使巡省河北诸州无雨处,境内偏旱者优免租调"等,对于受灾程度只是笼统地称为"偏旱、偏涝"等,属于描述性的记载。

(三)唐宋时期的灾害统计制度

唐代时期查灾、检灾方面比前代有了明确的规定。如《旧唐书》卷四十八《食货志上》载:唐高祖武德七年(624年),制"凡水旱虫霜为灾,十分损四已上免租,损六已上免调,损七已上,课役俱免"。可以看出,唐代的检灾分数分为三个等级,根据不同受灾等级进行不同程度的蠲免赈济。

唐代的报灾、检灾制度是比较受到皇帝和各级官员重视的。到晚唐时期已经初步建立了一整套救灾的基本操作程序并纳入唐朝法律。如《唐律疏义》,作为中国现存最完整的一部封建法典,其中的《户婚律》说明唐代已经建立了里、县、州、省由下而上的节级报灾制度。报灾、覆检,是唐代的基本政治制度。同时,唐代的《水部式》是历史上第一部水利法规,其中也有灾害核查的要求。在唐代还建立了地方官员报灾、御史检灾、朝廷下令损免灾区赋税的因灾蠲免程序。对匿灾及妄报自然灾害的行为,唐律还规定了具体的惩罚措施。另外,唐朝的"灾伤检覆"也是一项检灾制度,规定灾害发生后,要对地方官所报灾进行检覆,就是要避免匿报和妄报,其在其执行过程中也具有一定的灵活性。由于徇私舞弊匿灾或妄报的行为屡见不鲜,官员检覆结果也多有同异。因此御史审核检覆作为唐代的一项基本制度,在一定程度上保证了灾荒救济措施的落实。

两宋时期,报灾、检灾制度有了重大发展,尤其是民户报灾方面,比唐代时期有了明确的规定。整个过程包括三个步骤:

1. 民户诉灾

规定民户遭受灾害后,第一时间要向上级报告,称为"诉灾"。如宋仁宗时,陈耿在阆中,值"岁大旱,郡守希转运使意,不听民诉灾"。明确提到民户诉灾的规定。孝宗淳熙年间颁布《淳熙令》中对诉灾的格式等细节问题做了统一规定:"诸官私田灾伤,夏田以四月,秋田以七月,水田以八月。听经县陈诉,至月终止。若应诉月并次两月过闰者,各碾(展)半月。诉在限外,不得受理(非时灾伤者,不拘月分,自被灾伤后,限一月止)。其所诉状,县录或(式)晓示。又具二本,不得连名。如未检后(覆)而改种者,并量留根查,以备检视。"敕令中对于诉灾时限再次作了明确规定,超过的即不予受理。但同时规定,"非时灾伤者,不拘月分,自被灾伤后",一月之内均可申诉。

2. 官吏检放

即官吏检查灾伤,确定放税分数的工作。检放即为"检灾"和"放税"。"检灾"分两个步骤进行,首先"令佐受诉,即分行检视"。"检视"就是检灾的意思。如"学士林镦,福州人,乾道末,为宁国府泾县宰,因检按水潦,遍行乡疃"。其次是覆检,如"白州遣官覆检"。宋朝还规定:即使民户未"诉灾",官吏也有责任发现并报告灾伤,否则视为违法,将受到处分。甚至有朝臣提议:对州县报灾不实者,"坐之",而对夸大灾情者,"不问",以鼓励地方报灾。虽然如此,迫于财政压力,州县"检视灾伤,观望顾畏,不实不尽"的情况也时有发生。由此看出,宋朝对报灾检灾事宜的规定是相当详细的。

3. 灾害等级认定

检灾之后,是放税和赈济程序,在进行之前要确定"灾伤分数",因为放税多少,取决于灾伤分数,用这两个指标来确定灾害等级。司马光说:"放税多及十分,是大饥之岁也。"这里提及的"大饥",即灾伤十分,放税十分。即为大灾。大体上来看,宋朝灾伤放税分数也分三个等级:灾伤五分至二分为小饥,放税也在五分至二分之内(也有极个别的放税不及一分);灾伤五分至七分为中饥,放税在五分至七分之间;灾伤七分以上为大饥,放税也在七至十分之间。

(四)明、清两代灾害统计制度

相对于前代,明清时期是报灾、检灾制度最为细致和完善的。而且在皇帝朱批和文献记载中多见。如明太祖洪武元年(1368 年)八月下诏规定:凡水旱之处,不拘时限,可随时申报。这里提到的"申报",即为逐级申报灾害的情况。关于检灾的办法,洪武二十六年(1393 年)规定:"凡各处田禾遇有水旱灾伤,所在官司踏勘明白,具实奏闻。仍申合干上司,转达户部,立案具奏。差官前往灾所覆踏是实,将被灾人户姓名田他(地)顷亩,该征税粮数目,造册缴报本部立案,开写灾伤缘由,具奏。"但明代对于水灾不及三分者,"例不免粮",较之宋朝二分亦予蠲免明显有所不及。至于报灾的日期,仍照旧例,但各地方有所不同。如有"夏灾限五月,秋灾限七月内"或"夏灾改限七月内,秋灾改限十月内。俱要依期从实奏报"。如报灾过期,或匿灾不报,巡按勘灾不实,或具奏迟延,并听该科指明参究。或报时有灾,报后无灾,及报时灾重,报后灾轻,报时灾轻,报后灾重,巡按疏内明白从实具奏,不得执泥巡抚原疏,至灾民不沾实惠。这里就是我们所说的"核灾"。与宋朝将灾伤大体分作三等的做法不同,明代将灾伤分为两个等级,曰极灾、次灾,或曰轻灾、重灾。一般而言,重灾为十至八分,轻灾为七至五分。

到了清代,历朝都很重视完善灾害的统计和报灾制度,而且日臻程序化、制度化。如在会典、户部则例、吏部则例、钦定六部处分则例、大清律例等典章制度,都对报灾勘灾规定了明确的要求和期限,以及违例的惩处细则。具体归纳如下:

1. 报灾

首先明确规定了成灾标准。这些标准不仅对划定受灾程度,而且与灾后赈济挂钩。因此,标准的划分非常重要。如:"乾隆二年被灾五分始准成灾请赈成为定例,被灾不及五分,虽可经督抚题请后奉旨蠲贷,但不入成灾之列。终清如此。"对受灾程度和赈济有明确的规定。其次,严格规定了报灾期限和报灾程序。《户部则例》记载:"夏灾限六月终旬,秋灾限九月终旬"上报朝廷,不得延误。若某地出现灾情,初由该地区士民绅衿呈报到县,县申送府道各员,折层而上,再由督抚"将被灾情形、日期飞章题报"到户部,若"题后续被灾伤,一例速奏",以请旨赈济。为了保证灾情报告不因迟误而影响救灾,清代还规定了报灾的时限。表1统计了清前期的关于报灾时限的具体要求。

表1　清代前期报灾（勘灾）时限的规定

时间	夏灾报灾时限	夏灾报灾时限	勘灾时限
顺治十年(1653 年)	六月终旬(不出六月)	九月终旬(不出九月)	一个月内
顺治十七年(1660 年)	六月终旬(不出六月)	七月终旬(不出七月)	一个月内
康熙七年(1668 年)	六月终旬(五月初一前的奏请朱批)	九月终旬(八月初一前的奏请朱批)	一个月内
雍正三年(1725 年)	不出六月底	不出六月底	一个月内
乾隆五年(1740 年)	六月终旬	九月终旬	四十日内
乾隆十八年(1753 年)	卫所报灾:六月终旬	卫所报灾:九月终旬	四十日内

资料来源:根据《清代前期报灾制度研究》整理。

对于报灾中延误时期,还规定了细致的惩罚措施,表2统计了清前期的报灾延时或虚报、假报等处惩的规定。

表2　清前期的报灾逾限处惩表

时间	15 天内	15—30 天内	1—2 个月	2—3 个月	3 个月以上
顺治十年(1653 年)	—	各官惩俸	各降一级		革职
顺治十七年(1660 年)	惩俸六月	惩俸一年	降一级调用	降二级调用	革职
康熙十五年(1676 年)	惩俸六月	惩俸一年	降一级调用	降二级调用	革职
乾隆十八年(1753 年)	惩俸六月	惩俸一年	降一级调用	降二级调用	革职

资料来源:根据《清代前期报灾制度研究》整理。

从上面表1、表2看出,清代前期对各级上报灾情的具体时限及其延误上报的处惩是有明确规定的。

2. 勘灾

清朝规定,凡被灾地方官员,在对成灾分数依限勘报。还要同时"将应赈户口迅速查开",由于勘灾比报灾繁杂得多,既包括勘查被灾程度、范围、人口,又包括审户,这些都是赈灾的主要准备阶段。赴勘官员须带灾户呈报填写的"底册",纠正多余少报,正式填明被灾分数、亩数,勘不成灾但收成欠薄者,另造一册,以备酌情蠲缓。被灾程度用成灾分数表示,从一分灾至十分灾计十等。五、六分灾者为轻灾,九、十分灾者为重灾。对于审户,是勘灾过程的一项重要环节。查赈官员"视田亩被灾轻重与器用牛具之有无,以别极贫、次贫(不包括不因灾而贫者)"。"产微地薄,家无担石,或房倾业废,孤寡老弱,鹄面鸠形,朝不保夕者,是为极贫。如田虽被灾,蓄藏未尽,或有微业可营,尚非急不待者,是为次贫",依此类推。审户由委员和本县县丞、教谕、典史承办,分区进行。

3. 造册

按要求须携带排门淹户底册,亲自深入灾民人家,所谓"户必亲到,口必面验"。核查后,将应赈者按极次贫大小口当面填写入册。受灾州县俟勘齐灾田,立即核造"总册",相当于县级防汛办统计的汇总表。

4. 监督实施

为了防止弊端,使报灾及时勘灾准确,清代在汲取前人成败经验的基础上,针对违例制定了行政及刑事处罚,制定了复勘制度,即受灾之地,除本州县与委员确勘外,该地区府、道大员必须亲往踏勘复查。将州县勘查结果"加结",详呈督抚具题。若遇灾伤异常,还须由"该督抚轻骑减从,亲往踏勘"。每遇大灾,轮番复勘常在六七次以上。为了防止查赈人员派累地方,户部则例规定,承办人员的盘费、饭食和笔纸银均由藩司动支。对于不易约束的胥吏书役之流,则禁止他们参加容易舞弊的审户工作,严格要求"凡应赈户口,应委正佐官分地确查,亲填入册,不得假手胥役"。并规定,审户者不得放赈,放赈者不得审户,以防通同作弊。对于在勘灾审户中索贿受贿者,根据大清律例按"受财者",以"计赃枉法"论处,严惩不贷。

对于有人在勘灾审户中"派累索贿,州县失于觉察者降一级或二级调用,故为容忍者革职。若州县官在勘灾放赈中借机肥己而上级未行参奏,督抚降三级调用,情况严重者,'该督抚藩司道员府州……俱革职'"。由此可见,清代的灾害统计与核查工作比以往历代规定得严格细致。

(五)近代灾害统计制度

民国时期,由于军阀混战,总体来讲,减灾救灾乱象丛生。在南京国民政府成立之初,无暇顾及赈灾问题。直到1928年10月,各省因为受自然灾害影响严重而纷纷提出救灾要求,因此国民政府才公布了《勘报灾歉条例》,但这一条例不论在形式上还是在内容上基本都是沿袭北洋政府法令。《勘报灾歉条例》的实施往往会大打折扣,各省对灾害统计工作也没有形成制度化和规范化。但民国时期有一项灾害统计与分析是比较详细的,如1931年长江大水的《中华民国二十年水灾区域之经济调查》,这个报告是由美国人卜凯教授带领金陵大学农学院师生组成的百人小组共同完成的。灾情报告中包含长江大水造成湖北、湖南、江西、江苏、安徽等长江中下游五省区的灾情统计,分为灾区地图、统计分析方法、水灾成因、水灾淹没日期、淹没深度、受灾人口、被淹耕地、损失等若干项目;并且按每个县、乡镇损失财物种类进行统计。这份报告是民国期间最完善、最全面和细致的水灾调查资料。另外,1932 年松花江流域大洪水,由伪哈尔滨清理水灾善后委员会编制的《壬申哈尔滨水灾纪实》,也是一份较为详细的水灾调查,但由于日本人完全参与了此次调查和策划工作,社会各界对报告数字的来源和准确性有质疑。李兴盛参加整理的《黑水丛书》中指出《壬申哈尔滨水灾纪实》部分虽然名为"纪实",其实由于有意掩盖罪责,歪曲真相而大量失实。

(六)新中国成立以来的灾害统计制度

1949 年 10 月中华人民共和国一成立,中共和中央政府就把减灾救灾工作提上重要议程,针对各省市对灾情程度、标准等认识不一致的情况,于 1951 年 3 月以生产救灾委员会的名义下发了《关于统一灾情计算标准的通知》,这个统计标准此后一直延续多年。1963 年 9 月中央和国务院发出《关于生产救灾工作的决定》,决定强调灾害统计、上报工作的重要性,表明中央政府对救灾工作和灾情统计工作的重视。

改革开放以后,1978 年到 2015 年末,国家相关部委出台的有关灾害统计的通知、规定、意见和方针等,多达 20 余条(不完全统计),详见表 3。这些文件、规范的出台,使得我国在水灾害方面的工作不断规范化、制度化。

表3 有关部门关于灾害统计工作的法规、文件及相关制度统计表

序号	时间	发文单位	文件名称
1	1979 年 12 月 12 日	民政部	《关于加强民政统计工作的通知》
2	1981 年 2 月 13 日	国务院办公厅	转发《民政部关于进一步加强生产救灾工作的报告的通知》
3	1990 年 6 月 20 日	民政部	《关于加强灾情信息工作的通知》
4	1997 年 3 月 28 日	民政部	《灾情统计、核定、报告暂行办法》
5	1997 年	国家防汛抗旱总指挥部办公室	《洪涝灾害直接经济损失计算办法(试行)》
6	1997 年	国家防汛抗旱总指挥部办公室	《关于加强洪涝灾害统计工作的通知》(附件:《洪涝灾害直接经济损失计算暂行规定》)
7	2004 年 2 月 17 日	民政部	《自然灾害情况统计制度》

续表

序号	时间	发文单位	文件名称
8	2004 年 6 月 23 日	民政部	《民政部应对自然灾害工作规程》
9	2004 年 8 月 10 日	国家防汛抗旱总指挥部办公室	《关于印发〈防洪减灾经济效益计算方法（试行）〉的通知》
10	2005 年 5 月 11 日	国家气象局	《气象灾情收集上报调查和评估试行规定》
11	2009 年 9 月	国家质量监督检验检疫总局、国家标准化管理委员会	《自然灾害灾情统计 第 1 部分:基本指标》（GB/T 24438.1—2009）
12	2011 年 6 月	国家粮食局	《粮食企业自然灾害损失统计报告暂行办法》
13	2011 年 10 月	民政部	《自然灾害情况统计制度》
14	2011 年 6 月	国家防汛抗旱总指挥部办公室	《关于印发〈水旱灾害统计报表制度〉的通知》
15	2011 年 5 月 24 日	国家统计局	《关于批准执行水旱灾害统计报表制度的函》
16	2012 年	国家水利部	《洪水灾情评估标准》（SL 579—2012）
17	2012 年 12 月	国家质量监督检验检疫总局、国家标准化管理委员会	《自然灾害灾情统计 第 2 部分:扩展指标》（GB/T 24438.2—2012）
18	2012 年 10 月	国家质量监督检验检疫总局、国家标准化管理委员会	《自然灾害灾情统计 第 3 部分:分层随机抽样统计方法》（GB/T 24438.2—2012）
19	2013 年 9 月 18 日	国家统计局	《关于批准执行水旱灾害报表制度的函》
20	2015 年 11 月	国家防汛抗旱总指挥部办公室制定、国家统计局批准	《水旱灾害统计报表制度》

资料来源:笔者根据相关资料整理。

根据表中有关灾害统计上报的相关制度,基本上明确了灾情上报的规定,各级部门要配备专职或者兼职灾情信息人员,把责任层层落实到人。同时,建立了灾情信息转递制度,报告灾情,一要迅速,二要准确。

我国现行的报灾体系的最大特点就是逐级上报。即按照行政区域划分,从下级行政单位及同级负责部门向上级行政单位及主管部门报告。对于洪涝灾害而言,这种上报有两条线:第一条线由各级地方水利部门防汛办逐级上报,最后报到国家防汛办,属于政府部门内部上报制度;另一条线则由省级人民政府向国务院上报,同时申请救灾拨款。

水利部门要进行灾情上报工作,首先就要搜集所需要的信息。目前,主要的检灾方法有5种:①普遍调查,对灾害损失情况进行普遍的调查;②重点调查,从受灾单位中选择一部分进行核查;③典型调查,选择有代表性的受灾单位进行核查;④抽样调查,按照随机的原则,在受灾总体中选取一部分进行调查;⑤专项调查,即对某项损失情况进行专题调查。但我国还没有建立一个统一的灾情评估体系,因此只能从倒房数、受灾、成灾人口规模,因灾缺粮人口和需要救济的人口数量,作物成灾面积等数据推算。

(摘编自谢永刚、彭旭明等:黑龙江省水利科技项目《洪水灾害损失调查统计与评估方法研究报告》,2016年9月。)

第十编

治水思想：推动社会治水事业发展的基石

一、唐《水部式》与宋《农田利害条约》的水利思想比较研究

农田水利是保障农业生产安全的基础要素,是农业的后劲力量,也是历朝历代政府非常重视的问题之一。历史的经验证明:水利兴、农业兴;水利兴、粮充足;水利兴,社会稳。因而水利对于国家发展的重要性不言而喻。古代社会水利法规的出现表明农田水利事业不仅得到政府的重视,而且水利方面的规章制度以及相关条例逐步走向规范化和法制化。唐代开元年间颁布的《水部式》,其内容涉及农田水利的用水管理、航运交通、碾碨问题、桥梁问题等;而颁布于王安石变法期间的北宋《农田利害条约》,不仅是一则农田水利建设的约束,同时也是农田垦辟、专治水患、征收赋税等问题的参考条例。《农田利害条约》(以下简称《条约》)及其增补律文在征收赋税和官府借贷问题上较《水部式》规定更为详细,这也是《条约》的进步之处,更值得一提的是,《条约》施行后,宋代的农田水利建设呈现出南北均势发展的态势。那么,唐代的《水部式》和北宋的《条约》在用水制度和水利思想方面具体存在哪些异同呢?下文对此进行了分析和梳理。

(一)概述

《水部式》内容有所残缺,留世文献仅有中间部分,共144行,分为29个自然段,35条内容,总计2 600余字。国内较早对《水部式》残卷整理录文的学者是罗振玉先生,录文存于《鸣沙石室佚书》中。其内容涉及泾水、渭水渠堰(南白渠、中白渠、偶南渠)、京兆府高陵县界的清渠、大白渠、龙首堰、泾堰、五门堰、六门堰、升原堰、蓝田新开渠、合璧宫旧渠、河西诸州渠堰、扬州扬子津斗门等渠堰水利灌溉工程的用水管理及工程维护问题,包括诸水渠上碾碨设置及用水规定等。还记录了从蓬莱镇与安东都里镇之间的赈粮运送的海上交通和沧、瀛、贝、莫、登、莱、海、泗、魏、德等十州水手征集过程及待遇规定;以及转运水手设置、河道障水阻行时,所配水匠负责处理事项的相关规定,以及河道、渠涵上架设的洛水中桥、天津桥、灞桥、永济桥等石桥和蒲津桥等管理与维护办法;还有关于皇城内的"下水"管理等论述。《水部式》是我国古代第一部较完整的水利法律法规,对我国后来的水政事业的发展,具有开创先河的历史作用。

而宋熙宁二年(1069年)十一月颁布的《农田利害条约》,又称为《农田水利约束》(以下简称《条约》),是在水利方面专门性的行政法规。《条约》全文共8条,1 200余字,后有所补充。其字数虽少,内容涵盖面极其广泛。主要内容如下:(1)鼓励为农田水利建设建言献策。即凡能为耕种土地、兴修水利、整治农田积极建言献策者,经官府

核实后授予奖励,并交所在州县施行。(2)处理荒废土地。规定了各县统计上报境内"荒废田土"亩数,荒田所在地以及垦荒办法。(3)疏浚淤塞河道。明确各县核实上报需要疏浚河流的数量、需修和新建灌溉工程的预算及安排施工条细。(4)交界境内河流治理。有流经数县的河流需各县共同商议治理办法,制定规划后"申送本州",同意后方可治理河流。(5)选用官吏办法。对于民间提出的兴修水利办法,经官府核实确有其利者,任用有才能的官吏督办;所修工程数量较多的县份,县官不能胜任者,则调遣他者接任,或增设辅助官吏。(6)兴办水利工程费用问题。规模小、费用少的水利工程由民间自行兴建;规模大、耗费多的工程实行官府借贷以解决工程费用问题;对于民间出资者,论功行赏。(7)惩罚措施。对于不遵守规定者,处以罚款,充作工程费用。(8)奖励措施。为建设水利工程出谋划策者、兴修水利得成效者皆论功行赏,临时委派官员按一定比例奖励。(9)增补免税政策、等级授田、官田补偿等办法。前8条与增补内容共同组成为《条约》,这是王安石变法的主要内容之一。《条约》原文记录于《宋会要辑稿》,它的出台标志着北宋政府统治者加强中央集权统治,并在社会经济发展层面上加强和管理全国农田水利建设,使农田水利建设步入规范化和制度化轨道。其实行后在全国范围内兴起一股水利工程建设的热潮,《条约》的制定和执行,在我国农田水利法制史上具有里程碑的意义。

(二)水官设置与职责:宋《条约》是唐《水部式》的继承与发展

《水部式》对唐代中央和地方水利专职或兼职官员的水利职责的规定,均有具体完备的体现。如《水部式》第三条明确规定"泾、渭二水大白渠,每年京兆少尹一人检校";第二十四条"皇城内沟渠拥塞停水之处及道损坏,皆令当处诸司修理"。据《旧唐书》记载"皇城之南大街曰朱雀之街,东五十四坊,万年县领之。街西五十四坊,长安县领之。京兆尹总其事"。对于地方水利管理,《水部式》规定所有水渠安置渠长和闸门长,其职责主要是在浇田时要控制好用水量,州县每年各派一名官员检查用水状况,龙首堰、泾堰等派附近的县官检查。《新唐书》也有关于水渠和斗门处分别设置渠长和斗门长的记载。关于唐代管理水利的官员在《水部式》中不仅有"县官""前官",如表1记载的"令随近县官专知检校",还有多次提及在地方真正负责水利事务的"渠长"或"斗门长"等。唐代中央负责水利管理机构是六部之一的工部,其下水部主事有水部郎中和水部员外郎二人,其职责为"掌管河川及陂池政令以通河渠",同时也管航运和灌溉。唐代水利机构除工部外还有都水监的舟楫、河渠二署,其职官为都水使者,掌管河渠、桥梁、航运、捕鱼等事务。由水部主管立法与监督而都水监负责具体水利事务的处理。《水部式》关于督水监的记载体现在第二十条"督水监三津各配守桥丁卅人"。可见,唐代《水部式》是一部名副其实的水利法典,其内容广泛,也包括河流、沟、渠上所建设的桥梁的管理和维修,如"配给守桥丁、修补材料、修补工匠"等。但总体来看,唐代设立的从中央到地方专门管理水利的机构,已经形成了较为完备的管理体系,为农田水利事业发展提供了组织上和制度上的保障。

宋代《条约》对当时中央和地方水利专职与兼职官员职责也有明确规定,但较唐代更为具体、完备。据表1史料信息,宋代专门负责管理水利事务的官职多于唐代。如《条约》中记载的"……农田水利事件,并许经管勾官或所属州县陈述","……本县农田水利,已见次第,全管勾官及提刑或转运长更保明闻奏"。"管勾官"和"提刑官"便是负责农田水利事务的机构,如第一条规定事关农田水事,须报以"管勾官"并经与本路提刑或转运筹议后,派遣官员巡视,或者报以所属州县。在宋代职官中,负责水利管理且有实权的机构是中书省和门下省的各房和尚书省的工部,如工房"掌行营造计度及河防修闭",负责草拟和颁布御令;工部中的水部具体掌管河渠、航运、桥梁、漕运事务,若堤堰损坏或渠道壅塞,须及时修补疏浚,修治不如法者,罚之,修治有功者,受赏,这与《条约》的治水精神相呼应。从现有史料来看,宋代水部所掌水利职务较之唐代更为具体,且从执行力度来看,宋代的水部较之唐代更行之有效。如《条约》中规定管勾官及提刑官或"转运长"确保事务清楚并及时上奏。宋代督水监与唐代的督水监也并不一脉相承,宋代督水监的职责更加扩大。如宋代嘉祐三年(1058年)置督水监于开封,负责河渠事务。除此之外,宋代中央水利管理机构还有司农寺和淤田司专掌全国常平、广汇仓,以及农田水利差役事务。而州县则是具体负责农田水利事业的执行单位,负责具体水利工程的兴建、农田灌溉、开辟荒田的任务,县令"总治民政",也包括农田水事等诸多方面。这类似于当前提倡的"河长制"。

从水利管理机构上看,在中央的水部和督水监的设置上,宋代是延续唐代《水部式》并有所发展,地方上负责水事的官员数量也明显多于唐代。从结构上看,唐代《水部式》中对水官的记载有渠长、斗门长、州县官、水槽长等,多是具体负责渠、堰灌溉的水官;而《条约》中有关水官记载有管勾官、提刑官、转运官、县官等,这些官称在表1列举中都有所记载,水利官员的名称上较唐《水部式》更加宽泛一些。可见,从水官设置分析,《条约》较《水部式》略为规范、正式,而且延续性较强,这也正是《条约》对《水部式》的发展之处。同时,也反映了水利工程及其管理本身在唐宋两代所包含的内容和管理的体制有所不同。

治水经济问题研究

表1　水官设置对比

《水部式》	《农田利害条约》
第二条：诸渠长及斗门长,至浇田之时,专知节水多少。其州县每年各差一官检校。长官及都水官司时加巡查。	第一条：……农田水利事件,并许经管勾官或所属州县陈述,管勾官与本路提刑或转运商量,或委官按视,如是便利,即付州县施行。
第三条：……放水多少,委当界县官共专。当官司相知,量事开闭。……泾、渭二水大白渠,每年京兆少尹一人检校。	第二条：……各述所见,具为图籍,申送本州。本州看详,如有不尽事理,即别委官复检,各具利害开说,牒送管勾官。
第四条：……旧有泄水处,令水次州县相知检校疏决。	第四条：……令逐年官为提举人户量力修筑开浚,上下相接。已上亦先具图籍,申送本州。本州看详,如有不尽事理,即别委官复检,各具利害,牒送管勾官。
第五条：龙首、泾堰、五门、六门、升原等堰,令随近县官专知检校……	第五条：应据州具到图籍并所陈事状,并委管勾官与提刑或转运商量,差官复验。若事体稍大,即管勾官躬亲相度,如委实便民,仍相度其知县县令实有才能可使办集,即付与施行。若一县不能独了,即委本州差官或别选往彼协力了当。
第六条：蓝田新开渠每斗门置长一人,有水槽处置二人恒令巡行。	
第七条：合璧宫旧渠深处量置斗门节水,……仍量置渠长、斗门长检校。	第七条：……所有科罚等第,令管勾官与逐路提刑司以逐处众户见科罚系,同共参酌,奏请施行。
第十条：洛水中桥、天津桥等,每令桥南北捉街卫士洒扫所穿穴,随即陪填,仍令巡街磨将等检校,勿便非理破损。若水涨,令县家检校。	第八条：……本县农田水利,已见次第,全管勾官及提刑或转运长更保明闻奏,……或充知州通判令提举部内兴修农田水利,资浅者且令权入。其非本县会佐,为本路监司管勾官差委擘画兴修。
第十三条：沙州用水浇田,令县官检校。仍置前官四人,三月以后、九月以前行水时,前官各借官马一匹。	
第二十二条：京兆府灞桥、河南府永济桥,差应上勋官并兵部散官,季别一人,折番检校。	
第二十四条：皇城内沟渠拥塞停水之处及道损坏,皆令当处诸司修理。	

资料来源:笔者根据《鸣沙石室佚书正续编》《宋会要辑稿》整理。

(三)水权管理:唐《水部式》与比《条约》明确而细致

在中国古代,简易的水利机械被广泛应用。人们发明了"碾硙",即利用水力作为动力而进行谷物脱粒和加工的工具。它不仅可以大大节省人力,还大大提高了劳动效率。但过度使用碾硙会影响河流的流量变化。唐代水资源主要用于浇灌、碾硙和航运交通,因而水事对农业国家至关重要,水权的归属和操纵问题是农业国家经济发展的命脉。唐朝的水权属于公有资源，但水资本带来巨大的社会效益同样受到权贵们的关注，他们采用各种方式争夺水资源，如在河岸大量安置碾硙以多争水资源。这一点，我们从下面的对话中可窥见一斑。唐永徽六年（655年），雍州长史长孙祥奏言："往日郑、白渠溉田四万余顷，今为富商大贾竞造碾硙，堰遏费水，渠流梗涩，止溉一万许顷。请修营此渠，以便百姓。至于咸卤，亦堪为水田。"高宗曰："疏导渠流，使通溉灌，济波炎旱，应大利益。"太尉无忌对曰："白渠水带泥淤，灌田益其肥美。又渠水发源本高，向下枝分极众。若使流至同州，则水饶足。比为碾硙用水，泄渠水随入滑；加以壅遏耗竭，所以得利遂少。于是遣祥等分检渠上碾硙，皆毁之。至大历中，水田才得六千二百余顷。"可见，唐代中央多次组织拆毁碾硙以保障农田浇灌用水，同时在法规中也明确灌溉和碾硙用水的分派原则。《水部式》中规定如果在使用碾硙时导致河流阻塞且不自行安排疏浚而导致水量上涨损坏渠堰的，立即下令拆除碾硙。若诸溉灌小渠上先设有碾硙，历年仲秋三十日以后，新月一日以前，可以使用碾硙，其余月由官府用锁封存碾硙以保障灌溉用水。如第九条："从中桥以下洛水内及城外，在侧不得造浮硙及捺堰。"（见表2）。《唐六典》中载：碾硙不得争多农田浇灌用水，从农历六月至次年农历二月，须闭闸门，如果有多余水量才能使用碾硙。根据《水部式》律文记载来看，唐代政府对于碾硙的使用并不排斥，只是从农业为本的角度控制碾硙用水，这也是得益于碾硙所带来的经济效益，同时这也体现唐代统治者懂得利害分明。

《条约》中关于碾硙用水问题规定较《水部式》粗略，表2列举的只有一条。《条约》明确规定控制豪强地主对水权的垄断，如水利可遍及百姓为之私占，或者农田距离百姓使用河港不远，人为地划分地界，可以共同利用水资源为大多数人所裨益，也有助于减少社会纠纷。宋代政府为更好地执行此法令于熙宁六年（1073年）作出补充：创立硙碾一旦妨碍浇灌农田的，以违法论处，不可赦免，具体指明碾硙用水不得妨碍农田灌溉，此规定继承了《水部式》的精神。

表2　碾硙用水条文统计

《水部式》	《农田利害条约》
第六条：……其蓝田以东,先有水硙者,仰硙主作节水斗门,使通水过。 第九条：……从中桥以下洛水内及城外,在侧不得造浮硙及捺堰。 第十一条：诸水碾硙,若拥水质泥塞渠,不自疏导,致令水溢渠坏,于公私有妨者,碾硙即令毁坏 第十九条：诸溉灌小渠上先有碾硙,其水以下即弃者,每年八月卅日以后,正月一日以前,听动用。自余之月,仰所管官司,于用硙斗门下着锁封印,仍去却硙石先尽百姓溉灌。若天雨水足,不须浇田,任听动用。其傍渠疑有偷水之硙,亦准此断塞。	"创水碾硙碓有妨灌溉民田者,以违制论,不以原赦。" "所管陂塘堰垾之类可以取水灌溉者,有无废坏合要兴修,及有无可以增广创兴之处。如有,即计度所用工料多少,合如何出办。"(包含碾硙等)

资料来源:笔者根据《鸣沙石室佚书正续编》《宋会要辑稿》整理。

(四)水利工程的管护与维修:《条约》重"建设"而《水部式》"维修与用水管理并重"

　　《水部式》关于水利灌溉工程记载的有:大白渠、偶南渠、泾水南白渠、泾水中白渠、清渠、蓝田新开渠、合璧宫旧渠、河西诸州渠、皇城内沟渠等九处,大多分布在关中地区;而"堰"用作挡水的堤坝,主要修建于河流或水渠交口处,并配以斗门调节水量,又可称为斗门堰。关于堰的记载有:龙首堰、泾堰、五门堰、六门堰和升原堰等五处。堰,大多建于河流的干渠上用于调节水量;斗门则一般建于支渠上调节水量。《水部式》中记载的内容更侧重各地方渠、堰建成后的管理与维修。对于新建成的水利工程,《水部式》中记载不多见。但据相关资料表明:两浙地区"大小水利工程共计96项,河南、河东地区工程为67项。……而在这96项工程中唐前期修建的只有21项,而唐中后期新建的有75项,……在唐前期的20项水利工程中,有7项在高宗武则天时期,9项建于玄宗时期"。而宋《条约》则更偏重于兴办众多中小型农田灌溉工程,坚持了中央政府立足于"灌溉之利,农事大本"的原则。如《条约》规定原先没有陂塘、圩埠、堤堰、沟洫的地方,从今以后可以修建,即除了维修和治理旧有的水利工程外,还鼓励在所需之处新建水利工程。据载,从宋熙宁三年(1070年)到熙宁九年(1076年),宋代水利工程的数量共有"一万七百九十三处"。可见,《条约》在兴办中小型水利工程上较《水部式》作用明显，形成"四方争言农田水利，古陂废堰，悉务兴复"，古陂废堰皆出现兴建与修复并举的发展势头。

唐代统治者认识到水利工程兴建后离不开对水利工程的维护，以便长效发挥作用，利于民生。同时，有水利涵闸与桥梁结合并共同发挥作用，这在形式上是一个创新，在维修养护上带来了很大的方便。如《水部式》记载的关于水利工程设施修护和管理上，桥型分成石桥、浮桥、木桥三种类型，每种类型维护方法更有不同。如对石桥规定：清洁工必须全面清理桥洞和桥面，若发现损坏之处，立即修补好，如果水量上涨便派遣县令巡视工程。对浮桥规定：河阳桥上安置水手二百五十日，每年需要的竹索皆令宣、常、洪三州工匠打造。大阳桥和蒲津桥所用的竹索，历时三年更换一次，靠司竹监供给竹役津家水手修造，其旧索需要检查，如果质量较好还可以使用，便不用毁换。在桥上的杂匠，用料需要多少，预先向所司报告，先派桥附近的人充当，如果没有可用之人便等派遣。对木桥规定：督水监三津分别配备三十守桥人员，在百姓中选择分为四组，五月一日以后，九月半以前，不得离家太远，每水大涨立即赶到桥边。明确细致的维护工程分工体现了唐朝廷对农田水利的重视。除此之外，还精细挑选修桥工匠，"谙知风水"者任水手，其中一部分人必为竹木匠，船师选择技艺精湛的明资匠，且服役前要接受培训，守桥夫也要壮男担任。对于这些工匠和夫役的待遇有明确的规定"应免课役及资助""不在简点及杂徭之限"。而《条约》对修护工程规定：大川沟渎所流之处，需要疏浚的渠堰，及诸陂塘堰埭用于取水灌溉的，需要兴修的均上报。《水部式》和《条约》各自的侧重点不同：前者侧重对旧有水利工程的维护和修治，具体规定原有河渠、斗门治水和用水；后者更侧重兴办水利工程，而且注重水利工程的管理，并逐级落实相关责任制，如《条约》规定："干农田水利事件，并许经管勾官或所属州县陈述，管勾官与本路提刑或转运商量，或委官按视，如是便利，即付州县施行。"明确要求，有问题逐级上报，必要时要现场勘察，共同商议，还把治水作为考核官员政绩的标准，奖赏分明，尤其大力鼓励民间和官吏为治水献言献策，治水之功大者便可录用和提职（见表3）。

表3　水利工程建设及管理相关规定统计

《水部式》	《农田利害条约》
第五条：……所有损坏，随即修理，如破多人少，任县申州，差夫相助。 第六条：蓝田新开渠，每斗门置长一人，有水槽处置二人，恒令巡行。若渠堰破坏，即用随近人修理。 第九条：扬州扬子津斗门二所，宜于所管三府兵及轻疾内。量差，分番守当，随须开闭。若有毁坏，便令两处并功修理。 第十条：洛水中桥、天津桥等，每令桥南北捉街卫士洒扫，所有穿穴，随即陪填，仍令巡街郎将等检校，勿使非理破损。若水涨，令县家检校。 第二十四条：皇城内沟渠拥塞停水之处及道损坏，皆令当处诸司修理。其桥，将作修造。十字街侧，令当铺卫士修理。其京城内及罗郭墙各依地分，当坊修理	第一条：应官吏诸色人，有能知土地所宜、种植之法，及可以完复陂湖河港，或不可兴复、只可召人耕佃，或原无陂塘、圩埠、堤堰、沟洫而，即今可以创修，或水利可及众而为之占擅，或田土去众用河港不远，为人地界所隔，可以相度均济疏通者，但干农田水利事件，并许经管勾官或所属州县陈述，管勾官与本路提刑或转运商量，或委官按视，如是便利，即付州县施行。有碍条贯及计工浩大，或事关数州，即奏取旨。 第三条：应逐县并令具管内大川沟渎行流所归，有无浅塞合要浚导，及所管陂塘堰埭之类可以取水灌溉者，有无废坏合要兴修，及有无可以增广创兴之处。 第四条：应逐县田土边迫大川，数经水害，或地势污下，所积聚雨潦，须合修筑圩埠堤防之类以障水患；或开导沟洫，归之大川，通泄积水；——并计度阔狭高厚深浅各若干工料，立定期限，令逐年官为提举人户量力修筑开浚，上下相接。

资料来源：笔者根据《鸣沙石室佚书正续编》《宋会要辑稿》整理。

（五）绩效考功：《水部式》简而《条约》繁细且严

《水部式》和《条约》中均体现了水利工程建设管理的绩效与官吏奖罚和升迁的关系。唐代为了促进水利事业的发展，调动官员兴修农田水利的积极性，首先，规定如果用水恰到好处，庄家丰收，或者用水不均并且浪费水资源严重的，到年终考核时一并算在考核成绩之内。如武功县令李频因为恢复六门堰灌溉系统，当地农田得到有益灌溉后，粮食生产量显著增加，因而得到唐懿宗的嘉奖。其次，管理桥梁的官员没有按时巡检也要接受相应的惩罚。

宋代在农田水利工程的兴修上实行赏罚分明的考课制度，先由各地上报一年的农田水利状况，再由司农寺进行考课，依据考课情况进行授奖或施罚。如熙宁六年（1073年）九月，御赐侯叔献和杨汲在府界内分得十顷淤田。当年十月，御令叔献整理提点刑狱资顺序，周良孺升一任，以赏淤田之功劳，在这一点上，《条约》承袭《水部式》的内容，但具体规定要比《水部式》细致得多（见表4）。如《条约》载：朝廷衡量功绩大小授予官职，或者升任减年磨堪循资，或者赐予金帛令其连任，……仍依据功利大小，按比例酬奖。这样规定，一方面是为了促进农田水利事业的发展，兴建质量高、耐用性强的水利工程，可以扩大灌溉田亩的面积，从而增加农业产量，为国家政治和军事上的发展提供物质基础；另一方面，农田水利是一个技术性较强的部门，任用的官吏或是维修工程皆须专门的水利人才，因而规定兴修农田水利的奖惩政策，还可以促进官吏提高个人专业素质。

《条约》在奖罚并举方面较《水部式》有所发展，把治水作为考核官员政绩的标准，奖赏分明，尤其大力鼓励民间和官吏为治水献言献策，治水之功大者便可录用和提职。首先，为鼓励农田水利事业的发展，充分调动民间治水的积极性，《条约》规定建言献策者登记姓名和所承报的策划等，要根据功利大小来受奖。其兴利较大者，当考虑量材录用；若能出财力者，集众百姓，创修和兴复农田水利工程，经久便民，当考虑根据功利多少来酬奖。而对于供财较多的人并且兴利大者，立即依据功绩任用或提职。可见，宋代积极鼓励民间为农田水利事业建言献策，有益于提高百姓对农田水利关乎自己切身利益的认识；同时，《条约》明确规定：如果有人企图觅钱财，并违反法制，其赃重者，自从重法。如果有人不依据时限开修或者准备物料有违背法律者，官府除了帮助催还外，也允许依据事情大小，处以罚金。对于阻挠地方农田水利兴修者或劳而无功者，中央有权惩罚。如熙宁四年（1071年）仲春，下诏陕西转运司弹劾永兴军官吏，因其擅自停止兴修万年县灞。熙宁七年（1074年）淤田司引用河水浇灌酸枣和阳武县农田，动用劳役但无成果，于是下令开封府弹劾元检计按覆官。并明确规定，罚处是为了起到一个震慑作用，从而减少治理农田水利时机的失误。

表4 绩效考功对比

《水部式》	《农田利害条约》
	第一条:……其言事人并籍定姓名事件,候施行讫,随功利大小酬奖。其兴利至大者,当议量材录用。内有意在利赏人,不希恩泽者,听从其便。
	第四条:……诸色公人如敢缘此起动人户,乞觅钱物,并以违制科罪,其赃重者,自从重法。
第二条:……若用水得所,田畴丰植,及用水不平并虚弃水利者,年终录为功过附考。	第六条:……诸色人能出财力,纠众户,利修兴复农田水利,经久便民,当议随功利多少酬奖。其出财颇多,兴利至大者,即量才录用。
"长官及都水官司时加巡查。若用水得所,田畴丰殖,及用水不平并虚弃水利者,年终录为功过附考。"	第七条:……有人户不依元限开修及出备名下人工、物料,有违约束者,并官为催理外,仍许量事理大小,科罚钱斛。
	第八条:应知县县令能用新法,兴修本县农田水利,已见次第,令管勾官及提刑或转运使、本州长吏陈明闻奏,乞朝廷量功绩大小与转官,或升任减年磨勘循资,或赐金帛令再任,或选差知自来陂塘、圩埠、沟洫,田土堙废最多县分,或充知州通判令提举部内兴修农田水利,资浅者且令权入。其非本县令佐,为本路监司管勾官差委,擘画兴修,如能了当,亦量功利大小,比类酬奖。

资料来源:笔者根据《鸣沙石室佚书正续编》《宋会要辑稿》整理。

(六)节水办法与水利建设资金筹措之比较

《水部式》载:所有用于灌溉的大渠有水下地高者,不得拦渠和修造渠堰。河流上游地势高之处用斗门引水。……浇田时,都要预先计算田地亩数,依次取用,水遍即关闭斗门,务使均普,不能偏并。……若用水量过多,立即通知上下流用水之处,相互告知开放,流入清水。……放水多少,委当界县官共专。当官司相知,量事开闭。从内容上看,《水部式》实行的是一种均水制度,不仅对于溉田用水量及河渠造堰有着具体规定,也注重保护水资源、节约用水。还明确规定:所有渠长和斗门长,浇田时,要知道用水多少。各个州县每年各派遣一名官员检查。长官及都水官司按时加以巡查。除官吏时常巡视用水,以保护水资源合理利用的方法外,在农田灌溉上还实行轮灌制度,更能体现唐代保护和节约水资源的意识。唐代的农业灌溉一直遵循"先稻田后陆田"的用水次序,并根据灌溉区域内各级渠道控制的灌溉农田面积大小、不同的作物种类和不同作物生长期等区别来合理分配用水量,因此,轮灌制度应运而生。进而体现了节约用水的治水思想。可见,《水部式》中体现的"节水办法"是其一大亮点,而《条约》中并无此项规定。

而宋代《条约》有关水利工程建设的资金筹措并引入信用管理制度,这是《水部式》中没有提及的,显然是《条约》的创新所在。《条约》规定,预计兴修水利用工料多少,如何出钱,百姓均摊或官府借贷。……如果工程浩大,百姓力量不足,可依据青苗法借贷。若官府财力不支,借以富民,计算利息,并由官府督办。这与王安石变法中"减免赋税、兴修水利"内容相呼应。政府对于因经济困难不能参与兴修水利的百姓,利用低息贷款扶助农户给以经济上的支持。对于不能一次性还清借贷的百姓可以分期付款。如果官府的财政开支不足,可以向有钱人借贷,并可收取利息,官府负责监督催还。这些内容有效地避免了大地主们和老百姓因巨额高利贷而产生的纠纷,以稳定社会秩序。这种资金筹措的办法既激励了富人参与农田水利工程建设的筹资,又调动了广大百姓积极为水利工程建设出工出力(见表5)。

表5　节水办法与借贷政策

《水部式》节水办法	《农田利害条约》
第一条:……凡浇田,皆仰预知顷亩,依次取用,水遍即令闭塞,务使均普,不得偏并。 第三条:……清水,恒淮水为五分,三分入中白渠,二分入清渠。若水雨过多,即与上下用水处,相知开放,还入清水。 第四条:……南白渠水,一尺以上、二尺以下,入中白渠及偶南渠。若水雨过多,放还本渠。 第六条:……百姓须溉田处,令造斗门节用,勿令废运。 第七条:……若溉灌周遍,令依旧流,不得回兹弃水。 第八条:……若田多水少,亦准百姓量减少营。	第三条:……若系众户,即官中作何条约,与纠率众户不足,即如何擘画假贷,助其阙乏。 第四条:……所有州县攒写都大图籍,合用书笔或添雇人书,许于不系省头子钱内支给。 第六条:……应有开垦废田,兴修水利,建立堤防,修贴圩埠之类,工役浩大,民力不能给者,许受利人户于常平广惠仓系官钱斛内,连状借贷支用。仍依青苗钱例,作两限或三限送纳。如是系官钱斛支借不足,亦许州县劝谕物力人出钱借贷,依例出息,官为置薄及催理。

资料来源:笔者根据《鸣沙石室佚书正续编》《宋会要辑稿》整理。

(七)结语

唐代《水部式》和宋代《农田利害条约》,是中国历史上古代社会仅有的两部著名的水利"法典"。二者比较而言,《水部式》虽然有着先驱地位,但是《农田利害条约》从法律上来说更加规范,作用更大。《水部式》颁布之后,玄宗时期的新建农田水利工程数量增加,所能溉田面积扩大,从而粮食生产量上升,社会财富增加。同时政府为保障农田灌溉用水严禁私人碾硙与其分水,一定程度上促进了农业经济的发展。北宋从兴建的工程数量、垦田面积推知,北宋农田水利法的推行取得了显著成效,工程数量达一万七百九十三处,同时还有专门的农田水利用书和新式的水利工程器械。可见,《条约》所收成效大于《水部式》,是历史进步的体现。更有力地说明了农田水利活动在农业社会的重要性,其意义还在于"社会的控制自然力,以便经济的加以利用"。唐代《水部式》的历史先进性体现在"开源与节流"并重的生态意识,同时又要遵循可持续发展的原则。它的节流意识及水官操办用水量职责的规程,还有各渠堰之间水量的协调,体现得深入、细致,强调民主协商。而《条约》显得粗略一些,但从各级报送和规范管理上,比《水部式》有很多先进之处,如《条约》规定"各述所见,具为图籍,申送本州",即将各方意见汇总成工程规划书,并提交或报送到州一级审批或备案。另外,从两部水利法规内容的对比发现,唐代在节约用水及其管理方面相当重视,可能与唐中期以后,随着私田数量大增,碾硙用水和运河航运交通等大量用水,致使水资源问题较为突出,必须有限地利用和加以限制。而《条约》中很少规定农田用水中的节约问题,也可能是到北宋时期,就疆域而言比唐代变小且多居于中原和江南多水地区,北宋境内开发的河流水系主要有黄河、淮河和长江等,这些地区河网水系密布,尤其是淮河与长江流域,因而节约用水的意识相对于北方地区较弱。

另外,《条约》中的"借贷政策"是《水部式》中所未体现的。唐宋两代从经济发展而言,存在较大区别。宋代的经济环境,较之唐代更为宽松,发展经济的途径和增加社会财富的方式也更多;但从政治上而言,"三冗现象"的存在严重影响了北宋的经济发展,《条约》中的"借贷政策",一定程度上也是与冗费现象有关,当政府财政开支不足时,水利工程的费用便取之于地主,则是其体现。而唐代《水部式》中并无此项规定在某种意义上也可以说明唐代政府对农田水利建设的费用安排得当。

(摘编自谢永刚、马佰玲:《水官、水权及水利工程:唐至宋农田水利法的转型》——以《水部式》《农田利害条约》为例,载《农业考古》2020 第 4 期。)

二、灵渠水利工程的治水经济思想研究

（一）引言

灵渠是我国著名的三大古代水利工程之一，历经 2 000 多年仍发挥着航运、灌溉、防洪、旅游等作用，并产生巨大的经济效益，如今每年仅其灌溉一项就创造"13.16 亿元的农业产值"。追溯灵渠建设的历史背景是这样的：早在春秋战国后期，经过统一战争，中国历史上第一个中央集权制的封建国家——秦王朝诞生。国家的统一和中央集权为动员更广大的人力、物力和财力进行经济建设，提供了有利的条件。突出的表现是刚刚从奴隶制度解放出来的劳动群众，以前所未有的积极性从事生产和创造，推动了水利事业的大发展，使得农业生产后劲得到加强，对粮食增产增收起到了不可替代的作用；进而也带动了农业、交通、航运、贸易等经济系统的全面发展。与以往相比，秦代建设大型综合性和系统性较强的水利工程更加具备了组织和动员的条件。这个条件就是在组织上具备了修建像"灵渠"这样跨流域大型水利工程所需要的大规模协作，以及维护这种协作所需的"强有力的领导"及其掌控的能力；加之有先前的都江堰、郑国渠等水利工程的建设经验，在这样一个社会背景下，使得灵渠工程的建设成为可能。

秦始皇二十八年（前219年），秦王朝为统一岭南地区，"又利越之犀角、象齿、翡翠、珠玑，乃使尉屠睢发卒五十万，为五军，……三年不解甲弛弩。使监禄无以转饷，又以卒凿渠而通粮道"。这段文字记录的即为公元前219年开凿连接湘江和漓水的"灵渠"工程的完工并通航。唐代鱼孟威在其《桂州重修灵渠记》中对灵渠的历史作用精辟地概括为："乃用导三江，贯五岭，济师徒，引馈运。推俎豆以化猿饮，演坟典以移缺舌，蕃禹贡、荡尧化也。"肯定了灵渠在建成之初，主要是起到运输军队和粮饷的重要作用。从"发卒五十万"，可以看出灵渠规模及其工程量和施工难度的巨大。这也注定了灵渠工程必将成为一座具有代表性的系统工程。它所具备的水利设施齐全，包括分水铧嘴、南北二渠、泄水天平坝、陡门、堰坝等浑然一体，为其长久发挥灌溉、防洪、航运、供水等多种功能提供了基础条件。这表明：通过灵渠的修建，把珠江支流漓江与长江支流湘江连接起来，使长江与珠江两大流域得以沟通，进而开辟了我国西南部南北水上交通运输的大通道。灵渠的巧妙之处在于能够发现自然水系、地形地貌等特点，利用漓江和湘江两河相距不到20公里的位置修建渠首，具有省工、省料、省钱等优势；其规划、布局、设计与施工等成就，尤其是体现在人与自然和谐、人类经济活动与社会生产力发展相适应等方面，堪称杰作；在工程运行、管理、维修方法等方面树立了典范。

这些都表明了古人治水具有的一系列先进的生态理念、可持续发展观以及卓越的经济思想。它的建成,不仅解决了秦兵运兵运粮的困难,使秦始皇统一岭南的战争胜利完成,而且成为岭南同中原交通运输的动脉,扩大了我国内河航行,有助于岭南一带经济的发展。两千多年来,年复一年、日复一日,尽管灵渠的经济效益时盛时衰,但其独特的治水思想支配和岁修制度的不断创新,使其工程永不淹废、功能永不退化。2018 年8 月,灵渠成功入选"世界灌溉工程遗产名录"。

(二)治水经济思想的梳理与分析

地理位置、地形地貌和气象、水文等条件,决定了我国是一个降水时空分布不均、水旱灾害频发的国家。为了解决防洪安全以及众多人口的温饱问题,国家历来都把治水活动视为治国安邦的大事。劳动人民在探索治水发展的道路上,也积累了大量的经验和教训,进而形成了丰富的治水思想。它是指引治水活动或实施治水方法的风向标。治水活动的技术手段也成了社会生产力发展和社会进步的助推器。早在春秋战国时期,人们在疏导河道、开渠灌溉等治水实践中,积累了勘测、分水、巧用地形等手段和经验,为后来的水利建设奠定了技术基础。

1. "度山林、数疆潦":土地勘测技术为水利工程建设提供前期技术支撑,进而促进生产力发展

灵渠工程的精当之处就在于它的选址。漓水和湘水两河距离最近的地方是约1.5公里的高塘村附近,古人为何不在此处筑坝修渠,而是距离高塘村的湘江上游约3公里的分水塘处建设灵渠渠首工程呢?原因是在相距最近的地方筑坝,漓水支流始安水与湘水水平高差约5 米之大,需在湘水筑一道5 米以上高的拦河大坝。在当时的技术水平和物力条件,很难完成这项工程,而选择在上游合适的地方筑坝,两河水平差约1.5 米,就避免了这些弊端。精当的选址一定有相应的测量技术水平作为支撑,才得以完成这项伟大的工程。灵渠的开凿,一直让后人惊叹的就是古人如何测量灵渠渠首及其各个建筑物所处的地理位置和高程? 其秘诀就是汲取前人的测量经验与天人合一的思维理念以及自然观察能力三者相结合。实际上,在工程实施之前,早在春秋战国时期就积累了一套有关土地测量的认知和方法。如《墨子·经上》记载:"平,同高也。"这个认识在当时是一个非常有科学逻辑的思想。战国初年成书的《周礼·考工记》记载:"水地以县(悬)"的说法,即"水地以县,注云四角立木,此说未明,经言水地而注云,立木恐亦未当,盖水地以县,置槷以县,两句即一事也,先以水平地犹恐未定,必以县而后正也,何以为县,置槷以为县也,水地者假如一所用一丈之地,先为四方之沟,乃注水以试之,地有高下,则水之流行自有高下,锄掘其地,用水以平之。水既平矣,犹未可也,又用县槷以定之"。这段文字,实际就是对工程建筑施工中的土地平

整、定线、砌体横平竖直等操作规则的描述,包括对建筑物相对位置的高程的定位等。这种规则或方法,直到东汉、魏晋时期也一直沿用。如《中国水利史稿》中介绍了东汉经学家郑玄对《周礼·考工记》注解说:"于四角立植而县,以水望其高下,高下既定,乃为位而平地";三国时期吴人韦昭注解说:"立准以望绳,以水为平也。"这些认识都为古代水利工程建设奠定了基础条件。

在古代,农田水利工程的兴建,关键的第一步就是对地形地貌及其水系进行观察、勘测和规划工作,其核心目标是对水源的高程、位置及引水路线、走向等进行定位,以此结果决定工程的规模、投资、效益以及论证技术的可行性等。《左传·襄公二十五年》记载:公元前548年,楚国为整理财政收支,建立一套土地开发的规划制度,其内容有"书土田,度山林,鸠薮泽,辨京陵,表淳卤,数疆潦,规偃猪,町原防,牧隰皋,井衍沃"。这里提到的书、度、表、数、规等是指记录、测量、标出、计算、丈量等技术手段,可见在秦王朝时的测量技术已经达到一定的水平了。《逸周书·程典》载:"慎嗅地必为之图,以举其物,物其善恶,度其高下,利其陂沟。"意思是周代的地图已经包括地面的相对高程了,提供给水利工程建设等应用。而作为灵渠主体工程的大小天平、铧嘴、南渠、北渠、秦堤等组成部分在建设过程中,上述的书、度、表、数、规、水平测量等每一个环节都不能少。尤其是灵渠的渠道是由人工河道、半人工河道、人工整治的天然河道等组成,施工以及前期的测量技术的难度都很大。可想而知,像灵渠这项复杂而规模巨大的系统工程,没有从前人土地丈量技术中汲取精华而进行前期的基础工作,是无法想象的。

明人有诗句描写半人工河道即利用自然河段与人工开挖结合,其行船如"江劈山头出,舟骑石背行",表现流势湍急、礁石密布的壮观景象。灵渠考古发现:在灵渠大小天平坝的交点,挖出"石柱","石柱"年代无法确定,柱底面有磨脐形构造与石制基座相连,可以转动。可能是水准测量的支架。假如该石柱是当时施工留下的测量柱,那么可以推论:当时对"基点"的认识和应用达到了相当高的水平。由于年代久远,至于当时如何测量灵渠的高程和施工超平,已经无从考证。但是在灵渠开凿以前,古人已经有了相当完备的测量技术,而灵渠正是运用了这种技术才显得如此精当。同时,这种技术的应用及其创新,尤其是铁器工具的使用,使大规模水利建设工程的顺利展开成为可能。正如恩格斯指出,铁使更大面积的农田耕作,开垦广阔的森林地区,成为可能,它给手工业工人提供了一种其坚固和锐利非石头或当时所知道的其他金属所能抵挡的工具。当时要解决粮食生产问题,需要建设水利工程,就必须进行测量,工具必不可少,有了工具,就可以"行山表木,定高山大川",亦可以"烧石剪木,开漕船道"。可见,测量工具和建筑材料广泛应用于水利工程中,进而促进社会生产力的快速发展。

2."水理不宜直,人心不宜曲"的"天人合一"规划理念:以使工程建设及运行达到省工、省料、省费的经济效果

灵渠中南、北二渠的规划,尤其是北渠难度最大。由于湘江河道坡降很大,水流湍急,若筑一道大坝,即使技术上可行,也不便于行船。因此,选择废弃一部分湘江故道,新开挖一条"北渠"的替代方案,也能够达到相同的效果。北渠开挖,采用"因地势从急降缓""凿渠绕山曲,凡行六十里"的办法,即创新性地认识到了把渠道走向设计得弯弯曲曲,设计两个"S"形渠段,以延长路径,降低渠道比降,并能够自然地衔接上下游河道;还能大大减少两渠直接相连而带来的巨大工程量。同时,如果人工河渠坡降过陡,水流速度大而导致河渠被水流冲刷,甚至致使渠道崩坍,进而增加了工程的运行难度和维修成本。另外,这样的巧妙设计还有一个最大的亮点就是能够达到"三弯代一闸"的效果,这种"弯道代闸"的原理得益于古人"天人合一"的思维理念和注重观察与认识水流运动的规律的结果。如管仲阐述了以水为本原的哲学智慧,他结合兴水利、除水害,研究了水流的特性。从其专篇《管子·度地》记载他与桓公的对话中,可略见一斑。如"桓公曰:水可扼而使东西南北及高乎?管仲对曰:可。夫水之性,以高走下,则疾,至于漂石。而下向高,即留而不行;故高其上领,瓴之尺有十分之三,里满四十九者,水可走也。乃迁其道而远之,以势行之。水之性,行至曲,必留退,满则后推前。地下则平行,地高即控"。这段话描述了水流的特性和运动规律,其中提到的"三里满四十九者",就是在三里的距离内,渠到底部降落四十九寸(大约相当于千分之一的比降)。按这个比降行船,水流平缓,便于航行。这实际就是废弃较陡的河段,利用较缓的地势开挖曲线河道,由急流引水变缓,既便于行船,又避免水流湍急冲毁河道上的建筑物工程。北渠的成功规划和定线设计,表现其技术水平达到了相当高的水准,其治水的智慧在于对"水理不宜直,人心不宜曲,人曲无生气,水直难接续"的深刻认知。表达了人们要想充分地认识自然规律,也要从做人的道理中去感悟,二者是相互融通的。"弯道代闸"原理被后世治水不断效仿,元代京杭大运河南旺水利枢纽就是采用"S弯"的设计,也是这种弯道代闸原理的运用。

在灵渠中体现"天人合一"规划思想的另一处杰作就是称之为大、小天平的"人"字形大坝。为什么是"人"字形,而不是"一"字形?"人"字形的一撇一捺,一长一短,表现出规划者的理念是:既能正面迎击水流(一撇);又要顺应水流、因势利导(一捺)。能够根据水量大小,确定坝体的高低和"一撇一捺"的长短,达到充分调控水量的目的。而没有选择"一"字,即体现那种正面强势抗争(水流)和堵截,没有分流和减杀水势,其风险是汛期大洪水时,可能导致水坝被冲毁或垮坝,造成重大损失或完全没有办法彻底维修。由此可见,灵渠在规划思想方面,坚持"天人合一"的理念和尊重"三省"(省钱、省工、省料)的经济法则,体现得近乎完美。

3. 泄水天平、铧嘴、堰坝的"壅、分、泄"设计巧妙而智慧：充分地发挥了航运、灌溉、防洪等综合效益

为了连接漓江水系和湘江水系，并能达到顺利通航的条件，首先必须考虑的是沟通后的水源补给和调剂，即如何从湘江分水，使得合理的水量进入灵渠的主体工程之一"南渠"。"南渠"的设计巧妙地安排了分水建筑物：大小天平和铧嘴，通过两千多年的运行效果分析，它们体现的规划思想和设计功能，显示出了古代人观察自然的能力和水平已达到相当高的境界；其设计方案表明了劳动人民改造自然的"高超技艺"。

为保证灵渠顺利通航必须做到连接航道的渠首能够壅水和分水，而壅水、分水的关键建筑物是大天平坝和小天平坝，两坝址所在的分水塘的河面宽度为270米，而在此修筑的两坝总长达到474米，即设计成"人字"坝。其功能是壅水、溢流，能使灵渠渠道中的水位长年保持在1.7米左右的高度，以利行船和上游灌溉取水；同时，上游多余的来水可以漫过天平坝排入湘江，这样既可以满足通航所需，又可以防止洪水的威胁，达到"称水高下，恰如其分"。天平坝类似成都平原的都江堰工程的分水大堤，但是又比都江堰分水大堤更巧妙，巧妙之处不仅在分水，还在于自动分洪以及便于航行。即"于上流砂碛中垒石作铧嘴，锐其前，逆分湘水为两"，这里提到的铧嘴，既要通过它把湘江的来水一分为二，一部分水流进入南渠，又要使另一部分水流进入北渠，保证枯水时期充足的水量，以便平稳、顺利地行船。铧嘴高约两米，卧踞分水塘中，其主要功能是辅助大小天平坝分水和保护大坝减轻洪水直接冲击。它的综合作用归纳有三：一是减轻上游洪水对大小天平坝的直接冲击力，洪水通过铧嘴向两侧分流，压力也分向两侧；二是辅助分水，上游来水通过铧嘴分流和南北二渠的配合，基本上保持"三分入漓江，七分水入湘江"；三是通过铧嘴，利用水流动力学原理，可使两侧形成一片相对平静的静水区，类似于人为造就一个避风的港湾，水面风平浪静，便于航行。对于第二点的"分水"思路，借用灵渠的成功经验以调控天然水流的流向，在古代有多处水利工程效仿之。尽管有了南渠、北渠和铧嘴，由于航道深浅不一，有时还会存在水流不稳的状况，进而影响行船。为了增加保险系数，就在渠道上设置"堰坝"用来壅水，进行"二次"调节，使行船保持一定的吃水深度。同时，抬高水位还可以引渠水灌溉低处的田地，充分利用了"激而行之，可使在山"的思路，使得水资源得到充分利用。

在古代船闸技术受到生产力发展水平的限制，如何利用壅水建筑物如"堰"的设置来保证航船的吃水深度要求，但又要解决汛期泄水的问题，这在技术上增加了一定难度。古代劳动人民能够发挥他们的聪明才智，灵渠中设计的"泄水天平"既能起到壅水（尤其是枯水季节）又能在汛期泄水的双重作用，其核心技术的关键问题——它的设计高度是否合理？古人采用"自铧嘴分水入渠，循堤而行二余里许，有泄水滩。苟无此滩，则春水怒生，势能害堤而水不南；以有滩杀水猛势，故堤不坏"。即按照渠道的走势，采用多个"泄水滩"（指"泄水天平"），逐级壅蓄，逐级宣泄。这就是南、北

二渠中一共还有五处小型泄水天平坝的缘故。这样，经过各级大、小天平坝的调节，使渠水既能涨而不溢，又能在泄水的同时维持足够的航深。关于"铧嘴"和"泄水天平"所起到的关键作用，史料也有记载："陡河功用之要，以铧嘴天平石为最，二者崩坏，则湘水无涓滴入漓，则田庐受害矣。"由上述分析可知，"铧嘴"和"泄水天平"的功能，不仅是分水、泄水，还能调节汛期洪水和枯水期灌溉用水的功效。同时，还能保证漓江水流"三分入漓、七分入湘"。它的建成，表现了古人的智慧以及巧妙利用自然和顺应自然的高远立意。

4. "陡门、渠堰与水涵"联合调度、有机一体：系统工程思想支配下的灵渠经济功能多利俱全

陡，称为陡门或斗门，建在灵渠南、北渠上，用于壅高水位、蓄水通航，是兼顾船闸作用的建筑物。史载"渠内置斗（陡）门三十有六。每舟入一斗门，则复闸之，俟水积而舟以渐进。故能循崖而上，建瓴而下，以通南北之舟楫"。灵渠陡门"三十有六"，并不是一次建成，而是经过历代的不断整修和完善。由于很多陡门分布在南渠和北渠，故而史称南渠、北渠为"陡河"。清人描述为"夫陡河虽小，实三楚两广之咽喉。行师馈粮，以及商贾百货之流通，唯此一水是赖"。可见，陡门在渠系中的作用之大。《徐霞客游记》中所载："渠至此细流成涓，石底嶙峋。时巨舫鳞次，以箔阻水，俟水稍厚，则去箔放舟焉"，也表明了陡门在蓄水、放水、过船方面不可替代的作用，并成为灵渠的一大景观。在运行过程中，当陡门关闭时，先将小陡杠的下端插入陡门一侧"海漫"（起到消能作用的水工建筑物）的石孔内，上端倾斜地嵌入陡门另一侧石墩的槽口中；再以底杠的一端置于墩台的鱼嘴上，另一端架在小陡杠下端；再架上面杠。然后将杩槎置于陡杠上，再铺水拼、陡簟，即堵塞了陡门。水位增高过船时，将小陡杠敲出槽口，堵陡各物即借水力自行打开。由于有了陡门这种设施，故能使灵渠的浮舟过岭。清代胡渭在其撰写的《禹贡锥指》中记载："灵渠斗门之法，会通亦用之。"可见，灵渠斗门的设计、施工及其管理方法在后来的运河工程中有所推广。

水涵又叫"渠眼"（据记载灵渠设有"渠眼二十有四"），即在灵渠的南、北两渠的渠堤上建造的块石砌筑的分水兼排水设备，有"十涵"之说，相当于现代的涵洞。其功能为"内滤水潦啮堤为患，开置十涵以分水势，灌田使便"。即在汛期可分洪，以保证渠道两侧渠堤的安全；非汛期可放水灌溉沿岸的农田，一举两用。

"堰"则是建筑在渠道里的一种拦河蓄水、引流入沟、灌田或积水推动筒车的设施。灵渠的渠道中所布设的"堰"，与陡门不同之处在于塞陡用的是陡杠、陡簟，而塞堰用扁平方木作为闸板，并以此作为"开关"。关堰时把渠水堵住，提高水位，以便龙骨水车提取渠水灌田；开堰时缓慢开启，使渠中水流平缓地和下游衔接，以利行船，其运行过程与现代的船闸相似。灵渠中的另一种堰（称"天平坝"），即建在水面较宽的河道中，类似"人"字形（堰坝），既提高了稳定性又增加了泄水的面积，具有"称水高

下,恰如其分"的功效。有文献记载的唐朝宝历年间李渤使用"杂束筱为堰,间散木为门",后来刺史鱼孟威改进陡门时采用"植大木为斗门,至十八重",达到了"乃通巨舟"的效果。就是在这些早期陡门的基础上,在不同的河段上分别设立大口径闸门以利控制水量和通行大船。至清代,堰坝已经很成熟,雍正年间鄂尔泰修灵渠时,就有记载灵渠"为堰蓄水者三十有七"。天平堰坝,其构造十分精巧科学,基础是用长 2—2.5 米的松木桩密排,框架里堆砌鹅卵石,砌成均凿有燕尾槽的块块相连的条石斜面滚水堤;坡面以厚度 0.15—0.20 米、长 1 米的条石竖插,层层相叠,形似鱼鳞,故称"鱼鳞石"。这种构造,坚固、抗冲刷、便于拆卸维修。灵渠中的陡门、水涵、渠堰等联合调度,承担壅水、泄水、灌水、航运的功能,形成了有机一体、联合调度的系统工程,充分显示了古人的聪明才智。特别是这些堰坝所起到的作用不一,其经济功能多样化,相互配合、联合调度,体现了其规划设计的巧妙构思。

对于灵渠现存主要堰坝,既有古代遗构,也有近现代为了灌溉等需求而加建的堰坝。其数量近 30 个,功能多以拦河蓄水、航运、引水灌田、防洪、排沙等为主。灵渠堰坝的综合性功能,才使得其效益超常发挥。正如清人杨应琚对于灵渠所起到的作用以及发挥的综合效益也感慨道:"地方水利,关乎政事得失,急其所当务,庶一举而众事皆集。夫其带荆楚,襟两粤,达黔滇,商旅不徒步,安枕而行千里,资往来之便,此其一;高垄下田,有灌溉之资,无旱潦之虞,化瘠为腴,此其一;食货贸迁有无,致之于陆倍其值,运之于水廉为售,驵侩熙熙,重其载而取其赢,又其一;长沙、衡、永数郡,广产谷米,连樯衔尾,浮苍梧直下羊城,俾五方辐辏食指浩繁之区,源源资其接济,利尤溥也已!"这段话文字描述了当时灵渠为地方经济发展所起到的独特作用是不可替代的。

5. "顺应自然、水毁可修"的理念和岁修制度创新:为历代工程维修和运行管理提供了机制保障

岁修制度是灵渠管理和维修的一大亮点。据统计,仅灵渠组成部分的秦堤,自秦代以来到新中国成立前,大大小小的维修上百次,其中历史文献中有明确记载,而且详细记录维修项目、时间、工程量等的主要维修和改建有 37 次,其中大修 26 次。对于其他水工构造物的维修记载则更多。唐代大诗人李渤刚到任桂州观察史,就对灵渠河道、拦河坝、斗门进行了大规模维修,"重为疏引,仍增旧迹,以利行舟"。在 40 年以后(868 年)的桂州刺史鱼孟威主持的一次大修后,达到"往来无滞,不复有怨尤者"。宋代嘉祐四年(1059 年),"提刑李师中领河渠事重辟,发近县民夫一千四百人,作三十四日,乃成",可见这是一次大修。古代水利工程岁修制度的设计和安排,体现了劳动人民顺应自然的思想智慧,这种"每岁一修"的理念,所尊重的最根本规律就是水利工程运用过程中受到水流的冲击必然导致损伤,这是自然而然的,而维修是为了工程持续的利用,也是顺其自然的做法。这种认识正是符合老子《道德经》的主张:"人法地,地法天,天法道,道法自然",黄老道家也主张:"以虚无为本,以因循为用",所谓因循就

是因循万物天性,即自然而然的状态,无为而治,让事物按照自身的必然性自由发展,使其处于符合道的自然状态,不对它横加干涉,不以有为去影响事物的自然进程。承认水流的破坏力,但并不是"束手无策",待其"杀气锐减",修复而治之。美国思想家本杰明·史华兹在研究古代中国的思想世界时描述道:"天"一点也不关心人,但是,通过研究"天"或自然规则特性,人能为了他自觉目的而利用"天"的量。灵渠的治水思想就是有着老子、庄子的无为而治的智慧体现,即依照水流的规律,每岁维修,所用的维修材料和工艺都在顺应水流运动规律和就地取材的原则下而进行布局、设计、施工。如在陡门、闸坝施工中巧妙地运用松木(富含油脂),即"不怕水浸、不怕腐蚀"的特性,以此松木作为维修闸门的必选材料,并总结出"水泡千年松"的经验之谈。灵渠坝体的鱼鳞石是使用当地的片石"竖插排列",弥补石与石之间缝隙;当上游水流冲击时就会相互挤压,并使沙石填充缝隙,使得鱼鳞石之间变得更加紧密和牢固。尤其是遇水流浪急时允许坝体护坡被冲坏,只要就地取材、重新换料即可,非常便于维修。自唐至清代末,灵渠有明确记载的20余次大修。这些维修的特征表现在:第一,修复原有被水毁建筑物;第二,将原有建筑物规模扩大,并增加其坚固性;第三,根据航运、灌溉等功能,新增建筑物或改建;第四,适时清理渠道中险滩和整治河道;第五,为筹集维修经费建立相关制度,如官府投资、劝捐、官员捐俸、以工代赈等;第六,不断引进修渠技术并应用于灵渠;第七,加强灵渠文化建设,每次重要维修,刻碑、立传以纪之。

另外,从管理机构的建设上,灵渠也有独到之处。《宋史·河渠志》载:"昔年并令两知县系衔'兼管灵渠',遇堙塞以时疏导,秩满无阙,例减举员",机构内部的"例减举员",就包括"渠目""渠长"等职位的设置,也为灵渠的管理提供了组织保证。

6. 水事活动和理水文化相互交融与影响:促进治水经济思想不断跃升并达到高超境界

灵渠水文化是西南民族的一个特色文化,也体现了灵渠沿岸劳动人民在一定的自然、气象、地理和水文、环境等条件下,习水、乐水、用水中形成的,并以水和水事及治水活动为载体的文化现象。如灵渠受益群众围绕水事活动展开的聚众歌唱、集会活动以及治水措施等。这些优秀的水文化不断得到传承和发扬光大,激励人们积极参与水事活动的精神和物质层面的并能构成代代相传的文化的一部分。物质层面的典型的治水工程、用水设施或技术、水的利用和管理以及因水而发生的进步也改变着受益区群众的生产和生活方式;精神层面包括灵渠摩崖和碑刻、描述治水诗文、龙船歌等,大量地记载了灵渠历代工程维修、渠道整治、放水灌溉场景等,最有代表性的《重修黄龙堤记》等40多处(见表1),不但记录了当时的治水事件,还为后人了解治水经验和教训提供参考,是一个不可多得的"教科书",它铸就了中华民族百姓参与治水的积极性和创造性,也助推了现代治水思想的发展和提升。

表1 灵渠沿岸的摩崖和碑刻中体现治水思想的文字记载统计表

序号	作者姓名	碑文名称	年代	现存地点或文献记载	"治水思想"关键词句
1	李师中	重修灵渠记	宋	文献	"燎石以攻，既导既辟，作三十四日乃成。斗门三十六，舟楫以通。"
2	秦晟	重修黄龙堤记	宋	飞来石上	
3	黄裳	灵济庙记	元	四贤祠	"发近岁给禄秩钱五千缗，付有司具木竹金石土谷募工拥力。"
4	补化	重修灵渠纪	元	文献记载	"始资此费和籴赈民，今既来归，义不己入，乃用修渠可也。"
5	严震直	通筑兴安渠陡记	明	飞来石上	
6	梁梦雷	伏波遗记	明	四贤祠	
7	石琳	捐俸修陡河碑	清	四贤祠	
8	陈元龙	重修灵渠石堤陡门碑记	清	四贤祠	"买渠田二十亩，为渠目、渠长工食，……以二百金存兴安盐阜，官税收其息，以备不时小修。"
9	陈元龙等	灵渠凿石开滩记	清	四贤祠	
10	梁奇通	重修兴安陡河碑记	清	四贤祠	乾隆十九年（1754年），"维修灵渠各项工程，计有大小天平、海阳堤及铁炉陡等十七陡"。
11	杨应琚	重修陡河碑记	清	四贤祠	"夫其带荆楚，襟两粤，达黔滇，商旅不徒步，安枕而行千里，资往来之便"；"食货贸迁有无，致之于陆倍其值，运之于水廉为售，驵侩熙熙，重其载而取其赢"。
12	范承勋	重修兴安灵渠碑记	清	飞来石上	康熙二十四年、康熙三十七年"捐俸补修灵渠斗门和堤防""六十州县官吏捐俸重修"。

续表

序号	作者姓名	碑文名称	年代	现存地点或文献记载	"治水思想"关键词句
13	赵慎畛	重修陡河碑记	清	四贤祠	古人早已肩其重,而奠定之间有冲塌修补亦易。窃怪良田万顷,民资灌溉,而陡内之一石一木弗恤也。大舸千艘,商籍流通,而陡河内一沙一泥弗顾也。守令深居简出,例报岁修,而陡内之防维保护弗闻也。
14	陈凤楼	重修兴安陡河碑记	清	四贤祠	光绪十三年,"责令原修石匠赔修"。
15	金铁	临桂陡河碑记	清	文献	"治水而不通军,则潴足何益?通军而不溉田,则末耕何功?"
16	鄂尔泰	重修桂林府东西二陡河	清	文献	雍正八年(1730年),"修复斗门十八座,蓄水堰三十七座,疏凿碍航段一百四十九处"。
17	元展成	重修陡河建海阳堤记	清	文献	"惧其久而啮且淤也,奏请加修。"
18	阮元	禁止木簰出入陡河告示牌	清	文献	"临全阜行盐办饷,国课攸关,更赖此一线河身。为销运之地,岂容阻塞,致滞行旅,而误课程。"
19	张运昭	重修陡河碑记	清	文献	通过复修治理,"盖至是艰于食者鼓腹而歌。钓于水者,临流而羡商贾通其货,田园沃其膏。"
20	蒋瓒	重修陡河碑记	民国	文献	"近代以来,岁久浸蔽,任理斯务者固甚有人,然皆图省费为侵渔,假奉公以动众,往往虚拥金钱,事多潦草。"

资料来源:笔者根据相关资料整理。

　　表1中记录的碑刻等历史遗存,凝结着历代治理灵渠的治水思想,这些思想最有代表性的就是体现在工程建设的规划和布局上:(1)开凿人工运河连接漓江支流始安水和湘江支流海阳河,并利用地形和水源条件,沿海阳河上溯一段距离筑坝抬高水位,

减少水位高差；尤其是减少了工程量，在此处筑坝、分水非常科学。这种巧妙利用地形而减少工程量的规划设计思想，在后来的隋唐大运河、元代京杭大运河的建设中使用，这种治水思想的传承，无不通过物质或精神的文化为载体而实现。（2）渠道施工上采用的人工开挖渠道与天然河道相结合，并尽量利用天然河道，一来节省工程量，二来减低后期运行管理的难度，还体现了节约成本的经济思想。（3）"以弯代闸"，人为地设计弯道，并延长渠道路径，平缓连接两个水系的水流，既减少坡降进而减少水流冲击，又节省开挖的工程量，同时也减少了建筑物的数量和工程量。如黄龙堤把原来河道堵住，拦截河水从新开挖的渠道转一个大弯，再汇入原河道，使水道坡度降低，水流平缓，行船条件改善。（4）系统工程思想贯穿工程的所有水工建筑物。有机地使大小天平坝和铧嘴、溢流坝和泄水渠、陡门和堰坝、陡闸和灌溉水涵等相互配合、相互调节、相互吞吐，并各自成为体系。（5）建筑结构设计巧妙，就地取材，维修方便，成本低廉。如将大小天平坝设计为条形砌石，犬牙相扣，形如鱼鳞，故称"鱼鳞石"。（6）灵渠在施工方法上"潦石以功""既导既辟"。有效地利用火攻，劈石开道。由于当时没有炸药，在山区开凿引水河道或隧道，采用柴火点燃放在石头上烧，当石头温度达到一定程度时，快速灭火，再用冷水浇石，使岩石在急剧的热胀冷缩中爆裂成碎块。这种办法减少很多时间成本和工程量，这种科学思想在灵渠施工中起到了重要的指导作用。体现在管理方面：（1）"五年大修、三年小修"的修缮制度创新，也是灵渠长久运行不衰的原因之一。主要表现在工程规模、结构上，其特点是"顺应自然，避其锋芒"，允许工程局部被水流毁坏，但注重维修方便、成本低廉这一准则。如有资料记载：从汉代至民国的2 000多年间，对灵渠的维修和改建共有37次。规模很大并有详细记录的大修至少有20次，维修的结果是："凡有缺坏，葺理无遗。……田畴均溉，复旧为新，较之旧规，相去万万。"尽管有关在清后期或民国时期岁修效果不佳的言论，如蒋瓒的"近代以来，……假奉公以动众，往往虚拥金钱，事多潦草。"从另一个侧面更加表明了以往对"岁修"是十分重视的。有时工程没有损坏，但已到岁修年份，恐其在汛期损坏，"惧其久而啮且淤也，奏请加修"。（2）在工程建设之初，就考虑"治水、通军、溉田"的系统工程和综合效益的发挥。（3）灵渠岁修经费不足，民间集资及动员官吏个人或管辖机构捐助。（4）建立岁修工程质量追责制度。如在光绪十一年（1885年），大修灵渠大小天平坝及各陡，2年后损坏，"责令原修石匠赔修"。综上，想尽各种办法解决经费不足问题是保障灵渠发挥效益的重要因素。

（三）结论

通过上述研究可得出结论：灵渠之所以被称为我国古代著名的三大水利工程之一，是因为它的规划追求天人合一的理念；其各个水工构造物布局合理，统筹兼顾，并与自然融为一体；其航运、灌溉、防洪等效益发挥多利俱全。灵渠是古代水利工程的典范工程,它是我国古代治水思想的全面体现和光辉的结晶。

第一,"改造自然,巧妙利用自然,追求天人合一"是古人治水思想的核心灵魂所在。这也是我们现代人治水应该学习和借鉴的地方。灵渠的科学选址和规划设计及施工技巧,无不体现古代人的思想立意高远、缜密而深邃,具有认识自然到位,改善和利用自然合理,始终坚持和崇尚天人合一的理念。这也表明了古人在利用自然和改造自然中所具有的独特思想境界。灵渠的开通,选在"三楚两越之咽喉",不仅促进了长江和珠江两大流域的过岭交通的发展,其最伟大的贡献还在于对国家统一、社会经济发展和文化交流起到重要的作用。

第二,灵渠以顺应自然为第一出发点并贯穿整个工程的规划设计与施工过程。在治水方略上以"疏导"为核心,采用的方法是修建引导水流的低水头建筑物(采用竹笼包石结构,顶面可溢流),包括堰、陡门(木质结构)、泄水天平坝等,即"壅、顺、导"相结合。这三者意味着对水流的因势利导,达到人水和谐的目的,尽量顺应水的自然本性。这与"堵",即横向堵住水流,代表了两种截然不同的治水思路和对待自然的原则。强"堵"意味着对来势迅猛洪水的强硬抗衡,是人与自然的迎面阻击。纵览我国历史上治水"晴雨表",崇尚以"堵"为快者有之,也积累了诸多失败的教训。资料记载:明代严震直主持维修灵渠,为了提高渠道的进水量,盲目地增加了"泄水天平"的高度,洪水稍大,出现了"水迫无所泄,冲塘岸,尽趋北渠,南渠浅涩",结果航运灌溉两利皆失。很显然,像灵渠这种治水思路显然会化解河流上下游、左右岸之间的人水冲突和紧张的关系;同时也能够减少与水的直接对抗带来的工程成本的增加,又能通过岁修等管理制度的创新而减少维修养护的难度和费用。

第三,灵渠之所以能够历经两千多年,运用其功能逐渐增多、效益经久不衰,巧妙在于历代采用"治标与治本相结合"的办法,哪里有问题就维修哪里,并不断积累经验,不断丰富和不断完善。如民国期间《湘桂水道勘察报告》载:"查灵渠因受宽度及深度之限制,非待大规模之改进后,其运输能力,不能增大。夫以沟通湘桂两水之枢纽,其与国防运输及西南之经济发展,关系至巨,自固有大规模整治之价值,但若目前即行办理,其困难有三……,兹分段论之。"由此可见,两千多年后人们看待其对经济发展所起的作用的评价仍是不可小觑;尤其是明确对其"险工弱段"维修价值提高到一定的认识高度,并制定具体的维修方案。如《湘桂水道勘察报告》中列出灵渠上口至全县、下口至桂林间的航运困难地点,狮子塘(至上口十八里),浅滩;煤塘(十二里),两坝口,舟行此失事甚多。历代非常重视量力而行和标本兼治的理念,使得灵渠在航运等效益发挥方面年年受益,少有间断的年份。正如清人梁奇通在《重修兴安陡河碑记》中描述的那样:"河流宣畅,旱潦无忧,桔槔声闻,沃野千顷,舳舻衔屋,商旅欢呼。"这表明灵渠发挥灌溉、航运、防洪等综合效益。

第四,灵渠治水思想形成和演进中有其独特的特点,表现在治水思想在持续的演进中的渐进性、对河流水系运动规律认识水平不断深化和螺旋上升性、集各项建筑物功能于一体的系统性、人与自然互动中的日渐融合性、维修管理制度的创新性。它的治水理念和思想能够随着社会经济的发展与沿岸自然环境的变化，不断完善和成熟，这种思想的日益缜密，促进水利技术的日益进步。尤其是在对水流的控制水平达到能够使水资源利用与减灾的合理转化，并在实践中不断创新和提升。灵渠的各个建筑物散落在整个工程综合效益发挥的各个节点上，各自发挥作用并相互配合，使人为设计与大自然的作用在互动中相互融合。

第五，治水思想的历史价值及作用。这种价值表现在灵渠始建以来的2 000多年中，一直作为沟通中原进入岭南的重要水路交通动脉，不仅对军事、贸易及物资运输起到作用，对推动中原文化与岭南文化的融合也起到不可替代的作用。这一水利规划思想具有划时代和超越历史的前瞻性；尤其是灵渠穿越山区，地形复杂，其规划设计既体现人类改造自然的创造性，又体现天人合一的思想理念，二者完美的结合，是人类集运河、航运、防洪、灌溉等系统工程于一身、精神财富与物质财富相融合的典范工程，充分代表了古代治水思想的光辉结晶。

三、都江堰规划设计思想对农田灌溉技术发展的历史贡献

都江堰是集灌溉、防洪、航运等多种功能的大型古代水利工程,至今运行两千多年,工程的质量、工程的管理及其经济效益的发挥,经久不衰。据《史记·河渠书》载:"蜀守冰凿离碓,辟沫水之害。穿二江成都之中。此渠皆可行舟,有余则用溉浸,百姓飨其利。"并以规模巨大、布局完美、功效奇特等优点而举世瞩目。特别是都江堰工程在科学技术方面的成就更是非凡,乃至于令历代科学家百思不解并为之赞叹。可以说都江堰的客观存在是一座精美不缺的天然模型,它的历史运用过程是一部优秀的水利工程技术发展史,同时也是一部治水的思想史。

(一)都江堰工程的水利规划符合系统工程思想

公元前316年秦国灭蜀,李冰任蜀郡太守。他十分注意研究社会经济的恢复和发展与治水兴农的关系,亲自勘察岷江水势,最后择优选点,在玉垒山下"壅江作堋",兴建都江堰水利枢纽,达到水利、航运、漂木综合利用,以求蜀地富饶。李冰还继承发展了前人治水的经验,根据社会的需要和岷江特点以及成都平原的自然条件,进行了综合的总体规划:"灌三郡、开稻田"并"辟沫水之害",将人工渠与自然河道沟通,达到了控制和调节天然水流的时空分布。

都江堰工程的系统思想突出表现在渠道工程的布局上,分水鱼嘴、飞沙堰、宝瓶口和离堆,是一个十分科学的工程体系。其"无坝取水"的伟大创举,创造出人与自然和谐共存的水利形式,体现独特的水工建筑艺术特点。

分水鱼嘴,设立在岷江之中,是都江堰的主体工程之一,位于二王庙前江心。它的作用是分水,把岷江分成内外二江,由于它的位置选择得当,并且历史上曾有过多次上下移动,不断调整,才有"分四六、平潦旱"之巧妙功能。这一调节分流比作用,为现代实测流量资料所证实。当岷江流量小于500米^3/秒,内江分流比接近60%;当岷江流量大于500米^3/秒,内江分流比接近40%,鱼嘴的这一作用,解决了枯水内江灌溉区供水不足,洪水时成都平原易受涝的问题。

飞沙堰位于虎头岩对面的内江右岸,上距鱼嘴700米,堰身沿内江水流方向长240米。它的作用一是溢流泄洪,二是排沙。即在泄洪时,将进入内江的大部分推移质排出去。其特点是洪水越大,飞沙堰的分流比越高,排沙效果越显著。飞沙堰顶不宜筑得太高,否则影响排沙泄洪,因此自古有"低作堰"的法则,来达到"浚其滩以导水,勿使不足;低其坊以泄水,勿使有余"的效果。

宝瓶口是离堆与玉垒山的缺口。是经过人工开凿而成的引水口。其作用一是引水供下游灌溉、漂木、城市用水；二是与飞沙堰、人字堤堰口联合运用，起到限制内江洪水过多地进入成都平原的作用，是控制流入灌区水量的自然闸门。

其他辅助设施如离堆、人字堤、金刚堤等，这些许多水工建筑物，构成一个完整的工程体系，相互有机配合，非常巧妙。尤其是宝瓶口、飞沙堰、人字堤的位置、高程、尺寸，珠联璧合。这一以多种设施构成一完整的枢纽体系，在我国古代农田水利灌溉工程中是绝无仅有的。再就是渠首工程诸设施不仅设计奇特，布局合理，而且还有一大特点是一种设施多重功能，每一设施既有主要作用，又能辅助其他设施发挥次要作用，从而使整个工程系统效能大为提高。这在古代水利工程中也是不曾有过的。总之，"因地制宜、因势利导；就地取材、年年岁修"是都江堰规划和设计与管理的最大特点。这里值得一提的是，都江堰在多年的运行中，已经积累了丰富的岁修经验。特别是非常注重施工中把握时机和分寸，如分清农忙时节、汛期到来时节、青黄不接时节、隆冬到来时节等。把握好时节，对确保工程的进度和质量尤为重要。

（二）解决水沙矛盾的方法吻合于现代流体力学原理

2 000 多年前，人们对水流的运动规律的认识并没有上升到"流体力学"的高度。而都江堰在解决水沙矛盾的分析上，完全吻合于流体力学原理。它的渠道枢纽工程分布在岷江的一段弯道上，鱼嘴处河床弯道半径约 2 000 米。外江处在弯道凸岸，内江在凹岸。当岷江流量不太大的情况下，内江分流江水一半以上；在洪水期，由于河床弯道和百丈堤的束水，上游河心沙滩被淹没，主流趋向外江，内江分流比反而趋小。按"弯道环流"流体力学原理：水流进入弯道，环流作用使表层水流和底层水流作分层运动，挟带泥沙较少的表层进入内江，而挟沙较多的底层水冲向外江。据原型实测资料统计，进入内江的推移质含量，平均为岷江总量的四分之一，若流量增加，这个比例还会减少。

另外，从飞沙堰布置来看，这段河段也在弯道上，弯曲半径约 750 米，堰在凹岸，由于环流作用和离堆阻挡水流发生壅水，从而使表层旋转水流流速加大，冲刷和提沙能力强，充分发挥水流瞬时较大能量作用，壅水影响范围随着内江流量的加大而向上游延伸，当其延伸到飞沙堰堰口时，不能向离堆方向移动的推移质的 80% 排出飞沙堰，冲向外江河道。同时有宝瓶口和离堆的共同作用，也使表层灌溉所需要的清水理想地进入灌区，保证了灌区不受洪水威胁和泥沙淤积。从而使得工程本身也经久不衰。这不仅从实践上第一次成功地解决了连现代科技手段也难以解决的复杂问题，并在理论上符合力学原理的基础上，正确地处理了引水与排洪排沙的矛盾。

(三)水则——最早最实用的水位观测方法创新

李冰修建都江堰时,"作三石人立水中,刻要江神,水竭不至足,盛不没肩"。这三石人立在分水处的江水中,作水则之用。"竭不至足",是指满足灌区用水的下限值;"盛不没肩"是指灌区将发生洪涝的警戒水位。那时,能够测量出这两个高程点,并用三石人作参照来观察水位变化,实在是一件了不起的成果。据文献记载,都江堰立水则是历史最早利用的水位观测仪器。也可以说,水则即水位标尺的出现,对后来水位观测设备的发展是一个非常重要的过程。宋代开始在"离堆之趾"刻水则,每尺刻一划,共十划;元代水则刻于斗犀台崖壁上,共十一划,都是在"三石人立水中"的基础上丰富起来的。

(四)施工技术手段具有独创性

都江堰整个工程施工技术,表现突出是鱼嘴及其前的竹笼杩槎。以当时的工具和设备、技术水平,到大江大河中兴建工程,是相当困难的。而李冰把鱼嘴修建在岷江江心中,还是第一次。值得注意的是后来的灵渠工程的"铧嘴"、汉代郑白渠取水处用的石器建筑,用铁码连接的"将军翠",将河水一分为二,这都同鱼嘴一样的作用。由此可推断,都江堰鱼嘴工程是分水工程的范例,其形状和功用,为后来的分水设施树立了样板。

我们注意到在鱼嘴前置杩槎,从它的功能看不能不说这是节制闸的最初创举。"破竹为笼,以石实中,垒而壅水"是都江堰最早最多使用的治河工程技术之一,据说汉成帝时,还曾成功地应用于黄河堵口工程。竹笼杩槎的作用主要是壅水、调节水量、抢险堵口等。杩槎是用三根直径 20 厘米左右,长为 6—9 米的木捆扎成三脚架,多组排列,用横木相连,上边压装卵石的竹笼,构成截流的堤。杩槎用来拦截水流和保护鱼嘴。增减杩槎栋数,还可以调节外内江的流量,相当多孔闸门一样,可为人调节。这种设施现在看来似乎落后,但在当时设计和施工水平相当低的情况下能够就地取材,工省效宏,无疑是一个伟大奇迹。

(五)科学严谨的"岁修"管理制度

都江堰水利工程经久不废,长期发挥效益,是与历代科学严谨的管理和经常维护是分不开的。从体制上看,远在一千八百多年前,就已设有专门管理工程的官吏"都水椽"和"都水长";蜀汉时,诸葛亮也在都江堰设"堰官";唐代设节度使,宋代设制置使,元代设廉访使督治;以至明清都设了专门官吏。凡遇都江堰大修,巡抚、总督等官员都亲临主持,并有严格的责任状。从岁修制度上讲,都江堰维修在经费来源、劳力抽调、材料挑拨等项都非常明确。如在岁修经费来源上,宋代是抽羊税,元代是派工修堰或每月交三缗钱等。对工程的维修,则有"深淘滩,低作堰"的六字诀和"遇弯切角,逢正抽心"的八字格言,代代相传,告诫人们岁修要彻底,按准则办事,使灌区用水充足,洪水泥沙易湃出。清代以后,又有岁修的"三字经",都是对六字诀和八字格言的修正与补充。

都江堰有科学严谨的岁修制度,后人不断总结前人治堰经验,使其内容丰富,这就是都江堰工程的灌溉面积从最初的一百万亩扩大到今天的一千多万亩的原因,使"水旱从人,不知饥馑,时无荒年,天下谓之天府也"。可见,都江堰工程对农田灌溉工程技术的发展做出了突出的历史贡献。

（摘编自谢永刚:《都江堰对农田灌溉工程技术发展的历史贡献》,载《社会科学论丛》1994 年第 1 期。）

四、潘季驯治河实践的理论思索

潘季驯(1521—1595 年),明代著名的治河专家。从嘉靖四十四年(1565 年)始,经隆庆、万历等朝,直至公元 1592 年止,他奉三朝简命,曾四次担任总理河道都御史,主持治河,前后经历 27 年,创造性地提出并实践解决了黄河泥沙三条措施:束水攻沙、蓄清刷黄和淤滩固堤,并取得了良好的效果。实现了我国治河事业从单纯的实践向理论与实践相结合过渡的重大转折。

(一)黄、淮、运三河兼治的水利规划符合现代系统工程思想

潘季驯所处的时代,正是黄河与淮河合流入海的阶段,保证黄河不能北决影响南北大运河的畅通,是当时明王朝治河的先决条件。万历六年(1578 年)三月初十日皇帝敕谕:"近年河淮泛滥为害,运道梗塞,民不安居,朕甚忧之","尔宜亲历河流所经,会同各巡抚官督同各部属司道等官,悉心协虑,讲求致害之因,博采平治之策"。可见,摆在河道总理潘季驯面前的任务非常明确。于是,他总结历代黄河治理的经验教训,上自河南,下到江苏入海口,亲自考察,十分注意对河情现状的调查研究,善于从中发现问题,确定目标,并把它作为治河成功的第一步和基础工作,结合淮河与运河整治,提出"治河之法,当观其全"。并把黄、淮、运交汇处的清口作为重点中的难点来对待,达到"以治河之工而收治漕之利",即"通漕于河,则治河即以治漕,会河于淮,则治淮即以治河,会河、淮而同入于海,则治河、淮即以治海"。这个原则的提出,马上就得到了朝廷及治河专家们的拥护,并得以有力地遵守。实际上,潘季驯在原则的提出之前,不仅对黄河、淮河、运河的河性进行了研究,还分析了当时的社会条件及所面临的治河任务,认识到决不能从孤立的对象出发看待各类自然和社会的矛盾,而一定要把它们联系起来,辩证思考,统筹兼顾。于是他在治理工程总体布置时采取了"尽塞诸决,则水力合矣;宽筑堤防,则衡决杜矣;多设减坝,则遥堤固矣;并堤归仁,则黄不及泗矣;筑高堰复闸坝,则淮不东注矣;堤柳浦、缮西桥,则黄不南浸矣;修宝应之堤,浚扬仪之浅,则湖捍而渠通矣"。他还注意博采众议,对此选优,以便做出科学的决策。如他曾多次言:"夫人之情,难于虑始;而天下之事,贵在广忠。"这一点对制定正确的治河决策极为重要。

以上规划和决策思想体现了潘季驯既看到黄、淮、运三者的区别和矛盾,又分清了彼此的联系和制约关系,把三者作为一个整体对待。实际上,他的规划思想标志着 16 世纪我国水利规划已具有相当高的水平,与现代系统工程思想基本是相符的。

(二)"束水攻沙"吻合于河流力学原理

潘季驯在第三次出任河官时,对黄河泥沙有相当丰富的认识,而且看到了黄河水沙矛盾的主要方面是泥沙。"平时之水,以斗计之,沙居其六,一入伏秋,则居其八矣。"反映了不同时间黄河水流含沙量的不同和大小。还抓住了治理黄河泥沙必因势利导的方法,采取"以堤束水,以水攻沙",巧妙地利用自然力,行之有效。同时对"束水攻沙"理论有形象、确切的解释:"水分则势缓,势缓则沙停,沙停则河饱,尺寸之水皆由沙面,止见其高。水合则势猛。势猛则沙刷,沙刷则河深,寻丈之水皆由河底,止见其卑。筑堤束水,以水攻沙,水不奔溢于两旁,则必直刷乎河底。一定之理,必然之势。此合之所以愈于分也。"而在"束水"的方法上,又有其不断完善的过程。开始是依靠缕堤束水,固定河漕,缩窄洪水期河床断面,增大主槽流速,提高水流挟沙能力,曾一度收到"沙随水刷"之效。后来发现,缕堤逼河而修,每遇到大洪水时常漫堤溃决。于是,潘季驯反复观察思考水流特性,提出:"遥堤约拦水势,取其易守也,""缕堤拘束河流,取其冲刷也。"即用原有缕堤束水攻沙,以遥堤拦洪防溃,靠缕堤和遥堤的配合使用来解决泥沙淤积和洪水泛滥为害的问题。结果表明,束水攻沙使黄河下游河道相对稳定并对减少河患起到了积极的作用。

"束水攻沙"之所以能大力付诸实施,从客观上来说是符合了河流动力学原理的。从现代河流观点来看,在水流量一定的前提下,缩小过水断面积会增大流速,使泥沙更多地被带走,减少河道泥沙淤积。从河流动力学的角度分析,水流的挟沙能力与水流速度的三次方成正比。当以堤束水后,使河道断面积缩小,流量不变的情况下流速加大,所以水流的挟沙力加大,从而使泥沙被带到下游。而潘季驯的"束水攻沙",事实上是相对缩小河床断面。因为,"束"即是强调固定中常水位河槽,借用被合流的水力刷深原有河道。在方法上就是固定河槽,巩固堤防,以便在汛期发挥防洪、冲沙作用。

"束水攻沙"论对明代以后的治河实践产生了深远的影响,如清代靳辅说:"黄河之水,从来裹沙而行。合则流急,而沙随水去,水分则势缓,而水慢沙停。沙随水去,则河身日深,而百川皆有所归。沙停水慢,则河底日高,而旁溢无所底止。"但是,由于受当时科学技术水平发展的限制,不可能全面地掌握泥沙运动规律以及从根本上治沙。因为影响河槽淤高的因素是多方面的,束水攻沙的理论和实践只注意了流速与河床断面的因素。在潘季驯时期不可能控制黄河上、中游的来水来沙,也不可能合理地确定下游堤距的宽窄、科学地设计河床断面的大小和河床的底坡。所以,明清两代长期实践证明,"束水攻沙"没有完全控制河槽淤高的趋势。

(三)"蓄清刷浑"是能量转换定律运用于治黄的成功尝试

"蓄清刷浑"是潘季驯在束水攻沙方略之后,在治黄上又一大创造。自金明昌五年(1194年)后,黄河南侵夺淮入海,清口成了黄河、淮河、运河交汇之所。黄河泥沙不断淤积在淮河入海旧道,使淮河由清口出水日渐不畅,运道阻塞,有时黄河水还倒灌入淮。为了解决清口及入海段河槽梗阻溃决的矛盾,潘季驯反复调查研究,观察水流势态,认识到解决这个矛盾,只靠人力挑浚是不客观的,必须巧借自然水流之力。因为,淮河是一条清水河,而黄河含沙量大,一清一浊,以淮注黄,才能"水涤沙行,无复壅滞"。他认为,"清口乃黄淮交会之所,运道必经之处,稍有浅阻,便非利涉。但欲其通利,须会全淮之水,尽由此出,则力能敌黄,不为沙垫,偶遇黄水先发,淮水尚微,河沙逆上,不免浅阻,然黄退淮行,深复如故,不为害也"。于是,决定在洪泽湖东岸大筑高家堰,拦蓄淮水,使其水位居高,然后使湖水尽出清口,冲刷黄河泥沙。以达到"水合则势猛,势猛则沙刷,沙刷则河深"。即借"势"冲沙。一来实现以清刷浑;二来可以防淮河水东犯淮扬,以减轻里下河地区的洪患;三可以保证漕运畅通。这实质是能量转换定律运用于治黄的成功尝试,这一思想从本质上是"束水攻沙"的继续。因为"以堤束水,以水攻沙"是为了加大流速,而"蓄清"是为了提高水流的势能,从清口放出,从而使流速加大,使"积蓄"的势能转换成动能,最后达到冲沙的效果。

蓄清刷浑的结果,减慢了清口的淤积,延缓了清口以下云梯关海口河床抬高的速度,实现了"向东三分济运,七分御黄"的目的,对保证京杭运河的通畅和减少黄河河道淤积起了积极的作用。

(四)"放淤固堤"变沙害为利,实质利用了河道水流具有二相性这个基本规律

河流挟带泥沙,水流属于二相流,泥沙从上游向下游运动,内部的运动依据在于它本身所受的趋下的一部分重力,既沿水流方向的重力分力;但从运动的局部过程看,作用于泥沙的另一部分重力,即沿垂线向下的重力分力,一般却不以促动形式出现,而是以抗动的形式出现。潘季驯的放淤固堤的做法,正是反映了这一特性。最初潘季驯放淤固堤,试图变不利因素为有利因素,是从总结格堤经验开始的。格堤开始是用来保护遥堤根不受洪水冲刷。后来发现,"水退,本格之水仍复归槽,淤留地高,最为便宜"。所以,潘季驯主持在徐州防村至宿迁峰山的通、缕二堤之间修了7道格堤,作为淤滩固堤的措施,在南岸继续增筑。在不断总结经验的基础上,这一认识在实践中又有了发展和提高。潘季驯说,"宿迁以南,有遥无缕,水上沙淤,地势平满,民有可耕之田,官无岁修之费,此其明效也"。还总结出"与其人培堤,孰若用河自培之为易哉!至于人去桩料,岁省尤为不,诚为上策"。这非常符合黄河"大水挟大沙""大水淤滩"的客观规律,对减少主槽淤积。巩固堤防,作用显著。他在《河防一览》中指出,"缕堤诚不能为有无也,伏秋黄水出岸,淤留岸高,积之数年水虽涨不能出岸矣"。这里的"淤留岸高"意思是淤滩刷槽,可见潘季驯的治河理论不断地发展。

(五)"导河归海,海不浚而辟"的历史局限

潘季驯认为,黄河入海口不必治理,也不能治。在他的《两河经略疏》中指出,"照得海口为两河归宿之地,……臣等以为不必治,亦不能治。惟有塞决挽河,沙随水去,治河即所以治海也。别凿一渠,与复浚草湾,徒费钱粮,无济于事,优候圣裁"。又在《河议辩惑》中言:"海啸之说未之前闻,但纵有沙塞,使两河之水顺轨东下,水行沙刷,海能逆之不通乎?盖上决而后下壅,非下壅而后上决也。"由此可见,潘季驯对海口治理不甚重视,主张"海无可浚之理,惟当导河以归之海。则以水治水,即浚海之策也"。可能朦胧地认识到了海洋动力输沙,海不浚而辟是在"导河以归海"的前提下,提出的方案过分地渲染了自然力的作用,即只局限于"导河归海"这一途径。

人们对黄河入海口的治理早在宋代就有了认识,欧阳修就对黄河溃决的原因进行了探究,提出"因水所在,增治堤防,疏其下流,浚以入海,则无可决溢"。清代靳辅时,在总结潘季驯治河经验和教训中提出了"治河之道,必当审其全局",并重点对海口进行了疏浚,"自云梯关而下至于海口,为两河朝宗要道,每堤一里,必须设兵六名……专令浚堤外至海口一带淤沙"。道光七年(1827 年),阮元提出"海口日远运口日高说",认为"运口昔日清高于黄,今常黄高于清者,岂非海口日远之故乎?夫以愈久愈远之海口,行陕州以东之黄水,自中州至徐、淮二府,逐里逐步无不日加日高,低者填之使平,坳者填之使仰,此亦必然之势也"。阐明了由于海口延伸,而使海口以上河道发生溯源淤积,影响到运口河床的抬高,以致使淮水不能入黄。随着近代、现代治黄事业的发展,而把根治河口作为治河目标之一,与上中游治理统一起来,才能最终实现全河大治。

综上,潘季驯无愧于一个伟大的治河专家,他的治河思想在实践中得到了体现,其理论在实践中不断深化、完善。他的治河思想标志着中国古代传统的治河理论和实践已经进入了一个全面总结的历史时期。他的治河主张之所以能得以实施,就是因为他的每一思想的提出都产生于实际的调查和研究,且符合客观事物的发展变化规律。从这个意义上讲,他又是一个名副其实的水利科学家。

(摘编自谢永刚:《潘季驯治河实践的理论思索》,见中国水利学会水利史研究会、黄河水利委员会《黄河志》编委会:《潘季驯治河理论与实践学术讨论会论文集》,南京:河海大学出版社,1996 年版。)

五、马之贞与会通河

（一）

马之贞，元代人，由于主持开挖会通河（京杭运河山东段）有功而且成绩卓著，其名见于史册。之贞祖居河北沧州，是上商酒使（官名）伏波之后裔，因祖父爱汶阳（今山东省汶上县）风土而迁入。由于家庭的影响，之贞"强辩传治，饶智异常，以民生国计为念，信眉高谈一坐尽倾"。他的好友商瑭在丞相伯颜面前举荐之贞说："此人知水利，家故有书。"于是被重用，使他的水利知识在会通河设计、规划、施工中得到发挥。元代至元十七年（1280年）任泗汶都漕运副使，至元二十一年（1284年）为员外郎，至元二十三年（1286年）调任漕运副使，后升至都水少监、都水大监等职。后人为纪念他对运河建设的功绩，在运河会源闸竣工时，特建祠堂于闸旁，命名"都水少监马之贞祠"，供人们瞻仰；马之贞去世后，葬于汶上县城南3里处，沿河居民"人思其德"，又在墓旁立石碑以记之。

对于马之贞平生事迹，无长篇史料记载，只见于零星的记述，遗憾的是他的生卒年月记载不详。但从所记的主要平生大事来看，从至元十七年（1280年）到至元二十三年（1286年）这不足7年间，连续升迁3次，可见政绩是相当突出的。实际上，在至元十七年（1280年）任泗汶都漕运副使之前，马之贞就已思考开会通河工作。如"至元十二年（1275年），蒙丞相伯颜访问自江淮达大都河道，之贞乃言，'宋、金以来，汶、泗相通河道，郭都水（指郭守敬）按视，可以通漕'"。可见，马之贞当时虽然没有处在重要岗位上，但对开会通河的计划就已非常关注。如前所述，马之贞的好友商瑭在伯颜面前的推举，至少是在至元十二年（1275年）或以前。至元十七年（1280年）他任汶泗漕运副使。可以推测，他被推举后，就在汶泗都转运司供职。《山东运河备览》记载："按元至治元年都水丞张仲仁改建会源闸，揭溪斯为记曰'树河伯君祠入故都水少监马之贞。'"英宗至治元年为公元1321年，此前马之贞已任都水少监。又据元学士李谦《圣泽书院记略》中记载："马公于至元三十年得一地，一十二亩，藏书千余卷，构亭讲诵，其后都水少监马之贞复建大成殿，四楹中肖，圣容旁列，十哲像功频就绪。"可见，马之贞在至元三十年（1287—1293年）左右任都水少监。但是否是在至元二十六年（1289年），马之贞因开会通河有功，当年被提拔到都水少监呢？《元史》卷十八载"至元二十七年（1290年）都漕运副使马之贞建言……"，可见，在至元二十七年（1290年）还没有任都水少监。而《元史·世祖本纪》不连续记载，在至元二十七年（1290年）十月，立会通汶泗河道提举司，从四品；至元二十八年（1291年）正月，尚书省臣桑歌等以罪罢，十二月乙丑,复都水监,秩从三品;至元二十九年(1292年)命太史令郭守敬领都水监事,仍置都水少监、丞、经历、知事凡八人。在至元三十年(1293年),"始建都水分监于东阿县之景德镇(今张秋镇),以掌河渠坝闸之政"。由上记载分析,马之贞可能是在至元三十年(1293年)任都水少监,中都水分监的总管。据记载:"马之贞、壕寨官李怀璧与都水少监石抹歪头临视,与所说合……都省议修之,从孟阳薄始。今值岁晚,先办物料兴工,以春首为期。"而薄石闸是成宗铁穆耳大德八年(1304年)正月始建,可知马之贞临视是在前一年,即大德七年(1303年)。这里记载的马之贞为"都水大监",说明他在此时又被提升。但史册对马之贞任都水大监的提法鲜见。

从上述对马之贞的任职时间和工作历程分析,在元至元十七年(1280年)出任泗汶都漕运副使,到大德八年(1304年)任都水大监,共25年,一直奔忙于会通河建设和改造上。其一生最大的贡献是至元二十六年(1289年)到至元三十年(1293年)左右开挖会通河及其配套工程上,而其后记载他的事迹不多。如《揭溪斯全集·建都水分监记》中记载:"爰稽在昔,自丞相忠武王建议于江表初平之日,少监马之贞奏功于海内一家之时,自时厥后分治于兹者,鲜不著勤焯劳,载于简书,而公署之役乃以待侯。侯非乐侈其居,荣其名以夸其民,所以正官守,肃上下,崇本而立政也。"这段文字说明马之贞干了很多事,无疑是一个实干家,政绩也很突出;但记载不多,可能本人无暇或不善著书立说而致。

(二)

马之贞成功开挖会通河,是有一个良好的历史背景的。元代建都北京,长江以南物资主要靠江南运河、里运河、淮河、黄河,而从临清到须城安山间没有运河,此间运输是经过中溧至淇门间的旱路入御河(卫运河)。马之贞在至元十七年(1280年)任泗汶都漕运副使,"时控引江淮岭海供亿京师,牛偾辐脱、艰阻万状"。由于水陆联运难度大、周折多,费力费时,早在至元十二年(1275年),当时丞相伯颜南征,就命郭守敬对这段地形和水系进行实地考察和测量,做开河准备。至元十三年(1276年)伯颜向世祖建议:"今南北混一,宜穿凿河渠,令四海之水相通,远方朝贡京师者,由此致达,诚国家永久之利。"至元十八年(1281年),马之贞与尚监察等一同视察运河,拟在汶水、泗水等与运河有关河道上建闸8座,石堰2座,当年兴建7座,其他继建,以节制水量。说明伯颜的建议得到世祖批准。至元二十五年(1288年)十月,丞相桑哥也建言开会通河,挖安山至临清间运河,以避海运之险。至元二十六年(1289年)正月,寿张县尹韩仲晖、太史院令史边源亦相继建言,开河置闸,引汶水达于御河,以便公私漕贩。最后,以上建议通过长期酝酿得到朝廷的认可并批准,"省遣漕副马之贞与边源等按视地势,商度工用,于是图可开之状"。又"驿遣断事官忙速儿、礼部尚书张孔孙、兵部尚书李处巽等董其役"。可见,会通河开工,朝廷是非常重视的,而且懂水利工程技术的马之贞为技术总管,其他行政级别比他大的官员具体负责人员调遣等事宜,说明对会通河开挖的技术问题是相当重视的。

（三）

会通河,是在技术上有充分准备和朝廷大力支持的前提下开工的,于是在元至元二十六年(1289 年),马之贞等"首事于是年正月己亥,起于须城安山之南,止于临清之御河,其长二百五十余里,中建闸三十有一,度高低,分远迩,以节蓄泄"。这段文字记述了马之贞在至元二十六年(1289 年)主持开挖会通河,南从须城的安山镇,北到御河南端的临清河,共长 250 里。还根据地形和高差特点建节制闸 31 处。元代人杨文郁在《开会通河功成碑》文中也记载了当时的情形:"以六月辛亥决汶流以趋之,滔滔汩汩,倾注顺通,如复故道。舟楫连樯而下,仍起堰闸以节蓄泄,定堤防以备荡激,凡用工二百五十一万七百四十有八。"可见,会通河工程的浩大。实可谓"开魏博之渠,通江淮之运,在所未有"。但由于工程正月三十日始,当年六月十八日完工,历时四个多月,施工时间短,加之工程量大、战线长、施工质量差等原因,在第二年(至元二十七年),"省以马之贞言霖雨岸崩,河道淤浅,宜加修浚,奏拨放罢输运站户三千,专供其投,仍俾采伐木石等以充用"。于是在运河建成不到一年的时间,马之贞主持开始了大规模整修会通河河道工程。

马之贞的贡献不仅仅是开挖会通河本身,重要的是他对山东运河段水系的综合考虑和河道水沙特性的认识。这一点从他规划和设计的闸坝工程以及引水济运河工程中能够体现出来。元初,引汶水济以减少航运水量的不足,"马之贞为沙堰",用梢料和土沙筑堰,显然是来大水时允许被冲毁,洪水过后也易修缮,对有些水利工程非常实用,这也是先秦以来我国劳动人民长期治水经验的总结。后"有人言作石堰,可岁省劳民。之贞曰:'汶,鲁之大川,底沙深阔,若修石堰,须高平水五尺,方可行水。沙涨淤平与无堰同。河底填高,必溢为害。况河上广,石材不胜用,纵竭力作成,涨涛悬注,倾败可待。晋杜预作沙堰于范阳,竭白水溉田,缺则补之。虽屡劳民,终无水害。固知川之不可塞也'"。总结了历史经验和汶河水沙运动的规律,但有人不听马之贞的意见,"浮议妄兴石堰,重困民,壅遏涨水,大为民害,重修堽城闸,因自作记勒其言于石,至是果如其言,闸坏岸崩,碑沉于水为土石所压"。这个教训是惨痛的。又如《山东运河备览》中记载"山东运河两岸之州县犹未为大害也,迨其后河日刷宽,其赴南旺也易,而入盐河也难,万恭又垒石为滩,潘季驯复筑石为坝,岂二公者独未闻马之贞之言乎!""未晓马之贞沙淤坝平之说也。"这里认为,马之贞的治河主张应作为指导万、潘两位有名的治河工程专家的理论,足以说明马之贞的治河观点及地位的影响力是很大的。

对引水济运的闸坝工程,由马之贞亲自主持的很多,如至元二十七年(1290 年),

他说:"二十一年与尚监察等同相视,拟修石闸八、石堰二,除已修毕外,有石闸一、石堰一、堽城石堰一,至今未修。"他最重视的是兖州闸和改建堽城闸,因为这两闸都属"会通河上源之喉衿"。他曾建言:"新开会通并济州,汶泗相通,河非自然之流也。应于兖州立闸堰,约泗水西流;堽城立闸堰,分汶水入河,南会于济州。以六闸搏节水势,启闭通放舟楫,南通淮、泗,北以通新开会通河,至于通州。"这一建议被应允,于是,分别"于兖州立闸堰,约泗水西流;堽城立闸堰,分汶水入河,南会于济州"。

兖州闸,又称金口闸,开会河同年建,在兖州城东5里,主要作用是控制泗水上源,引水流向济州,西入运河济运。兖州闸大小尺寸记载不详。至元二十七年(1290年)四月,可能由于兖州闸等管理不当或运用不便,须"差夫修闭",马之贞建议"准山东东西道宣慰使司牒文,相视兖州闸堰事"。而江淮都漕运副使则言:"其泰安州堽城安、梁山一带堤岸,济州闸等处,虽是拨属江淮漕司,今后倘若水涨,冲坏堤堰……江淮所委监闸官已去,目今无人看管,必须之贞修理,以此权委人守焉。"这表明马之贞在会通河治理上,在当时已是相当有权威的。

至元二十八年(1291年),为控制引汶水入河到济宁济运,马之贞主持建土堽城东闸,又称双虹悬门闸。"虹相连属,分受汶水,既又以虹石易圮,乃改西虹为今闸制,通谓之东闸,谓辅国所作斗门为西闸。""遏汶入会泗以出天井。"以增加引汶水量。对于双虹悬门闸,其结构无详细记载,但从上述记载和地形特点可以分析出,双虹悬门即双拱闸门,建在两河相交处的汶河上,大水时两闸全开,中水时一开一闭,小水时两闸都关上。这样有效的控制水源,济运效果甚佳。

马之贞在会通"河工告成于今几二十年,岁月滋久,霖潦浸淫,岸移谷迁,不无堙塞"的情况下,还亲自踏查、规划、设计、施工了鱼台孟阳的薄石闸,并凭多年的治河经验总结出:"夫水积之不厚,不足以负大舟;蓄之不广,不足以供下泄。今莫若立堰以积水,立闸以通舟;堰贵长,闸贵坚,涨水时至,使漫流于其上,如斯而已矣。"并据此"视地之高下,程广狭,量浅深,绘图计工以报",可见,对薄石闸前期的规划、设计是很周密的。于是很快得到朝廷的批复,在大德八年(1304年)正月开工,五月完成。"凡用工十七万六千九百九十,中统钞十万三千三百五十缗,粮一千二百四十七石。落成之日,鼓声四起……通数十百艘,于饮食谈笑之倾。"工程量之巨大,效益之佳,在会通河闸坝工程建设中像这样专以文颂赞之少见。

综上;元代治水人物马之贞,把一生近30年的时光,贡献给京杭大运河最重要的一段会通河的开挖建设和引水济运工程,成功地解决了会通河的水源补给及水量分配问题。为元朝的南北物资运输和交流及政治稳定立下了汗马功劳。

(摘编自谢永刚:《马之贞与会通河》,载《济宁师专学报》1998年第5期。)

第十一编

水利社会、河源历史问题

一、关于松花江河源问题及其主流认定过程的历史研究

松花江河源问题,由来已久,"嫩江"和"第二松花江"何为主流各界各抒己见,其意义主要表现在"主"和"支"的地位明显有异,这不仅是人文、地理意义上的主流、河源问题,更涉及各自流域的水电规划开发建设及经济发展战略。松花江、松花江干流、第二松花江、嫩江是怎样的关系? 松花江是我国第几大河? 嫩江和第二松花江谁是主流? 松花江的河源究竟是哪里? 非水利界人士在问,水利人士也难以一时追根究底。

(一)目前松花江的河源问题

1. 松花江自然简况

松花江是我国七大江河之一,是黑龙江右岸的最大支流,流域介于东经119°42′—132°31′,北纬41°42′—51°39′之间。西部以大兴安岭与额尔古纳河分界,北部以小兴安岭与黑龙江分界,东部与东南部以长白山、张广才岭、完达山等山与乌苏里江、绥芬河、图们江、鸭绿江分界,西南部以丘陵与辽河分界,本流域三面环山,整个地形沿松花江干流自西向东倾斜,流域面积为55.8万平方千米。

松花江江源目前主要是"两源说",也有"南源说""北源说"。南源为第二松花江(简称二松),发源于长白山天池,其长度为958千米;北源为嫩江,发源于大兴安岭的伊勒呼里山中段南侧,源头为南瓮河,河源海拔高程1 030.00米,地理坐标为东经124°25′33″,北纬51°20′40″,其长度为1 370千米,两源在三岔河汇合后称松花江干流(简称松干),其长度为939千米河流的主要特征值如表1所列。从表1可以看出,二松河长只有嫩江河长的69.93%,流域面积只及嫩江的31.87%,嫩江流域面积占松花江总流域面积的51.78%,而二松只占总流域面积的16.15%,嫩江(大来站)的年径流量占松花江全流域的33.83%,二松(扶余站)只占22.24%,嫩江的各项河流参数均大于第二松花江。

2. 目前松花江源头"两源说"存在的问题

多年来松花江源头的"两源说",使本来就是一条河流变成了三条河流,通过多年的实践,"两源说"无论是确定松花江的地位,还是对松花江的管理,以及流域规划、开发,均存在着许多问题和不便。

表1　嫩江、二松、松干主要特征值

河名	河长/千米	流域面积 /万平方千米	年径流量 /10^8 米^3	年平均流量 /(米^3·秒$^{-1}$)
嫩江	1 370	28.27	251	685（大来站）
二松	958	9.01	165	438（扶余站）
松干	939	18.50	—	2 150（佳木斯）
全流域	—	55.80	742	—

（1）难以确定的松花江地位

"两源说"造成了计算松花江长度的困难,因此难以确定松花江的地位。松花江的长度究竟是939千米、1 897千米,还是2 309千米,还没有明确定论。通常把长江表述为我国第一大河,把黄河表述为第二大河,而松花江表述为我国七大江河之一,显然松花江的地位不但远远低于长江和黄河,而且珠江长度是2 197千米,它和松花江哪个长呢? 如以嫩江为松花江主源,则松花江的长度为2 309千米,应为我国第三大河,但就目前而言,松花江第三大河的地位远远没有确立。

（2）造成松花江各个主要参数互相矛盾

在大多数人的心目中,松花江的长度就是松花江干流的长度,即939千米;而其流域面积为55.8万平方千米,年平均径流总量为7.42×10^{10}米^3、年平均流量为2 150米^3/秒,则均是全流域的参数,与其长度是互相矛盾的。

众所周知,河流的上、中、下游三段是描述河流各河段的地形、地理位置和河势的参数,一条河流仅能有上、中、下游三段。就目前而言,嫩江、第二松花江、松花江干流均根据各自的地理、地形划分为上、中、下游三个河段,使松花江无论按哪个支流做主源均有6个河段,因此使松花江的上、中、下游江段的划分严重地违背了当代河流理论,同时也不能反映松花江江段的真正特征。

（3）"两源说"造成了对松花江源头的误解

我国有些资料在描述松花江时并没有说明其源头为两源,只是片面称"松花江发源于长白山天池,其长度为1 897千米"或"松花江主源为嫩江,发源于大兴安岭的伊勒呼里山,其长度为2 309千米",造成了对松花江主源的误解,也有很多人认为"第二松花江就是松花江",把第二松花江与松花江混为一谈,人为地缩短了松花江412千米的长度,使我国的第三大河降为第四大河,也降低了松花江的地位。

（4）"两源说"的后果

"两源说"严重地违背了现代河流理论,实质导致了河流的"失源",并造成河流长度的计算和上、中、下游划分的困难,还会使河流的各个参数自相矛盾。只有科学正确地确定松花江的源头,使各个参数正确地反映河流的实际状况,才能正确地确定该河干流和各支流的级别,这对全流域的治理和综合开发利用,以及主要河流防洪体系的建立都是至关重要并具有深远意义的。1998 年的嫩江大水也呼唤我们,有必要抓紧弄清松花江河源问题,正确确立嫩江的地位。以往的投资倾斜政策也证明了这一点,二松上控制性工程有红石、白山、丰满等大型工程,而嫩江干流则无一控制工程,这正像比利时水利专家 1898 年在帮助治理中国河患时曾言:"治河如治病,必先察其源",此言虽指黄河,但同样适合嫩江、松花江,其源不定,河病难治。

(二)松花江干流、嫩江及二松名称的历史演变和源头的变革过程

1.关于名称的历史演变

(1)各不同时期的名称

根据历史考证,松干、二松、嫩江在不同历史时期的名称如表 2 所列,从表 2 可见,辽金时代是松花江水系名称变革较大而又比较混乱的一个时期,"鸭子河"一名始见于辽代,这一名称与辽代四捺钵之一的"鸭子河"应有密切关系,"捺钵"是契丹语,指国君游猎行营的帐篷,"鸭子河"是辽帝春季捕猎天鹅和钓鱼之所,在长春州西北,即今沈儿河入嫩江之月亮泡一带。由于鸭子河紧靠三岔河附近的嫩江,因此"鸭子河"最初是嫩江下游和松花江干流紧靠三岔河附近一小段河流的称呼,后来所称河段的范围往上下游各有延伸。"(辽太平四年)诏改鸭子河曰混同江",从此,"混同江"始见于史籍,并一直流传至清末最初,"混同江"是"鸭子河"的改名,所以"混同江"所指江段的范围是有限的,但事实上,在很短的时间内,"混同江"所称江段迅速向下游延伸,以至松花江干流及松花江口以下的黑龙江都称为"混同江",但此时"混同江"的名称并不稳定,往往是原来的江河名称与"混同江"并见于史籍,造成松花江水系名称的混乱。

"第一、第二松花江"的名称最早见于 1900 年俄人所写的《满洲通志》。1907 年俄国出版的《松花江志》又明确提出三岔河以上至长白山天池江段为"第二松花江",三岔河口至入黑龙江口江段为"第一松花江"。日本侵占东北三省期间,也以正式文件宣布三岔河口以上至天池江段为"第二松花江",从此日伪后期的有关图书和资料普遍使用"第二松花江"的名称。中华人民共和国成立后,"第二松花江"的名称继续使用,并得到各界的认可,有些文献有时也称其为"北流松花江",各界公认的"松花江"仅指三岔河口以下段的松花江,水利界称其为"松花江干流",有些文献有时也称其为"东流松花江"。"嫩江"仍称为嫩江,多年来较为稳定,事实上"二松""松干""嫩江"已经变成各有独立河流参数的三条河流了。

表2　松干、二松、嫩江不同历史时期的名称

历史时期	嫩江	第二松花江	松花江干流	松花江口以下的黑龙江
东晋、南北朝	捺水、难水	速末水	难水	难水
隋	难河	粟末水	难河	黑水
唐	那河	粟末水 涼沫江	那河	黑水
辽	绰尔河口以上称纳水; 以下为鸭子河	湧木河 混同江	混同江 鸭子河	混同江 黑水
金	纳水(上中段) 鸭子河(下段)	宋瓦江	混同江 黑龙江	混同江
元	那兀江、猱河、恼木连	混同江 宋瓦江	混同江 宋瓦江	混同江 黑龙江
明	脑温江	松花江	混同江 松花江	混同江 黑龙江
清	嫩江	松花江 混同江	混同江 松花江	混同江 黑龙江
伪满	嫩江	第二松花江	松花江 第一松花江	黑龙江
民国	嫩江	松花江	松花江	黑龙江
中华人民共和国	嫩江	第二松花江 (松花江)	松花江干流 (松花江)	黑龙江

（2）第二松花江、嫩江历史的释义

据考证，在满语中"末"为河、水，"粟速、宋瓦、松花"等为白色，所以，第二松花江从晋代的"粟末"到金元的"宋瓦"，明清的"松花"，均属译音用字问题，不属河名变动，即第二松花江为"白色之河"。

在蒙语中，"嫩、捺、难、那、脑温、恼木连"等为"碧绿"之意，所以嫩江从晋代的"捺水"到现在的"嫩江"也不属于河名变动，即嫩江为"碧绿之江"。

2.松花江河流源头的认定变革

从以上松花江干流及主要支流名称的历史演变可以看出，松花江源头的认定在历史上也是比较混乱的。

隋唐以前的史料对松花江水系记载得十分简略而零散。北魏郦道元撰写的《水

经注》中,对东北的水系无记载,但《魏书》有"勿吉国,在高句丽之北……国有大水,阔三里余,名速末水"。说明二松当时称"速末水"。此书又载"勿吉北千里……有大水从北而来,广四里余,名捺水",指嫩江;而松干被称为"难河"。

在唐代也同样,嫩江和松花江干流同名,通称为"难水""那河",可见,嫩江与松干被认为是同一条河流,江源自然认定为"北源"。

辽金时期是松花江江源由北向南转变的一个过渡时期。在辽圣宗下令更改河名之前,"鸭子河"用来称呼三岔河附近的嫩江、二松、松干,这似乎带点"南北二源说"的意味,即:不论是"纳水"还是"涑木河"在三岔河附近均以"鸭子河"命名,并且这一名称一直延续至松花江干流。由于"涑木河"一般不称为"鸭子河",故此时的"二源说"偏重于"北源"。辽圣宗"诏改鸭子河曰混同江"后,"凉木河"有时也被称为"混同江",而嫩江下游段称为"鸭子河",这样"二源说"便偏重于"南源"了。金代,嫩江下游段仍称为"鸭子河",第二松花江被称为"宋瓦江",松花江干流被称为"混同江",表明此时对江源的认定仍按"南北二源说",南源为"宋瓦江",北源为"鸭子河"。

从元代开始,元明清三代二松和松干基本上是同一条河流了,地方志和有关文献也都记载这两个江段"源出长白山"或"长白山天池","二道江自安图西流来汇,曰下两江口,此下统名松花江",江源认定为"南源"。近代,对江源的认定再起波澜,"第二松花江"的名称,最早见于1900年的《满洲通志》中,俄《松花江志》(通过对嫩江和第二松花江的河流参数对比)也随后指出:"根据上述事实,第二松花江和嫩江两河中,可以确定嫩江是干流,而第二松花江是从嫩江右侧注入的支流是无疑的。……尽管那样,第二松花江与嫩江两江比较,从地理学上看,认为嫩江还是有优越的,它是第一松花江的源流。"日文《松花江大修改计划案》中关于松花江现状作下列记述:"松花江发源于小兴安岭北端,然后南流,……经嫩江(县)讷河、齐齐哈尔等市流经1 000千米至大来附近,在这里与发源于白头山且是本水系中最大支流第二松花江合流","北源说"再度兴起。

中华人民共和国成立后,对松花江的源头没有认真地进行过认定,各种书籍和文献归纳起来持三种不同的观点,即南源说、北源说、南北二源说,且南北二源说占主导地位。

(三)国内外著名大河河源确定方法及实例

1. 国内外确定河源的方法

《地理学词典》对河源解释为:河源即河流发源地,当一条河流由两条支流汇合而成时,一般以长度较长、水量较大的河流的源地为河源。我国古代就有"河源唯远"的学说。现代河流科学认为:主流一直延伸到河源,根据流域范围内最远、最低一级支流作为河流的主源,不管这条支流的流量大小,以此源头计算河流长度,即把"河源唯远"作为确定河源的准则,并把河流的长度作为确定河流重要程度和大小的标志。河流之所以闻名于世,就是由其长度决定的,世界上几条主要河流的基本情况如表3所列。从表3可看出,亚马孙河的流域面积是尼罗河的2倍多,但其长度仅比尼罗河短191千米,也只能屈居世界第二;黑龙江的流域面积比长江还大,但因其长度短,也只能位于第10位;黄河流域面积仅有75.24万平方千米,比黑龙江等河流小很多,但因其长度较长,在世界河流的排序表中仍为第5位,由此可见河流长度的重要性,它是确定河流大小顺序的标志。

表3 世界上几条主要大河基本情况

项目	尼罗河	亚马孙河	长江	密西西比	黄河	黑龙江
长度/千米	6 671	6 480	6 300	6 262	5 464	4 370
流域面积/万平方千米	287.5	705	180.85	322	75.24	184.3
位次	1	2	3	4	5	10

2. 确定河源的实例

河流的源头与长度是随着历史发展和科学技术的进步,根据"河源唯远"或"河流唯长"原则探明而最终确定的。

美国的密西西比河水系十分类似我国的松花江,其干流在圣路易斯市以上,汇入一条与密西西比河干流名称完全相同的密西西比河支流,河源在艾塔斯卡湖,但密西西比河在确定源头时没有考虑与密西西比河同名的密西西比河支流的源头艾塔斯卡湖,而是上溯于使该河流长度最长的密苏里河的源头——雷德罗克河作为源头,使该河长度达到6 262千米,成为世界上第四大长河,同样,非洲的尼罗河最终确定卡拉盖河的河源为其源头,使长度达到了6 671千米,成为世界第一大河。

黄河是中华文明的发祥地,不同的历史时期对河源有不同的说法,《山海经》《禹贡》和《水经注》等古籍对黄河河源均有注述,都说"黄河源出积石山"。元代元世祖派人对黄河源头进行了正式考察,得出"源出星宿海"的结论,一改流行了2 000多年黄河河源的论述,使黄河长度向前延伸了数百公里。新中国成立后,对黄河河源又进行了科学考察和论证,对流入星宿海的三个支流马曲(约古宗列曲)、扎曲、卡日曲进行了测量、计算与分析,由于卡日曲长于马曲20千米,使之获得了黄河主源的殊荣。

长江的河源在不同历史时期也有不同的说法,北魏以前普遍认为"岷江导江",明代的著名地理学家郦道元则根据地理考察提出了"源出金沙"的论断。1976年长江流域规划办公室首次组织了对金沙江江源考察,在金沙江源头的沱沱河、东尔曲、布曲和当曲四条河流中,以358.1千米的沱沱河为最长,当曲次之,但流量最大,根据"河源唯远"的原则确认沱沱河为长江主源,据此将长江的长度由5 600千米改为6 300千米,使之一跃成为世界第三大河,从而纠正了历史上以讹传讹、持续多年的谬误,也证实了长江发源于唐古垃山脉主峰各拉丹冬雪山群的西南侧,而不是在巴颜咯拉山南麓。

珠江江源认识过程与黄河、长江相似。明代徐霞客的《盘江考》、清代齐召南的《水道提纲》等古籍对珠江江源都有所记载,但对珠江源头的真正确定是1979年珠江水利委员会对江源的科学考察和结论,根据"河流唯长"与"流水不断"的原则确定南盘江源头——云南省沾益市附近乌蒙山脉的马雄山北麓一个高约仅6米的双层石灰岩"水洞"为其源头,由此珠江全长为2 214千米。

(四)结论

通过对国内外著名大河河源确定方法的分析,根据松花江、嫩江和第二松花江的河流特性及历史名称的变革过程研究,可得出如下结论:

其一,历史时期,嫩江和第二松花江都曾经做过松花江干流,其源都曾经为松花江的源头;但仅从河流名称的历史演变是不能确定松花江源头的,应根据现代河流理论确定。

其二,按"河流唯远"的原则,嫩江比第二松花江长412千米,嫩江江源应为松花江之源,松花江长度为2 309千米,而不是1 897千米或是939千米(松干长)、958千米(二松长),松花江是我国第三大河。

其三,嫩江流域面积比第二松花江多19.26万平方千米,年径流量大86亿立方米,年平均流量大247米³/秒(三岔河以上),嫩江应属松花江主流。

其四,嫩江河道比降为0.3‰,松干为0.1‰,二松为1.6‰,显然嫩江与松干较平稳过渡;另从地理地貌特征看,第二松花江属逆向入干之势。因此,嫩江比第二松花江作为松花江主干更科学合理。

(摘编自谢永刚:《关于松花江河源问题及其主流认定过程的历史研究》,载《中国历史地理论丛》1998年第4期。)

二、从历史名称演变分析西辽河属于辽河干流

西辽河为辽河干流,自《汉书》有记载直至民国初出版的《奉天通志》止,历代史乘很确切。但由于辽河水系比较复杂,加上政治、经济、军事等的影响,西辽河的名称历代均有变迁。所以,理清楚西辽河这一段辽河干流的历史面貌及名称演变,还它本来的面目,这对于认识西辽河水利事业的战略发展,特别是当代防洪任务,是十分必要的。

(一)历史上的辽河干流包括现今西辽河

历代有关史料明确记载辽河干流包括现今西辽河。

《汉书·地理志》记载:"大辽水出塞外,南至安市入海,行一千二百五十里。"汉时今西辽河流域一带属乌桓、夫余,朝廷在此未置郡县,故这里的山川地理未入地志,大辽水(今辽河)仅在辽东郡望平县下作了如上记述。但是,后世学者多解释为大辽水应从"源出塞外"算起,因此,今西辽河应属大辽水的一段。

由于以上原因,《中国历史地图册》所载两汉时辽河的名称,仅注明上游段为饶乐水(指西拉木伦河)和乌侯秦水(今老哈河)。于下段自高显(今铁岭市)附近才开始注明河名,即大辽水,而未注明今西辽河的河名。

两晋南北朝时期,大辽水或称辽水,《中国历史地图册》标明自今西拉木伦河与老哈河汇合处至河口,这里十分明确,辽水干流段包括了今西辽河的全段。

表明上述历史认识的代表性史料尚有《水经注》,该书卷十四,大辽水下记道:"大辽水出塞外卫白平山,东南入塞,过辽东襄平县西。"又,"辽水亦言出砥石山,自塞外东流,直辽东之望平县西"。后人认为,《水经注》的记载是根据《山海经》《淮南子》等书的记载而认定辽水源流及其干流河段的地理位置。略有不同的只是个别字的差异,如《山海经·海内东经》记道:"辽水出卫皋东。"郭璞以为,"皋"字即"白平"二字合一,《淮南子·地形训》记道:"辽水出砥石",熊会贞等清代学者认为:"砥"即为《水经注》中的砥,卫白平山与砥石山,今难以确实考据,但清人熊会贞认为指的是西拉木伦河河源一带。

历史上对辽河水系基本势态的认识,自从唐代开始,虽曾出现过两源之说,对此,我们在下面将要详细论述。但在清朝中叶以前,主要史籍仍然是统一的观点,即:在西拉木伦河与老哈河汇合之后,为辽河干流。《中国历史地图册》的编者正是根据史籍的上述记载,将元、明、清几个朝代的辽河干流一直定在从河口至今西拉木伦河与老哈河汇合处。即包括今西辽河全段。

对比较权威性的著作《中国历史地图册》中西汉、东汉、南北朝(东魏、北齐)、元代、清代的五幅辽河水系图,充分说明在我国古代历史中,西辽河无论称为大辽水、辽水或潢水,都是辽河干流。

晚清以后,自东西二源之说渐盛和东辽河、西辽河的名称出现以后,一些重要史籍及资料仍然根据"河源惟古""河源惟远"的原则,认为西拉木伦河属辽河主流,而西辽河即为辽河干流,其余均属支流。

(1)《嘉庆重修大清一统志·卷五十九·奉天府·山川》:"辽河,在府西一百里,国语曰老哈……其西一源即什喇穆楞河也,源出古北口北五百余里,蒙古克什克腾界内之伯尔克和尔累。东流经口外诸蒙古驻牧地,北受喀喇穆楞河,南合罗哈河,又东南至开原西北边外,会克尔素河入边为辽河。汉志、水经注所言辽源,皆指西北一支。"

(2)清乾隆辛巳(二十六年),齐召南撰《水道提纲·卷二·盛京诸水·大辽河》:"辽河有大小二源,自东北者古曰小辽水,自北者曰大辽水亦曰潢水,小辽水今曰浑河……。""大辽水即潢水,古称饶乐水,濡真水、托纥臣水、吐护真水,皆即此河,今蒙古称曰西喇木伦,犹汉言潢河也。源出古北口外竞西克腾部界内山左麓……又东南八百里有黑尔苏河自东北来汇,于是西北源大辽,东北源小辽二水合矣。"值得注意的是,齐召南所说辽河大小二源中,把大辽水认定为西拉木伦河,而小辽水并非今东辽河。可见,齐召南仍是遵照传统的见解,认为辽河干流包括今西辽河全段。

(3)《清史稿·地理志》二十四册的内蒙古科尔沁左翼中旗条下记载:"东南,辽河自永吉州入,迳额尔金山,西北流,入左翼后旗,又西南会潢河入边。潢河自扎鲁特左翼入,迳葛尔冈东南来注之。"又,扎鲁特左旗条下载:"潢河自阿鲁科尔沁入,迳东尔百湖冈,东流,入科尔沁,蒙名西拉木伦河,即辽河之西源也。"

克什克腾部一旗条下载:"牧地在围场北,当潢河之源。……潢河,大辽水西源也,蒙名西喇木伦,源出百尔赫贺尔洪,东北流,会诸水,迳旗北,又东流入巴林,又东,迳阿噜科尔沁南,翁牛特北,又东北流,会老河,迳扎老特南,喀尔喀北,折东南流,迳科尔沁左翼,又南会大辽水,入边城,是为辽河。"

《清史稿》上述记载与《中国历史地图册》中所标清代辽河图是一致的,这代表了清人的看法,亦即历史的传统见解:正源为潢河(西拉木伦河),潢河以下为大辽水,亦即辽河的干流,包括今西辽河与今辽河两段。

晚清人所撰《历代舆地沿革图》中的元、明朝舆地图,亦清楚地表明了西拉木伦河源为"辽河源",西辽河即为辽河。到民国时期,东、西辽河的名称已被广泛使用,在此情况下,一些学者从学术的角度出发仍旧认为西辽河应属辽河干流,辽河正源应是西拉木伦河。

由臧励和等编纂,1931年商务印书馆出版的《中国古今地名大辞典》辽河条目下说:在辽宁省西部,古名大辽水,亦名句骊河,枸柳河、巨流河,又名潢水,亦曰西辽河,河源曰锡喇木伦,出热河承德县之围场中海喇哈山东麓,所谓平地松林也。东流会老哈河,以七老图山脉分滦河之水域,迤东入科尔沁部,过辽源县北,又东南与赫尔苏河合,赫尔苏河,古之南苏水也,亦称外辽河,又曰东辽河。……浑河亦称小辽河,为辽河最大之支流。

这里很清楚,臧氏采用《水经注》的记述方法,把非正源的其他河道用"来会""来合"或直称"支流"以便与正源分开。

由翟文选、王树枏等修纂,民国二十三年出版的《奉天通志·卷七十·山川四·水系二》中记载:辽河跨热河、奉天二省……上游分二大流派,一为老哈河,蒙语曰老哈穆楞,一为潢河,蒙语曰锡喇穆楞,老哈河源出平泉州属喀喇沁右翼南一百九十里之永安山,在州河西北境。东北流三百六十里迳赤峰县东建昌营子,左会西路嘎河,其上游主流为英金河,源出热河省围场县境之赛行坝老岭。东流三百六十里与老哈河会。二水流长适等,会合之后,仍从老哈之名。又东北流三百九十五里,迳赤峰县东北边境东敖金,左会潢河,老哈河自发源至此流长七百五十里……受水面积一十一万七千七百方里。

老哈河与潢河流长比较,则老哈既长,而受水面积老哈又大于潢河四万三千八百方里,二派会合实以老哈为干。

上述记载亦十分清楚,与历史的传统记载一致,所不同的只是强调老哈河这一上源在辽河中的地位,认定老哈河为辽河主要上源。

民国时期,由日伪交通部辽河治水调查处编纂的《辽河水系资料》年度表中,将西辽河与老哈河均列为"辽河本流"。而将东辽河、太子河等均列入支流。

从上述历史书籍及资料可以清楚地看到,我国古代和近代一千余年当中,今西辽河河段一直是辽河的干流。

(二)关于东西二源说的历史过程

辽河源流,唐代以前的史籍均持一源说,即西拉木伦河作为辽河的正源。史家公认,辽河二源说起于唐代杜佑的《通典·卷一八六·边防二》记载:"贞观二十一年,李勣破高骊于南苏,班师至颇利城,渡白狼黄岩二水,皆由膝以下。勣二水狭浅,问契丹辽源所在。云:此二水更行数里,合而南流,即称辽水、更无辽源可得也。"

这里首先要确定的是白狼、黄岩二水所指,关于白狼水,历史上有数条,其一"源出山东昌乐县南擂鼓山,东北流经潍县东,北注于海",此白狼水与《通典》所载史事无关。其二,是《水经注》记载的白狼水,即今大凌河。但在历史上白狼水并未与辽河干流交汇,亦与《通典》所载史事不符合。其三,是《水道提纲》《嘉庆重修大清一统志》等史籍所载,认为白狼水即指今老哈河,兹引录于下:"白狼河亦曰狼水,亦曰土河,又曰老花林,今蒙古称老哈河,即老河也,源出古北口东北故大宁西南,今喀喇沁部右翼南之明鞍山。……潢河既合白狼河疫水势益大。"

上面所引的记载,基本代表清代以前关于辽河二源之说的观点,即二源指西拉木伦河和老哈河。

到清代以后,二源之说才逐渐演变成三种:

第一种,即按传统说法,指为西拉木伦河与老哈河,对此,上述论证已有提及。

第二种,大、小辽水之说。持此说的如《水道提纲》,该书记道:"辽河有大小二源,自东北者古曰小辽水,自西北者古曰大辽水,亦曰潢河。"此书所说的"小辽水"即今浑河。这从该书"二源说"之后的以下一段记载可证:"又西南二百里浑河自东来会,于是西北源大辽,东北源小辽二水合矣。"

第三种,西、东辽河之说。此说至近现代才逐渐盛行。《词源》"辽河"条目载:古名句骊河,清亦称巨流河,有东西二源,东辽河源出吉林东辽县萨哈岭,西辽河上游北源西拉木伦河出内蒙古克什克腾旗西南白岔山,两河在辽宁昌图县靠山屯附近汇合后称辽河。又《辞海》"辽河"条目下载:我国东北地区南部大河,有东西二源;东辽河源出吉林省东辽县萨哈岭,西辽河上游北源西拉木伦河出内蒙古自治区克什克腾旗西南白岔山,南源老哈河出河北,平泉县光头山;东西辽河在辽宁省昌图县古榆树附近汇合始称辽河。

从"两源说"的演变中可以清楚地看到,由于近现代人逐渐把相当长的历史所确定的西拉木伦河与老哈河两源说误认为是西辽河与东辽河两源说,这样就把辽河干流段大大缩短,并且把一条长达1 394千米的天然大河的上游段、中游段均作为支流,仅将下游段作为干流,这既不符合河流发展的客观规律,也不利于当前对辽河的全面认识和开发治理。

(三)关于西辽河名称的演变

从"两源说"的历史演变过程中,我们看到,近现代所谓"西辽河与东辽河为辽河东西二源"与西辽河名称的演变存在着微妙的关系。

西辽河,即辽河中游段,古代很长时间均与今辽河下游段统称为辽水,大辽水,句骊河,巨流水,或与西拉木伦河合称潢河。饶乐水,滥真水,托纥臣水,吐护真水等。《中国古今地名大辞典》"潢水"条中载:"潢水,即奉天之辽河",即把辽河上游段冲游段、下游段通称,可互换名称,在该条下还记道:"潢水……蒙古名西喇木伦河,辽水西源也,即曰西辽水。"该书"西辽河"条下载:"西辽河,即西拉木伦河,亦即潢河,为辽河之西源,故亦曰西辽河。"这一说法表明,到民国时期,所谓的"西辽河"是指辽河两源的西拉木伦河,而不是现在的西辽河。这是一种有代表性的说法。

又据民国《奉天通志·卷七十》记载:"西辽河,本新辽河枝津,自热河省开鲁县东北境,东南流至省治西北部科尔沁左翼中旗达尔罕王府西四十八里胡拉四台村南入境,以新河之水分注辽河,名为西辽河,又蒙语名吐鲁木河。"这里又清楚地表明,当时出现的"西辽河"名字,也不是指辽河中游段(即今之西辽河)的,而是指联通新辽河与辽河中游段一条支流,为区别于新辽河与辽河而称之为"西辽河"。

关于新辽河,即现在所称的新开河,为清光绪二十年(1894年)西拉木伦河发生大水时在台河口(与老哈河会合处上游左岸)冲出的一道新河,长323千米,与今西辽河形成了弓弦状。

又据《奉天通志·卷七十》载:"东辽河,古名南苏水;后世或误称大辽水,明时名艾河,而称辽河曰西辽河。盖沿诸书著为辽河东源之误。"

由上述资料可见,到民国时期,"西辽河"的名字已有三种说法,一指西拉木伦河,即辽河西源,一指新辽河入辽河申支流,因与新辽河和辽河区分而名为西辽河,一与东辽河之名相对应而称西辽河,即现在的西辽河。这样,东西辽河之名称出现后,才误认为是辽河的两源。

总之,从历史上名称演变资料分析,西辽河属于辽河干流。

(摘编自黎沛虹、谢永刚、王靖峰:《从历史名称演变分析西辽河属于辽河干流》,载《东北水利水电》1995年第7期。)

三、运粮河研究:基于金前期生产力发展水平的历史考察

(一)背景

金代"运粮河",亦称"金兀术运粮河",别名苇塘沟、"库扎河"。现在有关运粮河的描述为:"金兀术运粮河"位于黑龙江省哈尔滨市西南部,哈尔滨市南岗区红旗满族乡与双城市新兴乡交界处,是一条松花江干流右岸支流拉林河与阿什河间人工开挖的沟道。目的是将嫩江、松花江左右岸的粮食等生产、生活物资运往首都金上京。往上京运粮,如顺混同江(今松花江)下行,一般需要到阿什河口,再逆阿什河而上,直抵上京城下。为缩短转运路程,"人工开凿的河道"。运河疏通后,从运河而上,大大缩短了运输距离,加强了金上京与南部地区甚至中原地区的密切联系,是"金代黑龙江地区漕运史上的杰作"。侯小刚的《"运粮河"漫笔》中,将其列为已掌握的全国以"运粮河"命名的32条河流之中。

运粮河东起阿城区杨树乡驸马古城的牛头山,蜿蜒走行在丘陵平原之间,流经双城区的周家、新兴、五家等乡镇,向西延伸至道里区新农乡西下坎附近至小西岗东汇入松花江,全长近100千米。河床平均宽30—50米,流域面积415平方千米,流域内地下泉水较多,主要依靠天然降水补给;每年11月中旬至次年4月上旬为结冰期。目前,"运粮河"沿线的乡镇和村屯都把它当作拉动地方经济发展的旅游开发项目和景点,因此,沿途设有很多后人制作的古井、遗迹、渔村、荷花池、垂钓等场所。

以上是综合目前一些关于运粮河研究背景的概述,但对于运粮河学术界还存在诸多疑惑。

(二)运粮河的历史追溯

关于"运粮河"存在多种说法,笔者将其归纳总结为以下四方面,便于理清思路。

1.民间流传的"运粮河"

运粮河即"金兀术运粮河"简称,其名从何而来呢? 当地百姓流传:"金兀术运粮河",属于历史小说《说岳全传》中著名历史人物——兀术的遗迹,是一条为了战争急需而向首都"上京"运粮而开挖的,也是当年金兀术主持开凿的一项军事工程。传说金大将金兀术是金太祖完颜阿骨打第四子,金朝战功屡屡的大将。他主持开挖这条运

粮河,沟通松花江和阿什河上游,可以减少其他运路带来的不便而直接把松花江北岸的粮草运到上京地区,这在金初对辽宋战争的扩大有着直接的关系。在寻访调查中,运粮河沿岸的居民们提起"金兀术"大多语带敬意。当地百姓对金兀术的认识来自文学作品《岳飞传》,作为历史的风云人物,其名声大噪,是东北一带的女真英雄,更逐渐成为大金国的代表"符号"。包括运粮河、点将台等许多遗迹,都被冠上"金兀术"的名字。

在近年沿运粮河的开发建设中,发现大量文物和遗址,先后出土了金代的旌石幡、布纹瓦、陶器等文物。有人认为,这里曾是大将军金兀术的点将台和皇家的狩猎场,并将几棵胸径1米多粗的大树也被疑为是当年将士们的拴马桩。目前由于当地政府和百姓积极开展"运粮河"的旅游开发工作,运粮河备受关注和重视,运粮河也成为当地文化资源的重要组成部分。

2. 历史书籍及地方志资料记载

清光绪十七年(1891年)出版的《吉林通志》称运粮河为"苇塘沟河",出滨州厅西南广庆庄西(直阿勒楚喀城50余里)。"西北流入双城厅东界,经半拉山南,东受一小河(河出半拉山北),又曲折西北流,经新立屯西,直北,注入混同江。凡行一百五十余里。"民国十四年(1925年)出版的《双城县志》载:城西北80余里古城,俗称单城子,西距拉林河口30里,北距松花江10里,城旁有无水长沟一道,似水道遗迹,俗称金兀术运粮河。这可能是最早记录并出现"金兀术运粮河"一词的志书。此后多大沿用此说。《哈尔滨市地名词条汇编》载:运粮河原名苇塘河,俗名金兀术运粮河。在哈尔滨市西郊,道里太平镇与新农乡界河故道,自阿城市阿什河乡白城村西,经双城市周家镇、新兴乡、五家乡、哈尔滨市南岗区红旗乡和道里区榆树乡、新农乡、太平镇,北至松花江,长150里。运粮河清末尚有积水,后淤断。是金代往京城(今阿城区白城村)漕运粮食、布匹、食盐而开凿的人工运河。沿河有立功、友谊、兴隆等三座水库,有哈五、哈前、哈临公路桥和哈大、拉滨铁路桥。

从上述志书记载,可知金兀术运粮河称谓最早不过清光绪十七年(1891年),不晚于民国十四年(1925年)。

3. 运粮河沿岸古城遗址考

近年来,有很多官方机构或科学工作者联合自发考察金代"运粮河",期望能有历史的遗迹再现。如哈尔滨市社会科学院金源文化研究所等组织的"金兀术运粮河考察组"通过考察,报告中描述:运粮河沿岸有七八处古城遗址。如松山古城,位于金兀术运粮河西岸,部分城墙可能为江水所毁,它是运粮河左岸第一座古城堡,当年这里有重兵把守;四方台古城,金兀术运粮河东岸。在四方屯西南约800米处有一驸马城遗址,相传为金代的驸马宅院。该遗址过去曾出土大量青砖、瓦砾、壶、罐、碗、平底大铜锅、舂米用的石窝子等物;半拉城子古城,位于金兀术运粮河东岸,《道里区志》记载:坐落于顾乡屯以西、现工农街道办事处辖区内,相传是金代的一座古城遗址,因其城垣残缺,故称"半拉城子";元宝古城,位于双城市公正乡民旺村,北距金兀术运粮河20公里。1981年6月,在城内出土百余枚铜钱;万斛古城,位于双城市青岭乡万斛村东,城东有15米宽的壕沟,北通金兀术运粮河,南通拉林河。驸马城,位于阿城区金上京故城西10千米的杨树乡新强村境内,城北保存较好,距金兀术运粮河码头(肥猪刘屯)5千米,是金兀术运粮河目的地古城堡,城内外曾发现较多的金代砖瓦、钱币及瓷片等,从一些版瓦和兽面纹瓦当的规格来看,当年此处有较大的建筑。驸马城是金初金上京通往济州(黄龙府、隆州,今吉林省农安县)、肇州(吉林省松原市塔虎城)、泰州(现黑龙江省泰来县塔子城)而进入中原地区的第一驿站,有"会宁头铺"之称,也是金兀术运粮河的终点站,这里是运粮河漕运的总站,从这里再运金上京。

这些古城在沿河两侧分布,最近的松山古城毗邻河岸,最远20千米左右。这些古城当时均为驻军要塞,每城约有300人,也就是说,不足百公里的运粮河沿岸,当年驻军至少达2000人。结合沿岸曾发现的沉船、金代金银锭、北宋大钱等文物,可基本确定其为运送军需粮草、钱财等重要物资的漕运水道。

4. 近年发现的重要出土文物和遗迹

(1)文物。金兀术运粮河两岸发现金代遗址附近近百处及大量文物。1978年春,在红旗公社(现红旗满族乡)明星村(正红四屯)发现一枚金代银锭,外观呈砝码形,边缘四周为水波纹。银锭长14厘米,锭首宽8.5厘米,腰宽5.5厘米,厚2.5厘米。银锭上刻有"伍拾两","行人唐公原","××称"的錾文,并加盖上"使司","赵思义"等戳记符号。金代官署在铸造银锭时,为确保铸造质量、重量、成色等,在银锭上还錾出有关行人,称子的姓名和金银铺行的主人,银锭金制重伍拾两,合今制1950克,约3.9市斤。故金制一两为现今制三十九克。这枚银锭应是官府税银,据考应是转运使司的税银。据《金史·食货志》载,上京地区未设盐使司官署机构,而明星村发现的这枚银锭可能与金代的漕运有关,因明星村的位置就在金代遗迹运粮河畔。1982年松山古边江里捞出的铁锅、铜镜、大钱和石柏。唐萍通过研究归纳为:运粮河两岸曾发现过金代遗存,出土过铜钱、谷物、砖瓦与陶瓷器等许多文物。1982年还发现了一条内有金代钱币的古船残部。1984年在太平湖附近发现有金代漕运木船,1995年又在太平湖附近发现大片金代建筑遗址。《金史》记载:"阿离合懑与宗翰以耕具九为献,祝曰:使陛下毋忘稼穑之艰难。太祖敬而受之。""耕具"是在"驸马城"附近出土的开国礼器,即在金朝开国庆典上阿离合懑与宗翰向金太祖阿骨打晋献之物。此件开国礼器见证了女真族建国就确定以农为本的基本国策。驸马城附近还出土大量铁农具、生活用具、铁权、马镫、铁锅等文物。

2007年5月初,黑龙江省文物考古研究所为配合哈尔滨市磨盘山输水管线二期工程建设对该输水管线区进行考古调查时发现阿城区、赵家崴子屯金代遗址,位于屯南约1.7千米较为平坦的岗地上,北侧约600米是金兀术运粮河。同年8—9月对该遗址进行考古发掘,共布"5米×5米"探方20个,连同扩方在内实际揭露面积506平方米。共清理房址1座,灰坑3个,出土了一批比较珍贵的遗物。

(2)遗迹。在哈尔滨市阿城区杨树乡幸福村肥猪刘屯取得了重大发现——在一处河源附近的湿地处,发现此地明显有"人工修凿"的痕迹,下有漕口可泊船只,上方是平台高地,判断为装卸、存储货物的场所。经过分析,判断此处应为运粮河上游的终点码头遗址。距此几公里,便是有"会宁头铺"之称的金上京会宁府第一个驿站——驸马城古城遗址所在地。如此,此地是终点码头、连接金上京和运粮河的推断更得到进一步佐证。

了解运粮河由东南向西北的流向,人们多会推断其是以从金上京向外运输为主,以支援整个北方的战争所需。这样的论断似乎合理,从金国初期至第四代皇帝海陵王迁都北京期间,金上京会宁府作为都城,是大金国的军政、经济、文化中心,有许多的官府、军事机构、寺院等,据史料记载军民人数最高时达40万以上。当时金上京的粮食、食盐等由金上京路转运司(类似今交通运输部门)负责,转运司最早设在济州,后迁往肇州(两地均在吉林省农安县),如果绕道阿什河运入金上京要走许多冤枉路。可见,运粮河的存在显得十分必要;而要由运粮河运往金上京,逆流而上,尽管运粮河落差不大、水流不急,从入江口进入,快则5日,慢则7日可到金上京。而这一带没有丘壑高山阻隔,地势平缓,比起陆路运输没有优势,况且水路运输受到季节的制约明显。此外,运粮河河道内曾多次打捞出古船遗迹,其中曾发现北宋钱币,专家分析这也是金后期从前线向都城输送的物资。运粮河在金上京辉煌时一直是一条逆流运输、进口为主的漕运通道。

(三)运粮河存疑商榷

1. 运粮河是人工开挖的还是自然形成的?

黑龙江省的阿什河、拉林河流域是女真族的肇兴之地,历史上称为"金源内地"。运粮河居于其中,运粮河与"金源内地"的首都上京密不可分。现存运粮河东起阿城区杨树乡驸马古城的牛头山,蜿蜒走行在丘陵平原之间,流经双城区的周家、新兴、五家等乡镇,向西延伸至道里区新农乡西下坎附近至小西岗东汇入松花江(金代称混同江),全长近100千米。依据如今的出土文物看来,缺乏人工开挖的实证物件和遗迹。近年相关遗址考古中也未发现有人工开挖的痕迹,各类史书中亦没有人工开挖运粮河的任何记载,《金史·河渠志》也不见有关金代开挖运粮河的讨论和其他记述。仅依据"船体残骸"和"几处木桩痕迹",证据并不充分。笔者也实地进行了考察,发现现存

"运粮河"的地形是河道蜿蜒曲折,沿河地势呈东南高(源头)、西北低(下游入松花江处),与松花江南岸的拉林河、阿什河走向相近;河流河漫滩平缓,河床两岸坡度较小,更符合天然河道的特征。由此推断,运粮河全线人工开挖的可能性不大,但不排除利用运粮河运输物资需要,部分河段人工疏浚或扩大河道断面的可能性。根据目前沿河出土的文物、遗址看,没有人工建造闸门等调控水源的工程遗迹。另外,根据金初的兵力和民力状况,全线开挖运河100多千米,在当时看来,工程量巨大;而且人力、物力、财力以及开河技术(水位调控技术)等条件也不具备;同时,即使开挖如此规模的运河,应该属于一项重大工程项目,王公大臣们的议论、工程建设的方案、人员安排和各项决策,包括后续运输管理等在以挖掘的资料看没有任何记载,也是不可能。因此,综上各种情况难以求证整条"运粮河"是人工开挖的结论。

2."运粮河"存在语境下的运输时间和运输规模问题

既然已有研究成果大多确认"运粮河"确有其事,并且是在金代开挖,为了军事需要向首都运送粮食,那么在这种语境下,开挖的时间和运输规模又是怎样呢? 确定运粮河的开挖或大批运送物资的时间段,必须要结合金代的政治、地理、迁移情况加以分析。《金史·卷二十四》中记载:"上京路,……国初称为内地,天眷元年号上京。海陵贞元元年迁都于燕,削上京之号,止称会宁府,称为国中者以违制论。大定十三年七月,后为上京。"国初,即建国初期,1115年(收国元年)前后至1138年(天眷元年)及1173年(大定十三年),上京是金朝首府。1173年金迁都燕京(今北京),金朝的迁都是顺应其一贯的向西南的扩张趋势的:金朝建国之后近四十年,仍将政治中心置于旧居的东北之地上京会宁府,但其扩张趋势却是始终一贯地朝向西南。……至海陵末年为止,金政权在发展的空间方向上又重新接续了皇统初所中断的趋势,即继续向南。迁都燕京,政治中心转移的同时还伴随着大量的人口迁徙。金第一次迁都之初,海陵立即大举南迁女真内地之猛安谋克:"遂徙上京路太祖、辽王宗干、秦王宗翰之猛安,并为合扎猛安,及右谏议乌里补猛安,太师勖、宗正宗敏之族,处之中都。翰论、和尚、胡剌三国公,太保昂,詹事乌里野,辅国勃鲁骨,定远许烈,故昊国公勃迭八猛安处之山东。阿鲁之族处之北京。按达族属处之河间。"如此一来,上京不仅政治地位下滑,经济发展也受到打击和遏制。尽管大定十三年(1173年)后,世宗虽然重新重视上京,但已是将它作为维系边防体系的重镇,而无法将国家的政治、军事力量的空间布局恢复到熙宗及以前的情形。至章宗时期,上京的地位更是进一步沦落,甚至丧失了纷繁边防体系的重镇地位。由此可见,运粮河如果是一条运输重要物资的人工运河,那么它最可能的开挖时间在1115至1153年间,金上京是全国政治中心的时期。

金朝自金太祖立国以来,接连不断对辽朝、宋朝、西夏与高丽发动侵略战争;同时,女真族尚处于渔猎农耕的混合经济制度,人口严重不足。高树林在其《金朝户口问题初探》中:"金朝前期户口长期停留在较低的水平",刘浦江对金代的户口与户籍有系列研究,其《金代户口研究》一文将金代户口的消长分为三个时期:第一个时期从金初到正隆末年,这一时期人口数量急剧下降和停滞不前。如果金初真的开凿了这样一条近百公里的运粮河,在当时绝非是一件易事,乃是漕运史上的一项了不起的杰作,显示女真族的聪明才智和勤劳,金代史书中无论如何也要记上一笔的,可想而知,即使运粮河承担运输粮草的任务,其运输规模不会很大,其作用也并非像想象的那样。另外,金太祖、太宗、熙宗三朝把上京作为其政治、军事、经济重心,加以重点经营,女真族也在此时不断壮大的过程中,灭辽破宋一直是大金的重要目标,为削弱燕地和中原汉族、契丹等族的反抗斗争,同时也为了弥补"内地"劳动力之不足并提高生产技能、发展经济,曾不断强制农民迁往"内地",实行"移民实内"政策。由此看来,运粮河承担将松花江北岸的粮食等物资运往"上京"或转运陆路向南运送,呈现一时的繁忙也是有可能的,但如上所述,由于松花江水路、上京向西北的陆路通道等多条道路都可以运输货物,运粮河的运输规模有限。笔者查阅了《大金诏令释注》总 17 卷,分外事、政事、军事、农田、山川等 66 项,没有记载开挖运粮河的时间、规模等资料。

3. 金兀术与运粮河的关系分析

对于运粮河的争议,主要集中在三点:一是否人工开挖;二是谁指挥开挖? 什么时候开挖? 三是它对大金国究竟起到什么作用? 下面以史书记载和民间说法为线索对这三个方面具体分析。《金史》在描述金上京附近的河流水系时,其中并没有关于运粮河地记载。如会宁(倚,与府同时置),有长白山、青岭、马纪岭、勃野淀、绿野淀。有按出虎河,又书作阿术浒。有混同江、涞流河。有得胜陀,国言忽土皑葛蛮,太祖誓师之地也。由此推断,当时的运粮河也如同现在属于一条近百公里的小河而已。在《金史》本末卷三十三中的《河决之患》中,详细记载了金朝各统治者在黄河泛滥时期的讨论与措施:金朝统治者不得不围绕着治理河道、防止河患问题进行了多次认真讨论,并采取了一些应急措施。虽然运粮河的规模不及黄河,但金既有关于河道及其治理的记载,却没有提到运粮河。经查阅金史相关书籍,所有的文字记载中:未见开挖运粮河商议决策的记载,也无开挖运粮河的相关财政支出的记载,很大程度上证明运粮河非付诸很多人力、物力、财力所建,系直接运用天然河道适时运送物资而已。后世关于运粮河的记载,最早是 1891 年的《吉林通志》中提到的"东受一小河",记录此小河注入混同江(今松花江),长约一百五十多里,但并未说明这是一条人工运河,也未说明这是金代遗址。后来 1925 年的《双城县志》载:"似水道遗址,俗称'金兀术运粮河'。"只是说像是水道遗址,至于俗称,前文已经提到:当地百姓对金兀术的认识来自于文学作品《岳飞传》,作为近代历史的风云人物,其名声大噪,是东北一带的女真英雄,更逐渐成为大金国的代表"符号"。包括运粮河、点将台等许多遗迹,都被冠上"金兀术"的名字。

从历史时间上分析看,运粮河如果发挥重要作用应该是伐辽战争时期,而此时金兀术只有十五岁左右。《金史·卷七十七·列传第十五》载:完颜宗弼"本名斡啜,又作兀术,亦作斡出,或晃斡出,太祖第四子也"。其武勇盖世,戎马倥偬,大半生基本上是在战场上度过的。他灭大辽,伐北宋,战河北,夺河南,入陕西,进扬州,袭辽帝于鸳鸯泊,追宋主于越州城,与韩世忠水战,与岳鹏举交兵,遵循着金朝向南的扩张趋势,基本未在"金之旧土"活动。也就是说,早期在金上京附近的几次大战中,并没有金兀术指挥战斗或发挥巨大作用的详细记载,而与运粮河的关系更是无从谈起。还有人认为:运粮河与大金国有很大关系,与金兀术追宋高宗赵构"搜山拣海",运输战利品关系十分密切。但《金史》中记载:"宋主自扬州奔于江南,宗弼等分道伐之……宗弼自江宁取广德军路,追袭宋主于越州……宗弼发江宁,将渡江而北……宗弼渡江北还……。""搜山检海"时,金兀术已经打到长江流域。当时大金都城在上京,运粮河作为连接混同江与上京的通道不可能派上用场。而且在"兀术"传中,根本没有他开凿运粮河的记载,却有他与韩世忠水战时,开凿老鹳河(南方河道)故道的记载曰:"将至黄天荡,宗弼乃因老鹳河故道开三十里通秦淮,一日一夜而成,宗弼乃得至江宁。"既然有金兀术开凿河道:开渠三十里逃出黄天荡的记载,却从没有提及运粮河的开凿,种种说明:运粮河与金兀术无关。

有关运粮河的说法中,互动百科关于阿什河词条解释中,关于运粮河有一种说法:辽天庆四年(金建国前一年,1114年),金上京会宁府(今阿城)与五国城(今依兰)间通过混同江(今松花江)与阿什河,以船舶运送粮食。为使粮船直接停泊京城,于是穿过京都(阿城白城)开凿了一条人工运河,此即今之库扎河,又名运粮河。库扎河是哈尔滨地区最早的人工运河。为探究竟,笔者从其给出的线索入手,查阅金建国前后的战争,如在最著名的宁江州之战(1114年)中,寻找关于粮草运输的线索,没有发现。而在《金史·卷二·本纪第二·太祖》中这样记载:"九月,太祖进军宁江州,次寥晦城。婆庐火征兵后期,杖之,复遣督军。诸路兵皆会于涞流水,得二千五百人。"金太祖进攻宁江州时,各路人马会集在"涞流水"(这是一条自然河流),共有二千五百人。女真部落长期受到辽国压迫,金举兵反辽时,女真军队人数还不成规模,很难想象怎么会有精力再去开挖运粮河?如果此时真的开挖了运粮河,对女真族的第一场反抗战争起到了作用,作为金国的开国历史,也应该有所记载,但是并没有。同年十一月,出河店大捷后,女真族军队人数增加,"辽人尝言女直兵若满万则不可敌,至是始满万云"。金军超过万人,具体数字或许有所出入,但表达了女真族人数在此时有很大的增加,或许是部落团结起来,总之人力有所提升。这个时期,史书记载女真人随太祖频繁征战,没有提到开挖运粮河。《金史》太祖本纪中,详细记载了金太祖阿骨打建国前后的征战,阿骨打多次亲征,并且重视粮草问题,安抚人民,择土地肥沃之处居住,发展农业与畜牧业。未曾提及组织人力物力开挖运粮河,也未曾提及运送粮草。金兵所到之处,战利品颇丰,因此,运粮河在金朝战争中发挥重要作用一说,没有充分的证据。太宗、熙宗年间,也未查到与运粮河有关记载。

依照目前存在的关于金运粮河的说法,大多数称其是金初开凿。《辽金史论集》中,确实对辽和金的水道有所记载,对于二十四史中的辽史地理志中的讹误,冯永谦作《辽上京附近水道辨误——兼考金上京之曲江县故址》一文,其中写道:"元人修史误将金上京附近的水道史料混于辽上京致误……金上京附近……城址东面为阿什河……过阿城县东,入哈尔滨市,注于松花江;城址南方较远处为拉林河,……注入松花江……金上京城东之河为由南向北流,城南之河为由东南向西北流。"那么,即使是在辽上京附近的水道记载中,混用了"涞流河,曲江,按出河",仍未提到过有运粮河。且"金上京附近,亦属丘陵地带,四周或远或近分布着山岭"地貌类型以山地丘陵为主,开凿一条运河是不小的工程量,如果真的有这个工程,《金史》中应该有所记载才是。在对现存运粮河遗址进行考察后,专家曾表示:运粮河实际上应是逆流运输,"进口"为主。阿什河是"金上京城东之河",流向为由南向北流,向上京运送物资经阿什河需要逆流而上,金国为什么要再挖掘一条"逆流"运输的人工运河呢? 从道理上讲不通。

(四)运粮河是否为人工开挖?

1. 农业发展水平与运粮河

由于运粮河涉及粮草运输,笔者查阅了有关金代前期的有关农业和粮食方面史料。赵鸣岐在《金代东北地区的农业开发》一文中,在描述金朝东北地区农业开发状况时写道:"金朝建立后,以完颜阿骨打为首的女真统治者重视农业生产……以政治和经济的手段予以提倡和鼓励。""在金初,除了利用汉人、渤海人等开垦土地、发展农业外,还强令女真猛安谋克屯田,寓农于兵,已解决战时农业问题。"金朝确实重视并大力发展农业,"利用各种行政手段,奖励和保护农业生产"。并且在此文中,还特别提到了上京路的农业:"泰州和宁江州为女真建国时西边地方重镇,该地区土地比较肥沃,水利资源丰富,适宜农耕。金朝统治者积极在该地区驻军和屯田,使上京路西部地区土地得到了开发……上京路东部地区的农业也恢复和发展起来……上京路南部即隆州、信州和会宁府辖区一部分的农业生产也有了较快的发展。"尽管如此,上京作为金国首府,是容纳众多人口的大城市,需要粮食运进而利用水路也解释得通。但《辽金史论集》中的《略论绥化地区金代古城与农业经济》中,对金国屯粮运粮有清晰描述:位于今绥化市城北50里宾北线上的"四方台"(当地人称之为"金兀术点将台")古城,是金代的贮粮城。……在这里贮粮,一是因为这一带农业生产粮食很多,容易集中;二是因为这里靠近克音河、诺敏河,便于水上运输。以四方台至河道不足千米,通过呼兰河驶向松花江,再入阿什河,把粮运往上京。为了保卫贮粮基地,要驻有军队,运粮沿途经过望奎水头村古城、通江古城、兰西钮勒古城、山湾古城、呼兰团山古城等,均有驻兵。这段话,明确地指出,四方台古城当时的运粮路线是通过呼兰河驶向松花江,之后进入阿什河运往上京,却没有提及还存在一条运粮河,如此便可更快捷的将粮食运往上京。

2. 人口及劳动力状况与运粮河

尽管上述分析可初步推断,金上京初期的上京地区农业生产较其他地区农业生产力水平并不落后。但农业生产规模不大,大多沿袭渤海、辽时期的生产生活方式。又由于金初期战事很多,加之冬季严寒,水上运输时间短,也决定了金初开河条件的生产力基础并不具备。对于人口和劳动力规模,高树林在其《金朝户口问题初探》中:"金朝前期户口长期停留在较低的水平";刘浦江对金代的户口与户籍有系列研究,其《金代户口研究》一文将金代户口的消长分为三个时期:第一个时期是从金初到海陵王正隆末年,这是金朝人口数量急剧下降和停滞不前的阶段;第二个时期是从世宗大定初到章宗泰和末,这是金朝人口迅速回升和稳定增长的阶段;第三个时期是从卫绍王大安年间到哀宗天兴末,这是金朝人口再度锐减的阶段。

由于金代初期户口数并未留下史料记载,根据梁方仲先生的研究,得知金代从中后期人口才是呈增长态势,如表1所示。

表1　金代户口数、每户平均口数及户口数的升降百分比

年度	公元/年	户数/户	口数/人	每户平均口数/人	户数升降百分比(以大定二十七年为100)/%	口数升降百分比(以大定二十七年为100)/%
世宗大定二十七年(宋孝宗淳熙十四年)	1 187	6 789 449	44 705 086	6.58	100	100
章宗明昌元年(宋光宗绍熙元年)	1 190	6 939 000	45 447 900	6.55	102	102
章宗明昌六年(宋宁宗庆元元年)	1 195	7 223 400	48 490 400	6.71	106	108
章宗泰和七年(宋宁宗开禧三年)	1 207	7 684 438	45 816 079	5.96	113	102

表1说明,金前期由于战争影响,人口数量增加极其缓慢,社会生产力发展必然受到重创;加之地处平原地区,与路陆运输相比实施大规模的运河开挖工程,从成本和效果来讲是不划算的。

3. 上京地区的交通驿道及转运与运粮河

闫景全的《金上京城亲查记》中的第五部分详细记载了有关上京水系的分布情况,并将护城河也算在内,"金上京护城河水系应是上京水系的重要组成部分……与金上京城直接相关的水系大体有三条,皆东注于阿什河"。至于这三条都是指哪三条,并没有明确交代。金上京博物馆关于金上京河流水系介绍中,在其"上京城内确有一条河流,是指阿什河的一个支流",并非是指运粮河。也就是说,运粮河当时并不是通过城内,也不与阿什河相连。上文提到的三条水系,并不包含运粮河。根据现存"运粮河"的起点和终点,运粮河不是直接到达"上京"。

据考证,阿什河、运粮河及混同江沿岸设有很多驿站、粮食仓储库等,还有驻军保护粮食运输,兼顾防御任务等,金上京与各路之间沿途都设有驿站城。由于金代东北的交通路线是上承辽代,下为元、明、清所沿用,可见陆路交通还是比水陆具有明显的地势和气候、季节优势的。《东北史地考略》中记载文章《金代东北的交通路线》写道:"从阿城白城到他虎城之间,……有许多辽、金古城遗址",现存运粮河沿线发掘出很多文物,这些文物说明很可能运粮河沿岸是一条金代的驿道。《辽金史论文集》提到金的转运司制度:"诸路置转运司或都转运司,其制亦袭自辽、宋",转运司是重要的地方财政管理机构,金国时期转运司规模较大,稳定性较强,兼具行政职能和公共管理职能,但前期没有在上京地区设置过的记载,"金代转运司公共服务职能更为宽泛,如在农业发展方面,它可以为了方便百姓务农、增加粮食产量,而修护河堤、开凿水渠等"。的记载也是记述中期或后期,其中大多是海陵王南迁后为了管理黄河流域运输而设置的。对于转运司管理上京地区水运运输的记载的资料没有发现。

4. 水利技术与运粮河

如果从水利技术水平方面的看,史书对于金代前期水利工程建设的记载很少,关于治河的记载多是从金世宗开始的,如《金史·河渠志》中对黄河、漕渠、卢沟河、滹沱河、漳河的介绍较多,对于东北松辽流域的记载更为鲜见。水利的发展是以生产工具大规模使用分不开的,特别是铁器工具的利用。

《辽金西夏史》中记载:女真社会发展一直比较缓慢,到辽末虽然已有剩余产品,但人们仍然是物物交换以通有无;当时,生女真完颜部还不能生产铁器,因此不惜重金从邻近地区购进甲胄生女真社会分工很不发达,全社会基本上都是单一的农夫兼猎人的生产者,没有专门的手工工匠;屋舍、车帐多能自家建造;金立国之前的生女真人甚至不懂得什么是法。从这段描述中,可以得知金代初期社会生产力水平并不高,甚至可以用落后形容,因为"铁制工具为农业生产发展带来了革命性变化的技术与物质条件",对水利工程建设亦是如此。

前文农业生产中已经提及,已知出土的金代铁制农业生产工具,有犁铧、犁镜、镰、手镰、锄、锄钩、耘锄、镐、镢、叉、锹、铡刀、车辖、车毂圈等,种类、形式、数量都非常丰富。但用于开挖、打桩等的铁器和用于筑坝、夯基等石器工具则几乎没有。在《金代农业技术初探》中,对各种生产工具的特点、形式和发展水平做了较为详细的描述,只是对于用于田间作业的物件种类较多,如金代播种工具中,有瓠种器和耧铧,以适应于在各种条件下进行开荒、春耕、中耕和秋耕的需要。在出土的中耕工具还有铁蹚头、铲、耧及各种类型的锄。据不完全统计,黑龙江流域各地已出土的金代铁器中,农业生产工具有上万件,这些铁制农业生产工具的种类:包括整地工具、中耕除草工具、收获及脱粒工具、粮食加工工具和农业运输工具等。由此可见,金代农业生产工具有长足发展,但前期用于水利、航运等的开河、建坝、建闸等用具的创新方面记载很少。

(五)结论

通过以上研究表明,有关金代"金兀术运粮河"的情况,可以初步得出如下结论:

(1)运粮河是自然形成的天然河道,是汇入混同江(今松花江)南岸支流的诸多水系之一;金代或许曾经人工疏通了某些河段,夏季偶尔用来运输江北及嫩江中游两岸的粮草及其他货物,而非全线人工开挖的运道。

(2)古代城池一般临河而建,运粮河沿岸曾是金国驿道(金代上京通往塔虎城以及通浦路等的方向),如张泰湘所著的《黑龙江古代简志》记载:天会二年(1124年)闰三月,金太祖下诏,"命置驿上京。春、泰之间"。沿途分布诸多古城,古城池是为生活所需和军事防御以及仓储所建设的设施,导致如今在这些地区出土大量文物。又如天眷二年(1139年)十月,女真万户胡沙虎率部攻蒙古,"蒙古击金兵至上京西北",这里提到的"上京西北",正是今运粮河沿岸一带。

(3)自然地理条件决定"运粮河"与陆路相比管理难度大、效率低。首先,金上京通往混同江北的一条重要驿道是"上浦路",即由上京的白城出发沿阿什河水路北行入混同江,在沿呼兰河北行,然后陆路通往今拜泉直达浦峪路城。如果金代这条路畅通,混同江北的粮食物资完全可以通过陆路运送到呼兰河沿岸,在通过呼兰河水运穿过混同江,进入阿什河直达首都上京,没必要再开一条水路运输,因为南岸运粮河入混同江口与下游北岸呼兰河入混同江口很近。前文提到:"如果绕道阿什河运入金上京要走许多冤枉路……",根据实地踏查,这条水路水面宽广,河道稳定,与"新开运粮河"比较,并非省工省时且绕道。同时,历史上东北地区人工开凿运河几乎没有先例,因为夏季短暂,冬季漫长,水上运输时间短,与陆路运输相比成本高、效率低。另外,运粮河只是混同江南岸的一个小河及季节性河流,与混同江相连,二者交界处的泥沙淤积问题、船只停泊和转运、调节水源的闸坝调控体系等技术非常复杂;根据金初的经济实力和生产力水平难以实现。

(4)通过对金前期社会生产力发展水平的分析得知:金前期尤其是前三十年间,

频遇战乱,辽后期的社会生产力发展遭到严重破坏,人口下降、农业产出停滞不前、新开运粮河的水利技术条件不足等因素,不具备开挖运粮河的物质基础条件和运粮河正常运转的管理条件。

（摘编自谢永刚、姜宁、闫佳乐:《"运粮河"研究:基于金前期生产力水平的历史考察》,载《边疆经济与文化》2019 年第 3 期。）

后　记

　　本书出版得到了黑龙江大学重点学科建设经费的支持。感谢黑龙江大学经济与工商管理学院、黑龙江大学重点学科建设处、黑龙江大学出版社等单位的大力支持;感谢部分内容合作者的大力支持和帮助,感谢徐昀昀在编写本书过程中所付出的努力。

2020 年 12 月 29 日